Früher in Rente für Dummies

Schummelseite

WELCHE UNTERLAGEN BRAUCHEN SIE?

Sie brauchen für eine »Finanzplanung Alter« eigentlich alle Unterlagen, bei denen Sie (und andere) einen Vermerk »ist für die Rente gedacht« angebracht haben.

- ✔ Renteninformation und Rentenauskunft der Deutschen Rentenversicherung
- ✔ Standmitteilungen Ihrer Betriebsrenten (und was noch dazugehört: Betriebsvereinbarung, Versorgungsordnung, Ergänzung zu Ihrem Arbeitsvertrag, Tarifvertrag)
- ✔ Standmitteilung Ihrer privaten Renten (zum Beispiel Riester, Rürup & Co)
- ✔ Ihren Arbeitsvertrag und für Sie geltende Tarifverträge
- ✔ Depotauszüge (wenn für das Alter gedacht)
- ✔ Standmitteilung von Sparanlagen oder Festgeldern (wenn für das Alter gedacht)

UNTER WELCHEN BEDINGUNGEN BEKOMMEN SIE IHRE GESETZLICHE RENTE?

Sie benötigen für eine Rente immer eine bestimmte Wartezeit und ein bestimmtes Alter. Die Festlegung des Alters ist leicht – Sie wissen, wann Sie geboren sind. Die Bestimmung der Wartezeit bedarf ein wenig Übung, wie Sie der Tabelle 0.1 entnehmen können.

Rentenart	Beginn ab	Wartezeit	Zeiten für die Wartezeit
Regelaltersrente	67 Jahre	5 Jahre – 60 Monate	Beitragszeiten (Pflichtbeiträge – auch nach besonderen Vorschriften gezahlt – und freiwillige Beiträge)
Altersrente für schwerbehinderte Menschen (bei einem Grad der Schwerbehinderung von mindestens 50 % zum Rentenbeginn)	62 Jahre	35 Jahre – 420 Monate	Alle rentenrechtlichen Zeiten
Altersrente für langjährig Versicherte	63 Jahre	35 Jahre – 420 Monate	Alle rentenrechtlichen Zeiten

Früher in Rente für Dummies

Schummelseite

Rentenart	Beginn ab	Wartezeit	Zeiten für die Wartezeit
Altersrente für besonders langjährig Versicherte	65 Jahre	45 Jahre – 540 Monate	• Pflichtbeiträge (aus Beschäftigung oder Tätigkeit) • Pflichtbeiträge nach besonderen Vorschriften (zum Beispiel Pflege, Kinder, Wehr- und Zivildienst) • Freiwillige Beiträge (wenn vorher mindestens 18 Jahre Pflichtbeiträge gezahlt wurden) • Berücksichtigungszeit (wenn nicht bereits anderweitig mit Zeiten belegt, zum Beispiel Zeiten für Kindererziehung). • Pflichtbeitragszeit- oder Anrechnungszeit mit Leistungsbezug von Arbeitslosengeld (gilt grundsätzlich nicht die letzten zwei Jahre vor Rentenbeginn) • Pflichtbeitragszeit- oder Anrechnungszeit mit Leistungsbezug von Krankengeld, Verletztengeld, Übergangsgeld

Tabelle 0.1: Rentenart, Rentenbeginn, notwendige Wartezeit

Achtung: Sind Sie vor dem 01.01.1964 geboren, gelten für Sie anstelle des 62., 63., 65. oder 67. Lebensjahres als jeweils frühestmöglicher Rentenbeginn andere Termine. Sie können einige Monate früher in Rente als in der obigen Tabelle angegeben. Ihren Rentenbeginn finden Sie in den Tabellen des Kapitels 5.

WANN GIBT ES ZU- UND ABSCHLÄGE ZUR GESETZLICHEN RENTENVERSICHERUNG?

Wollen Sie früher in Rente, also ab 63 Jahren, müssen Sie für jeden Monat des vorzeitigen Rentenbeginnes Abschläge hinnehmen. Umgekehrt – gehen Sie später in Rente, bekommen Sie Aufschläge:

- ✔ Jeder Monat eher kostet Sie 0,3 % Ihrer Rente. Gerechnet wird von 63 bis 67 Jahren. Gehen Sie also genau mit 63 Jahren in Rente, kostet Sie das 14,4 %!
- ✔ Nehmen Sie frühzeitig die Altersrente für schwerbehinderte Menschen oder die Altersrente für langjährig Versicherte in Anspruch, haben Sie die Abschläge dauerhaft – Ihr Rentnerleben lang. Sie fallen NICHT weg, wenn Sie 65 oder 67 Jahre alt werden. Das ist ein weitverbreiteter Irrglaube.
- ✔ Gehen Sie dagegen nach 67 in Rente, bekommen Sie für jeden Monat des späteren Rentenbeginns 0,5 Prozent dazu. Ebenfalls dauerhaft.

Früher in Rente für Dummies

Martina Jacobowsky

Früher in Rente für dummies®

Fachkorrektur von Kerstin Paaris

WILEY

WILEY-VCH GmbH

Früher in Rente für Dummies

Bibliografische Information der Deutschen Nationalbibliothek

Die Deutsche Nationalbibliothek verzeichnet diese Publikation in der Deutschen Nationalbibliografie; detaillierte bibliografische Daten sind im Internet über `http://dnb.d-nb.de` abrufbar.

Coverfoto: © Jenny Sturm – stock.adobe.com
Korrektur: Johanna Rupp, Nußloch
Satz: Straive, Chennai, India
Druck und Bindung:

Print ISBN: 978-3-527-72224-2
ePub ISBN: 978-3-527-84838-6

Über die Autorin

Martina Jacobowsky hat ihren beruflichen Werdegang im privaten und öffentlich-rechtlichen Banksektor begonnen. Zunächst ausschließlich im Private Banking. Auch wenn das Auf und Ab der Börsen und Anlagestrategien sehr spannende Themen sind, wendete sie sich immer mehr dem großen Komplex Altersversorgung in allen Facetten zu. Täglich eine neue Welt bei der privaten, betrieblichen und gesetzlichen Altersversorgung von Privatkunden und selbstständigen Firmeninhabern trieb sie mehr an. Nach Tätigkeiten in einem Beratungshaus, einer Investmentgesellschaft und einer Versicherung, immer mit dem Fokus auf die Rechtsbereiche der Altersversorgung, erhielt sie 2016 die Zulassung als gerichtlich zugelassene Rentenberaterin. Zunächst nebenberuflich und seit einigen Jahren hauptberuflich berät sie ihre Mandanten völlig unabhängig und individuell und vertritt sie gegenüber der Rentenversicherung und anderen Behörden.

Martina Jacobowsky stellt sich seit nunmehr fast 25 Jahren den täglichen Herausforderungen der unterschiedlichen Ausgestaltung der privaten, betrieblichen und gesetzlichen Altersversorgung – mit den weiteren Schwerpunkten Zeitwertkonten und Altersteilzeit. Spannend findet sie es, jeden Tag aufs Neue im Paragrafendschungel einen Weg zur Lösung der Probleme von Mandanten zu finden. Sie versucht seit Jahren, sowohl als Fachbuch- und Fachartikelautorin, in ihren Seminaren und Vorträgen und für ihre Mandanten, das Behördendeutsch so zu übersetzen, dass es für jedermann verständlich ist.

Sie ist davon überzeugt, dass es für jeden den richtigen Weg in die Rente gibt. Begleiten Sie Frau Jacobowsky dabei, wie sie versucht, gemeinsam mit Ihnen Ihren richtigen Weg in eine (frühere) Rente zu finden.

Danksagung der Autorin

Ein Buch zu schreiben, klingt einfach. Ist aber mit viel Arbeit verbunden – und jetzt, wo das Ende in Sicht ist, eine lehrreiche zusätzliche Erfahrung, die ich nicht mehr missen will. Ich danke dem VCH Wiley Verlag für diese Möglichkeit. Und meiner Lektorin, Frau Esther Neuendorf, für ihre Anmerkungen und Geduld – und ständige Aufmunterung. Danke vielmals.

Die Liste der Personen, die zu meinen Kenntnissen, meinem Wissen und zu meinen Erfahrungen geführt haben, ist gefühlt unendlich. Zusammenfassend danke ich allen Kollegen, die mich im Laufe meines Arbeitslebens, fachlich und menschlich unterstützt haben. Bitte fühlt Euch angesprochen; Ihr habt mit dazu beigetragen, dass dieses Buch entstehen konnte.

Ich danke meinen guten Bekannten und Freunden, dass Ihr mich unterstützt (und oft in den letzten Monaten auf mich verzichtet habt). Meinen Besties für regelmäßige Aufmunterungsrunden (ist ja bald rum, Mädelsabende folgen) und meiner Familie, die immer für mich da war und ist. Ich meine Euch alle, ohne Euch einzeln aufzuzählen. Eltern, die an einen glauben, sind schon etwas Großartiges. Und ein Mann, ohne den das alles nicht möglich gewesen wäre, ist etwas Einzigartiges. Danke.

Und schließlich danke ich Ihnen, lieber Leser, dass Sie dieses Buch in Ihren Händen halten. Ich wünsche Ihnen viel Vergnügen auf Ihren Weg in Ihre (frühere) Rente.

Widmung

Für Heiko – alles andere sage ich Dir lieber selbst.

Über die Fachkorrektorin

Mit über 30 Jahren Erfahrung im Sozialrecht ist **Kerstin Paaris** eine ausgewiesene Expertin auf ihrem Gebiet. Ihre Ausbildung zur Sozialversicherungsfachangestellten absolvierte sie bereits 1990 und vervollständigte diese 2006 mit einem Weiterbildungsstudium zur Krankenkassenbetriebswirtin an einer Berufsakademie in Hagen.

2021 entschied sie sich, den Sachkundelehrgang »Rentenberatung« zu absolvieren, spezialisiert sich seither in Ihrer Kanzlei auf Erwerbsminderungsrenten, Rentenplanungen und Durchsetzung von Ansprüchen im Schwerbehinderten-Recht (GdB) und referiert zu diesen Themen unter anderem an Volkshochschulen.

Seit mehreren Jahren ist Sie zudem Mitglied im Vorstand des Bundesverbandes der Rentenberater e.V und setzt sich hier ehrenamtlich aktiv für die Belange Ihre Kolleginnen und Kollegen sowie den Berufsstand der Rentenberater im Allgemeinen ein.

Auf einen Blick

Inhaltsverzeichnis

Einführung

Sie wollen (frühzeitig) in Rente? Oder Sie wollen sich frühzeitig mit dem Thema beschäftigen, damit Sie an alles denken?

Unter den Oberbegriff »Rente« gehört vieles. Meist ist zunächst die gesetzliche Rente gemeint. Im Jahr 2023 gab es laut dem Statistischen Bundesamt rund 34,7 Millionen sozialversicherungspflichtige Beschäftigte. Wenn Sie dazu zählen, gehören auch Sie zu den Angestellten, die in der gesetzlichen Rente pflichtversichert sind. Haben Sie mehr als fünf Jahre eingezahlt, bekommen Sie eine gesetzliche Rente. Je nachdem, wann Sie geboren sind, erhalten Sie, wenn Sie die Altersgrenze, die in den letzten Jahren von 65 auf 67 für die vor 1964 Geborenen gestiegen ist, eine Rente.

Doch nicht nur die gesetzliche Rente ist wichtig. Um die 20 Millionen Menschen haben auch einen Anspruch auf eine Betriebsrente. Dazu kommen noch zusätzliche, private Absicherungen, die für das Alter gedacht sind. Diese zu zählen ist unmöglich – niemand weiß, ob sie zum Kapitalaufbau, als Reserve oder für das Alter gedacht sind.

Es gibt also verschiedene Instrumente, an die Sie denken sollten – wenn es darum geht, mit Anlauf in die nächste Lebensphase zu starten.

Über dieses Buch

Und damit sind wir direkt bei dem Grund, warum dieses Buch geschrieben wurde. Es soll Ihnen helfen, bei Ihrer Rentenplanung an alle Instrumente zu denken, die für Ihr Alter gedacht sind. Es soll Ihnen Anregungen geben, wie Sie einen Kassensturz für Ihr Alter vorbereiten und umsetzen.

Es gibt Ihnen aber auch viele ergänzende Informationen, über die einzelnen Instrumente. Diese Informationen sind wichtig, damit Sie wissen, ob Rente drin ist, wenn Rente draufsteht. Natürlich ist die gesetzliche Rente in allen Facetten ein großes Thema. Aber auch Betriebsrenten und private Vorsorgeinstrumente werden vorgestellt. Mit wichtigen Hinweisen, worauf Sie achten müssen, wenn Sie Ihren (frühen) Rentenbeginn planen.

Das Buch geht auch auf die Umwege ein, die Sie vielleicht auf dem Weg in Ihre Rente einschlagen müssen (und mit denen Sie heute vielleicht noch gar nicht rechnen): Angebote Ihres Arbeitgebers kurz vor der Zielgeraden, Arbeitslosigkeit und Krankheit. Aber auch Möglichkeiten Ihres Arbeitgebers, die Sie frühzeitig und optimal in die Rente begleiten können: Altersteilzeit und Zeitwertkonten.

Natürlich wird auch alles betrachtet, was Sie für Ihren Rentenantrag brauchen. Und Sie bekommen erklärt, was in Richtung Steuern und Sozialabgaben noch im Alter auf Sie wartet.

Ich versuche oft, Sachverhalte mit Beispielen zu erläutern. Diese Beispiele, gerade wenn es sich um Berechnungen handelt, entsprechen nicht immer dem aktuellen Stand – dafür ist die Welt der Rente zu schnelllebig. Dennoch helfen Ihnen die Beispiele, ein Gefühl für finanzielle Auswirkungen zu erhalten. Letztendlich werden die Auswirkungen bei Ihnen ohnehin völlig individuell sein.

Konventionen in diesem Buch

Wie in allen Büchern der ... für Dummies-Reihe gibt es ein paar besondere Schreibweisen, die ich Ihnen kurz vorstelle:

- Neue Begriffe sind *kursiv*.
- Wichtige Begriffe sind **fett**.
- Internetadressen sind `in einer besonderen Schrift` gedruckt.
- Ich spreche in diesem Buch viel von Rentnern, von Arbeitnehmern und anderen. Gemeint sind in diesem Zusammenhang immer männliche und weibliche Personen gleichermaßen. Die männliche Form verwende ich nur, um Ihren Lesefluss nicht zu stören – oder möchten Sie jedes Mal zum Beispiel »Ehemann, Ehefrau, Lebenspartner, Lebenspartnerin« lesen?

Was Sie nicht lesen müssen

Sie müssen *Früher in Rente für Dummies* nicht von vorn nach hinten lesen. Gehen Sie einfach über das Inhaltsverzeichnis, wenn Sie ein Thema besonders interessiert, oder suchen Sie im Stichwortverzeichnis einen Begriff, wenn Sie konkrete Fragen haben.

- Interessiert Sie nur die gesetzliche Rente, können Sie Kapitel 3, 8 und 9 weglassen.
- Bietet Ihr Arbeitgeber Ihnen weder Zeitwertkonten noch Altersteilzeit oder eine Aufhebung Ihres Arbeitsverhältnisses mit Abfindung an, können Sie sich den Teil IV schenken.
- Sind Sie gesund und munter, sparen Sie sich den Teil V.

Die Schummelseite und der Top-Ten-Teil sind ein Muss für jeden Leser.

Törichte Annahmen über den Leser

Da Sie dieses Buch in den Händen halten, sind Sie kein Leser, über den es törichte Annahmen gibt. Wann sollten Sie *Früher in Rente für Dummies* lesen?

- Wenn Sie (frühzeitig) in Rente gehen und an alles denken wollen.
- Wenn Ihnen die Fake News im Internet (und in der politischen Diskussion) auf die Nerven gehen und Sie sich ein eigenes Bild machen wollen.

✔ Wenn Sie eigentlich alles so schön geplant hatten und etwas Ihren geplanten Rentenbeginn verhindert (Krankheit, Arbeitgeber, …).

Wie dieses Buch aufgebaut ist

Da ich Sie nicht persönlich kenne und nicht weiß, was Sie umtreibt, habe ich die wichtigsten Themen meiner Beratungspraxis für Sie als Leitfaden zusammengefasst.

Teil I: Vorbereitung ist alles – eher in Rente, aber richtig

Zunächst klären Sie, welche Möglichkeiten eines frühzeitigen Rentenbeginns es für Sie gibt. Dann suchen Sie alle Unterlagen und Informationen heraus, die für Ihre individuelle Rentenplanung wichtig sind. Dabei geht es auch darum, diese zu interpretieren. Im Anschluss stellen Sie sich der Herausforderung eines Kassensturzes – damit Sie wissen, wie viel Geld Sie im Alter haben werden (oder eigentlich brauchen).

Teil II: Hintergrundwissen bringt mehr – Wichtiges zur gesetzlichen Rente

Hier geht es langsam ans Eingemachte: Können Sie wirklich zum geplanten Termin in Rente? Oder müssen Sie Ihre Pläne doch noch verändern? Sie lernen die Voraussetzungen für die Altersrenten kennen – und müssen beurteilen, ob Sie diese erfüllen. Weiterhin überlegen Sie, ob Sie Abschläge hinnehmen wollen oder nicht, und betrachten, ob eine zusätzliche Einzahlung Sinn macht.

Teil III: An alle Bausteine denken und wissen, was dahintersteckt

In diesem Teil folgen Details zu Ihrer Rente vom Chef – und zu Ihren privaten Instrumenten. Natürlich wieder unter dem Aspekt, dass Sie in Richtung Rentenbeginn die richtigen Fragen stellen – und die Antworten dazu bekommen.

Teil IV: Früher in Rente mit dem Arbeitgeber

Grundsätzlich gibt es zwei Möglichkeiten, mit Ihrem Arbeitgeber früher in Rente zu kommen: gewollt oder ungewollt. Gewollt mit einer klugen und vorteilhaften Planung Ihres Ruhestandes über Altersteilzeit oder ein Zeitwertkonto. Ungewollt, weil Ihr Arbeitgeber auf einmal mit Ihnen einen Aufhebungsvertrag schließen will. Was bei diesem geplanten oder ungeplanten »früher in Rente« zu beachten ist, bekommen Sie mit. Auch was ist, wenn Sie arbeitslos werden. In diesen Teil finden Sie darüber hinaus auch die Vor- und Nachteile der Flexi-Rente.

Teil V: Lange Krankheit – und eine Altersrente ist noch nicht in Sicht

Sie hatten so schön geplant. Jetzt können Sie gesundheitlich leider nicht mehr so, wie Sie wollen. In diesem Kapitel werden die Absicherungsmechanismen, die der Sozialstaat vorsieht, erklärt und Sie erhalten wichtige Hinweise und Tipps, falls Sie diesen Weg einschlagen müssen.

Teil VI: Rentenantrag – Rentenbescheid – und Ihre Rentenzukunft

Gerade vor Rentenbeginn sollten Sie nochmals genau alles abgleichen und prüfen, dass Sie nichts vergessen haben. Auch bei einem Rentenantrag ist vieles zu beachten, was nicht selbsterklärend ist. Und, wenn der Antrag gestellt ist, folgt der Bescheid. Was ist, wenn dieser nicht stimmt? Was sollen Sie dann machen? Welche Fristen sind zu beachten? Dann sind Sie glücklich in Rente und ... ja, so ganz fertig ist Ihr Tun noch nicht. Sie müssen Ihre Renten versteuern und verbeitragen. Im Teil VI wird erklärt, wie Sie von Ihrer Bruttorente zu Ihrer Nettorente kommen. Und alles, was sonst noch so im Ruhestand wichtig ist.

Teil VII: Der Top-Ten-Teil

Hier finden Sie die wichtigsten Renten-Fakes und die häufigsten Fehler im Rentenbescheid.

Symbole, die in diesem Buch verwendet werden

Die Symbole zeigen Ihnen sofort, wenn etwas wichtig ist und was Sie beachten müssen. Sie fordern Sie aber auch auf, mitzumachen – und an Ihrer Rentenplanung zu arbeiten.

An dieser Stelle weise ich Sie immer auf Punkte hin, die Sie bitte beachten.

Hier wiederhole ich Sachverhalte, die Sie jetzt wieder brauchen.

Ich versuche so oft wie möglich, bestimmte Zusammenhänge an Beispielen zu erklären – damit Sie gleich in eigener Sache mitmachen können. Oder ein Gefühl für die finanziellen Auswirkungen bekommen.

Mit diesem Symbol gebe ich Ihnen Hinweise »aus der Praxis – für die Praxis«.

Mit diesen Icons fordere ich Sie immer auf, mitzumachen und an Ihrer Rente zu basteln.

Manchmal muss ich bestimmte Begriffe näher erläutern, die Sie bestimmt kennen, aber vielleicht an dieser Stelle nicht einordnen können. Deshalb nehme ich sie mit Ihnen hier näher unter die Lupe.

Wie es weitergeht

Ich hoffe, Sie können es gar nicht erwarten loszulegen – mit Ihrem Projekt »Früher in Rente«. Lassen Sie sich nicht vom Umfang dieses Buches abschrecken. Es kann sein, dass Sie gar nicht alles brauchen.

Fangen Sie bei den Themen an, die Ihnen wichtig sind. Irgendwann werden vielleicht andere Themen wichtiger. Dann wissen Sie aber gleich, wo Sie suchen müssen. Oder das Buch hilft Ihnen dabei, wirklich an alles zu denken – auch an Dinge, die Sie bislang gar nicht (mehr) auf dem Schirm hatten.

Ich wünsche Ihnen viel Spaß und Erfolg bei der Erstellung Ihrer Rentenplanung beziehungsweise Ihres Fahrplans in Ihre (frühere) und beste Rente! Und natürlich einen wundervollen, gesunden Ruhestand (wenn es dann so weit ist)!

Teil I
Vorbereitung ist alles – eher in Rente, aber richtig

IN DIESEM TEIL …

Klären Sie Ihre Möglichkeiten eines frühen Rentenbeginns.

Bereiten Sie Ihren Kassensturz vor.

Überlegen Sie, ob Sie ausreichend Geld für das Alter haben.

Denken Sie an alle Bausteine.

IN DIESEM KAPITEL

Wichtige Überlegungen zum Rentenbeginn

Kassensturz – nicht nur für das Alter wichtig

Wichtige Kenntnisse zur weiteren Planung

Möglichkeiten des Arbeitgebers für einen optimalen Rentenbeginn nutzen

Neuplanung bei Veränderungen – lange Krankheit, Arbeitslosigkeit

Antragstellung, Bescheid und Start in die Rente

Kapitel 1
Den vorzeitigen Rentenbeginn in die Wege leiten

Wollen Sie früher in Rente? Eine einfache Frage. Wie lautet Ihre Antwort? Einfach nur ja? Mit 60 Jahren? Sofort? Mit 65 Jahren? Oder wissen Sie es einfach noch nicht? Oder wollen Sie nichts falsch machen und Ihren besten Rentenbeginn herausfinden?

Wenn Sie nicht in etwa wissen, wann Sie in Rente gehen möchten, können Sie sich (zunächst) an den üblichen Rentenbeginnen der gesetzlichen Rente orientieren:

- ✔ 63 Jahre
- ✔ 65 Jahre
- ✔ 67 Jahre

Legen Sie Ihren Rentenbeginn fest. Wenn Sie ihn noch nicht wissen, notieren Sie einfach Ihren 63., 65. oder 67. Geburtstag!

Mit 67 Jahren können Sie aktuell in die »normale« Rente gehen. Wir möchten in diesem Buch aber nicht nur diesen »normalen« und einen eventuellen vorzeitigen Rentenbeginn, sondern den – unter Umständen – **besten Rentenbeginn für Sie** betrachten. Der kann vor

Ihrem 67. Lebensjahr liegen – er muss es aber nicht. Auch wenn Sie planen wollen, ist es gut, weiterhin flexibel zu bleiben – oder ganz neue, ganz andere Wege in den Ruhestand zu beschreiten.

Sie können natürlich auch für sich festlegen, mit 55 oder 60 Jahren in den Ruhestand zu gehen. Da jedoch über 93 % des Einkommens im Alter aus der gesetzlichen Rente, einer Beamtenpension oder einer betrieblichen Altersversorgung fließt, müssen Sie bei diesem vorzeitigen Rentenbeginn insbesondere auf private Instrumente zurückgreifen, um ein ausreichendes Einkommen zu haben.

Beantworten Sie für sich die Frage, ob Sie ausreichend Kapitalvermögen haben, um fünf oder zehn Jahre zu überbrücken.

BEISPIEL

Fabian Flörsheim will früher in Rente. So ganz genau hat er seinen Rentenbeginn nicht festgelegt. Aber bis 67 will er nicht arbeiten, er ist ja nicht blöd.

Fabian hat seine Renteninformation der gesetzlichen Rentenversicherung vor sich liegen: 2.500,00 € Rente – das klingt schon mal ganz gut. Weiterhin bekommt er, da er seit Ewigkeiten bei einer großen Chemiefirma angestellt ist, noch eine nette Betriebsrente: 1.800,00 €, die auch nicht zu verachten sind.

Es sind zwar Werte mit 67 Jahren – aber so zehn Jahre eher werden sicherlich nicht viel ausmachen, denkt er.

Fabian ruft wegen seiner Betriebsrente in seiner Personalabteilung an. Wegen der gesetzlichen Rente telefoniert er mit der Deutschen Rentenversicherung.

Nach den Telefonaten ist er entsetzt. Seine Betriebsrente kann er mit Abschlägen ab 60 Jahren erhalten, wenn er eine Vollrente aus der gesetzlichen Rentenversicherung erhält. Die bekommt er aber erst mit 63 – mit Abschlägen in Höhe von 14,4 %. Dazu kommen in beiden Fällen niedrigere Renten, da er bei vorzeitigem Rentenbezug nicht so lange einzahlt, als würde er bis zum 67. Lebensjahr ausharren.

Will Fabian tatsächlich mit 57 Jahren in Rente, muss er also privates Vermögen aufbauen, das er von da an bis zu seinem frühestmöglichem Rentenbeginn mit 63 Jahren verbrauchen kann.

Flink bedient er seinen Taschenrechner. Im Monat braucht er ungefähr 3.500 € Brutto – also 6 Jahre × 12 × 3.500 – das sind 252.000 €.

Wie soll er so viel Vermögen in so kurzer Zeit aufbauen? Fabian beschließt, immer noch leicht grün im Gesicht, doch weiterzuarbeiten und schiebt das Thema Rente und frühzeitiger Rentenbeginn in die ferne Zukunft. So ein Mist, denkt er noch.

Sie sehen, selbst wenn Sie vorzeitig in Rente gehen wollen, müssen Sie abgleichen, welche (finanziellen) Möglichkeiten Sie überhaupt haben.

Wenn Sie Ihre Möglichkeiten kennen, gilt es zu überprüfen, ob Sie die Verluste, die damit einhergehen, verschmerzen wollen oder nicht. Sie müssen entscheiden, was Ihnen wichtiger ist: Ein vorzeitiger Rentenbeginn oder eine höhere Rente? Verbrauchen von vorhandenem Vermögen oder lieber einen Puffer für Unvorhersehbares beibehalten?

So viel vorab zu finanziellen Gedanken.

Es geht in diesem Buch um Sie. Um Ihren (gegebenenfalls vorzeitigen) Rentenbeginn. Deswegen ist es wichtig, dass Sie sich ein paar persönliche und berufliche Fragen beantworten:

- Wie fit sind Sie? Gibt es gesundheitliche Gründe, die dazu führen, dass Sie früher in Rente gehen wollen oder müssen?
- Arbeiten Sie noch gerne? Oder hat sich Ihr Arbeitsumfeld so verändert, dass Sie eigentlich keine Lust mehr haben?
- Ist bei Ihnen privat alles in Ordnung? Oder müssen Sie irgendetwas berücksichtigen, was Sie im Job ausbremst? Zum Beispiel erkrankter Partner, Pflege der Eltern.
- Wissen Sie, mit welchem Alter Ihr Arbeitgeber Sie in Rente schicken will?
- Kennen Sie von Ihren Kollegen Möglichkeiten, die Ihr Arbeitgeber früher in Richtung Frühverrentung angeboten hat. Oder hat Ihr Arbeitgeber aktuell interessante Wege dafür in der Pipeline?
- Steht Ihr Arbeitgeber vor Restrukturierungen, die Sie betreffen könnten?

Haben Sie Ihre Antworten notiert? Sie werden im Laufe dieses Buches zu der einen oder anderen Antwort weitere Details und andere Ansätze oder Ideen erhalten. In den Kapiteln 2 und 3 erfahren Sie, an welche Bausteine Sie unbedingt denken müssen und wie Sie Ihre Unterlagen bezüglich Ihrer Altersversorgung, die Sie (hoffentlich) regelmäßig erhalten haben, interpretieren können.

Kassensturz für das Alter vorbereiten

Aber nun erst mal zurück zum Finanziellen. Sie können sich Ihrem notwendigen monatlichen Kapitalbedarf auf unterschiedlichen Wegen nähern.

- **Lebenshaltungskosten im Alter festlegen**

  Sie legen in etwa fest, wie hoch Ihre Lebenshaltungskosten im Alter sein werden.

- **Heutige Lebenshaltungskosten auf das Alter übertragen**

  Sie schauen sich Ihre aktuellen Ausgaben an und überlegen, welche Kostenblöcke sich im Alter verändern, und welche Kosten dazukommen (könnten).

✔ **Faustregeln verwenden**

Geben Sie den Begriff »Ausgaben im Rentenalter« in Ihrer Internet-Suchmaschine ein, finden Sie auf Anhieb einige Faustformeln, wie zum Beispiel:

- 80 % Ihres vorherigen Nettoeinkommens, bei Beibehaltung Ihres Lebensstandards. Ihr Ziel sollte also sein, im Rentenalter mindestens 80 % Ihres letzten Nettos vor Rentenbeginn zu haben.
- 70 % Ihres Nettos.
- …

Nähern Sie sich Ihrem Kapitalbedarf im Alter über Ihre heutigen Ausgaben, helfen Ihnen Ihre Kontoauszüge – am besten rückwirkend für ein komplettes Jahr, damit Sie auch unregelmäßige Ausgaben mit aufnehmen. Oder Ausgaben, die nur einmal im Jahr, alle zwei oder drei Monate auf Sie zukommen. Fassen Sie im nächsten Schritt Ihre Kostenblöcke zusammen:

✔ **Wohnen:** Miete oder Erhaltungsrücklagen für eigengenutzte Immobilien

✔ **Wohnnebenkosten:** Strom, Wasser, Gas, Öl, Erhaltungsaufwendungen für Wärmepumpen, Photovoltaikanlagen, …

✔ **Lebensmittel, Kleidung, Wohnen, Drogerie- und Kosmetikbedarf**

An diesen Kostenblöcken dürfte sich bei Ihnen im Alter nicht viel verändern. Altersbedingte Anpassungen nach oben oder nach unten dürfen Sie bei den folgenden Kosten berücksichtigen:

✔ **Ausgaben für Kinder:** Die sollten in der Regel bereits auf eigenen Füßen stehen, wenn Sie im Rentenalter sind – wenn nicht, wird es Zeit.

✔ **Aufwendungen für Ihren Beruf:** Denken Sie an Zusatzaufwand für Klamotten, Sprit, Essen in der Kantine – da können Sie sich im Alter völlig neu sortieren und vielleicht Geld sparen.

✔ **Reisen, Kultur, Weggehen, Hobbys:** Berücksichtigen Sie bitte hierbei Ihre Hobbys und Reisepläne im Alter – weichen diese von Ihren bisherigen ab, müssen Sie Korrekturen nach oben oder unten vornehmen. Vergessen Sie nicht, im Ruhestand haben Sie endlich Zeit, all die Dinge zu tun, die Sie schon immer tun wollten.

✔ **Zins und Tilgung für das Eigenheim:** Selbstgenutzte Immobilien sollten so finanziert sein, dass diese mit Rentenbeginn abbezahlt sind – es sei denn, Sie haben von Anfang an mit Ihren Erben gesprochen – die dann Ihre Darlehen übernehmen oder das Erbe ausschlagen.

✔ **Versicherungen:** Prüfen Sie genau, welche Versicherungen im Alter noch benötigt werden und welche nicht.

✔ **Aufwendungen für Ihre zusätzliche Altersversorgung:** Diese Ausgaben dürften wegfallen – Sie sind ja dann im Alter – und Ihre Altersvorsorge sollte Ihnen dann monatlich ein Zubrot verschaffen.

Oft tritt im Alter ein zusätzlicher Kostenblock hinzu:

- **Gesundheit und Pflege:** Ich wünsche Ihnen, dass Sie Ihren Ruhestand gesund und munter genießen und auf diesen Kostenblock verzichten können, aber grundsätzlich könnten höhere Zuzahlungen bei Medikamenten, Untersuchungen, Pflege und Ähnliches auf Sie zukommen.

Wenn Sie nun Ihre aktuellen Kostenblöcke denen im Alter gegenüberstellen, können Sie einen aktuellen Kassensturz (Was können Sie zum Beispiel für das Alter noch zurücklegen?) mit einem prognostischen Kassensturz (Was brauchen Sie voraussichtlich im Rentenalter?) kombinieren.

Dagegen können Sie Ihre Einnahmen im Alter stellen:

- Gesetzliche Renten
- Beamtenpension
- Rente aus einem berufsständischen Versorgungswerk
- Betriebsrente
- Private Leibrente
- Kapitaleinkünfte
- Mieteinnahmen
- Einnahmen aus Entnahmeplänen
- … und was sonst noch für Ihre Altersvorsorge gedacht ist …

Liegen Ihre Einnahmen über Ihren Ausgaben, haben Sie alles richtig gemacht und brauchen nur noch Ihren Rentenbeginn zu bestimmen.

Liegen Ihre Ausgaben über Ihren Einnahmen, haben Sie eine Versorgungslücke. Diese gilt es so schnell wie möglich – in Abhängigkeit von Ihrem Alter – zu schließen.

Im Kapitel 4 können Sie einen aktuellen und einen perspektivischen Kassensturz machen. Sie werden sehen, ob Ihre Versorgung(en) ausreicht oder ob Sie unbedingt noch etwas tun müssen.

Ausreichend Geld für das Alter haben

Kommen Sie zu dem Ergebnis, dass Sie eigentlich genug für das Alter haben, müssen Sie sich um das Ansparen von weiterem Vermögen keine Gedanken machen.

Haben Sie eine Versorgungslücke, müssen Sie überlegen,

- ob Sie die Lücke noch schließen können (Konsumverzicht bis zur Rente, sparen),
- ob Sie an der einen oder anderen Stelle bei Ihren Ausgaben sparen können,
- ob Sie Ihre Bedürfnisse herunterschrauben möchten.

Haben Sie noch Sparpotenzial, hängt viel an den Komponenten Zeit und Rendite. Bei einer Geldanlage dreht es sich immer um die Wechselwirkungen zwischen Sicherheit, Risiko und Rendite und Laufzeit sowie Verfügbarkeit der Anlagen.

- ✔ Je mehr Zeit Sie haben, desto geringer wird der monatliche Betrag, den Sie für Ihre Versorgungslücke zur Seite legen müssen.
- ✔ Je höher die Rendite, desto weniger müssen Sie monatlich ansparen.
- ✔ Je höher die Rendite, desto weniger Sicherheit haben Sie in Ihren Anlagen.
- ✔ Je mehr Rendite Sie haben wollen – desto mehr Zeit brauchen Sie. Oder wollen Sie etwaige Kursverluste sofort realisieren – also alles sofort verkaufen, wenn es mal nicht so läuft oder Sie Geld brauchen?
- ✔ Wenn Sie älter sind, haben Sie weniger Zeit. Wenn Sie nicht langfristig anlegen können, sollten Sie Ihr Risiko gut im Blick haben – oder gar kein Risiko mehr eingehen.
- ✔ Je älter Sie sind, desto höher sind die Beiträge, die Sie ansparen müssen, um Ihr Ziel zu erreichen.
- ✔ Je flexibler Sie sein müssen, zum Beispiel weil Sie schon Geld aus dem zusätzlichen Angesparten benötigen, desto sicherer und fungibler (austauschbarer) sollten Sie anlegen – das kostet Sie aber vermutlich Rendite.

Sie müssen sich für eine Anlage entscheiden, die Sie zu Ihrem Ziel bringen kann. Dazu brauchen Sie Ihren Anlagehorizont. Das ist die Zeitspanne vom Beginn der Anlage bis zur Fälligkeit.

- ✔ Kurzfristig (bis zu drei Jahren)
- ✔ Mittelfristig (zwischen drei bis fünf Jahren)
- ✔ Langfristig (ab fünf Jahren)

Lesen Sie in der Tabelle 1.1 ab, welche Anlagen für Sie infrage kommen könnten.

Am einfachsten ist das flexible Sparen über Fonds und ETFs. Dabei haben Sie die Wahl, ob Sie eher sicher investieren (Geldmarkt, kurzfristige Rentenwerte) oder ob Sie auf Rendite setzen (Aktien, auch via ETFs und Fonds). Denken Sie daran: Aktien dienen grundsätzlich nur der langfristigen Anlage. Oder Sie rechnen mit einem Totalverlust und können diesen auch verkraften.

Laufzeit – Zeitspanne der Anlage	Mögliche Anlageformen
Kurzfristig	• Tagesgeld • Sparbücher • Festgeld • Geldmarktfonds • Kurzfristig investierte Rentenfonds
Mittelfristig	• Festverzinsliche Wertpapiere • Fonds • ETFs (festverzinsliche Wertpapiere) • Spareinlagen
Langfristig	• Festverzinsliche Wertpapiere • Fonds • ETFs • Aktien • Spareinlagen • Rentenversicherungen • Durchführungswege der betrieblichen Altersversorgung

Tabelle 1.1: Anlageinstrumente je Laufzeit

Egal, ob Sie bereits Vermögen gebildet haben oder noch bilden wollen– in Ihre Überlegungen müssen unbedingt folgende Faktoren mit einfließen:

✔ Steuern

✔ Sozialabgaben

✔ Inflation versus Verzinsung

✔ Lebenswahrscheinlichkeit

Die leidigen Steuern

Sie haben oben gesehen, dass die Ausgaben auf Nettobasis ermittelt wurden. Die Einnahmen dagegen auf Bruttobasis, also vor Steuern. So entstehen natürlich Unschärfen. Von diesen sollten Sie sich allerdings nicht abhalten lassen, etwas für das Alter zurückzulegen. Eine Punktlandung werden Sie ohnehin nicht hinbekommen – oder können Sie in die Zukunft sehen?

Die Steuerlast im Alter hängt von Ihren kompletten Einnahmen ab. Diese werden allerdings unterschiedlich steuerlich behandelt:

✔ **Gesetzliche Rente:** Der Teil Ihrer Rente, der zu versteuern ist, hängt von Ihrem Rentenbeginn ab (zum Beispiel Rentenbeginn 2025 = 83,5 %, 2026 = 84 %, …).

✔ **Beamtenpension:** komplett steuerpflichtig

✔ **Rente aus einem Versorgungswerk:** wie die gesetzliche Rente

✔ **Betriebsrente:** komplett steuerpflichtig

✔ **Riester-Rente:** komplett steuerpflichtig

- **Rürup-Rente:** wie die gesetzliche Rente
- **Private Rentenversicherung:** Ertragsanteilsbesteuerung

Es ist also wichtig, dass Sie genau identifizieren, wie sich Ihre Altersversorgung zusammensetzt und wie der einzelne Baustein zu versteuern ist.

Sozialabgaben nicht vergessen

Sind Sie im Alter **gesetzlich pflichtversichert** in der gesetzlichen Kranken- und Pflegeversicherung (KVdR = Krankenversicherung der Rentner), zahlen Sie Beiträge auf bestimmte Einnahmen:

- Bei Bezug einer gesetzlichen Rente die Hälfte Ihres Krankenkassenbeitrages (*die andere Hälfte zahlt die Rentenversicherung*). Dazu kommt der volle Beitrag zur Pflegeversicherung.
- Bei Betriebsrenten den vollen Kranken- und Pflegeversicherungsbeitrag. Dabei gilt bei der Pflegeversicherung eine Freigrenze und bei der Krankenversicherung ein Freibetrag.
- Gehalt und/oder Einnahmen aus selbstständiger Tätigkeit – auf Basis Ihres Einkommens. Bei Angestellten gibt der Arbeitgeber jedoch die Hälfte der Kranken- und Pflegeversicherungsbeiträge dazu.

Sind Sie **freiwillig gesetzlich krankenversichert** im Alter, müssen Sie auf alle Einnahmen bis zur Beitragsbemessungsgrenze der gesetzlichen Kranken- und Pflegeversicherung Beiträge zahlen.

Egal ob Sie versicherungspflichtig oder freiwillig bei einer gesetzlichen Kranken- und Pflegeversicherung abgesichert sind. Sie müssen immer nur bis zur jeweils gültigen Beitragsbemessungsgrenze zur Kranken- und Pflegeversicherung (2025 = 5.512,50 €) Beiträge zahlen. Mehr Beitrag geht nicht!

Sind Sie **privat krankenversichert**, gelten diese Berechnungshinweise zu den Sozialabgaben für Sie nicht. Anders als bei den gesetzlichen Krankenkassen bestimmt sich Ihr Beitrag bei der privaten Krankenversicherung an den vereinbarten Leistungen und wird nicht über Ihr Einkommen berechnet.

Oben sind Sie vielleicht über den Begriff *Krankenversicherung der Rentner* gestolpert und haben sich gefragt, ob Sie im Alter nicht mehr in Ihrer gesetzlichen Kasse Mitglied sind. Die KVdR ist nichts anderes als ein Status, den Sie mit Beantragung Ihrer gesetzlichen Rente einnehmen. Sie bleiben Mitglied Ihrer Krankenkasse.

Im Kapitel 19 finden Sie wichtige Informationen zu Steuern und Abgaben – und für Ihre Rentenzukunft.

Von Hand oder digital planen?

Die Anzahl der Apps und Anwendungen nimmt immer mehr zu. Suchen Sie im Internet oder im App-Store nach »Rentenrechner« oder »Rentenlückenrechner«, so werden Sie schnell feststellen, dass primär Rechner der Deutschen Rentenversicherung auftauchen.

Merken Sie sich schon mal den Link für den Online-Rechner der Deutschen Rentenversicherung `https://www.deutsche-rentenversicherung.de/DRV/DE/Online-Services/Online-Rechner/online_rechner.html`

Alternativ erhalten Sie jedoch auch Verlinkungen zu Banken und Versicherungen.

Allerdings gibt es nur ganz wenige Anwendungen, die halbwegs flexibel alle Besonderheiten berücksichtigen. Hier einige Auszüge:

- Häufig wird nur die gesetzliche Rente abgebildet.
- Weitere Instrumente fehlen oft.
- Die Besteuerung passt häufig nicht.
- Der Krankenkassenstatus im Alter kann nicht abgebildet werden.
- Inflation bleibt außen vor – ebenso wie Ihre individuellen Renditevorstellungen.

Selbst wenn Tools diese Besonderheiten abbilden, gibt es immer wieder Stellschrauben, die nicht so genau zur Ausgangssituation passen. Allerdings kosten detaillierte Anwendungen Geld. Ich glaube nicht, dass Sie für die Ermittlung Ihrer Rente und Ihrer Rentenplanung um die 2.000 € pro Jahr für die Lizenz aufwenden möchten.

Nach meinen Erfahrungen reicht es völlig, »von Hand« zu rechnen. Wenn Sie ein tolles Tool finden oder eine superflexible App, freue ich mich über eine kurze Mitteilung.

Dann gibt es noch die *Digitale Rentenübersicht* der Deutschen Rentenversicherung. Idee ist, dass jeder Bürger eine Gesamtübersicht der aktuellen und zukünftigen Rentenansprüche erhält – und zwar nicht nur über die gesetzliche Rentenversicherung, sondern auch über alle anderen Altersvorsorgeverträge.

Die Deutsche Rentenversicherung stellt das Portal inklusive der Angaben zur gesetzlichen Rente bereit. Alle weiteren Anbieter, wie zum Beispiel Versicherungen, Investmentgesellschaften, Träger der betrieblichen Altersversorgung, müssen (können, sollen) das Portal mit Ihren Daten und Prognosen Ihrer Renten weiter füttern. Es soll sichergestellt werden, dass jeder Bürger seine Digitale Rentenübersicht abrufen und sich somit über seine prognostizierten Einnahmen ab seinem Rentenbeginn informieren kann.

Sie werden wichtige Instrumente der Altersversorgung noch genauer in den Kapiteln 5 bis 9 kennen lernen.

Probieren Sie es bei Gelegenheit aus: `https://www.rentenuebersicht.de/DE/01_startseite/home_node.html`

Sie brauchen Ihren Personalausweis, eine aktuelle Version der AusweisApp, ein Smartphone oder Tablet mit NFC-Funktion (drahtloser Austausch mit anderen NFC-fähigen Geräten), alternativ einen Computer und ein Kartenlesegerät.

Über die Digitale Rentenübersicht erhalten Sie folgende Daten:

✔ Höhe Ihrer garantierten und prognostizierten Rente – der aktuelle Stand und der mögliche Stand, der bei weiterer Einzahlung erreicht werden kann

✔ Beginn der Auszahlung – also Ihr Rentenbeginn

✔ Merkmale zur

- Steuerpflicht
- Sozialabgabenpflicht
- Hinterbliebenenabsicherung
- Invaliditätsabsicherung
- Dynamik – mit anderen Worten: Gibt es Rentensteigerungen?

Die Idee an sich ist klasse. Das Output bietet Ihnen eine gute Grundlage für Ihre weitere Planung. Allerdings befindet sich dieses Portal noch im Aufbau. Einige Angaben fehlen:

✔ Es sind noch nicht alle Anbieter dabei.

✔ Es werden keine Versorgungslücken abgebildet.

✔ Hinweise auf Steuern und Sozialabgaben sind vorhanden, zeigen aber nicht, was das individuell für Sie bedeutet.

✔ Alternative Anlagen, die Sie vielleicht für Ihr Alter vorgesehen haben, fehlen.

Sie werden also nicht umhinkommen, an Ihrem frühzeitigen Rentenbeginn selbst Hand anzulegen oder Spezialisten einzubinden. Die Deutsche Rentenversicherung (DRV) verweist an dieser Stelle an Rentenberater/-innen, Verbraucherschutzorganisationen und Anbieter von Altersvorsorgeprodukten – die auch dabei helfen können, die Digitale Rentenübersicht für Sie zu entschlüsseln.

Wichtige Kenntnisse zur weiteren Planung

Oft liegt der Teufel im Detail. Deswegen bringen Sie Kenntnisse über Ihre eigenen Altersvorsorgeinstrumente weiter. Dabei differenzieren Sie bitte klar Ihre eigenen Bausteine. Für jeden Baustein, den Sie haben, gilt eine eigene gesetzliche Welt, die Sie für sich entdecken können.

Gesetzliche Rentenversicherung

Gehören Sie zu den rund 34,7 Millionen sozialversicherungspflichtigen Beschäftigten, sind Sie bei der Deutschen Rentenversicherung pflichtversichert und haben nach fünf Jahren der Einzahlung einen Rentenanspruch.

Wichtige Unterlagen

Es gibt eine Reihe von wichtigen Unterlagen, die Ihnen bei Ihrer Rentenplanung helfen:

- ✔ **Renteninformation:** Seit Ihrem 27. Lebensjahr erhalten Sie einmal im Jahr Post von der Deutschen Rentenversicherung: Ihre persönliche *Renteninformation* mit dem aktuellen Stand Ihrer Rente.
- ✔ **Aktueller Versicherungsverlauf:** Ebenfalls ab dem 27. Lebensjahr erhalten Sie Ihren Versicherungsverlauf. Hierin wird Ihr Leben abgebildet. Fehlen Daten, müssen Sie diese unbedingt bis zu Ihrer Rente ergänzen lassen.
- ✔ **Rentenauskunft:** Ab Ihrem 55. Lebensjahr erhalten Sie alle drei Jahre eine *Rentenauskunft* anstelle der Renteninformation. Diese erhält immer einen Versicherungsverlauf und erläutert die verschiedene Rentenarten.

Zurück zur Frage: Wann können Sie in Rente?

Oben habe ich Ihnen die Frage gestellt, wann Sie in Rente gehen möchten. Jetzt geht es darum zu erfahren, wann Sie in Rente gehen können. Wenn bei Ihnen die gesetzliche Rentenversicherung (wie bei den meisten) die Haupteinnahmequelle im Alter ist, müssen Sie überlegen, welche Rente Sie erhalten können und was das für Ihren Rentenbeginn bedeutet.

Sie können nur dann Ihre Rente bei der Deutschen Rentenversicherung erhalten, wenn Sie bestimmte Bedingungen erfüllen.

- ✔ **Eine bestimmte Wartezeit:** Eine Wartezeit ist so etwas wie eine Mindestversicherungszeit. Je Rentenart setzt sich die Wartezeit aus unterschiedlichen Zeiten, die Sie in Ihrem Versicherungsverlauf nachweisen müssen, zusammen.
- ✔ **Ein bestimmtes Alter:** Erfüllen Sie die Wartezeit, heißt das noch lange nicht, dass Sie sofort diese Rente beantragen können. Neben der Wartezeit müssen Sie auch ein bestimmtes Alter erreicht haben.

Jetzt geht es darum, Ihr Leben Revue passieren zu lassen: Damit Sie Ihre gesetzliche Rente bis zu Ihrem Rentenbeginn »sauber« haben, müssen Sie sich über Ihr Leben spätestens ab Ihrem 17. Lebensjahr bis zu Ihrem Rentenbeginn im Klaren sein. Fehlt in Ihrem Versicherungsverlauf ein Teil Ihres Lebens, sind Sie gefordert, diese Zeiten im Rahmen eines Kontoklärungsverfahrens nachzuweisen.

Die Deutsche Rentenversicherung berücksichtigt unterschiedliche rentenrechtliche Zeiten.

1. **Beitragszeiten**

   Beitragszeiten liegen vor, wenn Sie Pflichtbeiträge oder freiwillige Beiträge gezahlt haben.

2. **Beitragsfreie Zeiten**

   Für diese Zeiten haben Sie keinerlei Beiträge an die Rentenversicherung gezahlt. Diese Zeiten werden aber trotzdem bei Ihrer Rente berücksichtigt. Entweder in der Form zusätzlicher Entgeltpunkte bei der Rentenberechnung oder aber bei der Berechnung Ihrer Wartezeit.

   - *Anrechnungszeiten:* Das sind zum Beispiel Ihre Schulzeiten, Zeiten eines Studiums, teilweise Zeiten der Arbeitslosigkeit und Krankheit, Schwangerschaft, Mutterschutz.
   - *Ersatzzeiten:* Das sind Zeiten, die nach dem Zweiten Weltkrieg zum Ausgleich der Versicherungsbiografie gedient haben. Sie spielen heute eine Rolle, wenn jemand in der ehemaligen DDR in politischer Haft saß.
   - *Zurechnungszeit:* Diese Zeit ist beispielsweise wichtig für Sie, wenn Sie vor Beginn Ihrer Altersrente eine Erwerbsminderungsrente erhalten haben. Diese Zeit beginnt mit dem Eintritt der Erwerbsminderung. Sie endet bei einem Rentenbeginn im Jahr 2025 mit 66 Jahren und 2 Monaten. Beginnt eine Erwerbsminderungsrente im Jahr 2031, endet die Zurechnungszeit mit dem 67. Lebensjahr. Sie erhalten – vereinfacht – im Falle der Erwerbsminderung den Durchschnittswert an Entgeltpunkten, der sich bis zum Eintritt der Erwerbsminderung aus dem hinterlegten Versicherungsverlauf bei der Deutschen Rentenversicherung ergibt. Durch dieses Vorgehen wird die Rente »aufgefüllt« und dient somit als Einkommensersatz, da Sie aus gesundheitlichen Gründen nicht arbeiten können.

3. **Berücksichtigungszeiten**

   Berücksichtigungszeiten erhält, wer Kindererziehungszeiten gutgeschrieben bekommen hat. Dadurch sollen (immer noch) insbesondere Frauen, etwas bessergestellt werden. Die Berücksichtigungszeit kann gut als »Lückenfüller« im Versicherungsverlauf genutzt werden. Unter bestimmten Umständen wirkt sie jedoch auch auf die Rentenhöhe, wenn zum Beispiel ab 1992 aufgrund der Erziehung eines Kindes nur Teilzeit gearbeitet werden konnte oder mehrere Kinder zeitgleich erzogen wurden/werden

BEISPIEL

Beispiel Berücksichtigungszeiten: Sie haben für Ihr einziges Kind Ihre Arbeit für drei Jahre auf Teilzeit reduziert und erhalten daraus jährlich 30.000,00 € Gehalt. Hierfür würden Sie aktuell 0,59 Entgeltpunkte pro Jahr erhalten, somit circa 23,00 € monatliche Rente pro Jahr (3 Jahre = 69,00 €)

Durch die Berücksichtigungszeiten wird Ihr Gehalt aber um 50 % aufgewertet

Bei dem fiktiven Verdienst von rund 45.000,00 € (30.000 +50 %) erhalten Sie nun 0,89 Entgeltpunkte, nach drei Jahren entspricht dies einer monatlichen Rente von 105,00 € – Ihre Rente wird um 35,00 € pro Monat erhöht.

Diese einzelnen Zeiten finden Sie ganz oder teilweise in Ihrem Versicherungsverlauf.

Leider werden nicht alle Zeiten bei allen Rentenarten berücksichtigt. Sie müssen jetzt genau abgrenzen, welche Zeiten bei welcher Rente angerechnet werden. Und wie viele Monate Sie von diesen besonderen Zeiten benötigen.

- **Regelaltersrente**

  Beitragszeiten, Ersatzzeiten und noch Zusatzzeiten aus einem Versorgungsausgleich oder einem Minijob.

  Sie brauchen fünf Jahre mit diesen Zeiten – 60 Monate.

- **Altersrente für schwerbehinderte Menschen und Altersrente für langjährig Versicherte**

  Wie Regelaltersrente und zusätzlich: Anrechnungs-, Berücksichtigungs- und Zurechnungszeiten. Also: Alle im Versicherungsverlauf gespeicherten Zeiten.

  Sie brauchen 35 Jahre mit diesen Zeiten – 420 Monate.

- **Altersrente für besonders langjährig Versicherte**

  Um die Wartezeit für diese Rente abzugleichen, muss man leider ins Detail gehen, da nicht alle Zeiten anerkannt werden oder die Anerkennung mit Bedingungen verknüpft ist. Vereinfacht gilt, dass insbesondere Zeiten angerechnet werden, bei denen Pflichtbeiträge, entweder durch Sie selbst und Ihren Arbeitgeber oder aus öffentlichen Kassen, gezahlt wurden.

  Für diese Rente benötigen Sie 45 Jahre – also 540 Monate.

Wenn Sie jetzt Ihre Wartezeitmonate den einzelnen Rentenarten zugeordnet haben und auch geprüft haben, ob diese Monate in ausreichender Menge bei Ihnen vorliegen, können Sie nun ablesen, wann Sie die jeweilige Altersgrenze erreicht haben, um in Rente gehen können:

- Regelaltersgrenze = 67 Jahre
- Altersrente für schwerbehinderte Menschen = 62 Jahre (Achtung: Zusätzlich noch einen Grad der Schwerbehinderung zum Rentenbeginn in Höhe von mindestens 50 %).
- Altersrente für langjährig Versicherte = 63 Jahre.
- Altersrente für besonders langjährig Versicherte = 65 Jahre.

Offene Zeiten identifizieren

Haben Sie Ihre Wartezeit abgeglichen? Sind alle Zeiten Ihres Lebens dokumentiert? Wenn nein, sollten Sie die fehlenden Zeiträume gegenüber der Rentenversicherung beweisen und nachmelden.

In der Praxis fehlen oft

- Zeiten der beruflichen Ausbildung
- Schul-, Fachschul- und Studiumzeiten
- Kinder

Abschläge oder nicht?

Sicher haben Sie schon mitbekommen, dass ein frühzeitiger Rentenbeginn Geld kostet. Wenn Sie mit 63 Jahren Ihre gesetzliche Rente in Anspruch nehmen, sind Sie vier Jahre zu früh dran, denn eigentlich gibt es die Regelaltersrente erst ab dem 67. Lebensjahr.

Somit können Sie in der Spitze 48 Monate eher in Rente. Für jeden Monat, den Sie früher in Rente gehen, verzichten Sie auf 0,3 % Ihrer Rente – dauerhaft, Ihr Leben lang.

Warten Sie dagegen und arbeiten einfach weiter – über Ihr 67. Lebensjahr hinaus – bringt Ihnen Ihre Geduld und Arbeitswut jeden Monat 0,5 % Zuschläge zu Ihrer Rente. Rufen Sie Ihre Rente erst mit 68 Jahren ab, bekommen Sie zum Beispiel 6 % mehr Rente.

Doch nicht nur die Zu- und Abschläge spielen eine Rolle. Denken Sie daran, dass Sie, während Sie noch arbeiten, in die Rentenkasse einzahlen. Gehen Sie eher in Rente und hören auf zu arbeiten, fehlen auch Ihre Beiträge. Auch dadurch reduziert sich Ihre Rente.

Abschläge ausgleichen

Die eben angesprochenen Rentenabschläge können Sie ab Ihrem 50. Lebensjahr ausgleichen, wenn Sie die Wartezeit zum Beispiel für eine Altersrente für langjährig Versicherte bis zu Ihrem Rentenbeginn erfüllen können. Mit anderen Worten: Wenn ab 50 absehbar ist, dass Sie mit 63 Jahren die 35 Jahre Wartezeit erfüllen, können Sie extra Geld in die Rentenkasse einzahlen.

Dafür müssen Sie einen eigenen Antrag stellen (Formular V0210). Sie erhalten dann eine *Auskunft zum Ausgleich einer Rentenminderung*. In dieser Auskunft finden Sie den Betrag, den Sie maximal in die Rentenkasse einzahlen können.

Sie können den Ausgleich zahlen, müssen es aber nicht. Sie können den Betrag auf einmal zahlen oder, was steuerlich viel interessanter ist, den Betrag auf mehrere Jahre verteilen.

Doch auch andere Möglichkeiten, die (frühzeitige Rente) zu verbessern sind möglich:

✔ **Scheidungsverluste wettmachen**

Bis zur Regelaltersgrenze (also bis zu Ihrem 67. Geburtstag) können Entgeltpunkte, die Sie im Rahmen eines Versorgungsausgleiches an Ihren ehemaligen Ehepartner nach der Scheidung übertragen mussten, wieder aufgefüllt werden

✔ **Ausbildungszeiten ergänzen und hochwerten**

Sind Sie noch jünger als 45 Jahre, können Sie

- Ihr 16. Lebensjahr (wenn Sie, wie die meisten von uns in der Schule waren), durch Einzahlungen in ein Jahr mit freiwilligen Beiträgen verwandeln,
- Zeiten Ihres Schulbesuchs beziehungsweise Ihres Studiums noch in Beitragszeit umwandeln, wenn die Gesamtdauer acht Jahre überschritten hat und diese Zeiten nicht anderweitig im Versicherungsverlauf belegt sind.

Sie finden weitere Details zur gesetzlichen Rentenversicherung in den Kapiteln 2, 5, 6 und 7.

Ist Rente drin, wo Rente draufsteht?

Gerade bei privaten Bausteinen, kann oft nicht so genau beantwortet werden, ob das was draufsteht auch drin ist. Denken Sie an einen ETF-Sparplan. Ist das angesparte Vermögen für Ihr Alter gedacht? Oder als Sicherheit, wenn etwas passiert? Oder für eine bestimmte Anschaffung?

Wichtig ist, dass Sie für sich identifizieren, welche angesparten Gelder Sie für Ihr Alter verwenden wollen. Diese Identifikation gilt zum Beispiel für folgende privaten Anlagen:

- ✔ **Private Rentenversicherung**

  Haben Sie bei Abschluss daran gedacht, diese für das Alter zu verwenden? Oder haben Sie geplant diese Versicherung zur Darlehenstilgung Ihrer Immobilie zu nutzen?

- ✔ **Kapitallebensversicherung**

  In den späten 1990er-Jahren gab es aus steuerlichen Gründen einen regelrechten Abschlussboom. Deswegen haben viele Menschen eine solche Versicherung. Oft wird diese ab dem 60. Lebensjahr, manchmal auch eher, fällig. Also eigentlich zu früh, um für die Rente zu dienen. Deswegen werden diese Anlageformen auch oft verwandt, um Darlehen zu tilgen, das Haus zu modernisieren, ein Auto zu kaufen, auf Reisen zu gehen und Ähnliches.

- ✔ **Langfristige Sparpläne von Kreditinstituten**

  Ebenfalls in den 1990er-Jahren wurden sehr langfristige Sparpläne mit Laufzeiten teilweise weit über 20 Jahre angeboten und auch abgeschlossen. Der Clou war damals, dass am Ende der Laufzeit ein ziemlich hoher Bonus gezahlt wurde, der die niedrigen Zinsen während der Laufzeit gut wettmachen konnte. Oft wurden diese Verträge als Altersvorsorge abgeschlossen. Verwendet werden und wurden sie aber zu Konsumzwecken.

- ✔ **Fonds- oder ETF-Sparpläne**

  Mit monatlichen regelmäßigen Beträgen von den Gewinnen an den Aktienmärkten partizipieren, ist ein langfristiges Konzept der Altersvorsorge.

- ✔ **Immobilien**

  Bei selbstgenutzten Immobilien sparen Sie die Miete oder etwaige Mietsteigerungen. Allerdings ist ein Haus oft auch ein Fass ohne Boden. Leider hält eine Heizung nicht ein Leben lang. Ein Bad muss altersgerecht saniert werden (oder wollen Sie mit Problemen im Bewegungsapparat in eine Badewanne kraxeln, um zu duschen?). Irgendwann ist überall der Lack ab – Fassade neu, Türen neu, Fenster neu. Die Liste ließe sich beliebig fortführen. Immobilien wollen gepflegt werden.

  Das gilt auch für vermietete Immobilien. Natürlich können Sie die Mieteinahmen als feste Einkunft im Alter verbuchen. Aber nur dann, wenn Sie parallel Erhaltungsaufwendungen (die auch steuerlich nicht uninteressant sind) berücksichtigen.

✔ **Entnahme aus Depots**

Wertpapierdepots sind, wenn sie aktiv gemanagt werden, oft gemischt. Aktien, festverzinsliche Wertpapiere, Liquidität – in völlig unterschiedlicher Gewichtung. Je riskanter die Anlagestrategie, desto höher der Aktienanteil. Entweder in Form von Direktanlagen oder in Fonds beziehungsweise ETFs.

Problematisch ist der Aktienanteil, wenn Sie sukzessive Geld entnehmen möchten. Müssen Sie Aktien verkaufen, weil Sie das Geld als monatliche Rente benötigen, kann das schnell in ein Verlustgeschäft ausarten.

Deswegen ist es unabdingbar, dass Sie Ihr Vermögen in Depots langsam, aber sicher ab einem bestimmten Zeitpunkt, einem bestimmten Alter, von riskant (oder chancenorientiert, das klingt besser) in sicher (das ist jetzt langweilig) umschichten.

Verschiedene Fondsgesellschaften bieten entsprechende Anlagekonzepte unter dem Begriff *Live-Cycle-Modell* an – oder auf fast deutsch: *Lebenszyklusmodell.* Hierbei steht ein bestimmtes Ziel – nämlich die Entnahme von Geldern im Alter – im Vordergrund.

Betriebliche Altersversorgung

Sie glauben nicht, wie oft die Frage nach einer betrieblichen Altersversorgung verneint wird. »Habe ich nicht!«, »Ich spare nur selbst.«, »Mein Betrieb hat doch keine Altersversorgung.«

Dabei gibt es sehr viele Arbeitgeber, die Ihren Mitarbeitern eine Betriebsrente anbieten. Entweder allein durch Ihren Arbeitgeber oder durch Sie – denken Sie an die Stichworte: Entgeltumwandlung, Bruttolohnvergütung, aus dem Brutto sparen, Direktversicherung – oder durch Sie beide finanziert.

Haben Sie eine bAV, eine betriebliche Altersversorgung, gehört diese definitiv in Ihren Bausatz mit Altersvorsorgeinstrumenten. Lesen Sie in den Kapiteln 2 und 8 nach, wie Sie Ihre bAV bei Ihrer Planung einkalkulieren müssen.

Möglichkeiten des Arbeitgebers für einen optimalen Rentenbeginn nutzen

Für einen frühen Eintritt in die Rente brauchen Sie ein möglichst langfristiges Planungskonzept, das alle Ihre Bausteine berücksichtigt. Sie müssen wissen, was Sie sich finanziell leisten können oder müssen, um Ihren geplanten Rentenbeginn zu realisieren. Dafür ist es aber unbedingt erforderlich, dass Sie sich über Ihren Rentenbeginn und den Weg dahin im Klaren sind. Es ist ein riesiger Unterschied, ob Sie sagen, Sie wollen mit 55 in Rente oder mit 63.

Mit 63 dürften Ihre Bausteine, wenn auch mit einigen finanziellen Schmerzen, langsam aber sicher verfügbar werden. Mit 55 müssen Sie sich auf Ihre eigenen finanziellen Polster stützen und diese womöglich bis zu Ihrem Rentenbeginn verbrauchen. Es sei denn, Ihr Arbeitgeber weist Ihnen einen Weg, wie Sie das stemmen können.

Dem Grunde nach gibt es planbare Wege oder überraschende Abzweigungen für Sie, die Sie auch näher oder genau zum Ziel bringen können.

Die Planbarkeit hängt von den arbeitsrechtlichen Rahmenbedingungen bei Ihrem Arbeitgeber ab.

Arbeitgeber, die innovativ im Sinne Ihrer Mitarbeiter agieren und/oder in Branchen tätig sind, in die der berühmte Fachkräftemangel unmittelbar hineinwirkt, bieten oft Work-Life-Balance-Modelle an. Damit ist nicht nur die Balance zwischen Arbeit und Leben gemeint, sondern auch die Balance zwischen Arbeitsleben und dem Ruhestand. Um Mitarbeiter zu gewinnen und zu halten, reichen nicht nur ein interessanter Job und ein prima Gehalt. Auch eine adäquate betriebliche Altersversorgung, ein Job-Ticket oder Job-Fahrrad, eine leckere Kantine, Gutscheine und ein gutes Arbeitsklima können Mitarbeiter halten oder helfen, Mitarbeiter zu gewinnen. Aber eben auch ein Wertguthaben (oder Zeitwertkonto, Lebensarbeitszeitkonto).

Mit Unterstützung des Arbeitgebers den vorzeitigen Ruhestand planen

Wie jetzt? Vorzeitig in Rente mit dem Arbeitgeber? Und dann noch geplant? Sehen Sie es sich an:

BEISPIEL

Benjamin Blümchen ist Personalchef. Als solcher hat er den Überblick über personalpolitische Instrumente, die ein Unternehmen braucht. Vor einigen Jahren hat er in Abstimmung mit der Geschäftsleitung und dem Betriebsrat sehr arbeitnehmerfreundliche Langzeitkonten im Unternehmen eingeführt.

Auch Benjamin hat dieses Zeitwertkonto fleißig für sich genutzt. Er hat seine Überstunden (umgewandelt in Geld – Stundenlohn mal angesammelte Stunden), einen Teil seiner übertariflichen Vergütung und seine Tantieme über einige Jahre angespart.

Regelmäßig hat er geschaut, was er per Saldo angespart hatte. Als er sein Ziel erreicht hat, überraschte er seinen Chef mit seiner Bitte um Inanspruchnahme des Wertkontos.

Benjamin ist jetzt 57 Jahre alt. Er hat genug angespart, um bei vollem Lohnausgleich acht Jahre eher daheimzubleiben.

Das ist natürlich ein Extrembeispiel ohne Beträge. Aber nicht völlig aus der Luft gegriffen.

Es gibt verschiedene Modelle, wie mithilfe des Arbeitgebers ein frühzeitiger Ruhestand in die Wege geleitet werden kann:

- ✔ **Zeitwertkonto:** Über *Zeitwertkonten* haben Sie die Möglichkeit, Zeit (Überstunden, teilweise Urlaub) oder Geld (Teile Ihres Entgelts, Tantieme, Sondervergütungen) in ein Wertguthaben einzubringen und anzusparen. Wenn Sie eine bestimmte Summe angespart haben, können Sie das Zeitwertkonto in Anspruch nehmen. Entweder für eine Auszeit, für Pflegezeiten oder für einen vorzeitigen Ruhestand. Der Clou dabei ist, dass Sie während der Inanspruchnahme ganz normal weiter bei Ihrem Arbeitgeber beschäftigt sind. Sie bekommen weiterhin Gehalt, zahlen Steuern und Sozialabgaben. Sie brauchen nur nicht mehr zu arbeiten. Je nachdem wie lange Sie ansparen können, erreichen Sie auf diesem Wege einen sehr schön planbaren vorzeitigen Ruhestand – bei vollem Lohnausgleich.

Im Kapitel 11 können Sie nachlesen, wie Sie Ihren Vorruhestand durch ein Langzeitkonto mithilfe Ihres Arbeitgebers planen können.

✔ **Altersteilzeit:** Viele Arbeitgeber bieten diese Modelle an, weil Tarifverträge entsprechende Vereinbarungen vorsehen. Andere Arbeitgeber wollen verdienten Mitarbeitern eine frühzeitige Auszeit aus dem Job ermöglichen (oder Kosten sparen, indem jüngere und billigere Mitarbeiter nachrücken). Es wird zwischen dem *Gleichverteilungsmodell* (Sie reduzieren für die komplette Laufzeit der Altersteilzeit Ihre Arbeitszeit und Ihr Gehalt auf die Hälfte) und dem *Blockmodell* (Sie arbeiten die halbe Laufzeit bei halbem Gehalt voll und in der nächsten Hälfte bleiben Sie zu Hause und bekommen weiterhin das halbe Gehalt) unterschieden.

Was genau hinter der Altersteilzeit steckt, können Sie im Kapitel 10 entdecken.

Sowohl mit einem Zeitwertkonto als auch mit einer Altersteilzeitvereinbarung können Sie in Abstimmung mit Ihrem Arbeitgeber Ihren frühzeitigen Ruhestand punktgenau planen.

Überraschende Abzweigung in die Rente – wenn der Arbeitgeber Angebote macht

Womit Sie vermutlich nicht rechnen, sind Angebote aus heiterem Himmel. Oder denken Sie daran, dass Ihr Arbeitgeber auf Ihrer Zielgeraden in die Rente gerade wirtschaftliche Probleme hat und gezwungen ist Mitarbeiter zu entlassen?

Im Rahmen von Sozialplänen können teilweise interessante Angebote gemacht werden, die in Kombination von Abfindung und Arbeitslosigkeit einen unverhofft frühen Rentenbeginn für Sie bedeuten können – mit planbaren finanziellen Einbußen (oder eben auch nicht).

Wie Ihr Arbeitgeber überraschend abzweigen kann, können Sie im Kapitel 12 nachlesen.

Wenn die Planung nicht mehr passt, zum Beispiel wegen langer Krankheit

Leider ist es so, dass mit zunehmendem Alter auch die Gebrechen zunehmen. Oder die Belastung so groß wird, das psychische Probleme auftreten. Oder böse Erkrankungen alle Pläne zunichtemachen.

Lohnfortzahlung im Krankheitsfall – erst mal sicher

Sie denken vermutlich gar nicht darüber nach, dass Sie bei Erkrankungen und Arbeitsunfähigkeitsbescheinigung durch Ihren Arzt, Ihr Gehalt erst einmal weitergezahlt bekommen. Für Sie ist das selbstverständlich. Es ist gesetzlich im Entgeltfortzahlungsgesetz geregelt. Für sechs Wochen erhalten Sie weiterhin Ihr Gehalt vom Arbeitgeber, wenn Sie arbeitsunfähig erkranken.

Krankengeldbezug

Sobald die sechs Wochen abgelaufen sind, ist Ihre Krankenkasse dran Sie abzusichern und Ihnen die finanzielle Sicherheit und Zeit zu geben, wieder gesund zu werden. Weitere Details finden Sie im Kapitel 14.

Aussteuerung – die Agentur für Arbeit übernimmt

Nach 72 Wochen möchte Ihre gesetzliche Krankenversicherung nicht mehr Ihr Krankengeld zahlen – Sie werden dann rechtzeitig *ausgesteuert.*

Das erfolgt in Form eines Schreibens (Bescheides), den Sie circa acht Wochen vor der Beendigung des Krankengeldes erhalten. Mit diesem Schreiben müssen Sie dann umgehend bei der Agentur für Arbeit vorstellig werden und das sogenannte *Nahtlosigkeits-Arbeitslosengeld* beantragen.

Das ist eine Sonderform des Arbeitslosengeldes und passt nicht zu dem Grundsatz, dass Arbeitslosengeld nur erhält, wer in der Lage ist, mindestens drei Stunden am Tag auf dem allgemeinen Arbeitsmarkt tätig zu sein. Sie sind krank und eben nicht in der Lage, mehr als drei Stunden zu arbeiten. Über diese Sonderform des Arbeitslosengeldes soll sichergestellt werden, dass Sie abgesichert sind, bis die Deutsche Rentenversicherung über Ihren Antrag auf Erwerbsminderungsrente entschieden hat.

Details zur Aussteuerung und zum Arbeitslosengeld finden Sie im Kapitel 15.

Früher in Rente – mit der Erwerbsminderungsrente

So hatten Sie sich Ihren früheren Rentenbeginn sicherlich nicht vorgestellt – krankheitsbedingt eine volle oder teilweise Erwerbsminderungsrente beantragen zu müssen.

- ✔ **Sie erhalten eine volle Erwerbsminderungsrente**, wenn Sie pro Tag nur noch bis zu drei Stunden auf dem allgemeinen Arbeitsmarkt arbeiten können.
- ✔ **Sie haben Anspruch auf eine teilweise Erwerbsminderungsrente**, wenn Sie pro Tag zwischen drei und bis zu sechs Stunden arbeiten können.
- ✔ **Über eine Erwerbsminderungsrente können Sie nur nachdenken**, wenn Sie die versicherungsrechtlichen Bedingungen erfüllen können: Sie brauchen grundsätzlich in den letzten fünf Jahren mindestens drei Jahre mit Pflichtbeiträgen in der gesetzlichen Rentenversicherung.

Die Beantragung der Erwerbsminderungsrente ist sehr aufwendig. Je besser sie vorbereitet ist, desto einfacher kann die Deutsche Rentenversicherung Ihren Antrag bearbeiten. Viele Rentenanträge werden abgelehnt, weil zum Beispiel die versicherungsrechtlichen Bedingungen nicht erfüllt sind. Oder weil im Sinne der Rentenversicherung überhaupt keine Erwerbsminderung vorliegt.

Wenn Sie die Höhe Ihrer Erwerbsminderungsrente herausfinden wollen, nehmen Sie Ihre Renteninformation zur Hand. Sie finden den Betrag der Erwerbsminderungsrente gleich als ersten Wert auf der ersten Seite.

Sie werden dabei direkt bemerken, dass die Erwerbsminderungsrente oft höher ist als die anderen ausgewiesenen Renten auf dieser Seite. Das hängt mit der sogenannten Zurechnungszeit zusammen. Um diese zu ermitteln, werden Ihre bereits im Versicherungsverlauf gespeicherten Daten genommen und hieraus ein Durchschnittswert ermittelt. Dieser wird dann ab dem Datum Ihrer festgestellten Erwerbsminderung bis zu Ihrer Altersrente hochgerechnet.

Die Zurechnungszeit wird ab dem Jahr 2031 bis zum 67. Lebensjahr berechnet. Bis dahin gibt es eine Übergangsvorschrift, die besagt, dass die Zurechnungszeit jedes Jahr des späteren Rentenbeginns um 2 Monate steigt.

Somit ist die Erwerbsminderungsrente im Vergleich zu Ihrem Gehalt vielleicht nicht angemessen hoch für Sie – aber nach dem Willen des Gesetzgebers soll zumindest ein Entgeltersatz vorhanden sein.

Da die Erwerbsminderungsrente in der Regel vorzeitig, also vor dem 62. Lebensjahr, in Anspruch genommen wird, gibt es auch hier Abschläge. Maximal in Höhe von 10,8 %, gerechnet wird hierbei bis 65.

Die Abschläge helfen auch nicht gerade, die Versorgung zu sichern. Dazu kommen noch Sozialabgaben und Steuern – vielen Menschen bleibt im Falle der Erwerbsminderung kein anderer Weg, »als zum Amt zu gehen«.

In der Regel werden Erwerbsminderungsrenten als Zeitrenten auf drei Jahre befristet. Sie müssen immer wieder (Achtung: Verlängerungsantrag) rechtzeitig verlängert werden. Insgesamt kann die volle Erwerbsminderung auf maximal neun Jahre verlängert werden – danach werden Sie wahrscheinlich eine unbefristete Rente erhalten.

Die Erwerbsminderungsrente wird Ihnen im Kapitel 16 nähergebracht.

Antragstellung, Bescheid und Start in die Rente

Jetzt ist es so weit: Ihre Vorbereitungen in Ihren dritten Lebensabschnitt können beginnen. Für Sie die letzte Möglichkeit, alles richtig zu machen.

Letzte Chance: Klären Sie Ihr Rentenkonto

Egal, ob Sie frühzeitig oder regulär in Rente gehen – gleichen Sie nochmals Ihren Versicherungsverlauf mit allen vorhandenen Belegen ab: Meldungen zur Sozialversicherung, Buch über Arbeit und Soziales aus dem Beitrittsgebiet (ehemalige DDR), Bescheide über den Bezug von Arbeitslosengeld, Unterhaltsgeld, Krankengeld, Verletztengeld (Sie haben über jede Sozialleistung einen Bescheid erhalten, in dem Sie die Daten finden, die an die Rentenversicherung gemeldet wurden).

Optimale Vorbereitung Ihres Antrages

Wenn Sie die Rente direkt online beantragen möchten (vgl. `https://www.eservice-drv.de/eantrag/hinweis.seam?conversationId=26775`), kann es ohne gute Vorbereitung ein wenig hektisch werden – Sie werden vermutlich nicht alle Fragen sofort beantworten können. Einfacher ist es, einen Papierantrag als PDF herunterzuladen (Suchbegriff: R0100 PDF für Ihre Suchmaschine), und dieses PDF (auch gerne papierfrei) sukzessive (und rechtzeitig) auszufüllen. Sie können dann auch gleich das PDF verwenden und mit der Post versenden oder aber die Eingaben dann online vornehmen.

Rentenantragstellung

Sie können den Antrag selbst stellen oder Sie lassen sich helfen – das macht Sinn, wenn Sie Angst vor Fehlern haben oder Ihr aufregendes Leben im Versicherungsverlauf nochmals abgleichen lassen möchten. Dabei helfen Ihnen die Beratungsstellen der DRV, der VdK oder andere Sozialverbände, Ansprechpartner bei den Städten und Gemeinden. Oder gerichtlich zugelassene Rentenberater gegen Honorar, die gleich noch den späteren Rentenbescheid nachrechnen und Sie bei Problemen auch in Widerspruchsverfahren oder bei Gericht vertreten können.

Aktuell geht die Deutsche Rentenversicherung davon aus, dass Ihr Rentenantrag in drei bis vier Monaten bearbeitet sein wird – wenn alles in Ordnung und geklärt ist.

Rentenbescheid überprüfen

Es sind schnell Fehler gemacht. Sie können, wenn Sie nur Pflichtbeitragszeiten im Versicherungsverlauf haben, vermutlich den Rentenbescheid selbst überprüfen. Sobald andere Zeiten auftauchen, wird es schwieriger. Das Rentenrecht ist komplex!

Folgende Checkliste hilft Ihnen, offensichtliche Fehler zu finden:

- ✔ Sind Ihre Beitragszeiten vollständig erfasst?
- ✔ Stimmen die Gehaltsangaben, die aufgeführt wurden?
- ✔ Sind Ihre Lehre, Ihre Ausbildung und Ihr duales Studium richtig im Versicherungsverlauf dokumentiert und auch als solche deklariert?

- ✔ Ost oder West – Wurde der Umrechnungsfaktor für Ost-Zeiten (wenn Sie im Osten gearbeitet haben) richtig angesetzt?
- ✔ Ist Ihr Versorgungsausgleich nach einer Scheidung richtig in Ihrem Versicherungskonto verbucht?
- ✔ Ist Ihre Schule richtig im Versicherungsverlauf angegeben? Ihr Studium?
- ✔ Sind Zeiten der Pflege korrekt?
- ✔ Sind Ihre Kinder richtig im Versicherungsverlauf? Passen die für Ihre Kinder erzeugten Zeiten (Berücksichtigungszeiten, Kindererziehungszeit, Schwangerschaft/Mutterschutz)?
- ✔ Stimmt alles mit Ihrer Krankenkasse? Die richtige Kasse? Die richtigen Beiträge? Der richtige Status? Zuschuss oder nicht?

Da sich Ihre Rente nicht nur aus nachvollziehbaren Beitragszeiten zusammensetzt (für die Sie die Entgeltpunkte selbst ermitteln können), sondern auch aus Zeiten, in denen Sie selbst nichts in die Rentenkasse eingezahlt haben, sind auch sogenannte beitragsfreie und beitragsgeminderte Zeiten in der Rentenberechnung zu berücksichtigen. Dafür führt die Rentenversicherung im Rahmen der Gesamtleistungsbewertung Durchschnittsberechnungen an, die über drei Stufen erfolgen.

1. **Grundbewertung:** Alle Entgeltpunkte aus Beitrags- und Berücksichtigungszeiten ergeben für einen bestimmten Zeitraum einen Durchschnittswert.

2. **Vergleichsbewertung:** Hier werden Zeiten, in denen Beiträge gezahlt wurden und gleichzeitig eine weitere rentenrechtliche Zeit vorlag, die beitragsfrei war (sogenannte beitragsgeminderte Zeiten), so gestellt, dass sie mindestens den Wert erhalten, den sie als beitragsfreie Zeit erhalten würden (auch wieder als Durchschnittswert).

   Der höhere Wert fließt in die Rentenberechnung ein.

3. **Begrenzte Gesamtleistungsbewertung:** Gegebenenfalls wird der ermittelte Wert der Höhe nach gekürzt.

BEISPIEL

Nehmen wir an, dass wir einen Zeitraum von 40 Jahren haben, also 480 Monate. In diesem Zeitraum gibt es 10 Jahre beitragsfreie Zeiten (zum Beispiel eine Zurechnungszeit wegen Erwerbsminderung), also 120 Kalendermonate.

Für 30 Jahre (40 – 10 Jahre) sind 20 Entgeltpunkte (EP) für Beitragszeiten vorhanden. Für die 10 Jahre beitragsfreie Zeit wird jetzt der Gesamtleistungswert ermittelt (Entgeltpunkte für beitragsfreie Zeiten).

Berechnung für 10 Jahre beitragsfreie Zeit:

20 EP geteilt durch (40 – 10 Jahre) 30 Jahre = 0,6667 EP

EP für beitragsfreie Zeiten = 0,6667 × 10 Jahre = 6,6667 EP

Gesamtpunkte für die 40 Jahre = 20 EP + 6,6667 EP = 26,6667 Entgeltpunkte

Monatsrente: 26,6667 × 40,79 € = 1.087,73 €

Die genaue Berechnung dieser Grundbewertung ist leider im Rentenbescheid nicht enthalten und muss gesondert bei der Rentenversicherung angefordert werden.

Sollten Sie selbst keinen Fehler finden, aber das Gefühl haben, dass irgendetwas nicht in Ordnung ist oder aber Sie wollen einfach auf Nummer sicher gehen (schließlich geht man nur einmal im Leben in Rente), suchen Sie zeitnah über `https://www.rentenberater.de/` einen Rentenberater in Ihrer Nähe. Dieser kann Ihnen sagen, ob alles in Ordnung ist oder ob Fehler vorliegen.

Sobald Fehler vorliegen, wird es hektisch:

Widerspruch einlegen

Sie können innerhalb eines Monats Widerspruch gegen den Rentenbescheid einlegen. Grundsätzlich müssen Sie keine Begründung mit einreichen, jedoch empfiehlt es sich, der Rentenversicherung darzulegen aus welchem Grund Sie mit der Entscheidung/der Berechnung nicht einverstanden sind.

Sollten Sie keine Begründung zu Ihrem Widerspruch abgeben, kann die Rentenversicherung weiterhin nur mit den vorliegenden Angaben und Unterlagen den Vorgang neu überprüfen und würde höchstwahrscheinlich zu keinem anderen Ergebnis kommen. Daher ist es wichtig, den Widerspruch zu begründen und die notwendigen Nachweise (Zeugnisse, Meldungen zur Sozialversicherung et cetera) mit einzureichen.

Alles in trockenen Tüchern?

Ist alles in trockenen Tüchern, sind Sie frühzeitig (oder regulär) im Ruhestand. Jetzt müssen Sie nur noch ein paar Dinge im Hinterkopf behalten:

- ✔ Grundsätzlich können Sie sich Ihre Renten auch ins Ausland zahlen lassen – informieren Sie sich aber bitte vorher, ob (je gewähltem Domizil) ein paar Regeln zu beachten sind.
- ✔ Arbeiten Sie neben der Rente weiter, sollten Sie das der Rentenversicherung anzeigen. Es spielt bei Altersrenten zwar in Bezug auf den Hinzuverdienst keine Rolle mehr – aber Weiterarbeit kann Ihnen zusätzliche Entgeltpunkte und somit später eine etwas höhere Rente bescheren.
- ✔ Denken Sie daran, Sie müssen als Rentner eine Steuererklärung abgeben – die meisten Renten sind Bruttorenten, die nachgelagert (also erst bei Leistungsbezug) versteuert werden müssen – der Staat möchte eben auch seinen Teil haben.

- ✔ Dann kann sich immer noch Ihr Leben verändern. Denken Sie an Ihr Rente, wenn Sie jemanden pflegen – vielleicht macht eine Teilrente ab der Regelaltersgrenze doch noch Sinn?

Auch wenn Ihre Rente aktuell vielleicht noch ein fernes Ziel ist, lohnt es sich, längerfristig zu planen. Oder aber kurzfristig alles so richtig und gut wie möglich in die Wege zu leiten. Ihre Rente ist nicht nur der Rentenantrag und der Rentenbescheid. Ihre Rente hat viele Facetten, die richtig eingesetzt, Ihren Weg in Ihren optimalen (frühzeitigen) Rentenbeginn bereitet und Sie auch in Ihrem dritten Lebensabschnitt komplett begleiten wird. Impulse und wichtige To-dos finden Sie auf den folgenden Seiten.

IN DIESEM KAPITEL

Unterlagen kennen, die Sie für einen Kassensturz brauchen

Interpretation der Unterlagen, die Sie von der gesetzlichen Rentenversicherung erhalten

Kapitel 2
Check-up gesetzliche Rente

Die gesetzliche Rentenversicherung begleitet Sie bereits ab dem Zeitpunkt, zu dem Sie erstmalig eine Erwerbstätigkeit aufgenommen haben. Mit dem ersten Gehalt haben Sie Ihren ersten Beitrag in die gesetzliche Rentenkasse eingezahlt. Im Normalfall erhalten Sie nicht mit der ersten Einzahlung einen Nachweis, sondern zum ersten Mal mit 27 Jahren in Form einer Renteninformation.

Die Renteninformation

Sie erhalten erstmalig eine Renteninformation, wenn Sie

- ✔ das 27. Lebensjahr vollendet haben und
- ✔ mindestens 5 Jahre mit Beitragszeiten aufweisen können.

Beitragszeiten bei der Deutschen Rentenversicherung sind Monate, in denen Sie *Pflichtbeiträge* oder *freiwillige Beiträge* eingezahlt haben. Als Arbeitnehmer sind Sie pflichtversichert bei der Deutschen Rentenversicherung. Auf Basis Ihres Gehalts zahlen Sie und Ihr Arbeitgeber jeweils zur Hälfte Pflichtbeiträge auf Ihr Rentenkonto ein. Pflichtbeiträge entstehen aber auch, wenn Sie Kinder erziehen. Freiwillige Beiträge können Sie einzahlen, wenn Sie nicht pflichtversichert sind, aber trotzdem Geld auf Ihr Rentenkonto zahlen möchten.

Sie brauchen fünf Jahre mit Beitragszeiten, um überhaupt eine Rente von der Deutschen Rentenversicherung zu erhalten.

Rund 30 Millionen Renteninformationen werden jährlich verschickt.

Nehmen Sie Ihre eigene Renteninformation zur Hand – dann können Sie die folgenden Informationen direkt abgleichen.

Erwerbsminderungsrente, aktuelle Anwartschaft, hochgerechnete Rente

Auf der ersten Seite finden Sie folgende wichtige Informationen:

- ✔ **Höhe Ihrer Erwerbsminderungsrente:** Wundern Sie sich, warum diese Rente so hoch ist? Das liegt an der Zurechnungszeit. Vereinfacht wird Ihre aktuelle Rentenanwartschaft bis zu Ihrer Altersrente hochgerechnet – mit dem Durchschnittsentgelt, das Sie bereits im Versicherungsverlauf, auf Ihrem Rentenkonto, haben. Das ist eine gewollte, soziale Komponente des Gesetzgebers.
- ✔ **Die aktuelle Rentenanwartschaft:** Die können Sie später selbst nachrechnen.
- ✔ **Hochgerechnete Rente:** Vorsicht – diese Rente rechnet Ihre Beiträge während der letzten fünf Jahre bis zu Ihrer Regelaltersgrenze hoch. Haben Sie (gut) verdient und tun das weiterhin, dann ist dieser Wert zumindest eine Prognose. Hat sich etwas an Ihrem Leben und damit an Ihren Einzahlungen in die Rentenkasse verändert, ist dieser Wert irreführend.

Anna Annweiler fühlt sich bestens für ihr Alter gerüstet. Sie hat jedes Jahr die Renteninformation studiert – obwohl – studiert ist das falsche Wort. Sie hat dick und fett ihre monatliche, hochgerechnete Rente markiert. Weitergelesen hat sie nicht – sie ist ein Zahlenmensch, was will sie mit Buchstaben?

Pünktlich flattert die aktuelle Renteninformation ins Haus – Sie erwartet, weil die Renten so schön gestiegen sind, jetzt wieder eine höhere Rente. Entsetzt stellt sie fest, dass ihre Rente geringer ist.

Nach langwierigen Recherchen wird ihr klar, dass ihre Arbeitszeitreduzierung im letzten Jahr sich auch auf ihre Rente auswirkt. Der Durchschnitt, mit dem die Rentenprognose gerechnet wird, hat sich verringert. Sie hat also nicht nur netto weniger in der Tasche, weil sie jetzt freitags daheimbleibt – sie hat auch weniger Rente erwirtschaftet.

Gezahlte Beiträge

Normalweise arbeiten Sie und zahlen gemeinsam mit Ihrem Arbeitgeber in die Rentenkasse ein. Basis für die Beiträge ist Ihr Gehalt. Es gibt aber auch Zeiträume, in denen öffentliche Kassen für Sie die Beiträge der gesetzlichen Rentenversicherung übernommen haben:

- ✔ **Kindererziehung** (Sie haben die Geburt und die Erziehung Ihres Kindes, Ihrer Kinder der DRV mitgeteilt.)
- ✔ **Pflegezeiten** (Sie pflegen einen nahen Angehörigen.)
- ✔ **Übergangsgeld** (Sie haben auf Kosten der DRV eine Reha gemacht.)
- ✔ **Krankengeld** (Sie waren länger als sechs Wochen krank und Mitglied einer gesetzlichen Krankenkasse.)
- ✔ **Arbeitslosengeld** (Sie haben Arbeitslosengeld I bezogen.)

Wie sich die Rentenbeiträge für Ihr Versicherungskonto zusammensetzen, finden Sie auf der zweiten Seite der Renteninformation. Es wird jeweils der Eurobetrag der Beiträge ausgewiesen, die

- ✔ Sie allein gezahlt haben,
- ✔ Sie oder Ihr Arbeitgeber gezahlt haben und
- ✔ öffentliche Kassen (Steuermittel, Pflegekasse, Deutsche Rentenversicherung, Krankenkasse, Agentur für Arbeit) überwiesen haben.

Von diesen gezahlten Beiträgen hängt die Höhe Ihrer Rente ab. Ihr Verdienst wird in *Entgeltpunkte* umgewandelt.

Haben Sie genauso viel verdient, wie der Durchschnitt aller in der DRV-Versicherten (Arbeitnehmer) oder haben andere (Krankenkasse, Pflegekasse, Agentur für Arbeit, der Staat) im ähnlichen Umfang eingezahlt, erhalten Sie genau einen *Entgeltpunkt*. Gemessen wird der Entgeltpunkt am *Durchschnittsentgelt*.

Das *Durchschnittsentgelt* im Sinne der Deutschen Rentenversicherung bezieht sich auf das Durchschnittseinkommen aller dort Versicherten. Es ist eine Rechengröße. Die Höhe wird jedes Jahr durch Rechtsverordnung festgelegt. Das Durchschnittsentgelt bildet die Entwicklung der Bruttolöhne und Bruttogehälter ab.

Das vorläufige Durchschnittsentgelt für 2025 beträgt 50.493,00 € im Jahr. Das endgültige Durchschnittsentgelt für 2025 wird erst im Dezember festgeschrieben.

Ein Jahreseinkommen von 50.493,00 € ergibt also im Moment einen Entgeltpunkt.

Von den Entgeltpunkten zur Rente

Auf der zweiten Seite der Renteninformation finden Sie Ihre Entgeltpunkte, die Sie bis zum Stichtag erworben haben. Ihre aktuelle Renteninformation rechnet in der Regel mit Werten bis zum 31.12. des Vorjahres.

Multiplizieren Sie Ihre Entgeltpunkte mit dem aktuellen Rentenwert, haben Sie Ihre bislang erworbene Rentenanwartschaft.

Der *Rentenwert* ist der Wert eines Entgeltpunktes bei der Rentenversicherung. Er beträgt vom 01.07.2025 bis zum 31.06.2026 40,79 €.

Suchen Sie auf der zweiten Seite der Renteninformation Ihre Entgeltpunkte. Multiplieren Sie diese mit 40,79 €. Das Ergebnis ist Ihre aktuelle Rentenanwartschaft, Ihr aktueller Anspruch, bei der Deutschen Rentenversicherung.

Der Wert in Euro, den Sie so ermittelt haben, entspricht nur dann Ihrer tatsächlichen Rente, wenn Sie nichts mehr einzahlen beziehungsweise eingezahlt haben. Und – wenn Sie bis zu Ihrer Regelaltersrente warten.

Die *Regelaltersrente* ist streng genommen, die normale Rente. Sie können diese Rente erhalten, wenn Sie fünf Jahre in die Rentenkasse eingezahlt und das Alter für diese Rente erreicht haben. Das ist im Normalfall das 67. Lebensjahr. Alle anderen Rentenarten der Deutschen Rentenversicherung sind vorgezogene Renten.

Weitere Details finden Sie ab Kapitel 4.

In der Renteninformation finden Sie Ihre Regelaltersgrenze (als Datum) direkt im zweiten Satz des Anschreibens – fett gedruckt. Schreiben Sie sich Ihre individuelle Regelaltersgrenze auf. Sie werden dieses Datum noch oft in diesem Buch benötigen. Schließlich möchten Sie eher in Rente, oder nicht?

Wenn Sie eher in Rente gehen möchten, haben Sie in der Regel Abschläge. Diese können zwischen 0,3 % und 14, 4% betragen. Auch dazu kommen wir später noch.

Rentenanpassungen – wie schön

Haben Sie nicht auch das Gefühl, dass alles teurer wird? Anstatt 100 € für einen gefüllten Einkaufswagen hinzublättern, bekommen sie den Einkaufswagen nur noch, fürs gleiche Geld, zur Hälfte voll. Gut, dass Ihre gesetzliche Rente regelmäßig erhöht wird.

Die Formel für die Rentenerhöhungen finden Sie im § 68 Abs. 5 SGB VI (wer es sich mathematisch erschließen will, viel Vergnügen!). Es fließen folgende Faktoren ein:

- ✔ **Bruttolohnfaktor:** Es werden die Löhne zugrunde gelegt, die in die Rentenkasse einzahlen. Also der Durchschnitt der beitragspflichtigen Bruttolöhne. Verglichen wird das letzte gegenüber dem vorletzten Jahr.
- ✔ **Beitragssatzfaktor:** Verändern sich die Beitragssätze für die Rentenversicherung, die alle rentenversicherungspflichtigen Beschäftigten zahlen müssen, fließt auch das in die Rentenanpassung mit ein. Damit soll eine Generationengerechtigkeit erreicht werden. Steigen die Beiträge für die Rente, wird die Rente weniger erhöht und umgekehrt.
- ✔ **Riester-Faktor:** Gerne vergessen wird, dass Riester (weitere Details folgen), dazu gedacht war, eine gewollte Rentenlücke von 4 % auszugleichen. Da es keinen Zwang zum Abschluss gab, hat nur ein geringer Teil der Bevölkerung diesen Abschlag auf die Rentenanpassungen, ausgeglichen.
- ✔ **Nachhaltigkeitsfaktor:** Mit diesem Faktor soll gewährleistet werden, dass dem Verhältnis von Beitragszahlern (Arbeitnehmern) und Rentnern Rechnung getragen wird.
- ✔ **Schutzklausel und Nachholfaktor/Ausgleichsbedarf:** Theoretisch können niedrigere Löhne, höhere Beitragssätze zur Rentenversicherung und eine höhere Anzahl von Rentnern dazu führen, dass die Rente sinkt. Ausgedrückt in einem niedrigeren Rentenwert. Damit das nicht passiert, gibt es eine Schutzklausel. Ihre nominale Rente darf nicht sinken. Aber – hätte die Rente eigentlich gekürzt werden müssen, wird das mit späteren Anpassungen nach oben in den Folgejahren verrechnet.

Abgaben, Abgaben, Abgaben

Alle angegebenen Werte in der Renteninformation sind Bruttowerte. Hiervon werden noch Steuern und Sozialabgaben (Kranken- und Pflegeversicherungsbeiträge) abgezogen. Um zu erfahren, was das bedeutet, müssen Sie sich bis zum Kapitel 19 gedulden.

Rentenauskunft

Haben Sie (das kennen Sie schon) mindestens fünf Jahre mit Beitragszeiten bei der Rentenversicherung, erhalten Sie ab Ihrem 55. Lebensjahr eine ausführliche Rentenauskunft. Diese ersetzt alle drei Jahre die Renteninformation und enthält neben einem Versicherungsverlauf ausführliche Informationen zu den Altersrenten, der Erwerbsminderungsrente und zu Hinterbliebenenrenten (Witwer-, Witwen-, Lebenspartner- oder Waisenrenten).

Der Inhalt ist im § 109 Abs. 4 SGB VI geregelt.

Sind Sie schon zarte 55 Jahre jung und haben eine Rentenauskunft erhalten? Dann suchen Sie diese bitte heraus. Der Umfang kann um die 20 bis 40 Seiten betragen – je nachdem, wie abenteuerlich Ihr Leben war.

Sie können die Rentenauskunft aber auch eher anfordern. Im Gesetz wird von »einem berechtigten Interesse« gesprochen.

Fehlt Ihnen eine aktuelle Rentenauskunft fordern Sie diese einfach online an: `www.deutsche-rentenversicherung.de` – Informationen anfordern – Versicherungs- und Rentenunterlagen anfordern – Anforderung von Rentenauskunft anklicken – Ihre Versicherungsnummer bei der Deutschen Rentenversicherung, Ihren Vor- und dann Nachnamen eingeben und absenden. Sie erhalten dann innerhalb von sieben bis zehn Tagen eine aktuelle Rentenauskunft mit der Post.

Die Rentenauskunft ist kein Rentenbescheid. Sie ist eine Information der gesetzlichen Rentenversicherung auf Basis der aktuellen Rechtslage und der bis zum Stichtag gemeldeten Zeiten. Sie ist vorbehaltlich – und deswegen kein Bescheid. Bis zu Ihrem Rentenbeginn, Ihrem Rentenantrag und dann noch bis zum Eingang Ihres Rentenbescheides kann sich einiges verändern (Ihre berufliche Laufbahn, Gesetzesänderungen, plötzliche Erkrankungen, …).

Nehmen Sie Ihre Rentenauskunft zur Hand. Gemeinsam gehen wir die wichtigsten Informationen der Rentenauskunft durch.

Aktualität

Während bei der Renteninformation die Aktualität wichtig für den Stand und die Höhe Ihrer Rente ist, können Sie bei der Rentenauskunft abgleichen, ob und wie Sie die Wartezeit für eine der möglichen Rentenarten bei der Deutschen Rentenversicherung (siehe Kapitel 5) erfüllen können. Nur wenn Sie sich bewusst machen, auf welchem Stand die Auskunft ist, könnten Sie die enthaltenen Daten richtig interpretieren:

- **Datum auf der ersten Seite = Erstellungsdatum** (hat noch nichts zu sagen)
- **Ihr Versicherungsverlauf** = von wann ist der letzte Eintrag? Vom letzten Jahr? Vom vorletzten Jahr?
- **Dritte Seite unter Buchstabe C = Monate für die Wartezeit, Mindestversicherungszeit** (hier finden Sie den Zeitpunkt, bis zu dem Zeiten für Sie gespeichert sind). Das ist das wichtige Datum. Es ist in der Regel deckungsgleich mit der letzten Eintragung im Versicherungsverlauf.

Suchen Sie das Datum heraus, das in Ihrer Rentenauskunft als letzte Eintragung in Ihrem Versicherungsverlauf erhalten ist. Wie aktuell ist Ihre Auskunft? Was war danach? Welche Wartezeitmonate sind auf diesem Stand für Sie gespeichert? Notieren Sie sich die Daten.

Im Kapitel 5 werden Sie herausfinden, warum die Wartezeit so wichtig ist und welche Monate zu welcher Wartezeit dazuzählen. Eine aktuelle Rentenauskunft hilft Ihnen abzugleichen, welche Rente Sie wann erhalten können. Und wie viele Monate Sie noch brauchen, um die Wartezeit für Ihre Wunschrente zu erfüllen.

Informationen der Rentenauskunft

Ab 55 erhalten Sie alle drei Jahre Ihre Rentenauskunft. Auch diese enthält, wie die Renteninformation, auf der ersten Seite verschiedene Rentenhöhen.

Denken Sie daran: Ausgewiesen wird Ihre Regelaltersrente ab 67. Und zwar bis zum Stichtag der Erstellung der Rentenauskunft. Es fehlen die Jahre, die Sie noch in die Rentenkasse einzahlen. Es wird weder die Höhe Ihrer Rente ab 63 noch die Höhe Ihrer »abschlagsfreien« Rente ab 65 ausgewiesen. Der Wert der Regelaltersrente in der Rentenauskunft berücksichtigt

- keinen individuellen Rentenbeginn,
- keine Abschläge (für jeden Monat, den Sie vor dem 67. Lebensjahr in Rente gehen, werden 0,3 % abgezogen),
- keine Aufschläge (bei einem Rentenbeginn über 67 gibt es pro Monat des späteren Rentenbeginns 0,5 % dazu),
- keine Prognoseberechnung (Hochrechnung) Ihrer Renten.

Aber: Wenn Sie nur mit der bereits erwirtschafteten Rente rechnen wollen, können Sie den ausgewiesenen Wert übernehmen. Nehmen Sie Ihren 67. Geburtstag zunächst als Ziel – notieren Sie Ihren Rentenbeginn und Ihre Regelaltersrente. (Entweder die Prognose aus der Renteninformation oder die vorhandene Rente aus der Rentenauskunft.)

Darüber hinaus enthält die Rentenauskunft einen *Versicherungsverlauf*. Das ist eine Übersicht aller Zeiten, die Sie bei der Rentenversicherung zurückgelegt haben. Er bildet Ihr ganzes Leben bei der Deutschen Rentenversicherung ab. Es ist eine Übersicht aller (bislang) gespeicherten Zeiten. Nach Studium dieses Buches werden Sie wissen, ob Ihr Versicherungsverlauf stimmt oder ob er nachgebessert werden muss.

Dazu kommen einige grundsätzlichen Informationen, die die Deutsche Rentenversicherung Ihnen rechtzeitig (und so häufig wie möglich) mit auf den Weg geben will. Wie die Information, dass die ausgewiesenen Renten Bruttorenten sind – also der Fiskus und die Kranken- und Pflegeversicherung auch noch einen Teil Ihrer Rente bekommen.

In der Rentenauskunft werden Sie auch explizit zum ersten Mal darauf hingewiesen, dass Sie einen Rentenantrag stellen müssen. Und, dass Sie den Antrag rechtzeitig stellen sollten. So selbstverständlich, wie das klingt, ist es nicht.

Ein Rentenantrag kann ab der erstmaligen Erfüllung der Voraussetzungen (Alter und Wartezeit) nur drei Monate rückwirkend gestellt werden.

Weiterhin wird zum ersten Mal genauer auf die unterschiedlichen Rentenarten eingegangen. Also auf die Renten, die Sie voraussichtlich erhalten können. Dabei werden die Details zu den einzelnen Rentenarten erläutert und es werden für jede Rentenart die erreichten Monate für die Wartezeit aufgelistet.

✔ **Monate für die Wartezeit**

Es gibt hauptsächlich vier Rentenarten:

1. Regelaltersrente
2. Altersrente für besonders langjährig Versicherte
3. Altersrente für langjährig Versicherte
4. Altersrente für schwerbehinderte Menschen

Für jede Rentenart müssen Sie unterschiedliche Voraussetzungen erfüllen. Die wichtigsten sind

- ein bestimmtes Alter (62, 63, 65 oder 67 Jahre) und
- eine bestimmte Wartezeit, auf die ganz unterschiedliche Zeiten angerechnet werden (Details folgen in Kapitel 5).

In der Rentenauskunft werden die Wartezeitmonate zum Zeitpunkt der Erstellung und der bis dahin gespeicherten Zeiten ausgewiesen.

✔ **Details zur Erwerbsminderungsrenten, den Altersrenten und der Hinterbliebenenrenten**

Für jede Rentenart schlüsselt die DRV für Sie auf,

- wann (genaues, individuelles Datum) Sie diese Rente erhalten können,
- ob Sie auf heutiger Basis die jeweiligen Wartezeiten erreichen können,

- welche weiteren Voraussetzungen noch zu erfüllen sind (in der Regel ein bestimmtes Alter) und ob es Besonderheiten gibt, zum Beispiel Zuschläge oder Abschläge.

In der Anlage zur Rentenauskunft finden Sie eine Kurzfassung Ihrer Rentenberechnung:

Ihre gespeicherten (!), nicht prognostizierten Entgeltpunkte werden für die Regelaltersrente mit dem sogenannten *Rentenartfaktor* und dem aktuellen Rentenwert multipliziert und ergeben Ihre Regelaltersrente.

Der Rentenartfaktor

Der *Rentenartfaktor* hängt von der Art Ihrer Rente ab:

- ✔ Altersrente 1,0
- ✔ Volle Erwerbsminderungsrente 1,0
- ✔ Teilweise Erwerbsminderungsrente 0,5
- ✔ Witwen- beziehungsweise Witwer- beziehungsweise Lebenspartnerrente 0,55 oder 0,6
- ✔ Vollwaisenrente 0,2
- ✔ Halbwaisenrente 0,1

Die Höhe des Rentenartfaktors drückt aus, welches Sicherungsziel für die Rente gedacht ist. Soll das Erwerbseinkommen ersetzt oder ergänzt werden? Anstelle des Gehalts erhalten Sie eine volle Altersrente – die Altersrente soll Ihren bisherigen Lohn, Ihr Gehalt ersetzen (Rentenartfaktor 1,0). Bekommen Sie eine teilweise Erwerbsminderungsrente (Rentenartfaktor 0,5), geht der Gesetzgeber davon aus, dass Sie mindestens noch zwischen drei und bis zu sechs Stunden am Tag arbeiten können. Die Rente hat dann eine Lohnergänzungsfunktion – das alte, volle Gehalt, das Sie wegen Ihrer krankheitsbedingten Teilzeittätigkeit nicht mehr erhalten können, soll durch die Rente »ergänzt« werden.

In dieser Anlage »Berechnung der persönlichen Entgeltpunkte« wird auch aufgeschlüsselt, wie sich Ihre Entgeltpunkte zusammensetzen:

- ✔ aus echten **Beiträgen:** Sie und/oder Ihr Arbeitgeber haben in die Rentenkasse eingezahlt oder es wurden Beiträge von Sozialleistungsträgern gezahlt.
- ✔ aus **beitragsfreien Zeiten:** Auch wenn keine Beiträge gezahlt wurden, erhalten Sie gegebenenfalls Entgeltpunkte für diese Zeiten (zum Beispiel bei einer Fachschulausbildung).
- ✔ aus **beitragsgeminderten Zeiten:** Zeiten, bei denen entweder Pflichtbeiträge und Anrechnungszeiten zusammenfallen oder Zeiten, die besonders gewertet werden, zum Beispiel berufliche Ausbildung.

Die Begriffe werden im Kapitel 6 erklärt.

Diese Entgeltpunkte werden addiert und es kann zum Beispiel noch eine Abschlags- oder eine Zuschlagsberechnung, zum Beispiel wegen eines durchgeführten Versorgungsausgleiches, erfolgen. Das Ergebnis wird mit dem Zugangsfaktor multipliziert und ergibt Ihre persönlichen Entgeltpunkte.

Sie sehen, wir gehen Schritt für Schritt anhand der Rentenauskunft die eigentliche Rentenformel durch. Dafür müssen Sie noch wissen, was der Zugangsfaktor ist.

Eigentlich ist bei allen Renten der *Zugangsfaktor* zunächst 1. Gehen Sie eher in Rente, bekommen Sie für jeden Monat der vorzeitigen Inanspruchnahme einen Abzug. Also 1 minus 0,003 für jeden Monat der vorzeitigen Inanspruchnahme der Rente. Gehen Sie später als 67 Jahre in Rente, ist der Zugangsfaktor 1 plus 0,005 für jeden Monat der späteren Inanspruchnahme.

BEISPIEL

Sabine Siegen wurde am 27.01.1967 geboren. Sie erreicht Ihre Regelaltersgrenze am 01.02.2034.

- Nimmt Sabine am 01.02.2034 Ihre Regelaltersrente, ist der Zugangsfaktor 1.
- Geht Sabine mit 63 in Rente, also am 01.02.2030, nimmt sie ihre Rente 48 Monate oder vier Jahre zu früh in Anspruch. Sie hat 14,4 % Abschläge. In der Rentenformel drückt sich das über den Zugangsfaktor aus. 48 Monate × 0,003 sind 0,144. 1 – 0,144 = 0,856. Sabines Zugangsfaktor mit 63 beträgt 0,856. Die Summe ihrer Entgeltpunkte wird mit 0,856 multipliziert und ergibt den Zugangsfaktor ihrer Rente mit 63.
- Sabine findet arbeiten klasse und weiß heute schon, dass Sie bis 70 arbeiten wird. Sie arbeitet also 36 Monate länger. Dafür bekommt Sabine, wenn Sie am 01.02.2037 ihre Rente erhält, Zuschläge in Höhe von 18 %. Ausgedrückt wird das wieder über den Zugangsfaktor. 36 Monate × 0,005 ergeben 0,18. 1 + 0,18 = 1,18. Mit diesem Zugangsfaktor werden Sabines Entgeltpunkte multipliziert, wenn sie tatsächlich mit 70 in Rente geht.

Ein *Versorgungsausgleich* wird in der Regel bei einer Scheidung durchgeführt. Beide Ehegatten oder Lebenspartner teilen die Rentenanwartschaften, die sie von Beginn ihrer Ehe bis zum Eingang des Scheidungsantrages bei Gericht erwirtschaftet haben. Für diese Ehedauer wird jeder Rentenanspruch einzeln bewertet und dann durch zwei geteilt (Ausgleichsbetrag). Im Anschluss wird entweder entschieden, dass die Ausgleichsbeträge zu niedrig sind und daher kein Ausgleich stattfindet, oder es erfolgt eine gegenseitige Verrechnung: Jeder gibt seine Hälfte der Entgeltpunkte aus der Ehezeit ab und bekommt gleichzeitig vom anderen die Hälfte gutgeschrieben.

Bewertung der Informationen

Sie haben sich jetzt ausführlich mit der Renteninformation und der Rentenauskunft beschäftigt. Wie bewerten Sie Ihre bisherigen Ergebnisse?

Markieren Sie auf beiden Unterlagen Ihre Rentenbeginne; schreiben Sie diese heraus. Notieren Sie, wie hoch Ihre prognostizierte Rente mit 67 sein wird.

Bitte überlegen Sie, wie aktuell Ihr Versicherungsverlauf ist. Ist dieser zu alt, fordern Sie bei der Deutschen Rentenversicherung online am besten einen neuen oder auch gleich eine ausführliche Rentenauskunft an – Sie werden sie im weiteren Verlauf des Buches noch benötigen!

Bitte suchen Sie auch schon mal Ihren Lebenslauf (zum Beispiel für Ihre letzte Bewerbung) heraus. Es sei denn, Sie gehören zu den Menschen, die Ihr Leben und Ihre Berufstätigkeit komplett mit Monat und Jahr im Kopf haben.

Haben Sie noch zehn Jahre oder mehr vor sich, ehe bei Ihnen eine Rente greift, reicht der Wert für eine Planung. Rückt der Rentenbeginn näher oder Sie wollen ganz konkrete Szenarien berechnet haben, zum Beispiel Teilzeit, Gehaltsveränderung, Altersteilzeit, Zeitwertkonten, Sozialleistungsbezug, suchen Sie sich einen Rentenberater. Diese finden Sie in Ihrer Nähe oder digital unter `www.renteberater.de`.

IN DIESEM KAPITEL

Ein erster Überblick über Betriebsrenten und andere Instrumente

Unterlagen für das nächste Kapitel richten

Zusatzversorgung im kommunalen öffentlichen Dienst

Kapitel 3
Denken Sie an alles, was für das Alter gedacht ist

Viele Wege führen zum Renten-Ziel: Gesetzliche Rente, private Rentenversicherungen, ETFs, Fonds. Doch manche Wege werden im Rentenstadtplan gerne vergessen: Betriebsrenten. Ob vom Arbeitgeber bespart oder vom Arbeitnehmer (Entgeltumwandlung).

Wühlen Sie sich im wahrsten Sinne des Wortes durch Ihre Unterlagen. Gibt es da noch irgendetwas von irgendeinem alten Arbeitgeber? Hatten Sie nicht mal irgendetwas für das Alter abgeschlossen?

Betriebsrente oder nicht?

Um mehr zur Betriebsrente zu erfahren, blättern Sie nun zum Kapitel 8 vor. Wollen Sie aber erst einmal nur die Unterlagen identifizieren und überlegen, ob Sie eine Betriebsrente haben und wie Sie die Unterlagen im ersten Schritt sortieren und interpretieren, brauchen Sie zunächst kein Detailwissen und können hier direkt weiterlesen.

Initiator einer Betriebsrente ist Ihr Chef. Einfach, weil er seine Mitarbeiter toll findet, ihnen etwas Gutes tun – und sie an das Unternehmen binden will. Oder Ihr Unternehmen musste tätig werden, weil ein Tarifvertrag anzuwenden ist. Oder Sie oder Kollegen oder der Betriebsrat haben (das geht seit Anfang der 2000er-Jahre) verlangt, dass Teile Ihres Entgelts aus dem Bruttoverdienst in eine Altersversorgung angespart werden.

Welcher Weg auch immer eingeschlagen wurde, jetzt liegt es an Ihnen, zu identifizieren, ob Sie eine Betriebsrente erhalten und was diese beinhaltet.

Sie können gleich schon mal Ihre Unterlagen heraussuchen. Glauben Sie es oder wissen Sie, ob Sie eine Betriebsrente haben.

Wege der betrieblichen Altersversorgung

Im Laufe der Jahrzehnte haben sich (meistens aus steuerlichen, arbeitsrechtlichen oder sonstigen gesetzlichen Gründen) ganz unterschiedliche Wege entwickelt:

- ✔ Direktzusage
- ✔ Unterstützungskasse
- ✔ Direktversicherung
- ✔ Pensionskasse
- ✔ Pensionsfonds

Diese Wege wollen wir uns nun genauer anschauen.

Direktzusage (oder Pensionszusage, oder unmittelbare Versorgungszusage)

Die Direktzusage ist einer der ältesten und flexibelsten Wege der betrieblichen Altersversorgung (oder kurz der bAV).

Ihr Arbeitgeber verspricht Ihnen eine Leistung, zum Beispiel eine bestimmte Rente im Alter oder eine Kapitalabfindung zu einer festen Altersgrenze.

Doch wo kommt das Geld dafür her? Entweder zahlt der Arbeitgeber einen bestimmten Beitrag regelmäßig allein für Sie ein (möglich ist zum Beispiel ein fester Prozentsatz Ihres Einkommens) oder Sie beteiligen sich daran. Ihre Eigenbeteiligung wird *Entgeltumwandlung* genannt oder auch *Deferred Compensation*.

Bei einer *Entgeltumwandlung* verzichten Sie auf Entgelt beziehungsweise Barvergütung, lassen sich Ihr Entgelt, Ihre Sonderzahlung, Tantieme oder was auch immer nicht auszahlen und bekommen dafür von Ihrem Arbeitgeber eine Zusage auf wertgleiche Leistungen der betrieblichen Altersversorgung.

Bei der Direktzusage bekommen Sie (egal wer sie finanziert hat, Sie oder Ihr Arbeitgeber oder Sie beide) eine Leistung. Diese Leistung ist eine Verpflichtung Ihres Arbeitgebers, die er in Zukunft erfüllen muss,

- weil Sie ein bestimmtes Alter erreicht haben,
- weil Sie krank werden oder
- weil Sie (entschuldigen Sie, blödes Thema, aber bei Rente geht es immer um die Frage der Lebenserwartung) sterben.

Je nach Leistungsgrund kann die Höhe, die Ihnen versprochen wurde, anders sein. Ihr Arbeitgeber muss auf der Passivseite der Bilanz *Pensionsrückstellungen* bilden.

Pensionsrückstellungen sind ungewisse Verbindlichkeiten (gegen Sie), die der Höhe, dem Grunde nach und vom Zeitpunkt her noch nicht feststehen. Ihr Arbeitgeber schuldet Ihnen ja was – Ihre Betriebsrente!

Ihr Arbeitgeber hat nun die Möglichkeit, auf der Aktivseite der Bilanz eine Gegenposition aufzubauen. Entweder in Form von Rückdeckungsversicherungen oder Fonds. Alternativ kann Ihr Arbeitgeber Ihre Renten irgendwann auch aus dem Umsatz des Unternehmens zahlen.

Prüfen Sie, ob Sie in Ihren Unterlagen Belege finden, die die Begriffe Direktzusage, Versorgungszusage, unmittelbare Versorgungszusage, Deferred Compensation enthalten.

Wenn das der Fall ist, könnte es sich um eine Direktzusage handeln.

Aufgrund der Komplexität der Bewertung werden die jährlichen Standmitteilungen oft von bekannten Unternehmensberatungshäusern, Aktuaren oder Wirtschaftsprüfungsgesellschaften erstellt. Das heißt, wenn Sie zum Beispiel die jährliche Benachrichtigung von Mercer, WTW und anderen erhalten, spricht das auch dafür, dass Sie eine Direktzusage haben.

Unterstützungskasse

Auch die Unterstützungskasse ist eines der ältesten Konstrukte der betrieblichen Altersversorgung (bAV).

Ihr Arbeitgeber kümmert sich dann nicht selbst um die betriebliche Altersversorgung, sondern hat einen Dritten mit der Durchführung beauftragt.

Eine *Unterstützungskasse* ist eine Versorgungseinrichtung. Entweder hat Ihr Arbeitgeber eine eigene Unterstützungskasse, die nur für Sie und Ihre Kollegen tätig ist, oder Ihr Unternehmen ist Mitglied einer größeren Gruppenunterstützungskasse.

Unterstützungskassen gewähren Ihnen keinen Rechtsanspruch auf Leistungen (da müssen Sie sich an Ihren Arbeitgeber halten, wenn nicht gezahlt wird). Durch diesen fehlenden Rechtsanspruch sind Unterstützungskassen in der Anlage frei – sie können ohne Restriktionen das Geld, das Sie oder Ihr Arbeitgeber einzahlen, anlegen.

Haben Sie etwas gefunden? Gruppenunterstützungskasse, Versorgungsverein, Rückdeckungsversicherung, Unterstützungskasse, Alterskasse, …

Bei diesen Begriffen könnte es sich um eine Unterstützungskasse handeln.

Direktversicherung

Bei einer Direktversicherung schließt Ihr Arbeitgeber als Versicherungsnehmer auf Ihr Leben als versicherte Person eine Rentenversicherung ab. Vor 2005 gab es auch noch Abschlüsse mit kapitalbildenden Lebensversicherungen.

- **Lebensversicherung:** Die Absicherung Ihres Lebens steht im Vordergrund. Wenn Ihnen etwas passiert, bekommt der Begünstigte die Versicherungssumme. Erleben Sie den Ablauf, bekommen Sie eine Einmalkapitalabfindung.
- **Rentenversicherung:** Die Absicherung im Alter steht im Fokus. Bei Erreichen des Rentenalters haben Sie die Wahl zwischen einer monatlichen, lebenslangen Rente oder einer Kapitaloption. Wenn Ihnen vor Fälligkeit etwas passiert, bekommen Ihre Hinterbliebenen in der Regel das eingezahlte Geld zurück.

Die Direktversicherung wird gerne für Entgeltumwandlungsverträge verwendet. Dabei verzichten Sie auf Teile Ihres Brutto(!)-Gehalts.

Pensionskasse

Auch die Pensionskasse ist ein Durchführungsweg der betrieblichen Altersversorgung.

Es gibt Pensionskassen, die nur für bestimmte Branchen tätig sind. Es gibt aber auch *Wettbewerbspensionskassen*, die über Versicherungsunternehmen und Banken angeboten werden.

Wie bei der Direktversicherung auch, schließt der Arbeitgeber als Versicherungsnehmer auf Ihr Leben als versicherte Person eine Rentenversicherung ab.

Pensionsfonds

Ursprünglich sollte mit dem Pensionsfonds ein Durchführungsweg geschaffen werden, der in der Kapitalanlage freier, agiler und renditestärker ist. In der Praxis ist es so, dass Arbeitgeber oft den Weg des Pensionsfonds wählen, um sich von der Haftung und den bilanziellen Nachteilen einer Direktzusage zu befreien.

Es kann sein, dass Sie zwar eine Betriebsrente von Ihrem alten Arbeitgeber zugesagt bekommen haben – dieser aber in die Insolvenz gehen musste. In diesem Fall haben Sie Post vom PSVaG (Pensionssicherungsverein auf Gegenseitigkeit) bekommen. Dieser Sicherungsverein wurde eingerichtet, damit Zusagen auf betriebliche Altersversorgung, bei denen kein externer Dritter, wie zum Beispiel ein Versicherungsunternehmen (Direktversicherung oder Pensionskasse) zwischengeschaltet wurde, bei Insolvenz des Arbeitgebers im Leistungsfall doch teilweise zur Auszahlung kommen. Mit teilweise ist gemeint, dass der Teil, der Ihnen bis zur Insolvenz zusteht, auch später in Form einer Rente oder Kapitalauszahlung gezahlt wird.

BEISPIEL

Stellen Sie sich vor, Ihr Arbeitgeber sagt Ihnen im zarten Alter von 30 Jahren zu, dass Sie mit 67 Jahren eine monatliche Altersrente von 500,00 € erhalten. Es steht Ihnen also mit 67 Jahren eine Rente von 500,00 € zu. Nicht früher! Wenn Ihr Arbeitgeber nach 20 Jahren – also, wenn Sie 50 sind und mental langsam auf die

Rente zusteuern – pleitegeht, stehen Ihnen nicht die 500,00 € zu. Dafür hätten Sie 37 Jahre im Unternehmen sein müssen. Sie waren aber wegen der Pleite nur 20 Jahre da. Also stehen Ihnen von den 500,00 € nur rund 270,00 € zu. Also der Anteil, den Sie im Unternehmen tätig waren, bis dieses den Bach herunterging.

Falls Sie mal eine Pleite eines Unternehmens als Arbeitnehmer erlebt haben, überlegen Sie, ob Sie damals eine Betriebsrente versprochen bekommen haben. War das damals eine Direktzusage oder Unterstützungskasse, müssten Sie Post vom PSVaG erhalten haben. Heben Sie diese Post unbedingt bei Ihren Rentenunterlagen auf! Wenn Sie später eine Rente von der Deutschen Rentenversicherung erhalten, können Sie auch Ihre anteilige Rente beim PSVaG anfordern.

Oft werden gerade Direktversicherungen oder Pensionskassen, aber auch Rückdeckungsversicherungen, die bei einer Unterstützungskasse oder Direktzusage abgeschlossen sind, von Versicherungsunternehmen durchgeführt.

Sie bekommen von diesen einmal im Jahr eine Standmitteilung. Oder einen Kontoauszug. Oder eine jährliche Mitteilung. Oder eine Renteninformation. Die Bezeichnung kann von Versicherungsunternehmen zu Versicherungsunternehmen variieren. Leider variiert auch die Aussagekraft der Informationen.

Jährliche Standmitteilung von Lebensversicherern

Wie Sie wissen, gibt es bei uns in Deutschland für alles Gesetze. Auch der Inhalt der Standmitteilung eines Lebensversicherungsunternehmens ist gesetzlich festgelegt – im Versicherungsvertragsgesetz – kurz VVG. Relevant ist der § 155 VVG.

An die Standmitteilung werden folgende Forderungen gestellt:

- ✔ Sie müssen ihr entnehmen können, was Sie bekommen, wenn ein Versicherungsfall eintritt. Zum Beispiel: Welche lebenslange Rente erhalten Sie, wenn Sie das abgeschlossene Alter erreichen?
- ✔ Bei diesen Angaben müssen die Garantieleistung und die Überschussleistung berücksichtigt werden. Die Erläuterung finden Sie unten.
- ✔ Sie bekommen ausgewiesen, welche Leistungen Sie erhalten, wenn Sie (oder Ihr Arbeitgeber bei Betriebsrenten),
  - den Vertrag bis zum Rentenbeginn unverändert fortführen,
  - den Vertrag beitragsfrei stellen,
  - Sie den Vertrag kündigen oder
  - (wenn vereinbart) wie hoch die Leistungen sind, wenn Ihnen etwas passiert.

Das klingt zunächst vollumfänglich. Weitere Informationen sind möglich.

Standmitteilung übersetzen

Theoretisch können Sie sich für dieses Buch ein Vokabelheft anlegen. Wie in jedem Bereich gibt es auch hier immer wieder Begriffe, die eindeutig und klar klingen, die im Kontext aber eine bestimmte Bedeutung haben. Deswegen ist es wichtig, dass Sie die folgenden Begriffe in Ihrer Standmitteilung kennen und wissen, was dahintersteckt:

- ✔ **Versicherte Person:** Das sind für gewöhnlich Sie. Für Sie gilt der Versicherungsschutz dieses Vertrages. Im Rahmen der betrieblichen Altersversorgung sind Sie immer die versicherte Person.
- ✔ **Versicherungsnehmer:** In privaten Versicherungsverträgen dürften Sie auch meistens der Versicherungsnehmer sein. Die Betriebsrente läuft aber über Ihren Arbeitgeber. Deswegen ist der Arbeitgeber der Versicherungsnehmer. Bei einer Unterstützungskasse ist es (aufgrund des Konstruktes) die Unterstützungskasse.
- ✔ **Versicherungsbeginn:** Dieses Datum wird leider nicht überall und auf jeder Standmitteilung ausgewiesen. Dieses Datum ist aber wichtig, um später abzugleichen, siehe Kapitel 19, wie Leistungen steuerlich behandelt werden.
- ✔ **Versicherungsende oder Versicherungsablauf:** Bis zu diesem Tag sparen Sie (oder Ihr Arbeitgeber). Ab diesem Tag gibt es entweder eine lebenslange Rente oder Sie haben die Möglichkeit, eine Kapitaloption auszuüben.
- ✔ **Garantierte Leistung:** Das ist der Wert, mit dem Sie sicher kalkulieren können.
- ✔ **Überschussbeteiligung:** Versicherer planen langfristig und müssen vorsichtig kalkulieren – insbesondere wegen den versprochenen Garantien. Wenn ein Versicherer aufgrund der Kapitalanlagen, eines anderen Risikos (zum Beispiel sterben weniger Menschen, der Versicherer muss weniger Todesfallschutz auszahlen) oder aufgrund von Einsparungen (wie immer gerne: Personal) mehr erwirtschaftet als gedacht, und die Überschüsse sind höher, als bei Abschluss prognostiziert, können Sie

  - *laufend* – sogenannte laufende Überschussbeteiligung oder
  - *am Schluss* – Schlussgewinne, die sich aus einer Überschussbeteiligung und den Bewertungsreserven zusammensetzen (wie bei Anlagen – man hat vor Jahren ein Wertpapier gekauft. Der Wert ist heute höher als bei Kauf. Verbucht hat man es jedoch zum ursprünglichen Kaufpreis),

  profitieren.
- ✔ **Gezahlte Beiträge:** Das, was Sie oder Ihr Arbeitgeber aktuell, das heißt im vergangenen Jahr, eingezahlt haben. Haben Sie den Vertrag ab 01.07.2018 abgeschlossen, sehen Sie sogar, was Sie bis dahin insgesamt eingezahlt haben.

Angaben, die die Standmitteilung nicht enthält

Oft fehlen in der Standmitteilung aber wichtige Angaben, die Sie im weiteren Verlauf dieses Buches oder bei Ihrer Planung für Ihren frühzeitigen Ruhestand benötigen.

Kommen Sie vorher an die Leistungen?

Sie wollen früher in Rente? Und wann wird Ihre Betriebsrente gezahlt? In manchen Verträgen gibt es klare Regelungen, wann eine Leistung abgerufen werden kann. Dafür sind in der Regel bestimmte Voraussetzungen zu erfüllen:

- ✔ Bezug einer Vollrente (100 %) aus der gesetzlichen Rentenversicherung
- ✔ Ausscheiden aus dem Erwerbsleben (Sie müssen aufhören zu arbeiten!)
- ✔ Eine bestimmte, feste Altersgrenze

Es kann sein, dass Sie eine Voraussetzung erfüllen müssen. Es kann sein, dass Sie mehrere Voraussetzungen erfüllen müssen. Sie finden die Details in der Versicherungspolice oder dem Versicherungsschein, den Sie mit dem Abschluss des Vertrages erhalten haben. Alternativ beziehungsweise additiv kann es Ergänzungen zu Ihrem Arbeitsvertrag geben, denen Sie diese Informationen entnehmen können: Betriebsvereinbarung, Versorgungsordnung, Vereinbarung zur Entgeltumwandlung, …

Haben Sie einen Direktversicherungsvertrag vor dem 01.01.2012 abgeschlossen, können Sie ab Ihrem 60. Lebensjahr die Versicherung in Anspruch nehmen. Je nach Vertrag müssen Sie dabei gegebenenfalls weitere Bedingungen (Vollrente aus der gesetzlichen Rentenversicherung, Ausscheiden aus dem Erwerbsleben) beachten.

Haben Sie den Vertrag nach dem 31.12.2011 abgeschlossen, gilt für Sie die frühestmögliche Inanspruchnahme ab dem 62. Lebensjahr.

Falls Sie Ihren Vertrag vorzeitig in Anspruch nehmen, kann das für Sie mit erheblichen Abschlägen verbunden sein. Manchmal erklärt sich die Versicherung bereit, eine Kündigung zum Rückkaufswert mit 60 oder 62 Jahren zuzulassen. Sie bekommen dann Kapital ausgezahlt – aber nur den Rückkaufswert der Versicherung! Gegebenenfalls machen Sie sich auf dem Wege eine lebenslange Rente kaputt. Außerdem müssen Sie vorher prüfen, was das im Hinblick auf die Sozialabgaben für Sie bedeutet. Das schauen wir uns im Kapitel 19 an.

Der *Rückkaufswert* ist im § 169 des VVG (Versicherungsvertragsgesetz) geregelt. Kündigen Sie einen Versicherungsvertrag, muss Ihnen der Versicherer den Rückkaufswert zahlen.

Der Rückkaufswert ist vereinfacht gesagt der derzeitige Wert Ihrer Versicherung. Es ist der Preis, den Sie zahlen müssen, wenn Sie Ihre Versicherung vor Ablauf der Vertragslaufzeit zurückkaufen wollen. Ihre gezahlten Beiträge, die Verzinsung und die Gebühren werden berücksichtigt.

Der Rückkaufswert ist in der Regel niedriger als die Summe der Einzahlungen, die Sie geleistet haben. Es werden Kosten für die Verwaltung des Vertrages und etwaige Risikokosten (Langlebigkeit, Todesfall und Ähnliches) abgezogen.

Höhe der Leistungen, wenn Sie früher in Rente gehen

Wie hoch sind Ihre Leistungen, wenn Sie früher oder zu einem anderen Termin als geplant die Rente (oder das Kapital) in Anspruch nehmen wollen?

Der Standmitteilung können Sie die Leistungen zum Ablauf der Versicherung entnehmen. Sie wollen aber vielleicht zu einem anderen Zeitpunkt als angegeben in Rente. Möglichst eher oder manchmal auch später. Wollen Sie früher in Rente, ist die Leistung niedriger. Sie zahlen kürzer ein. Wollen Sie später in Rente, ist die Leistung höher, da Sie länger einzahlen. Oder Sie erhalten nur den Rückkaufswert.

Außerdem passt oft der Zeitpunkt der Auszahlung der Versicherung nicht zu Ihrem geplanten Rentenbeginn.

Bei Versicherungen ist immer das *Versicherungsjahr* relevant. Sie (oder Ihr Arbeitgeber, wenn es um eine Betriebsrente geht) schließen eine Versicherung zum Beispiel im Dezember ab. Das Versicherungsjahr beginnt dann in der Regel, wenn nichts anderes vereinbart wurde, am 01.12. des Jahres.

Somit ist der Ablauf der Versicherung für gewöhnlich auch der 01.12. eines Jahres.

Wenn Sie noch jünger sind und Sie wollen eine Versicherung abschließen – richten Sie die Fälligkeit Ihrer Versicherung auf Ihren Rentenbeginn der gesetzlichen Rentenversicherung aus – und zwar auf den frühestmöglichen!

Sie haben am 21.04.1979 Geburtstag. Dann wäre Ihr frühestmöglicher Rentenbeginn bei der gesetzlichen Rentenversicherung (wenn alle Voraussetzungen erfüllt sind, siehe die folgenden Kapitel) mit 63 Jahren, also ab dem 01.05.2042. Dieses Datum sollten Sie auch für Ihre Versicherung nutzen.

Zusätzlich ist es gut, wenn Sie den Vertrag zu denselben Bedingungen weiterlaufen lassen könnten, zum Beispiel bis zu Ihrem 70. Lebensjahr. Auf diesem Weg können Sie die tatsächliche Fälligkeit Ihres Versicherungsvertrages leichter an den Rentenbeginn Ihrer gesetzlichen Rente anpassen.

Wer bekommt die Leistungen, wenn Ihnen etwas passiert?

Bei Entgeltumwandlung im Rahmen der betrieblichen Altersversorgung oder bei Mischfinanzierung (Sie und Ihr Arbeitgeber teilen sich die Beiträge oder Ihr Arbeitgeber gibt etwas dazu) wird für gewöhnlich ein unwiderrufliches Bezugsrecht vereinbart.

- ✔ Wird der Vertrag wie vereinbart fällig, bekommen Sie die Leistung.
- ✔ Passiert Ihnen etwas, bekommen Ihre Hinterbliebenen Ihre Leistung.

Normalerweise gilt im Rahmen der betrieblichen Altersversorgung der enge Hinterbliebenenbegriff. Sie können Ihre Betriebsrente nicht an Hund, Katze oder Maus, sondern nur an einen festgelegten Personenkreis vermachen:

- ✔ Ehepartner, Lebenspartner
- ✔ Kinder (im Sinne des § 32 Abs. 3 und 4 Nr. 1-3 EStG: Kinder bis 18 Jahren, in Ausbildung befindliche Kinder, …)

- ✔ Früherer Ehegatte
- ✔ Lebensgefährte – Achtung: Gemeinsame Haushaltsführung erforderlich.

Sie sehen, so eindeutig sind die Ergebnisse der Standmitteilung nicht.

Helfen können Ihnen die Versicherungspolice oder der Versicherungsschein. Eine solche Urkunde haben Sie bei Vertragsabschluss erhalten und hoffentlich gut aufbewahrt. Sie ist der Nachweis über den abgeschlossenen Versicherungsvertrag (auch bei Betriebsrenten) und muss bei Fälligkeit der Versicherung, zum Vertragsablauf, wieder vorgelegt werden.

Bestandteil des Versicherungsscheins sind die Allgemeinen Versicherungsbedingungen. Hier finden Sie viele Details, die für eine Rentenplanung wichtig sind. Insbesondere:

- ✔ Welche Leistungen erhalten Sie?
- ✔ Wann sind die Leistungen fällig?
- ✔ Welche Voraussetzungen sind zu erfüllen?

Wenn Sie keine Lust haben, die Police und die Versicherungsbedingungen durchzuackern, hilft es, ein Schreiben oder eine E-Mail an die Versicherung zu senden. Fragen Sie nach der Höhe der Leistungen zu Ihrem geplanten Rentenbeginn und danach, welche Voraussetzungen zu erfüllen sind.

Private Verträge

Alles, was Sie über Standmitteilungen und Informationen zur Betriebsrente gelesen haben, können Sie auch auf Ihre privaten Verträge übertragen. Es gibt hier noch wenige Besonderheiten, die Sie kennen sollten.

Riester-Verträge

Bei einem Riester-Vertrag über eine Rentenversicherung können Sie zur Bewertung des Vertrages alles verwenden, was zu Versicherungen oben gesagt wurde.

Fondssparpläne und andere Anlagen

Haben Sie Riester über Fonds oder einem Sparvertrag abgeschlossen, funktioniert das so:

1. Sie sparen regelmäßig an.
2. Wenn Sie die vereinbarte Altersgrenze oder die Bedingungen für den Bezug einer Rente erreichen, haben Sie grundsätzlich die Wahl zwischen einer Rente oder einer Rente mit einer Teilkapitalauszahlung von bis zu 30 %.

3. Von Beginn der Auszahlung bis zu Ihrem 85. Lebensjahr wird ein Teil des angesparten Kapitals in Form von Raten (Auszahlungsplan) – gegebenenfalls abzüglich einer Teilkapitalauszahlung – ausgezahlt.

4. Für die lebenslange Rente ab dem 85. Lebensjahr wird bei Beginn der Auszahlung eine Rentenversicherung gegen Einmalbeitrag abgeschlossen.

Aufgrund dieser Konstruktion können Ihnen einige Vertragspartner erst mit dem tatsächlichen Beginn konkrete Prognosen liefern. Unverbindliche Prognosen können Sie jederzeit anfordern.

Bei den »normalen« Fondssparplänen liegt es an Ihnen, ob Sie Ihr Anlagevermögen zur Rentenplanung hinzuzählen. Es gibt verschiedene Rechner, mit denen Sie Kapital unter Berücksichtigung von Renditeerwartungen verrenten lassen können. Hierfür müssen Sie sich überlegen, wie lange Sie das Geld verrenten lassen wollen – oder sich fragen, wie lange Sie leben wollen.

Geben Sie den Begriff »Auszahlungsplan« oder »Verrentung von Kapitalanlagen« in Ihre Suchmaschine ein (gegebenenfalls ergänzt um den Begriff Berechnung oder Tool). Sie finden dann etliche Angebote zur Berechnung. Oder Sie gehen auf die Homepage Ihrer Fondsgesellschaft. Auch hier dürften Sie einen Entnahme- oder Auszahlungsplanrechner finden, mit dem Sie individuell Ihren angesparten Kapitalbetrag verrenten können.

Versorgungsanstalt des Bundes- und der Länder und die Zusatzversorgungskassen

Arbeiten Sie im öffentlichen Dienst als Angestellter? Dann ist dieser Abschnitt für Sie besonders wichtig.

Als Erstes müssen Sie für sich überlegen, wie lange Sie schon im öffentlichen Dienst sind und wie lange Sie damit Mitglied einer Zusatzversorgungskasse sind.

Sind Sie bereits vor 2002 im öffentlichen Dienst gewesen, haben Sie mit Ihrer Versorgung eine große Umstellung mitgemacht, nämlich die Umstellung von einem Gesamtversorgungssystem in das Punktesystem.

Bis 2002 wurde die Zusatzversorgung im öffentlichen Dienst nur durch Umlagen finanziert.

Bei einer *Umlagefinanzierung* werden die eingenommenen Beiträge sofort wieder zur Finanzierung der Ausgaben verwendet. Die Einzahlungen werden also umgehend wieder als Renten ausgezahlt.

Für die bis dahin erworbene Versorgung wurde nach genau festgelegten Grundsätzen (die immer wieder für eine Klage bei Gerichten gut waren) eine Startgutschrift ermittelt. Waren

Sie bereits vor dem 01.01.2002 im öffentlichen Dienst bei einer Zusatzversorgungskasse gemeldet, haben Sie eine Startgutschrift bekommen.

Sie brauchen ohnehin gleich Ihre aktuelle Standmitteilung Ihrer Zusatzversorgungskasse. Wenn Sie vor 2002 im öffentlichen Dienst waren, sollten Sie gegebenenfalls auch die älteren Standmitteilungen heraussuchen, um zu kontrollieren, dass Ihnen Versorgungspunkte als Startgutschrift gutgeschrieben wurden.

Mit Punkten in die Rente

Seit 2002 werden die Ansprüche über das jährliche zusatzversorgungspflichtige Entgelt und des Alters des Versicherten zum Zeitpunkt des Entgeltbezugs über *Versorgungspunkte* abgebildet.

Das *zusatzversorgungspflichtige Entgelt* entspricht im Wesentlichen Ihrem steuerpflichtigen Entgelt (also dem Gehalt, das auch der Lohnsteuer unterworfen wird).

Es gibt einige Ausnahmen, die in der Anlage 3 des Tarifvertrags Altersversorgung (ATV) aufgeführt sind, zum Beispiel außer- oder übertarifliche Entgeltbestandteile, Aufwandsentschädigungen, Leistungszulagen.

Je nach Arbeitgeber (jeder Arbeitgeber hat ein eigenes Gehaltsabrechnungssystem oder eine eigene Systematik) finden Sie Ihr zusatzversorgungspflichtiges Entgelt entweder monatlich in Ihrer Gehaltsabrechnung ausgewiesen – oder spätestens in Ihrer Dezembergehaltsabrechnung.

Im Tarifvertrag finden Sie auch die Alterstabelle. Für jedes Alter ab 17 gibt es einen eigenen *Altersfaktor*. Dieser Altersfaktor beinhaltet eine Verzinsung während der Anwartschaftsphase (oder Sparphase beziehungsweise über den Zeitraum Ihrer Beschäftigung, für den Beiträge gezahlt werden oder wurden) in Höhe von 3,25 % und von 5,25 % (am Beispiel der VBL – Versorgungsanstalt des Bundes und der Länder) während der Rentenphase. Mit zunehmendem Alter sinkt der Altersfaktor – logisch: Ein junger Mensch hat viel mehr Zeit, seine Rente zu erwirtschaften als ein älterer.

1. **Ermittlung Ihrer Versorgungspunkte**

   - Um Ihre eigenen Versorgungspunkte zu ermitteln, brauchen Sie Ihr zusatzversorgungspflichtiges Entgelt. Da dieses meistens in der Dezembergehaltsabrechnung als Jahresentgelt ausgewiesen wird, müssen Sie es zunächst durch 12 (Monate) teilen, um Ihr durchschnittliches Monatsentgelt zu ermitteln.
   - Sie teilen dieses Monatsentgelt durch 1.000 €. Das ist das »Referenzentgelt«.
   - Das Ergebnis wird mit dem maßgebenden Altersfaktor gemäß Tabelle 3.1 multipliziert und ergibt die erworbenen Versorgungspunkte des Jahres.

Alter	Altersfaktor	Alter	Altersfaktor	Alter	Altersfaktor
17	3,1	26	2,3	40–41	1,5
18	3,0	27–28	2,2	42–43	1,4
19	2,9	29	2,1	44–46	1,3
20	2,8	30–31	2,0	47–49	1,2
21	2,7	32–33	1,9	50–52	1,1
22	2,6	34	1,8	53–56	1,0
23	2,5	35–36	1,7	57–61	0,9
24–25	2,4	37–39	1,6	Ab 62	0,8

Tabelle 3.1: Altersfaktorentabelle (Alter = Differenz zwischen Kalenderjahr und Geburtsjahr) – als Beispiel hier KVBW (Quelle der Daten: `https://www.kvbw.de/pb/site/KVBW-2017-pb/get/documents_E-1369880306/kvbw/Datenquelle_2018/PDF-Dateien/Zusatzversorgung/Merkblaetter/550-07_Merkblatt_ZVKRente.pdf`), abgerufen am 18.03.2025

Thomas Timmendorf ist 53 Jahre alt. Mit 53 Jahren ist ein Altersfaktor von 1,0 vorgesehen. Thomas hat ein zusatzversorgungspflichtiges Entgelt von 60.000,00 €

60.000 : 12 : 1.000 × 1,0 = 5 Versorgungspunkte

Für dieses Jahr hat Thomas 5 Versorgungspunkte erhalten.

Ihre Versorgungspunkte werden jedes Jahr zu den vorhandenen Versorgungspunkten dazu addiert.

2. **Mit dem Messbetrag werden Ihre Versorgungspunkte in Rente umgerechnet.**

Der *Messbetrag* rechnet die Versorgungspunkte in Euro um. Er entspricht dem Wert eines Versorgungspunktes und beträgt aktuell (bereits seit Jahren unverändert) 4,00 €.

Thomas hat dieses Jahr 5 Versorgungspunkte verdient. Multipliziert er diese mit 4, so erhält er den Rentenbetrag in Euro, den er in diesem Jahr erwirtschaftet hat. Also 5 × 4 = 20,00 €

Sie haben eine Zusatzversorgungskassenzusage? Klasse. Dann suchen Sie Ihre letzte Standmitteilung heraus. Versuchen Sie Ihre Versorgungspunkte nachzurechnen. Meist werden das zusatzversorgungspflichtige Entgelt und die bisherigen Versorgungspunkte ausgewiesen.

Beiträge zur Versorgungskasse

Zahlen Sie Beiträge an die Zusatzversorgungskasse?

Bei einer Versorgung über eine Zusatzversorgungskasse handelt es sich um eine betriebliche Altersversorgung, die durch Ihren öffentlich-rechtlichen Arbeitgeber auf Basis eines Tarifvertrages durchgeführt wird.

Je nachdem wo Sie arbeiten und welcher Zusatzversorgungskasse Ihr Arbeitgeber angehört, gibt es unterschiedliche Regeln, welche Beiträge (Umlage, Zusatzbeitrag) gezahlt werden und wie viel Sie und Ihr Arbeitgeber zahlen.

BEISPIEL

Beispiel 1 - VBL

Auf Basis des zusatzversorgungspflichtigen Entgelts wird im Jahr 2025 eine *Umlage* in Höhe von 7,3 % erhoben. Davon zahlen Sie 1,81 % – Ihr Arbeitgeber 5,49 %.

BEISPIEL

Beispiel 2 – ZVK Thüringen

Auf Basis des zusatzversorgungspflichtigen Entgelts zahlt Ihr Arbeitgeber eine Umlage von 1,7 %. Gemeinsam zahlen Sie einen *Zusatzbeitrag*. Der beträgt insgesamt 4,4 %. Hiervon zahlen Sie 2,4 % und Ihr Arbeitgeber 2 %.

Grenzen Sie hierbei ab:

- **Umlage:** Die Umlage wird bei Zusatzversorgungskassen erhoben, die ganz oder teilweise umlagefinanziert sind.
- **Zusatzbeitrag:** Ein Zusatzbeitrag wird immer dann gezahlt, wenn eine Zusatzversorgungskasse ganz oder teilweise den Weg in die Kapitaldeckung geht.

Von einer *Kapitaldeckung* spricht man, wenn die Beiträge, die eingezahlt werden, angelegt, (hoffentlich) verzinst und irgendwann als Leistung wieder zurückfließen.

Weitere wichtige Infos

Für eine Bewertung Ihrer Unterlagen bedenken Sie bitte noch folgende Punkte:

- **Notwendige Wartezeit 60 Monate!**

  Um eine Rente von einer Zusatzversorgungskasse zu erhalten, brauchen Sie 60 Wartezeitmonate. Es müssen 60 Monate (oder fünf Jahre) Beiträge für Sie über Ihren Arbeitgeber (gegebenenfalls mit Ihrer Beteiligung) eingezahlt worden sein.

  Fehlt es an Monaten, erhalten Sie keine Rente.

- **Rente analog der Deutschen Rentenversicherung**

  Ihre Rente aus der Zusatzversorgungskasse erhalten Sie nur, wenn Sie eine Vollrente aus der gesetzlichen Rente beziehen.

  Dabei haben Sie Anspruch auf

  - Altersrente
  - Erwerbsminderungsrente
  - Hinterbliebenenrente

✔ **Zusammenführung unterschiedlicher ZVK-Renten**

Zwischen den Versorgungskassen des öffentlichen und des kirchlichen Dienstes ist grundsätzlich die Überleitung oder Anerkennung von Versicherungszeiten möglich. Bei der VBL gelten Besonderheiten.

✔ **Kein Kapital bei Rentenbeginn**

Auch wenn es bei Betriebsrenten grundsätzlich die Möglichkeit gibt, dass Sie eine Kapitaloption bei Rentenbeginn ziehen – bei den Zusatzversorgungskassen gilt das nicht. Sie bekommen eine monatliche Rente.

Wie immer – keine Regel ohne Ausnahme: Haben Sie nur eine Mini-Rente, kann die ZVK entscheiden, dass Sie einmalig einen Kapitalbetrag erhalten. Im Jahr 2025 beträgt eine Mini-Rente 37,45 €. Beträgt Ihre monatliche Rente also zwischen 0,00 bis 37,45 €, bekommen Sie vermutlich bei Rentenbeginn eine Information, dass Sie auf einmal einen Kapitalbetrag erhalten.

✔ **Abschläge bei frühzeitigem Rentenbeginn**

Nehmen Sie bei der gesetzlichen Rentenversicherung eine Rente ab 63 Jahren in Anspruch, haben Sie Abschläge. Solche Abschläge haben Sie auch beim Bezug einer vorzeitigen Rente bei der Zusatzversorgungskasse. Allerdings sind die Abschläge hier auf maximal 10,8 % begrenzt.

Sie haben Ihre letzte Standmitteilung vor sich? Prima.

Rufen Sie bitte die Internetseite Ihrer ZVK auf. Sie finden (bei den meisten Zusatzversorgungskassen) einen Rentenrechner. Die Eingaben sind selbsterklärend. Sie brauchen allerdings folgende Angaben:

- ✔ Ihr Geburtsdatum,
- ✔ die Angabe, ob Sie eine abschlagsfreie Rente bei der gesetzlichen Rentenversicherung erhalten (das können Sie spätestens nach der Lektüre dieses Buches für sich entscheiden),
- ✔ Ihren Wunschrentenbeginn,
- ✔ Ihr zusatzversorgungspflichtiges Jahresentgelt,
- ✔ Ihre bereits erworbenen Versorgungspunkte und
- ✔ das Datum, zu dem Sie diese Versorgungspunkte angesammelt haben.

Haben Sie jetzt alle Unterlagen zusammen und sich einen ersten Überblick über alle Instrumente, die Sie für das Alter vorgesehen haben, verschafft?

Dann werden Sie im nächsten Kapitel besonders gefordert – denn hier geht es um den Kassensturz.

IN DIESEM KAPITEL

Was wollen und was brauchen Sie im Alter?

Die Strategie für Ihr Alter

Brutto, Netto, Inflation und Zinsen

Ihre Versorgungslücke identifizieren

Kapitel 4
Kassensturz machen – wie viel Leben ist am Ende Ihres Geldes noch übrig?

Nach meinem Empfinden, vielleicht sehen Sie das völlig anders, ist dieses Kapitel das arbeitsintensivste für Sie – und zugleich das, was Sie richtig voranbringt auf dem Weg zu Ihrer Rente. Es liegt jetzt an Ihnen, wie tief Sie in dieses Thema einsteigen.

- ✔ Sie werden mit Fragen konfrontiert, die ich Ihnen nicht beantworten kann.
- ✔ Sie erhalten Checklisten und Tabellen, die Sie füllen müssen.
- ✔ Sie erhalten Denkanstöße, die Sie entweder dämlich finden und irgendwie doch einen weiteren Gedankens für wert befinden.

Was wollen Sie?

Klar – Sie wollen früher in Rente. Aber wann? Allein? Mit Ihrem Partner? Spielt Ihr Arbeitgeber mit? Sie merken, das sind schon einige Fragen, auf die Sie vielleicht im Moment noch keine Antwort geben können. Sie sollten sich aber bei allem, was Sie für einen früheren Ruhestand betrachten, erst mal darüber im Klaren sein, was Sie wollen und was Sie nicht wollen. Es kann auch gut sein, dass Sie irgendwann nicht mehr arbeiten können (oder wollen).

Damit Sie das Buch nicht sofort in die Ecke schmeißen, will ich Sie durch die ersten richtigen Fragen führen.

Bitte schreiben Sie die Antworten auf die folgenden Fragen der Tabelle 4.1 auf. Notieren Sie auch, wenn Sie keine Meinung haben, einfach ein »?«.

Frage	Ihre Antwort
Haben Sie einen festen, konkreten Rentenbeginn im Fokus – oder kurz: Wann wollen Sie in Rente?	
Planen Sie Ihren Rentenbeginn nur für sich? Oder wollen Sie gemeinsam mit jemandem in Rente? Mit wem? Wann kann die andere Person in Rente?	
Wollen Sie, wenn Ihre Rente beginnt, weiterarbeiten?	
Wie lange wollen Sie nach Rentenbeginn weiterarbeiten?	
Spielt Ihr Arbeitgeber bei dem Thema Weiterarbeit und Rente mit?	
Haben Sie noch andere berufliche Träume im Alter?	
Müssen Sie im Alter noch Darlehen abzahlen?	
Wie lange laufen die Darlehen noch?	
Haben Sie noch Kinder, die Sie durch die Ausbildung hindurch finanzieren müssen?	
Bleiben Sie im Ruhestand in Deutschland?	
Sind Sie gesundheitlich angeschlagen?	
Fühlen Sie sich in Ihrem Job noch wohl?	
Wollen Sie vielleicht gar nicht ganz aufhören zu arbeiten, sondern nur teilweise?	

Tabelle 4.1: Ihr Weg in die Rente - die ersten Gedanken

Notieren Sie sich weitere Fragen, die Ihnen einfallen.

Zu einigen Fragen (und Ihren Antworten) werden Sie im Laufe dieses Buches weitere Denkanstöße und Antworten erhalten. In diesem Kapitel werden Sie gefordert, zu überlegen, was Sie für das Alter (noch) zurücklegen können und was Sie im Alter brauchen.

Was brauchen Sie im Alter?

Sie beschäftigen sich mit Ihrem Ruhestand – sonst hätten Sie dieses Buch nicht in Ihren Händen. Wenn Sie an den Ruhestand denken – was schwebt Ihnen vor? Ausschlafen und in den Tag hineinleben? Zeit für Hobbys? Endlich längere Reisen antreten? Zeit mit den Enkeln verbringen? Ihr Kopfkino bietet unendliche Möglichkeiten.

Sind Sie älter – also kurz vor der Rente, haben Sie entweder für das Alter vorgesorgt und Sie sortieren und berechnen mit diesem Buch den vorzeitigen Ruhestand. Oder Sie müssen überlegen, wie Sie mit dem Vorhandenen auskommen können.

Sind Sie jünger, können Sie sukzessive für das Alter Ihren Bedarf ermitteln und Ihren eigenen Plan in den Ruhestand aufstellen.

Vorab: Es gibt keine pauschale Empfehlung. Die Frage, wie viel Geld Sie im Alter brauchen, ist so individuell wie Sie selbst.

Verschiedenen Faktoren bestimmen Ihr Ziel:

✔ **Ihr Lebensstandard** – heute und morgen

Denken Sie vor dem Einkauf nach, was Sie sich leisten können? Oder achten Sie überhaupt nicht darauf, was Sie an der Kasse für Ihren vollen Einkaufswagen bezahlen? Reisen Sie oft und gerne – auch weit? Oder machen Sie lieber Urlaub auf Balkonien? Sind Ihre Hobbys bezahlbar – oder eher ausgefallen, mit dem entsprechenden finanziellen Aufwand?

Sie sehen, Sie müssen Ihren eigenen Lebensstandard klar identifizieren und sich überlegen, ob Sie diesen im Alter einschränken möchten (oder müssen).

✔ **Ihre Lebenserwartung** –Wie lange werden Sie leben?

Die Frage können Sie natürlich nicht beantworten – und das ist gut so. Die Überlegung, was Sie für das Alter zurücklegen müssen, hängt jedoch davon ab, wie lange Sie leben. Oder mit anderen Worten: Wie viel Leben ist am Ende des Geldes noch vorhanden?

Um hier einen Rahmen vorzugeben, helfen eigene Erfahrungen oder Statistiken. Außerdem hilft es Ihnen vielleicht zu überlegen, wie alt Familienangehörige von Ihnen geworden sind, und natürlich die eigene gesundheitliche Situation, um in etwa anzupeilen, wie lange Sie wohl leben werden.

Alternativ können Sie Statistiken entnehmen, wie die durchschnittliche Lebenserwartung bestimmter Geburtsjahre ist.

Sie können (diese sehr durchschnittliche) Ermittlung unter `https://www.destatis.de/DE/Themen/Gesellschaft-Umwelt/Bevoelkerung/Sterbefaelle-Lebenserwartung/kohortensterbetafeln.html` finden. In der abgebildeten Grafik können Sie mit der Maus auf Ihr Geburtsjahr fahren und dann Ihre Lebenserwartung ablesen.

- Sind Sie als Mann zum Beispiel 1965 geboren, liegt Ihre Lebenserwartung laut Statistischen Bundesamt (destatis) – je Trendvariante (es wird etwas unterschiedlich gerechnet) bei 75,9 bis 77,5 Jahren.
- Als Frau könnten Sie bei demselben Geburtsjahr circa 81,7 bis 83,4 Jahre alt werden.

Wollen Sie auf Nummer sicher gehen, schlagen Sie einfach noch die Anzahl von Jahren drauf, die Sie länger leben wollen, als die Statistiken meinen. Im Übrigen ist es eine Tatsache, dass Menschen, die vorsorgen, älter werden als Menschen, die nicht vorsorgen. Dann haben Sie ja mit dem Kauf des Buches schon mal alles richtig gemacht.

Aber denken Sie dran: Je länger Sie leben, desto mehr Geld benötigen Sie!

✔ **Ihre Gesundheit**

Zum einen spielt Ihre Gesundheit bei der Lebenserwartung mit hinein, wie wir eben gesehen haben. Zum anderen ist Ihre Gesundheit auch wichtig, wenn es darum geht festzustellen, wie viel Geld Sie im Alter brauchen.

Wenn Sie Ihren Bedarf im Alter planen, rechnen Sie den Mehraufwand für Medikamente, Pflege und sonstige Aufwendungen (zum Beispiel Umgestaltung Ihrer Wohnung oder Ihres Hauses – behindertengerecht) mit ein.

✔ **Ihre Wohnsituation**

Leben Sie zur Miete? In einer selbstgenutzten Immobilie? Wollen Sie sich im Alter »kleiner setzen«? Je nachdem haben Sie die Möglichkeit, die Belastung im Alter zu verringern oder zu erhöhen (denken Sie an betreutes Wohnen oder an ein Pflegeheim). Weiterhin berücksichtigen Sie bitte, dass auch im Alter ein Haus oder eine Wohnung erhalten werden muss. Und das kann teuer werden.

Mit diesen Überlegungen im Hinterkopf verfeinern Sie bitte Ihre Zielsetzung.

Dreh- und Angelpunkt aller weiterer Überlegungen muss Ihre Zielsetzung sein. Aber auch, Ihre Ausgaben im Alter genauer zu überlegen. Sie müssen sich darüber klar werden, welche Lebenshaltungskosten Sie im Alter haben werden.

1. **Wann möchten Sie in Rente gehen?**

   Vielleicht können Sie sich noch nicht genau festlegen. Sie sollten aber den Rentenbeginn, der für Sie im Moment am wahrscheinlichsten ist, in den Fokus Ihrer Überlegungen stellen. Haben Sie keine Idee, wählen Sie einfach Ihren 63., 65. oder 67. Geburtstag. Sie brauchen Ihren Rentenbeginn für Ihre weiteren Überlegungen in diesem Kapitel.

2. **Wie hoch sollte Ihr monatliches Einkommen im Ruhestand sein?**

   Wie viel Einkommen Sie mindestens brauchen, hängt von Ihren Ausgaben ab. Damit Sie nichts vergessen, können Sie mithilfe der beigefügten Tabelle 4.2 Ihre aktuellen Ausgaben in Euro festlegen und gleichzeitig überlegen, ob Sie Sparpotenzial sehen. Sie können diese Aufstellung auch für einen aktuellen Kassensturz beziehungsweise für eine Anpassung Ihrer Ausgaben im Alter verwenden. Außerdem finden Sie dort einige Anmerkungen, wie Sie vielleicht Ihre Kosten reduzieren können:

Ausgabe	Anmerkungen	Ihre aktuellen Ausgaben	Sparpotenzial?
Wohnen	**Wichtigster, größter Kostenblock** ✔ **Mieter?** Kaltmiete, Nebenkosten (Strom, Heizung, Wasser und so weiter) ✔ **Eigentümer?** Nebenkosten, Investitionen, Instandhaltung ✔ **Eigentümer?** Ihr Haus, Ihre Wohnung ist hoffentlich bis zum Rentenbeginn schuldenfrei? ✔ **Behalten Sie Ihre Nebenkosten im Blick!** Wechseln Sie gegebenenfalls konsequent zum günstigsten Anbieter.		
Nahrungsmittel	✔ **Nutzen Sie echte Angebote** (sind die Angebote via App wirklich Angebote?)! ✔ **Gehen Sie auf Schnäppchenjagd** – aber stellen Sie die dafür notwendigen Spritkosten dagegen.		
Verkehr	✔ **Auto** (Versicherungen, TÜV, Sprit, Werkstatt) ✔ **Bus oder Bahn** als Alternative? ✔ Theoretisch reduzieren sich die Spritkosten im Ruhestand – die Fixkosten bleiben aber. ✔ Passen Sie gegebenenfalls die **Autoversicherung** an, wenn Ihre km-Leistung sinkt. ✔ In Ballungszentren: öffentliche Verkehrsmittel nutzen, Auto abschaffen und Carsharing nutzen. ✔ Kombi von Photovoltaikanlage und E-Auto reduzieren die Spritkosten (wenn möglich).		
Freizeit, Sport, Kultur, Familie	✔ Endlich Zeit für Hobbys ✔ Nutzen Sie Gratisangebote (Museumstage, Probeaufführungen, Tag der offenen Museen, Theater, Bühne). ✔ Statt Fitnessstudio: Sportverein in der Nähe nutzen. ✔ Denken Sie auch an Geschenke, die Sie Ihren Liebsten machen möchten. Der nächste Geburtstag oder das nächste Weihnachten kommt bestimmt.		

Ausgabe	Anmerkungen	Ihre aktuellen Ausgaben	Sparpotenzial?
Gesundheit	✔ Zuzahlungen, Medikamente, Hilfsmittel ✔ Beim Kostensparen, können Online-Apotheken helfen – aber wollen Sie, dass vor Ort alles zumacht? ✔ Eigentlich kein echtes Einsparpotenzial, eher das Risiko, dass diese Kosten im Alter steigen.		
Innenausstattung, Haushaltsgeräte	✔ Deko, Update, neue Möbel, kaputte Elektrogeräte ✔ Preisvergleich ✔ Notwenigkeit der Anschaffung		
Information, Kommunikation	✔ Handy, Telefon, Internet, GEZ, Streamingdienste, Zeitungs- beziehungsweise Online-Abos ✔ Preisvergleich ✔ Anbieterwechsel ✔ Abos prüfen ✔ Was brauchen Sie wirklich?		
Kleidung, Körperpflege	✔ Auch wenn die Ausgaben in diesem Umfang nicht monatlich anfallen – monatlich berücksichtigen ✔ Klamottenbörse unter Freunden		
Versicherung, Finanzen, Bankgeschäfte	✔ Kontoführungsgebühren reduzieren?		

Tabelle 4.2: Ihre Konsumausgaben

1. Stellen Sie Ihre eigenen Kostenblöcke zusammen – machen Sie einen Kassensturz.
2. Überlegen Sie, an welcher Stelle Sie sparen können (und wollen), wenn die Rente niedriger ist als Ihr aktuelles Einkommen (wovon in den meisten Fällen auszugehen ist).

In Tabelle 4.2 sind alle Kosten auf den Monat umzulegen. Machen Sie das bitte auch mit Kosten, die zu unterschiedlichen Zeitpunkten im Jahr anfallen. Dann fehlen natürlich noch weitere Kosten, die bei jedem individuell sind.

Wenn Sie Ihre aktuellen monatlichen Ausgaben kennen, schätzen Sie ab, mit welchen Ausgaben Sie im Alter rechnen müssen/können. Wenn Sie diese Ausgaben haben, wissen Sie, was Sie netto im Alter mindestens benötigen.

Damit Sie im Weiteren mit Brutto rechnen können, sollten Sie Ihr Netto in Brutto umrechnen. Das Nettogehalt entspricht in etwa 60 bis 70 % des Bruttolohns.

Wenn Ihnen das jetzt alles zu kompliziert ist – nehmen Sie Ihr aktuelles Bruttogehalt, wenn Sie Ihren Lebensstandard im Alter berechnen wollen.

Wenn Sie meinen, dass Sie im Alter weniger Geld benötigen, nehmen Sie Ihr aktuelles Bruttogehalt und reduzieren es um 20 oder 30 %.

Definieren Sie den monatlichen Betrag, den Sie im Alter zur Verfügung haben möchten.

Wie erreichen Sie Ihr Ziel – oder was müssen Sie im Monat zur Seite legen?

Sie haben jetzt definiert, was Sie im Alter zum Leben brauchen. Jetzt geht es darum, Ihre Versorgungs- oder Rentenlücke festzustellen. In den letzten beiden Kapiteln haben Sie bereits Ihre Unterlagen herausgesucht – die Instrumente, die für Ihren sorgenfreien Ruhestand vorhanden sind. Die Werte, die ausgewiesen sind, sind Bruttowerte. Egal ob gesetzliche Rente, Betriebsrente oder private Rentenversicherung – alle ausgewiesenen Werte sind Bruttowerte. Deswegen ist es gut, wenn Sie Ihr voraussichtlich notwendiges monatliches Ausgabenspektrum brutto zusammengefasst haben.

Stellen Sie Ihren Einnahmen die Ausgaben gegenüber.

- ✔ Sind die Ausgaben höher als Ihre Einnahmen, haben Sie Ihre monatliche Versorgungslücke identifiziert.
- ✔ Sind Ihre Einnahmen höher als Ihre Ausgaben, haben Sie alles richtig gemacht – Sie können im Alter mit dieser Planung noch besser leben als heute.

Haben Sie eine Rentenlücke, müssen Sie Geld zur Seite legen. Oder aber im Alter entweder den Frugalismus neu entdecken oder Grundsicherung im Alter beziehen.

Grundsicherung im Alter ist eine bedarfsorientierte Sozialhilfe, die aus Steuermitteln finanziert wird. Grundsicherung im Alter kann beantragt werden, wenn die Einkünfte im Alter nicht ausreichen, um den Lebensunterhalt zu bestreiten.

Faustformel: Liegt Ihr gesamtes Einkommen unter 1.062,00 €, sollte geprüft werden, ob ein Anspruch auf Grundsicherung besteht. Oder Sie rechnen selbst: `https://www.smart-rechner.de/grundsicherung/rechner.php`.

Vom *Frugalismus* im Alter spricht man, wenn man einen bescheideneren Lebensstil pflegt und sich auf das Wesentliche beschränkt. Unnötige Ausgaben werden eingeschränkt und Geld wird nur für die Dinge ausgegeben, die wirklich benötigt werden. Frugalisten verzichten also diszipliniert.

Geld für die Rente ansparen: Faustformeln helfen

Wenn Sie noch sparen können, weil Ihre Rente noch nicht ganz so schnell in Sicht ist, sollten Sie überlegen, wie Sie Ihr Ziel, das Füllen Ihrer Versorgungslücke, erreichen.

Um festzulegen, wie viel Sie monatlich zurücklegen wollen, gibt es unzählige Faustformeln. Diese können passen oder auch nicht. Vergessen werden nämlich häufig folgende Bedingungen:

- **Früh anfangen!**

  Wenn Sie noch 30 Jahre bis zur Rente haben, haben Sie noch 30 Jahre Zeit zu sparen. Sie brauchen monatlich also weniger, um ein bestimmtes Ziel zu erreichen, als wenn Sie später anfangen.

BEISPIEL

Cornelia, Baujahr 1967, und Ihre Tochter Christine, Baujahr 1991, machen sich Gedanken über das Alter. Sie haben gemeinsam dieses Buch durchgearbeitet. Beide haben eine Versorgungslücke von 1.000,00 € monatlich bei einem Rentenbeginn mit 65 Jahren. Beide wollen mindestens 90 Jahre alt werden. Jede für sich muss für dieses Ziel 300.000,00 € ansparen (1.000,00 € × 12 Monate × 25 Jahre – die Zeit vom geplanten Rentenbeginn bis zum Wunschalter).

- Cornelia hat noch 7 Jahre Zeit. Um 300.000 € anzusparen, müsste sie monatlich 3.571,43 € sparen. (Fragen Sie mich bitte nicht, wie das gehen soll.)
- Christine hat dagegen 31 Jahre Zeit. Sie muss »nur« 806,45 € monatlich sparen, wenn sie ihre Versorgungslücke schließen will.

- **Regelmäßigkeit ist Trumpf!**

  Definieren Sie einen monatlichen, festen Betrag und legen Sie ihn für das Alter zur Seite. Nur in seltenen (meist höchst disziplinierten) Fällen führt es zum Erfolg, wenn Sie nur Sonderzahlungen oder das, was monatlich übrig bleibt, zur Seite legen.

✔ **Dynamik macht den Hebel!**

Wenn Sie Ihre regelmäßige Sparrate, zum Beispiel ein Mal im Jahr um 5 Prozent anpassen, erhöht sich auch die Sparquote jährlich. Meist werden Sie diese Steigerung gar nicht merken, da (hoffentlich) parallel auch Ihr Einkommen steigt.

Wenn Sie überlegen, wie viel Geld Sie zurücklegen, haben Sie verschiedene Möglichkeiten:

✔ auf ein festes Ziel monatlich zu sparen; die Höhe ergibt sich dann aus dem Sparziel (vergleiche oben das Beispiel von Cornelia und Christine),

✔ einen bestimmten Prozentsatz monatlich zur Seite zu legen,

✔ das zur Seite zu legen, was Sie wirklich übrighaben.

Am besten wäre es natürlich, Sie sparen auf ein festes Ziel hin, nachdem Sie Ihre Versorgungslücke festgelegt haben. Alternativ legen Sie 10 % Ihres Einkommens zur Seite.

Wenn von 10 % des Einkommens die Rede ist, stellt sich die Frage, ob das Brutto- oder das Nettoeinkommen gemeint ist. Oft ist das Nettoeinkommen gemeint. Sie können aber auch Ihr Bruttoeinkommen zugrunde legen. Das macht Vergleiche und Berechnungen etwas einfacher und führt auch zu einer höheren Sparquote.

Wenn Sie monatlich kein Sparpotenzial haben, kann es unter Umständen im Alter für Sie schlecht aussehen, wenn nicht die gesetzliche Rente, eine Betriebsrente des Chefs oder Ähnliches für Ihren Lebensstandard zur Verfügung stehen.

✔ **Sollten Sie nach dem Modell »einer geht arbeiten – der andere kümmert sich um Haushalt und Kinder« leben**, diskutieren Sie, welche Möglichkeit für die Person, die zu Hause geblieben ist, besteht, ein Auskommen im Alter zu haben – immerhin wurde dadurch dem anderen der Rücken freigehalten – für Karriere, für ein Wochenende ohne Hausarbeit. Das sollte man sich schon etwas kosten lassen – die Alternative wäre nämlich die Einstellung einer Nanny, eines Kochs, einer Putzhilfe, eines Gärtners, eines Chauffeurs, einer Hausaufgabenbetreuung, einer Assistenz, ...gewesen.

✔ **Sind entweder Sie oder Ihr Partner abwechselnd für Kinder oder den Haushalt da**, überlegen Sie gemeinsam, wie diese Zeit für die Rente finanziert wird. Ideen sind zum Beispiel die feste Einzahlung in einen Fondssparplan, eine Rentenversicherung oder die Einzahlung freiwilliger Beiträge in die gesetzliche Rentenversicherung.

BEISPIEL

Fred Feger hat Kassensturz gemacht. Nach bereits identifizierten Kostenfallen und findigen Sparansätzen hat er festgestellt, dass er mit brutto 3.200,00 € im Monat hinkommen müsste.

Fred bekommt mit 67 Jahren 2.400,00 € gesetzliche Rente (er hat dann über 45 Jahre recht gut verdient). Dazu kommt eine kleine Betriebsrente in Höhe von 250,00 €.

Fred hat also eine Versorgungslücke von 3.200,00 € – 2.400,00 – 250,00 € = 550,00 €.

Er ist fast 60 Jahre alt. Er will definitiv (nein, er will nicht früher in Rente) mit 67 Jahre in Rente. Sparvermögen hat er nicht; er will das, was er bis jetzt zur Seite gelegt hat, als Notfallgroschen behalten. Mehr sparen konnte er auch nicht, da er gerade erst seine Eigentumswohnung abbezahlt hat. Außerdem lagen ihm seine Kinder länger als gedacht auf der Tasche.

Fred hat für sich entschieden, mindestens 90 Jahre alt zu werden.

Fred braucht für 23 Jahre (von 67 bis 90) 550,00 € monatlich. Ohne Zinsen und ohne eine Rendite gerechnet sind das 23 × 550,00 € × 12 (Monate) = 151.800,00 €.

Um dieses Ziel in sieben Jahren zu erreichen (von 60 bis 66), muss er 151.800,00 € : 12 : 7 = 1.807,14 € monatlich zur Seite legen (egal, ob brutto oder netto, die meisten Einnahmen werden ohnehin steuerpflichtig – auch wenn sie aus versteuertem Einkommen gebildet wurden).

Das ist jetzt ein ehrgeiziges Sparziel. Fred wird es aber schaffen, da sein Einkommen aktuell noch mal schön angestiegen ist und er noch gewöhnt ist, Darlehensraten in ähnlicher Höhe zu zahlen.

Hürden oder Chancen?

Was bislang völlig außen vor gelassen wurde, sind folgende wichtigen Komponenten, die in die Vermögensbildung oder den Vermögensverlust einfließen.

✔ **Inflation**

Eigentlich müssten Sie sowohl bei der Berechnung der Versorgungslücke als auch bei der Ermittlung Ihrer Rentenbausteine die Inflation berücksichtigen. Beide Werte – aber auch Ihr Bedarf – werden in einem ähnlichen Verhältnis in die Höhe schießen.

BEISPIEL

Fred Feger ist verwirrt. Ja, er hat die Inflation vergessen. Was macht das jetzt aus, wenn er seinen Zielbetrag in sieben Jahren betrachtet? Aus 151.800,00 € heute werden (bei seiner angenommenen Inflationsrate von 2 %) 174.370,48 €. Das entspricht einer zukünftigen Kaufkraft von 132.151,04 € beziehungsweise einem Kaufkraftverlust von 14,87 %.

Berücksichtigt Fred jetzt 2 % Inflation bei der Ermittlung seines Zielbetrages, so muss er anstatt 1.807,14 nun 2.075,84 € die nächsten 84 Monate zur Seite legen.

Die Inflation muss dann auch bei seinen Einnahmen in Form von Rentensteigerungen berücksichtigt werden.

✔ **Zinsen**

Wenn Sie Geld sparen, wollen Sie Zinsen. Aktuell sieht es da eher mau aus. Sie können über ETFs, Aktien oder Fonds höhere Renditen erwirtschaften. Die Frage ist nur, ob das zu Ihrer individuellen Risikoneigung und der jeweilig benötigten Laufzeit passt.

- Je mehr Zeit Sie haben, desto spekulativer können Sie anlegen.

- Je weniger Zeit Sie haben, desto sicherer sollten Sie anlegen.
- Wenn Sie das Geld benötigen (zum Beispiel zur Ergänzung Ihrer monatlichen Rente), muss es liquide angelegt sein – Aktien und/oder ETFs an schlechten Tagen zu verkaufen, damit Sie leben können, wäre in jeder Hinsicht kontraproduktiv – Sie müssen also sicherer anlegen – und das geht zulasten der Rendite.

✔ **Aufschieberitis**

Sparen wird gerne verdrängt – man kann es sich auch nicht leisten. Entweder baut man gerade sein Leben auf (Auto, Wohnung, Reisen), man gründet eine Familie (oje, was Kinder kosten) oder aber man geht ans »Häusle bauen«. Geld übrig ist nie.

Spätestens wenn Sie mit Ihrem Kassensturz nicht zufrieden sind, werden Sie Ihren Kindern, Enkeln, Nichten und Neffen mitgeben, dass »auch Kleinvieh Mist macht«, denn »früh übt sich, wer was werden will«. Die Sprüche haben doch einen wahren und immer noch gültigen Kern.

Während Sie selbst steuern, wann Sie mit dem Sparen starten, haben Sie die Zinsen und Inflation dazu jedoch nicht im Griff – Sie wissen nicht, wohin beides marschiert.

Wenn die Zinsen und die Rendite der aktuellen Inflation entsprechen, gehen Sie 0 auf 0 raus und Sie sparen sich umständliches Berechnen. Und die Renditen, gerade bei der gesetzlichen Rente werden gerne unterschätzt. Das werden Sie im Laufe dieses Buches noch erkennen.

Teil II

Hintergrundwissen bringt mehr – Wichtiges zur gesetzlichen Rente

IN DIESEM TEIL …

Lernen Sie, ob Sie wirklich wie geplant in Rente gehen können oder ob Sie Ihre Pläne noch verändern sollten – oder müssen.

Unterscheiden Sie Rentenarten und deren Voraussetzungen.

Nehmen Sie Abschläge hin oder nicht.

Denken Sie an besondere Zeiten, die bislang vielleicht vergessen wurden.

Prüfen Sie, ob für Sie eine Einzahlung in die Rentenkasse infrage kommt.

IN DIESEM KAPITEL

Finden Sie Ihren richtigen Rentenbeginn – mit der richtigen Rentenart

Wartezeit: Wie zählen Sie die Monate richtig?

Abschläge hinnehmen oder nicht?

Kapitel 5 Der richtige Zeitpunkt für die richtige Rente

Wissen Sie schon ganz genau das Datum Ihres Rentenbeginns? So, wie einer meiner Bekannten, der jeden Tag genau sagen kann, wie viel Jahre, Monate und Tage, plus den Rest von heute, er noch arbeiten muss. Oder eher wie eine Freundin von mir, die auf jeden Fall mit 63 in Rente gehen will, egal was passiert? Oder erkennen Sie sich in dieser Behauptung wieder: »Also, ich habe die Nase langsam voll. Ich will die ganzen Veränderungen gar nicht mehr mitmachen – ich habe nächstes Jahr meine 45 Jahre voll und gehe in Rente.«

Alle drei Aussagen bedeuten, dass die Personen sich Gedanken um ihren Rentenbeginn gemacht haben. Im ersten Fall kann ich sagen, dass die Aussage stimmt – ja, mein Bekannter kann genau am errechneten Datum in Rente gehen. Im zweiten Fall meiner Freundin sage ich »ja, aber« und im dritten Fall »es kommt drauf an«. Sie sehen, wir müssen uns genau den Einzelfall anschauen, bevor wir über einen konkreten Rentenzeitpunkt reden und mit der genauen Planung starten können.

Machen Sie direkt mit – wann Sie geboren sind, wissen Sie. Legen Sie jetzt noch einen aktuellen Versicherungsverlauf der Deutschen Rentenversicherung dazu und schon können Sie im Laufe des Kapitels selbst entscheiden, welche Rente für Sie infrage kommt.

Rentenarten kennen und unterscheiden

Damit Sie eine Rente erhalten können, müssen Sie die erforderliche Mindestversicherungszeit (Wartezeit) erfüllen und es müssen bei Ihnen die besonderen versicherungsrechtlichen und persönlichen Voraussetzungen vorliegen. Die Rentenarten und wie sie sich unterscheiden, lernen Sie jetzt näher kennen.

Die Regelaltersrente

Diese Regelaltersrente erhalten Sie, wenn Sie

- ✔ die allgemeine Wartezeit von fünf Jahren (Details folgen) erfüllen,
- ✔ das 67. Lebensjahr vollendet haben und
- ✔ ab dem 01.01.1964 geboren sind.

Sind Sie vorher geboren, gilt anstelle des 67. Lebensjahres das 65. Lebensjahr mit einer Anhebung um eine bestimmte Anzahl von Monaten, die Sie in Tabelle 5.1 sehen.

Geburtsjahr	Anhebung um Monate	Auf AlterJahr	Auf AlterMonat
1957	11	65	11
1958	12	66	0
1959	14	66	2
1960	16	66	4
1961	18	66	6
1962	20	66	8
1963	22	66	10

Tabelle 5.1: Anhebung Regelaltersgrenze für zwischen dem 01.01.1957 und dem 31.12.1963 Geborene

In der linken Spalte finden Sie Ihr Geburtsjahr. Sollte Ihr Geburtsjahr fehlen, weil Sie nach 1963 geboren sind, ist die Tabelle für Sie unwichtig. Sind Sie vor 1957 geboren, sollten Sie eigentlich schon in Rente sein.

Für jedes Geburtsjahr (ursprünglich ab 1947) wurde die Regelaltersrente ab 65 Jahre um eine bestimmte Anzahl von Monaten erhöht. Die jeweilige Anzahl finden Sie in der zweiten Spalte von links. Um es einfacher zu machen, werden in der dritten und vierten Spalte das Alter in Jahr und Monat angegeben, zu dem die Regelaltersgrenze erreicht wird.

Sie sind zum Beispiel am 15.05.1962 geboren. Oben in der Tabelle finden Sie Ihr Geburtsjahr. Da Sie nicht mehr mit 65 Ihre Regelaltersrente in Anspruch nehmen dürfen, denn der Rentenbeginn wurde für Sie um 20 Monate nach hinten geschoben, können Sie mit 66 Jahren plus 8 Monate Ihre Regelaltersrente erhalten. Ab dem 01.02.2029 – 20 Monate nach Ihrem 65. Geburtstag beginnt die Regelaltersrente.

Haben Sie dagegen am 22.01.1969 Geburtstag, gilt für Sie das 67. Lebensjahr und Sie können ab dem 01.02.2036 die Regelaltersrente beziehen. Sie finden Ihr Geburtsjahr nicht in obiger Tabelle, da ab Baujahr 1964 das 67. Lebensjahr als Alter für den Rentenbeginn der regulären Rente festgeschrieben ist.

Altersrente für langjährig Versicherte – oder eher in Rente mit Abschlägen

Wenn Sie eher in Rente gehen wollen, ist die Altersrente für langjährig Versicherte eine Option. Das funktioniert ab dem 63. Lebensjahr – egal, wann Sie geboren sind.

Altersrente für schwerbehinderte Menschen

Auch wenn viele von Ihnen jetzt einfach weiterlesen wollen, weil sie nicht schwerbehindert sind – nehmen Sie diesen Punkt »als Merker für die Zukunft« mit – ein Grad der Schwerbehinderung ist bei chronischen Erkrankungen manchmal schneller als gedacht erreicht.

Eine Altersrente für schwerbehinderte Menschen erhalten Sie, wenn Sie

- ✔ 65 Jahre alt **und**
- ✔ bei Rentenbeginn als schwerbehinderter Mensch anerkannt sind (unter anderem Grad der Behinderung von wenigstens 50) **und**
- ✔ die Wartezeit von 35 Jahren erfüllen.

Vorzeitig können Sie diese Rente ab 62 erhalten, wenn Sie ab dem 01.01.1964 geboren sind. Sind Sie eher geboren, gilt für Sie Tabelle 5.2.

Geburtsjahr	Anhebung um Monate	Auf Alter-Jahr	Auf Alter-Monat	Vorzeitig ab AlterJahr	Vorzeitigab Alter Monat
1957	11	63	11	60	11
1958	12	64	0	61	0
1959	14	64	2	61	2
1960	16	64	4	61	4
1961	18	64	6	61	6
1962	20	64	8	61	8
1963	22	64	10	61	10

Tabelle 5.2: Anhebung Altersrente für schwerbehinderte Menschen für zwischen dem 01.01.1957 und dem 31.12.1963 Geborene

Altersrente für besonders langjährig Versicherte

Auf die Altersrente für besonders langjährig Versicherte haben Sie Anspruch, wenn

- ✔ Sie das 65. Lebensjahr vollendet **und**
- ✔ die Wartezeit von 45 Jahren erfüllt haben.

Auch hier gilt wieder die Übergangsfrist für vor dem 01.01.1964 geborene Menschen; vergleichen Sie in Tabelle 5.3.

Geburtsjahr	Anhebung um Monate	Auf AlterJahr	Auf AlterMonat
1957	11	63	10
1958	12	64	0
1959	14	64	2
1960	16	64	4
1961	18	64	6
1962	20	64	8
1963	22	64	10

Tabelle 5.3: Anhebung Altersrente für besonders langjährig Versicherte für zwischen dem 01.01.1957 und dem 31.12.1963 Geborene

Erinnern Sie sich noch an die Einleitung? Ich hatte einen Satz in den Raum gestellt: »Also, ich habe die Nase langsam voll. Ich will die ganzen Veränderungen gar nicht mehr mitmachen – ich habe nächstes Jahr meine 45 Jahre voll und gehe in Rente.«

Nachdem Sie nun die Rentenarten kennen, wissen Sie auch, dass die 45 Jahre (Erfüllung der Wartezeit für eine Altersrente für besonders langjährig Versicherte) eine Voraussetzung sind – die anderen sind das Alter und der Geburtstag, an dem das 65. Lebensjahr vollendet ist. Oder entsprechend eher, wenn jemand vor dem 01.01.1964 geboren ist.

Ich bleibe auch jetzt noch bei »es kommt drauf an«. Denn die nächste Voraussetzung, die Erfüllung der unterschiedlichen Wartezeiten, schauen wir uns im Folgenden genauer an.

Der Kampf um jeden Monat – die Wartezeit bei der Deutschen Rentenversicherung erfüllen

Vielleicht haben Sie jetzt schon für sich Ihre einzelnen Rentenbeginne nach Rentenart festgelegt. Damit haben Sie eine Voraussetzung für einen Rentenbezug identifiziert. Jetzt geht es an den Versicherungsverlauf und die Antwort auf die Frage, ob Sie die Wartezeit für Ihre Wunschrente erfüllen.

In Tabelle 5.4 können Sie nachschauen, für welche Rentenart Sie welche Wartezeit benötigen.

Rentenart	Notwendige Wartezeit
Regelaltersrente	5 Jahre
Altersrente für schwerbehinderte Menschen und Altersrente für langjährig Versicherte	35 Jahre
Altersrente für besonders langjährig Versicherte	45 Jahre

Tabelle 5.4: Rentenart und Wartezeit

Wenn Sie zum Beispiel mit 17 Jahren eine berufliche Ausbildung begonnen und dann bis heute durchgearbeitet haben, ist es vielleicht einfach – Sie sind heute 62 Jahre alt – haben 45 Jahre, mit Ausbildung, gearbeitet und haben damit die 45 Jahre voll. Doch Vorsicht: Sie sind noch keine 64 Jahre und 8 Monate alt. Und – haben Sie wirklich nonstop gearbeitet? Oder waren Sie doch noch mal auf der Schule, kurz arbeitslos, mal ein Jahr selbstständig …?

Für jede Rentenart gibt es eine bestimmte Wartezeit zu erfüllen. Leider sind die Zeiten, die dabei angerechnet werden, nicht identisch (sonst wäre es ja einfach). Deswegen müssen Sie für jede Rentenart die Wartezeit neu überprüfen:

Wartezeit für die Regelaltersrente

Die Wartezeit für die Regelaltersrente, auch *allgemeine Wartezeit* genannt, beträgt fünf Jahre oder 60 Kalendermonate. Diese fünf Jahre benötigen Sie, um überhaupt einen Rentenanspruch bei der Deutschen Rentenversicherung zu erwerben.

Angerechnet werden in diesem Zusammenhang sogenannte *Beitragszeiten.*

Beitragszeiten sind Zeiten, zu denen Pflichtbeiträge oder freiwillige Beiträge gezahlt wurden. Es sind auch Zeiten, für die Pflichtbeiträge nach besonderen Vorschriften als gezahlt gelten.

Das heißt, für die fünf Jahre brauchen Sie Zeiten bei der Rentenversicherung, in denen Sie zum Beispiel

- ✔ sozialversicherungspflichtig beschäftigt und bei der Rentenversicherung pflichtversichert waren – »gearbeitet und eingezahlt«.
- ✔ freiwillig in die Rentenkasse eingezahlt haben, weil Sie zum Beispiel selbstständig waren – »freiwillig eingezahlt«.
- ✔ Kinder geboren und erzogen und hierfür sogenannte *Kindererziehungszeiten* erhalten haben (Details folgen im Kapitel 6) – somit »Pflichtbeiträge nach besonderen Vorschriften gezahlt wurden«.

Haben Sie eine nicht versicherungspflichtige geringfügige Beschäftigung (Minijob ohne eigene Einzahlung in die Rentenkasse; hier gibt es keine vollen, sondern abgespeckte Wartezeitmonate), eine Scheidung mit Versorgungsausgleich hinter sich, zählen die Zeiten, die man hieraus erwerben kann, auch zur Wartezeit.

Wartezeit für die Altersrente für schwerbehinderte Menschen und für langjährig Versicherte

Sobald Sie 35 Jahre beziehungsweise 420 Monate Wartezeit erreicht haben, haben Sie einen Anspruch auf diese Rente. Und ausnahmsweise ist es wirklich einfach – hier zählen alle Zeiten, alle Monate aus Ihrem Versicherungsverlauf dazu, also zum Beispiel:

- ✔ Schulzeit, Hochschulzeit
- ✔ Fachschulzeit

- ✔ Schwangerschaft, Mutterschutz
- ✔ Arbeitslosigkeit
- ✔ Krankheit
- ✔ Kindererziehung
- ✔ Pflichtbeitragszeit
- ✔ Freiwillige Beitragszeiten
- ✔ Zeiten aus einem Versorgungsausgleich
- ✔ Zeiten aus einem Rentensplitting
- ✔ Zeiten aus einer geringfügigen, nicht versicherungspflichtigen Beschäftigung …

Bei der Wartezeit von 35 Jahren zählen somit alle rentenrechtlichen Zeiten!

Wartezeit für die Altersrente für besonders langjährig Versicherte – die BESONDERE Altersrente

Jetzt kommen wir zur Kür des Wartezeitabgleichs. Erinnern Sie sich erneut an folgende Aussage: »Also, ich habe die Nase langsam voll. Ich will die ganzen Veränderungen gar nicht mehr mitmachen – ich habe nächstes Jahr meine 45 Jahre voll und gehe in Rente.« Und meine Antwort lautete »Es kommt drauf an…« Denn genau jetzt kommt es darauf an, ob die 45 Jahre mit den richtigen Zeiten belegt sind.

Bei dieser Rente werden nur besondere Wartezeitmonate anerkannt:

- ✔ Pflichtbeiträge für eine versicherte Beschäftigung oder Tätigkeit (zu auch Kindererziehungszeit, Pflege oder Wehr- und Zivildienst)
- ✔ Berücksichtigungszeit (Achtung: Wenn bereits Kindererziehungszeiten oder andere Zeiten in diesem Zeitraum belegt sind, werden die Zeiten nur einmal anerkannt.)
- ✔ Freiwillige Beiträge, wenn mindestens 18 Jahre Pflichtbeiträge für eine versicherungspflichtige Tätigkeit oder Beschäftigung vorhanden sind. Ausnahme: Freiwillige Beiträge, wenn gleichzeitig Anrechnungszeit wegen Arbeitslosigkeit in den letzten zwei Monaten vor Rentenbeginn vorliegt
- ✔ Pflichtbeitrags- oder Anrechnungszeit mit Leistungsbezug aus:
  - Arbeitslosengeld I – Ausnahme: keine Berücksichtigung in den letzten zwei Jahren vor Rentenbeginn; es sei denn, die Arbeitslosigkeit hat sich durch Insolvenz oder vollständige Geschäftsaufgabe ergeben.
  - Krankengeld
  - Verletztengeld
  - Übergangsgeld

Generell **nicht anerkannt** werden:

- Arbeitslosengeld II (Hartz IV, Bürgergeld)
- Arbeitslosenhilfe
- sämtliche Anrechnungszeiten ohne Entgeltersatzleistungen
- Beitragsmonate aus Versorgungsausgleich oder Rentensplitting

Sie sehen, ganz so einfach ist es auf einmal nicht mehr.

Problem: Arbeitslosigkeit und Ähnliches in der Vergangenheit

Nehmen Sie Ihren Versicherungsverlauf. Wenn Sie zum Beispiel Eintragungen in den 1980er- oder Anfang der 1990er-Jahre haben, bei denen unter Art der Zeit, Anmerkungen »Arbeitslosigkeit« steht, wird es schwierig. Denn Sie müssen nachweisen, dass Sie in dieser Zeit andere Leistungen als Arbeitslosenhilfe oder Arbeitslosengeld II bezogen haben. Es ist der Bezug von Arbeitslosengeld, Unterhaltsgeld und anderem nachzuweisen.

Die Deutsche Rentenversicherung hat nur den Tatbestand der Arbeitslosigkeit gemeldet bekommen – nicht, was Sie für eine Leistung erhalten haben. Durch die relativ neue Rentenart »Rente für besonders langjährig Versicherte« werden jetzt Daten notwendig, die damals weder die Agentur für Arbeit gemeldet noch die Deutsche Rentenversicherung gespeichert hat.

Um diese Zeiten geltend zu machen, müssen Sie für diese Zeiten entsprechende Bescheide der Agentur für Arbeit einreichen. Haben Sie diese Bescheide nicht mehr, müssen Sie sich fachkundige Hilfe suchen, die mit der alten Gesetzeslage und offensichtlichen Zeiten in Ihrem Versicherungsverlauf den Bezug von Arbeitslosengeld nachweisen kann.

Problem: »Tolles« Angebot Ihres Arbeitgebers, um Sie loszuwerden

Ausländischer Investor? Fusion? Firmenübernahme? Personalabbau? Sozialplan? Altersteilzeitangebot? Klingelt es gerade bei Ihnen? In solcher Situation neigen Arbeitgeber dazu, sich insbesondere die rentennahen Jahrgänge etwas genauer anzusehen. Geburtsdatum heraussuchen und den Rentenbeginn mit 63 ausrechnen und schon können Sie dabei sein, wenn es darum geht, für ein besonders »tolles« Angebot ausgewählt zu werden.

Je nach Angebot, können Sie sich bei einer Annahme Ihren geplanten, abschlagsfreien Rentenbeginn kaputtmachen. Mehr zu diesem Thema finden Sie in Kapitel 12.

Ohne Antrag kein Rentenbeginn

Für den Rentenbeginn von Altersrenten gibt es grundsätzlich eine einheitliche Regel:

- ✔ Die Rente beginnt ab dem Kalendermonat, zu dessen Beginn die Anspruchsvoraussetzungen erfüllt sind, wenn der Antrag innerhalb von drei Monaten nach Ablauf des Kalendermonats gestellt wird, in dem die Anspruchsvoraussetzungen erfüllt sind.
- ✔ Bei späterer Antragstellung beginnt die Rente mit dem Antragsmonat.

Oder übersetzt:

- ✔ Wenn Sie erstmalig die Voraussetzungen (Alter und Wartezeit) für eine Rente erfüllen, können Sie, wenn Sie eine rechtzeitige Antragstellung verpasst haben, notfalls drei Monate rückwirkend den Antrag stellen.
- ✔ Ansonsten gilt, dass die Rente in dem Monat beginnt, in oder zu dem Sie den Antrag stellen.

Abschläge hinnehmen oder nicht?

»Ich will auf alle Fälle mit 63 in Rente gehen, egal was passiert!« Diese Aussage stammt von einer Freundin. Immer wenn dieser Satz kommt, sage ich »Ja, aber…!« Und sie weiß mittlerweile, kommentiert mit einem Grummeln, was ich mit dieser Antwort meine.

- ✔ Eine Rente ab 63 bedeutet eine Rentenminderung in Form von Rentenabschlägen. Wird eine Altersrente vorzeitig in Anspruch genommen, kostet das Geld.
- ✔ Für jeden Monat der vorzeitigen Inanspruchnahme mindert sich die Rente um 0,3 % – gerechnet wird bis zur Regelaltersgrenze, nicht bis zur abschlagsfreien Rente. Also immer von 63 bis 67. Bei einem Rentenbeginn mit 63 liegt der Abschlag bei 14,4 %. Sind Sie vor dem 01.01.1964 geboren, gilt für Sie nicht 67, sondern ein Alter vor 67 – Ihre Abschläge sind in der Spitze geringer.

Da wir von einer vorzeitigen Rente sprechen, sind nur die beiden Renten, bei denen ein vorzeitiger Anspruch möglich ist, relevant:

- ✔ Altersrente für langjährig Versicherte
- ✔ Altersrente für schwerbehinderte Menschen

Da die Altersgrenzen angehoben wurden, müssen wir uns noch die Besonderheiten bei den Jahrgängen vor 1964 ansehen.

Beachten Sie bitte den maximalen Abschlag in % ganz rechts in der Tabelle 5.5.

Geburtsjahr	Anhebung um Monate	Auf AlterJahr	Auf Alter-Monat	Vorzeitig ab AlterJahr	Abschlag in %
1957	11	65	11	63	10,5
1958	12	66	0	63	10,8
1959	14	66	2	63	11,4
1960	16	66	4	63	12
1961	18	66	6	63	12,6
1962	20	66	8	63	13,2
1963	22	66	10	63	13,8

Tabelle 5.5: Maximaler Abschlag bei einem Rentenbeginn mit 63 Jahren bei einer Altersrente für langjährig Versicherte – vor dem 01.01.1964 Geborene

Bei einem frühesten vorzeitigen Rentenbeginn einer Altersrente für schwerbehinderte Menschen gilt in allen Fällen ein maximaler Abschlag von 10,8 %.

Haben Sie Ihren frühestmöglichen Rentenbeginn schon notiert und nun mit den dazugehörigen maximalen Abschlägen versehen?

Wenn Sie jetzt Ihre letzte Renteninformation heraussuchen und von der prognostizierten Regelaltersrente die ermittelten Abschläge abziehen – erhalten Sie ein falsches Ergebnis. Wenn Sie frühzeitig in Rente gehen, haben Sie die Abschläge für jeden Monat des vorzeitigen Rentenbeginns. Sie haben aber zusätzlich noch eine geringere Rente, weil Sie nicht mehr so lange, wie in der Renteninformation berücksichtigt, arbeiten und auch dementsprechend weniger Beiträge zahlen. Die Prognoseberechnung der Deutschen Rentenversicherung können dann nicht mehr korrekt sein. Erinnern Sie sich? Die Prognose wird über Ihr Durchschnittseinkommen der letzten fünf Jahre berechnet.

Um die Abschläge zu bewerten, hilft eigentlich nur eine individuelle Beratung.

Damit Sie die Tendenz (!) erkennen können, finden Sie im Kasten »Frankie will früher in Rente« ein Beispiel.

BEISPIEL

Frankie will früher in Rente

Frankie Frankenberg will in Rente. Er ist am 01.01.1965 geboren. Nach seiner Ausbildung als Maschinenschlosser hat er immer das Durchschnittsentgelt verdient. Er war nie krank und nie arbeitslos – er hat immer nur gearbeitet. Mit Ausnahme eines halben Jahres in den 1990-ern. Da hat er mal mit einem Campingbus eine Europareise gemacht.

Wenn Frankie immer weiterarbeitet, kann er alle Wartezeiten erfüllen.

Er kann (es ist nur ein Beispiel) folgende monatliche (ACHTUNG) Bruttorenten erhalten:

1. **01.01.2028** (mit 63 Jahren) Altersrente für langjährig Versicherte mit dauerhaften Abschlägen in Höhe von 14,4 % = **circa 1.450,11 €**
2. **01.01.2030** (mit 65 Jahren) Altersrente für besonders langjährig Versicherte (ohne Abschläge) = **circa 1.769,25 €**
3. **01.01.2032** (mit 67 Jahren Regelaltersrente = **circa 1.844,58 €.**

Welche Rente ist jetzt die beste?

Wie immer kommt es darauf an. Was will Frankie?

Wenn Frankie neben seiner gesetzlichen Rente noch genügend Einnahmen und sich fest vorgenommen hat, mit 63 Jahren ein Wohnmobil zu kaufen und endlich die komplette restliche Welt zu entdecken, könnte er die Rente mit 63 Jahren anstreben – 1.450 € brutto (vor Kranken- und Pflegeversicherung und Steuern) – lebenslang 14,4 % Abschläge.

Wenn Frankie von der betriebswirtschaftlich sinnvollsten Rente spricht und sieht, dass zwischen 63 und 65 Jahren eine Rentendifferenz von 319 € jeden Monat (Abschläge und fehlende Beiträge) liegt, sollte er überlegen, ob er nicht doch noch zwei Jahre länger arbeitet und mit 65 Jahren in Rente geht.

Vergleicht er die Rente mit 63 und 65 Jahren, muss er folgende Überlegung anstellen:

Nimmt Frankie eine Rente mit 63, bekommt er zwei Jahre länger eine Rente. Das ist ein Rentenvorteil von 34.800 €. Dieser Rentenvorteil ist aber nach knapp über neun Jahren aufgebraucht. Wird er älter als 72 Jahre, hat es sich gelohnt, zwei Jahre länger zu arbeiten, auf die Abschläge zu verzichten und weiter in die Rentenkasse einzuzahlen.

Würde Frankie dagegen die Wartezeit für eine abschlagsfreie Rente mit 65 Jahren nicht erreichen (aktuell fehlen noch drei Jahre an Wartezeit), würde die Rechnung (allerdings bei unterstellten gleichen Werten) anders aussehen: Jetzt müsste er nämlich die Rente mit 63 und mit 67 Jahren vergleichen. Hier beträgt der Rentenvorteil dann 69.600 €, also eine Differenz von 394 € monatlich. Das heißt, der Rentenvorteil von 48 Monaten des längeren

Rentenbezugs wäre erst mit circa knapp um die 15 Jahre aufgebraucht. In diesem Fall müsste Frankie 78 Jahre alt werden, ehe es sich gelohnt hätte, vier Jahre länger zu arbeiten und die Regelaltersgrenze in Anspruch zu nehmen.

Das Statistische Bundesamt hat ermittelt, dass ein heute 60-Jähriger ungefähr noch 21,5 Jahre lebt. Das heißt, Frankie würde erst im Zeitraum zwischen 78 und 84,5 Jahren einen Verlust haben.

Das Problem ist immer wieder, dass wir nicht wissen, wie lange wir leben. Nein, eigentlich ist es gut, dass wir es nicht wissen. Aber beim Thema Rente und der eigentlichen Bewertung muss immer berechnet werden, wie lange man lebt. Und das macht es schwierig abschließend festzuhalten, wann der beste Beginn einer Rente ist und wann es sinnvoll ist, eine Rente mit Abschlägen in Anspruch zu nehmen.

Frankie entscheidet sich im Übrigen, erst mit 65 in Rente zu gehen – die Abschläge sind ihm einfach zu hoch und er will – bei allen Plänen mit dem Wohnmobil – als stolzer Opa, seinen Enkeln das eine oder andere ermöglichen. Da kommen ihm 319 € mehr monatlich gerade recht.

Sie haben dieses Buch gekauft, weil Sie eher in Rente gehen möchten. Wenn Sie eher in Rente gehen wollen, müssen Sie sich darüber klar werden, was Sie wollen:

- ✔ Können Sie sich die Abschläge leisten? Gegebenenfalls haben Sie diese nicht nur bei der gesetzlichen Rente, sondern in gleicher oder ähnlicher Höhe auch bei Ihren Betriebsrenten (siehe Kapitel 3).
- ✔ Können Sie die Abschläge bei der gesetzlichen Rente (und gegebenenfalls bei den Betriebsrenten) durch andere monatliche Zahlungen ausgleichen?
- ✔ Haben Sie Geld übrig, das Sie direkt für den Ausgleich der Rentenminderung verwenden möchten? (siehe Kapitel 7).
- ✔ Gibt es für Sie eine feste, unverrückbare Lebensplanung?

Pauschal gilt Folgendes:

- ✔ Haben Sie keine Chance auf die abschlagsfreie Rente mit 45 Jahren, könnte die Rente mit 63 interessant sein.
- ✔ Bekommen Sie die 45 Jahre an Wartezeiten voll, ist diese Rente fast immer am sinnigsten, wenn Sie tatsächlich aufhören möchten zu arbeiten.
- ✔ Sind Sie schwerbehindert, ist in vielen Fällen eine Rente bereits ab 62 vorteilhaft.
- ✔ Wichtig sind immer Ihre eigentlichen Ziele: Möchten Sie aufhören zu arbeiten,, um Zeit mit Ihrem Partner zu verbringen? Reisen? Doch irgendwie weiterarbeiten, weil es sonst langweilig wird? Sie sind einfach platt und wollen nicht mehr? Es gibt unzählige Ziele und Gründe – welche haben Sie?

IN DIESEM KAPITEL

Wichtige Zeiten bei der Rentenversicherung kennen

Nachweise für die Anerkennung dieser Zeiten zusammenstellen

Kapitel 6
Wichtige Zeiten bei der gesetzlichen Rentenversicherung

Bei dem Kampf um jeden Monat Wartezeit kommt es darauf an, dass Sie Ihr Leben auch bei der gesetzlichen Rentenversicherung abgebildet bekommen. Dafür ist es wichtig zu wissen, welche Zeiten wie bei der Rentenversicherung zählen und wie Sie diese Zeiten gegenüber der Rentenversicherung nachweisen können.

Ein Blick in die Rentenauskunft

Mit 43 Jahren werden Sie oder haben Sie erstmalig mit der Rentenauskunft einen persönlichen Versicherungsverlauf zugeschickt bekommen.

Wie im Kapitel 2 vorgestellt, ist die Rentenauskunft mit Versicherungsverlauf Ihre persönliche Auskunft der Rentenversicherung. Im Versicherungsverlauf finden Sie alle gespeicherten Versicherungszeiten, wie zum Beispiel Beitragszeiten, Schulzeiten, Kindererziehungszeiten und andere.

Oft erfolgt mit dem erstmaligen Versand der Rentenauskunft die Aufforderung zur Kontenklärung (Formular V0100). Die Deutsche Rentenversicherung weist dabei die offensichtlich fehlenden Zeiten aus und fordert Sie auf, innerhalb von sechs Monaten zu reagieren und die offenen Zeiträume nachzuweisen. Tun Sie das nicht, passiert nichts. Selbst wenn der Rentenbescheid vorliegt, können Sie immer noch fehlende Zeiten nachmelden.

Manche Lücken lassen sich nur bis zum 45. Geburtstag schließen. Deswegen sollten Sie die Kontenklärung als erste Chance zur Optimierung Ihrer Rente nutzen. (vergleiche auch Kapitel 7 – Nachzahlung Schulzeiten).

Aus dem letzten Kapitel haben Sie vielleicht noch Ihren Versicherungsverlauf neben sich. Gehen Sie diesen nach Datum durch.

Sind die Zeiten durchgängig ab Ihrem 17. Lebensjahr (vorher vermerkt die Rentenversicherung nur Zeiten, in denen Beiträge gezahlt wurden, Sie beschäftigt waren) dokumentiert?

Was fehlt bei Ihnen? Erstellen Sie sich gleich eine To-do-Liste. Zum Beispiel 01.01.1986 – 31.03.1986 – fehlt. Oder: Warum fehlt die Kindererziehungszeit vom 01.01.2010 bis 31.12.2012?

Der Lebenslauf für Ihre letzte Bewerbung kann Ihnen helfen, die Einträge im Versicherungsverlauf zu prüfen und Ihrer Erinnerung nachzuhelfen – oder wissen Sie aus dem Stegreif, was Sie vor 20 Jahren im Herbst getan haben?

- ✔ Passt Ihr Schulbesuch, den die Rentenversicherung vermerkt hat, mit Ihren Zeugnissen zusammen?
- ✔ Ist Ihre Ausbildung richtig abgebildet und auch wirklich als »Pflichtbeitragszeit für berufliche Ausbildung« deklariert?
- ✔ Hat die Rentenversicherung Ihren Wehr- oder Zivildienst berücksichtigt?
- ✔ Finden Sie Hinweise auf Ihre Kinder (Details folgen)?

Es ist in Ihrem Interesse ein geklärtes Konto zu haben.

Ist ein Konto geklärt, können alle Tatbestände Ihres Lebens in die eigentliche Rentenberechnung einfließen und Sie haben eine klarere Kalkulationsgrundlage für Ihren Kassensturz und Ihre Vorsorgeplanung.

Im Folgenden gehen wir gemeinsam auf die wichtigsten rentenrechtlichen Zeiten ein.

- ✔ Mit jeder Zeit wird ein Lebenssachverhalt erfasst.
- ✔ Jede Zeit hat unterschiedliche Auswirkungen auf die Wartezeit (siehe Kapitel 5), auf die Rentenberechnung und damit auch auf die Höhe Ihrer Rente.

Da Sie gerade Ihren Versicherungsverlauf vor sich haben – haben Sie schon Lücken gefunden? Oft gibt es Monate, die unterbrochen sind, zum Beispiel

✔ 01.01.1995 – 17.06.1995	25.159 DM	- Beitragszeit mit Pflichtbeiträgen
✔ 01.07.1995 – 31.12.1995	33.451 DM	- Beitragszeit mit Pflichtbeiträgen

Solche Unterbrechungen finden Sie zum Beispiel bei Jobwechsel, verspäteter Arbeitslosmeldung, …

Der Monat ist im Versicherungsverlauf die kleinste Einheit. Monate, die nur zum Teil belegt sind – zum Beispiel nur mit einem einzigen Tag – gelten als volle Monate. Diese Monatsbelegung bei der Rentenversicherung heißt *Kalendermonatsprinzip.*

Prüfen Sie die offene/n Lücke/n in Ihrem Versicherungsverlauf daraufhin, ob Sie in dieser Zeit etwas getan haben, was Sie nachmelden können. Wenn Sie nichts getan haben, was sich positiv auf Ihre Rente auswirkt, lassen Sie die Lücken einfach stehen; merken Sie sich aber schon mal, »was nicht war«. Die DRV lässt sich noch von Ihnen bestätigen, dass dann keine rentenrechtlichen Zeiten vorlagen.

Arbeiten und Einzahlen – Pflichtbeitragszeiten

Sie stehen in einem sogenannten *sozialversicherungspflichtigen Beschäftigungsverhältnis*? Prima. Dann gehören Sie zu den Menschen, die die wichtigsten und kostbarsten Zeiten bei der Deutschen Rentenversicherung erwerben – die Pflichtbeitragszeiten.

Von Ihrem Bruttogehalt werden bis zur Beitragsbemessungsgrenze zur gesetzlichen Rentenversicherung Rentenversicherungsbeiträge erhoben. Von diesen 18,6 % (Beitragssatz zur allgemeinen Rentenversicherung) zahlen Sie 9,3 % und Ihr Arbeitgeber 9,3 %.

Die *Beitragsbemessungsgrenze* zur allgemeinen Rentenversicherung ist die Höchstgrenze, bis zu der das Arbeitsentgelt oder das Arbeitseinkommen bei der Berechnung des Beitrags zur Rentenversicherung berücksichtigt wird. (Die Bemessungsgrenze für 2025 finden Sie in Tabelle 6.1).

	Bundeseinheitlich
Jährlich (p. a.)	96.600,00 €
monatlich	8.050,00 €

Tabelle 6.1: Bemessungsgrenze zur gesetzlichen Rentenversicherung im Jahr 2025

Liegt Ihr Einkommen oberhalb der Beitragsbemessungsgrenze, müssen Sie für das darüberliegende Einkommen keine Beiträge zahlen.

Mit Ihrer Beschäftigung zahlen Sie also innerhalb bestimmter Grenzen Pflichtbeiträge in die gesetzliche Rentenversicherung ein.

Die Meldung zur Sozialversicherung

Sie erhalten von Ihrem Arbeitgeber in der Regel im Januar oder Februar eines Jahres eine Meldung zur Sozialversicherung. Hiermit meldet der Arbeitgeber der zuständigen Krankenkasse, die als Einzugsstelle für alle Sozialversicherungszweige fungiert, Änderungen des Arbeitsverhältnisses, die Höhe des Arbeitsentgelts oder Unterbrechungen. Gleichen Sie die Meldung zunächst mit Ihrer Dezembergehaltsabrechnung ab – bei Abweichungen sollten Sie gleich bei Ihrem Arbeitgeber reklamieren.

Kontrollieren Sie dann, ob das Gehalt und der Zeitraum in der Meldung zur Sozialversicherung der Eintragung in Ihrem Versicherungsverlauf der Deutschen Rentenversicherung entsprechen.

Gibt es hier Diskrepanzen, insbesondere zu Ihren Lasten, das heißt es wurde zu wenig gemeldet, kopieren Sie am besten sofort die abweichende Meldung und nehmen sie auf Ihre To-do-Liste zur Kontenklärung.

Es gibt immer mehr Menschen, die im Zuge der Digitalisierung oder beim Frühjahrsputz ihre alten Papierstapel entsorgen. Entweder werden die Unterlagen digitalisiert oder einfach in den Reißwolf gegeben.

Es gilt bei Unterlagen, die die Rente betreffen, eine unbegrenzte Aufbewahrungsfrist – lebenslang!

Wenn Sie die Unterlagen nicht mehr haben – haben andere sie in der Regel auch nicht mehr. Die Aufbewahrungsfrist liegt bei den Behörden im Schnitt bei zehn Jahren.

Es gibt Berater, die empfehlen, nach einer Kontoklärung Unterlagen zu entsorgen. Folgen Sie dieser Empfehlung nicht! Es kann immer mal zu einer Änderung der Rechtslage kommen. Fehlen dann die notwendigen Unterlagen zum Nachweis, mag man zwar Recht haben – aber Recht bekommen, ist dann eher schwer.

Berufliche Ausbildung

Wenn Sie eine Lehre oder eine berufliche Ausbildung gemacht haben, wirkt sich das unmittelbar auf Ihre Rente aus – die berufliche Ausbildung wird mit einer höheren Rente belohnt.

Auch hier lohnt sich ein Blick in den Versicherungsverlauf. Haben Sie Eintragungen wie die in Tabelle 6.2 zu Ihrer Ausbildung? Achten Sie bitte auf die Art der Zeit.

Zeitraum	Betrag	Art der Zeit
01.08.1986 – 31.12.1986	3.732,00 DM	Beitragszeit mit Pflichtbeiträgen
01.01.1987 – 31.12.1987	10.610,00 DM	Beitragszeit mit Pflichtbeiträgen
01.01.1988 – 31.12.1988	12.608,00 DM	Beitragszeit mit Pflichtbeiträgen
01.01.1989 – 31.01.1989	749,00 DM	Beitragszeit mit Pflichtbeiträgen

Tabelle 6.2: Beitragszeit mit Pflichtbeträgen

Oder sieht es bei Ihnen so aus wie in Tabelle 6.3?

Zeitraum	Beitrag	Art der Beitragszeit
01.08.1986 – 31.12.1986	3.732,00 DM	Beitragszeit mit Pflichtbeiträgen für berufliche Ausbildung
01.01.1987 – 31.12.1987	10.610,00 DM	Beitragszeit mit Pflichtbeiträgen für berufliche Ausbildung

Zeitraum	Beitrag	Art der Beitragszeit
01.01.1988 – 31.12.1988	12.608,00 DM	Beitragszeit mit Pflichtbeiträgen für berufliche Ausbildung
01.01.1989 – 31.01.1989	749,00 DM	Beitragszeit mit Pflichtbeiträgen für berufliche Ausbildung

Tabelle 6.3: Beitragszeit mit Pflichtbeiträgen für berufliche Ausbildung

Steht bei Ihnen nur »Beitragszeit mit Pflichtbeiträgen«, sollten Sie Ihre Ausbildungszeit nachmelden. Hierfür benötigen Sie die Abschlusszeugnisse der Berufsschule, des Arbeitgebers beziehungsweise der Industrie- und Handwerkskammer, der Handwerkskammer oder anderer Kammern, Lehr- beziehungsweise Ausbildungsverträge. Wichtig ist hierbei, dass der Zeitraum Ihrer Ausbildung erkennbar ist.

Wann eine Ausbildung eine Ausbildung ist

Im Rahmen einer betrieblichen Berufsausbildung werden berufliche Kenntnisse, Fertigkeiten oder Erfahrungen erworben. Um eine berufliche Ausbildung handelt es sich dann, wenn in einem anerkannten Ausbildungsberuf mit rechtsverbindlichen Ausbildungsrichtlinien ausgebildet wurde. Gibt es keine Richtlinien, muss die Ausbildung üblich und anerkannt sein.

Auch Praktikanten und Volontäre gehören neben Auszubildenden im Sinne des Berufsbildungsgesetz zu den in ihrer Ausbildung Beschäftigten. Es gilt eine Rentenversicherungspflicht während der Ausbildung.

Übrigens: Falls Sie Kinder oder Enkelkinder haben, die einen Ausbildungsplatz suchen – geben Sie den Tipp weiter, dass diese sich bei der Agentur für Arbeit »ausbildungssuchend« melden. Auch die Ausbildungssuche gilt als rentenrechtliche Zeit – wenn man gemeldet ist. Allerdings nur als Wartezeit.

Achtung Minijobber!

Gehören Sie zu den rund 7 Millionen Deutschen, die einen Minijob haben? Dann sollten Sie sich fragen, ob dieser Minijob Ihnen ein Renten- und Wartezeitplus bringt oder nicht.

Eigentlich ist ein Minijob, der neu aufgenommen wird, versicherungspflichtig in der gesetzlichen Rentenversicherung. Das bedeutet, dass der Arbeitgeber von den 18,6 % Rentenversicherungsbeitrag 15 % übernimmt. Sie als Miniobber übernehmen 3,6 %.

Beträgt zum Beispiel Ihr Monatsbrutto im Minijob 556,00 € monatlich, werden Ihnen 20,02 € für die Rentenversicherung abgezogen. Es ergibt sich also ein Monats-Netto von 535,98 €. Ihr Arbeitgeber zahlt 730,97 €. Im Arbeitgeberbeitrag stecken noch die *Lohnnebenkosten* (13 % Krankenkasse, 15 % Rentenversicherung, 2 % einheitliche Pauschsteuer und 1,47 % an Umlage 1 und 2 und Insolvenzgeldumlage – die Weiterleitung Ihres Rentenversicherungsanteils von 3,6 % steckt hier auch noch drin).

Verzichten Sie auf die Versicherungspflicht, werden Ihnen 556,00 € brutto für netto ausgezahlt. Ihr Arbeitgeber zahlt dennoch 730,97 €. Rund 80 % der Minijobber wählen diesen Weg. Dabei reduziert sich das Nettogehalt bei Versicherungspflicht von 556,00 € nur um 20,02 € auf 535,98 €.

Überlegen Sie sich, ob diese 20,02 Euro im Monat nicht gut angelegt sind. Denn die Entscheidung für eine Versicherungspflicht bedeutet mehr Pflichtbeitragszeiten und mehr Wartezeitmonate. Gerade die Wartezeitmonate können den gewünschten Rentenbeginn noch retten.

Gut angelegtes Geld für weitere Vorteile (gerade, wenn Sie »nur« Minijobber sind:

- Ihre Rente wächst ein wenig an.
- Sie können die staatliche Förderung einer Riester-Rente (vergleiche Kapitel 3) nutzen.
- Sie können von den Vorteilen einer Betriebsrente aus Entgeltumwandlung (auch wieder Kapitel 3) profitieren.
- Bei einer Reha-Maßnahme kriegen Sie Übergangsgeld von der Rentenversicherung.

Ein Verzicht auf die Versicherungspflicht kann für Sie sinnvoll sein, wenn:

- Sie den Minijob für die Rente nicht brauchen, weil Sie parallel in einer versicherungspflichtigen Beschäftigung stehen.
- Sie jemanden pflegen (ab Pflegegrad 2, siehe Kapitel 19) und Sie deswegen ohnehin Wartezeitmonate und Pflichtbeiträge über die Pflegekasse erhalten.
- Sie sich in den ersten drei Lebensjahren Ihres Kindes befinden und sich bereits jetzt dafür entschieden haben, dass Sie die Kindererziehungszeit für dieses Kind gutgeschrieben bekommen.

Wenn Sie sich für die Versicherungsfreiheit im Minijob entschieden haben, können Sie diese Entscheidung nicht mehr rückgängig machen. Sie gilt, solange das Arbeitsverhältnis Bestand hat. Erst in einem neuen Minijob können Sie sich wieder für eine Versicherungspflicht entscheiden.

Zeiten aus einem Minijob spielen nur dann eine Rolle, wenn die entsprechenden Monate nicht bereits mit anderen Beitragszeiten belegt sind. Die Monate zählen nicht doppelt, nur weil sie doppelt belegt sind.

Zurück zur Schulbank

Versetzen Sie sich jetzt in die Zeit zurück, als Ihr ganzes Leben noch vor Ihnen lag und Sie nicht wussten, wo Ihre Lebensreise hingeht. Gehen Sie gedanklich zurück zu Ihrem 17. Geburtstag, denn für die Rentenversicherung ist dieses Datum maßgebend. Ab diesem Zeitpunkt beginnt die Deutsche Rentenversicherung Ihr Leben zu dokumentieren und zu bewerten. Wenn Sie nach Ihrem 17. Lebensjahr eine allgemeinbildende Schule besucht oder studiert haben, ist dieser Abschnitt für Sie wichtig. Schule und Studium werden ab dem 17. Lebensjahr maximal mit acht Jahren als Anrechnungszeit bewertet.

Dazu zählen folgende Schulen/Einrichtungen:

- ✔ Staatliche oder private allgemeinbildende Schulen (Volks- und Hauptschulen, Realschulen, Oberschulen, Gymnasien, …)
- ✔ Fachschulen (mit überwiegend berufsbildendem Charakter, die ein höherwertiges Berufsziel anstreben und eine praktische Berufsbildung oder eine berufspraktische Tätigkeit voraussetzen. Das Bundesministerium für Arbeit und Soziales hat ein entsprechendes Fachschulverzeichnis veröffentlicht).
- ✔ Hochschulen (Universitäten, Fachhochschulen, …)

Es muss ein Zeitaufwand von mehr als 20 Wochenstunden für die Schule oder das Studium erforderlich sein. Dazu zählen neben der Anwesenheit in der Schule auch der Schulweg und die häusliche Vor- und Nachbereitung – »die Zeit und die Arbeitskraft von Schülern wird überwiegend in Anspruch genommen«.

Diese Zeiten können Sie mit Zeugnissen oder Schul- beziehungsweise Studiumsbestätigungen nachweisen.

Haben Sie parallel gearbeitet und abends studiert, ist entscheidend, wie viele Stunden Sie gearbeitet und wie viele Stunden Sie studiert haben. Bei einer wöchentlichen Arbeitszeit von zum Beispiel 40 Stunden und einem Aufwand von 20 Stunden für ein nebenberufliches Studium, wird das Studium nicht als Anrechnungszeit berücksichtigt. Ihre Vollzeittätigkeit ist in diesem Fall überwiegend. Eigentlich gilt fast pauschal: Ein nebenberufliches Studium wird nicht extra anerkannt.

Wenn Sie Schulzeiten zurückgelegt oder ein Studium nach dem 17. Lebensjahr absolviert haben, prüfen Sie, ob diese Zeiten bereits bei der Deutschen Rentenversicherung hinterlegt sind. Es werden maximal acht Jahre anerkannt. Zu diesen acht Jahren zählen auch Doppelbelegungen; die Zeit wird also nicht, weil der Monat schon anderweitig belegt ist, nach hinten ausgedehnt.

Sie haben diese Unterlagen nicht mehr? Mit dem Formular V0510 können Sie Ihre Schule anschreiben und um eine Bestätigung bitten

Kinder sind Bares wert

Sie haben Kinder? Dann wird es jetzt besonders interessant, denn jetzt können Sie feststellen, ob Ihre Kinder richtig bei der Deutschen Rentenversicherung gemeldet sind. Die Betonung liegt auf richtig – es gibt verschiedene rentenrechtliche Zeiten bei Kindern, die nicht immer richtig gemeldet sind.

Noch in den 1980er- und 1990er-Jahren galt als Rabenmutter, wer nicht bei seinen Kindern daheimblieb, sondern arbeiten ging. Kinder, die in eine leere Wohnung von der Schule nach

Hause kamen, waren Schlüsselkinder und wurden mitleidig beäugt. Doch auch heute ist es eine Gradwanderung vieler Eltern, Kinder, Haushalt und Job unter einen Hut zu bringen. Deswegen sind Kinder oft gekoppelt mit Erwerbslosigkeit oder Teilzeitarbeit, zumindest die ersten Jahre. Das ist auch der Grund, warum der Gesetzgeber immer wieder eingegriffen und besondere Zeiten im Rentenrecht geschaffen hat, die die Lücken im Versicherungsleben schließen sollen, die durch Kindererziehung entstanden sind.

Folgende Zeiten müssen wir genauer betrachten:

- ✔ Berücksichtigungszeit
- ✔ Schwangerschaft- und Mutterschutz
- ✔ Kindererziehungszeit

Berücksichtigungszeiten

Für die Zeit vom Tag der Geburt eines Kindes bis zu dessen vollendeten zehnten Lebensjahr kann *Berücksichtigungszeit* gutgeschrieben werden. Wenn ein weiteres Kind in diesen zehn Jahren geboren wird, verlängert sich die Berücksichtigungszeit bis zum zehnten Geburtstag des jüngeren Kindes.

Die Berechnung ist einfacher, als sie sich anhört.

BEISPIEL

Anna wurde am 21.04.1989 geboren. Die Berücksichtigungszeit geht vom 21.04.1989 bis zum 20.04.1999 (zehn Jahre ab Geburt).

Wenn Anna am 09.04.1992 noch Brüderchen Benjamin bekommen hätte, ginge die Berücksichtigungszeit vom 21.04.1989 bis zum 08.04.2002 (weitere Geburt innerhalb der zehn Jahre – Geburtsdatum erstes Kind bis Ende Zehnjahreszeitraum zweites Kind).

Die Berücksichtigungszeit ist eine Anrechnungszeit. Sie ist deswegen wichtig, insbesondere bei der Erfüllung von Wartezeiten. Sie entsteht nur, wenn:

- ✔ die Erziehungszeit dem entsprechenden Elternteil zugeordnet ist,
- ✔ die Erziehung im Gebiet der Bundesrepublik Deutschland beziehungsweise im Gebiet der ehemaligen DDR erfolgt ist oder einem solchen gleichsteht und
- ✔ das Elternteil nicht von der Anrechnung ausgeschlossen ist.

Ein Ausschluss kann zum Beispiel entstehen, wenn Kinder bereits über eine Beamtenversorgung oder Ähnliches in einem Altersversorgungssystem abgebildet wurden.

Auch bei Selbstständigen gibt es eine Besonderheit. Diese können Berücksichtigungszeiten nur erhalten, wenn sie nur eine geringfügige selbstständige Tätigkeit ausgeübt haben oder aber, wenn für die selbstständige Tätigkeit Pflichtbeiträge in die Rentenkasse gezahlt wurden. Der Gesetzgeber unterstellt hier, dass Selbstständige durchaus in der Lage sind, eine angemessene Altersversorgung zu betreiben.

Schwangerschaft beziehungsweise Mutterschutz

Diese Zeit ist naturgemäß in weiblichen Versicherungsverläufen zu finden. Die Frist beträgt grundsätzlich sechs Wochen vor und acht Wochen nach der Geburt eines Kindes. Dabei wird der Tag der Geburt nicht mitgezählt.

Erziehungsurlaub und Elternzeit oder Mutterschaftsurlaub zählen nicht zu den Anrechnungszeiten hinzu.

Kindererziehungszeit – besser bekannt als »Mütterrente«

Wenn Ihnen der Begriff Kindererziehungszeit nichts sagt, der Begriff *Mütterrente* war immer wieder in der Presse zu finden. Und hier findet sich endlich die Behauptung wieder, dass Kinder bares Geld wert sind.

Der Staat trägt hierbei der Tatsache Rechnung, dass die Erziehung von Kindern nicht nur Geld, sondern auch Zeit kostet – insbesondere Arbeitszeit. Viele Eltern bleiben nämlich nach wie vor gerade in den ersten Jahren nach der Geburt ihrer Kinder ganz oder teilweise zu Hause.

Wann ist Ihr Kind, wann sind Ihre Kinder geboren? Das Geburtsdatum, die Geburtsdaten sind jetzt die wichtigen Kriterien für Ihre weitere Prüfung.

Geburt vor dem 01.01.1992

Für jedes Kind, das vor dem 01.01.1992 geboren wurde, bekommen Sie 2,5 Jahre an Kindererziehungszeiten gutgeschrieben. Vereinfacht sind das pro Kind 101,98 € monatlich brutto mehr Rente.

Übrigens: Aktuell (Juni 2025) liegt der Referentenentwurf eines »Gesetzes zur Stabilisierung des Rentenniveaus und zur vollständigen Gleichstellung der Kindererziehungszeiten« auf dem Tisch. Wird das Gesetz so verabschiedet, gilt für Sie dasselbe, wie im folgenden Abschnitt. Sie bekommen dann ein zusätzliches halbes Jahr mit Kindererziehungszeiten – Sie liegen dann pro Kindernase bei drei Jahren Kindererziehungszeit.

Geburt nach dem 31.12.1991

Ist Ihr Kind ab dem 01.01.1992 geboren, erhalten Sie für jedes Kind drei Jahre Kinderziehungszeiten auf Ihr Rentenkonto. Das sind in etwa 122,37 € monatlich mehr an Bruttorente.

Was heißt das? Sie werden so gestellt, als hätten Sie in diesem Zeitraum so viel wie der Durchschnitt aller Versicherten in Deutschland verdient. Für das Jahr 2025 beträgt das Durchschnittseinkommen zum Beispiel 50.493 € (vorläufiger Wert).

Die Kindererziehungszeit beginnt in dem Monat nach der Geburt Ihres Kindes.

Sie erhalten diese Zeiten für jedes Kind. Haben Sie mehrere Kinder, sieht es so aus:

Donald ist am 06.04.2004 geboren. Daisy kam am 09.01.2006 auf die Welt.

Die Kindererziehungszeit für Donald geht 36 Monate, also vom 01.05.2004 bis zum 30.04.2007. Die drei Jahre, die noch wegen der Geburt von Daisy zustehen, werden im Anschluss gutgeschrieben, vom 01.05.2007 bis zum 30.04.2010. Insgesamt werden 72 Monate (oder sechs Jahre) mit Kindererziehungszeit im Versicherungsverlauf vermerkt.

Die »Mütterente« wird demjenigen gutgeschrieben, der das Kind überwiegend erzieht. Das kann immer nur ein Elternteil sein. Wird das Kind gemeinsam erzogen, hat grundsätzlich die Mutter Anspruch auf Kindererziehungszeit. Sofern der Vater die Kindererziehungszeit erhalten soll, müssen Sie das gegenüber der Rentenversicherung erklären.

Diese Erklärung kann nur maximal für zwei Monate rückwirkend erfolgen. Kümmern Sie sich also rechtzeitig darum.

Diese übereinstimmende Erklärung wird zukünftig immer wichtiger. In der Vergangenheit war es tatsächlich in 99 % der Fälle so, dass die Mutter die Kindererziehungszeit und damit die Berücksichtigungszeit erhielt. Heute sieht es anders aus, da immer mehr Väter die Elternzeit auch für sich entdeckt haben und die Zeit mit ihren Youngstern genießen wollen. Während der Elternzeit bekommt man vom Staat *Elterngeld*. Dieses Elterngeld beinhaltet keine Pflichtversicherung in der gesetzlichen Rentenversicherung.

Wer Elternzeit nimmt, Elterngeld bezieht und sich ansonsten in einem ruhenden Arbeitsverhältnis ohne Entgeltbezug befindet, wird – ohne Zuordnung von Kindererziehungszeit – eine Rentenlücke aufweisen. Deswegen sollten Sie von der Zuordnung aktiv Gebrauch machen.

Nicht nur die leiblichen Eltern können die Kindererziehungszeit geltend machen. Auch Adoptiv-, Stief- oder Pflegeeltern können bei überwiegender Erziehung diese Zeiten gutgeschrieben bekommen. Wohnt das Kind dauerhaft in häuslicher Gemeinschaft bei den Großeltern oder Verwandten, die das Obhut- und Erziehungsverhältnis innehaben, können auch diese Zeiten geltend gemacht werden.

Nehmen Sie Ihren Versicherungsverlauf zur Hand. Sind die Kindererziehungszeiten und Zeiten »Schwangerschaft/Mutterschutz« richtig vermerkt? Die Berücksichtigungszeiten finden Sie unter dem Versicherungsverlauf separat ausgewiesen. Falls Sie während der Kindererziehungszeit bereits wieder begonnen haben zu arbeiten – kontrollieren Sie, ob auch diese Zeiten richtig vermerkt sind.

Sind Sie bereits kurz nach der Geburt wieder ins Berufsleben eingestiegen und haben gut verdient, kann es sein, dass die Entgeltpunkte für die Mütterrente ganz oder teilweise gekürzt werden. Die Mütterente »verpufft«, weil Sie gearbeitet haben. In diesem Fall fragen Sie sich bitte, was das andere Elternteil in dieser Zeit gemacht hat. Auch gearbeitet? Weniger verdient? Vielleicht kann es ratsam sein die Kindererziehungs- und Berücksichtigungszeiten bei dem Elternteil mit dem niedrigeren Einkommen »gutschreiben« zu lassen.

Achtung: Wie oben bereits erwähnt, kann ein Wechsel hierbei nur maximal zwei Monate rückwirkend beantragt werden! Dafür kann die Anrechnung aber mehrfach zwischen Mutter und Vater wechseln

Wehr- oder Zivildienst

Gerade die Babyboomer-Generation kennt den Wehrdienst, der in Deutschland mit Wirkung zum 01.07.2011 ausgesetzt wurde, noch. Alternativ, nach offizieller Verweigerung aus »Glaubens- und Gewissensgründen« den Zivildienst.

Wehr- und Zivildienst werden als Pflichtbeitragszeiten gewertet.

Die Höhe der Beiträge richtet sich nicht nach dem Sold oder der Vergütung, sondern nach einem fiktiven Gehalt. Dies ist die Bezugsgröße des jeweiligen Jahres. Seit 2020 werden hiervon 80 Prozent für die Rente gewertet.

Seit 01.07.2011 gilt:

- ✔ **Bundesfreiwilligendienst:** Dauer in der Regel 12 Monate, mindestens 6 Monate, maximal 18 Monate; in Ausnahmefällen bis zu 24 Monate. Tätigkeit in unterschiedlichen Bereichen, zum Beispiel Sport, Kultur, Bildung, Integration oder Umwelt. In dieser Zeit gilt Sozialversicherungspflicht in allen Bereichen; die Beiträge zahlt der Arbeitgeber.
- ✔ **Freiwilliger Wehrdienst:** Probezeit von 6 Monaten; danach bis zu 17 Monate freiwilliger, zusätzlicher Wehrdienst. Während dieser Zeit besteht Versicherungspflicht in der gesetzlichen Rentenversicherung. Die Beiträge werden vom Bund getragen.

Sie können diese Zeiten anhand eigener Unterlagen über den Wehr- und Ersatzdienst kontrollieren. Die Zeiten für den Wehrdienst in der DDR sind oft noch nicht gespeichert. Sie können diese Zeiten durch Ihren Wehrpass oder Dienstausweis dokumentieren.

Nicht gut: krank und/oder arbeitslos

Leider läuft nicht immer alles so, wie man sich das vorstellt. Gerade die geburtenstarken Jahrgänge kennen volle Klassenzimmer, überquellende Hörsäle und geringe Chancen auf einen Ausbildungsplatz. Oder geringe Chancen, nach dem Studium einen Job zu finden. Jeder hat seine eigenen Erfahrungen gemacht und gerade in den 1980er-Jahren finden sich verstärkt Zeiten der Arbeitslosigkeit in den Versicherungsverläufen. Krankheiten kommen dazu, raus aus der Lohnfortzahlung und rein in den Krankengeldbezug.

Gerade diese Zeiten des Sozialleistungsbezuges sind mit vielen Fehlern im Versicherungsverlauf behaftet, weil Meldungen nicht korrekt erfolgten. Oder aber, die Gesetze haben sich so oft geändert, dass es selbst Fachleuten schwerfällt, den Überblick zu behalten. Oder aber, die Zeiten sind wichtiger geworden, als vor Jahrzehnten gedacht.

Waren Sie im Laufe Ihres Lebens krank- oder arbeitslos, sollten Sie Ihren Versicherungsverlauf akribisch untersuchen. Vergleichen Sie die Eintragungen im Versicherungsverlauf mit Ihren Bescheiden, die Sie damals erhalten haben.

Übrigens: Zeiten der Arbeitslosigkeit und des Krankengeldbezuges wurden immer wieder anders bei der Rentenversicherung behandelt. Mal wurden sie als Pflichtbeitragszeiten bewertet, dann wieder als Anrechnungszeiten – oder es waren Pflichtbeitragszeiten mit gleichzeitigen Anrechnungszeiten. Fallen Pflichtbeiträge mit Anrechnungszeiten zusammen, entsteht rentenrechtlich eine sogenannte *beitragsgeminderte Zeit*. Diese Zeit wird bei Ihrer späteren Rentenberechnung besonders bewertet.

IN DIESEM KAPITEL

Abschläge durch Rentenminderung ausgleichen

Ausbildungszeiten verbessern

Scheidungsverluste wieder wettmachen

Freiwillige Beiträge einzahlen

Kapitel 7
Einzahlung in die Rentenkasse

Die Reaktionen auf die Idee, Geld in die Rentenkasse zu zahlen, gehen meistens in zwei Richtungen:

»Ich bin doch nicht so blöd und schmeiße mein gutes Geld der Rentenversicherung in den Rachen! Und dann noch solch horrende Beträge!«

oder

»Das war die beste Idee seit Langem! So viel Steuern habe ich fast noch nie zurückgekriegt!«

Life-Reaktionen aus der Praxis. Wägen Sie nach diesem Kapitel einfach Ihre individuellen Vor- und Nachteile und Ihre Möglichkeiten ab.

Warum in die Rentenversicherung einzahlen?

Die Idee, Einzahlungen in die Rentenkasse vorzunehmen, kommt oft zu spät.

Vorgesehen sind verschiedene Situationen und Zeitpunkte, zu denen Einzahlungen möglich sind. Deswegen sollten Sie immer wieder prüfen, wann und unter welchen Bedingungen, Sie die Möglichkeit haben, eine Einzahlung zu tätigen und Ihre gesetzliche Rente dadurch dauerhaft zu erhöhen – vielleicht noch über den Rentenbeginn hinaus.

Erlaubt sind Einzahlungen, um

- ✔ Rentenabschläge auszugleichen (ab 50),
- ✔ Beiträge für Schule und Hochschule nachzuzahlen (bis 45),

- ✔ negative Folgen einer Scheidung ganz oder teilweise zu vermeiden (in der Regel bis 67) oder
- ✔ anstelle einer Pflichtversicherung freiwillige Beiträge, zum Beispiel als Selbstständiger zu zahlen.

Allen Einzahlungen gemein sind Vor- und Nachteile, die die Tabelle 7.1 zeigt, und die Sie im Vorfeld je nach Ihrer individuellen Situation betrachten sollten.

Vorteile	Nachteile
Beiträge sind als Vorsorgeaufwendungen zu 100 Prozent absetzbar (bis Höchstbeträge)	Nachgelagerte Besteuerung der Rente – ganz oder teilweise (je Alter und Rentenbeginn).
Es werden zusätzliche Entgeltpunkte erworben – keine feste Rente. Mit jeder Rentenerhöhung, erhöht sich der Gegenwert der Einzahlung (Inflationsschutz).	Rendite kann nicht kalkuliert werden. Vergleich eigentlich nur mit Basis- oder Rürup-Rente mit weitestgehender Garantie möglich.
Hinterbliebenenrenten werden erhöht.	Über die eingezahlten Beträge können Sie nicht mehr verfügen –Vererbbarkeit ist nur im Rahmen der Hinterbliebenenversorgung möglich.
Lebenslange Rentenerhöhung, fest kalkulierbar.	Sind Sie im Alter in der gesetzlichen Krankenversicherung pflichtversichert, zahlen Sie auf die Rentenerhöhung Kranken- und Pflegeversicherungsbeiträge.
Automatismus in der Auszahlung – die Rente wird einfach erhöht – kein Aufwand mehr.	
Wenn Sie im Alter privat oder freiwillig gesetzlich krankenversichert sind, erhalten Sie einen zusätzlichen Zuschuss zur Krankenkasse – auf Basis der Rentenerhöhung.	
Keine Anlagerisiken.	
Erwerbsminderungsschutz wird gegebenenfalls erhöht.	
Solidarisches Investment.	
Abfindungszahlungen des Arbeitgebers können bei Einzahlung gegebenenfalls zu weiteren steuerlichen Vorteilen führen.	

Tabelle 7.1: Vor- und Nachteile einer Einzahlung in die gesetzliche Rentenversicherung

Prüfen Sie für sich, welche Vor- und welche Nachteile auf Sie zutreffen, bevor Sie eine Entscheidung fällen. Aus Nachteilen können Vorteile werden und umgekehrt. Ob sich eine Einzahlung steuerlich für Sie lohnt, sollten Sie gegebenenfalls mit Ihrem Steuerberater besprechen.

Rentenabschläge ausgleichen

Wenn Sie die Wartezeit von 35 Jahren erfüllt haben, können Sie, wie wir bereits gelernt haben, vorzeitig ab 63 Jahren eine Rente beantragen, die sogenannte *Altersrente für langjährig Versicherte* (bei der Altersrente für schwerbehinderte Menschen gilt das 62. Lebensjahr). Dieser vorzeitige Rentenbeginn kostet jedoch Abschläge in Höhe von 0,3 % – für jeden Monat der früheren Inanspruchnahme, berechnet bis zum 67. Lebensjahr. In der Spitze liegen die Abschläge bei bis zu 14,4 %, je nachdem wann Sie geboren sind.

Der Gesetzgeber hat mit dem § 187 a SGB VI die Möglichkeit geschaffen, diese Abschläge auszugleichen. Hierfür müssen Sie bestimmte Voraussetzungen erfüllen:

- ✔ Sie sind mindestens 50 Jahre jung.
- ✔ Die Wartezeit für eine Altersrente für langjährig Versicherte oder für schwerbehinderte Menschen können Sie bis zum jeweiligen Rentenbeginn erreichen.
- ✔ Die Regelaltersgrenze ist noch nicht erreicht.
- ✔ Beantragung einer »Auskunft über die Höhe der Beitragszahlung zum Ausgleich einer Rentenminderung bei vorzeitiger Inanspruchnahme einer Rente wegen Alters«.

Eine Auskunft, bitte!

Sind Sie 50 Jahre alt und erfüllen bis 63 Jahre die 35 Jahre Wartezeit, können Sie schriftlich (Formular V0210) oder online (`https://www.eservice-drv.de/eantrag/hinweis.seam?conversationId=943854`) die »Auskunft über die Höhe der Beitragszahlung zum Ausgleich einer Rentenminderung bei vorzeitiger Inanspruchnahme einer Rente wegen Alters« anfordern.

Mit dem Einreichen des Formulars tun Sie die Absicht kund, mit 63 Jahren in Rente gehen zu wollen. Ihre Rente wird dann mit einem Abschlag von 0,3 % für jeden Monat der vorzeitigen Inanspruchnahme neu berechnet.

Die Differenz zwischen Ihrer hochgerechneten Regelaltersrente und der Rente mit Abschlägen wird in Entgeltpunkten ausgedrückt. Diese Entgeltpunkte werden in Eurobeträge umgerechnet. Sie erhalten mit der Auskunft eine Information, wie hoch der Abschlag und der notwendige Betrag zum Ausgleich ist. Dabei handelt es sich um den maximalen Ausgleichsbetrag, der zum Zeitpunkt der Auskunftserteilung gezahlt werden könnte.

Sie können den Beitrag zahlen – Sie können es aber auch lassen. Sie sind nicht verpflichtet zu zahlen, auch wenn Sie die Auskunft beantragt haben. Sie legen sich damit nicht fest.

Wenn Sie zahlen, können Sie das einmalig oder monatlich in beliebiger Höhe und Häufigkeit tun. Maximal zwölf Überweisungen im Jahr sind zulässig.

Berechnen Sie vor einer Zahlung genau, welcher Betrag sich steuerlich für Sie lohnt. Steuerberater und Lohnsteuerhilfevereine helfen gerne.

BEISPIEL

Frankie Frankenberg, ledig und noch frei, ist im Januar 1965 geboren. Er hat mit 16 die Ausbildung begonnen und dann immer (mit einer kleinen Ausnahme) das Durchschnittseinkommen in Deutschland verdient.

Frankie Frankenberg hat eine Auskunft zum Ausgleich einer Rentenminderung beantragt. Er kann demnach 71.125,65 € einzahlen. Das bedeutet, er kann eine Minderung in Höhe von 254,90 € monatlich ausgleichen.

Eine komplette Zahlung im Jahr 2025 verpufft steuerlich. Unterstellen wir, dass Herr Frankenberg ein Jahreseinkommen von 50.493,00 € hat. Damit liegt der Durchschnittssteuersatz ungefähr bei 22 %. Beiträge zur Rentenversicherung betragen im Jahr 18,6 % von 50.493,00 € = 9.391,70 €; davon zahlt jeweils die Hälfte der Arbeitgeber und die andere Hälfte Frankie Frankenberg als Arbeitnehmer. Es gibt keine sonstigen Beiträge, zum Beispiel zu einer Basis- oder Rürup-Rente. In der Tabelle 7.2 sehen Sie, wie der steuerlich wirksame Höchstbetrag für die Einzahlung in die Rentenkasse ermittelt werden kann.

Maximale Summe der Altersvorsorgeaufwendungen 2025	29.343,60 Euro
Abzüglich Arbeitnehmeranteil zur gesetzlichen Rentenversicherung	9.391,70 €
Abzüglich Arbeitgeberanteil zur gesetzlichen Rentenversicherung	9.391,70 €
Maximaler Ausgleichbetrag	10.560,20 €

Tabelle 7.2: Berechnung der steuerlichen Wirksamkeit einer Ausgleichszahlung (fiktiv und ohne Gewähr)

Im Jahr 2025 macht bei Frankie Frankenberg demzufolge maximal eine Einzahlung von 10.560,00 € steuerlich Sinn. Er könnte bei einem Steuersatz von circa 22 % rund 2.323,24 sparen. Es wird also ein Fünftel seiner Einzahlung subventioniert. Der Nettoaufwand einer Ausgleichszahlung sinkt deutlich.

Bitte beachten Sie: Es ist eine vereinfachte Darstellung.

Frankie Frankenberg möchte mit 63 Jahren in Rente gehen. Am 01.01.2028 könnte er mit 14,4 % dauerhaften – also lebenslangen Abschlägen – 1.515,25 € Bruttorente erhalten. Zahlt er die komplette Summe auf einmal ein, erhöht sich seine Bruttorente um 254,90 € auf 1.770,15 €.

Seine Abschläge von 14,4 % kann er so rechnerisch ausgleichen – die fehlenden Beiträge über 48 Monate des vorzeitigen Rentenbeginns nicht.

Einzahlen dürfen Sie bis zur Regelaltersgrenze. Dies gilt auch, wenn Ihre Rente mit 63 Jahren beginnt. Problematisch wird es, wenn Sie die Ausgleichszahlung erst kurz vor oder nach dem 63. Lebensjahr beantragen. Ab 63 nehmen die Abschläge jeden Monat Richtung Regelaltersgrenze ab. Sie müssen der Deutschen Rentenversicherung dann ein konkretes Rentenbeginndatum mitteilen, zu dem Sie beabsichtigen, eine Rente in Anspruch zu nehmen – das 63. Lebensjahr ist dann bereits erreicht oder überschritten. Die maximale Ausgleichszahlung können Sie dann nicht mehr einzahlen – es gibt dann auch keine maximalen Abschläge mehr.

Zahlen Sie den kompletten Betrag vor dem 63. Lebensjahr ein und nehmen die Rente dann doch nicht in Anspruch, zum Beispiel, weil Ihnen die Arbeit weiterhin Spaß macht und etwas bringt, so gilt die Einzahlung als Höherversicherung. Die Einzahlung erhöht in jedem Fall Ihre spätere Rente. Aber beachten Sie: Die Einzahlung kann nicht zurückgefordert werden.

Damit Sie ein Gefühl für die Höhe einer Ausgleichszahlung bekommen, können Sie der Tabelle 7.3 – ausgehend von drei unterschiedlichen monatlichen Bruttorenten – den notwendigen Kapitalbetrag zum Ausgleich einer Rentenminderung, gestaffelt nach 1, 12, 24, 36 und 48 Monaten entnehmen.

Monatliche Bruttorente	Minderung 1 Monat = 0,3 %	Minderung 12 Monate = 3,6 %	Minderung 24 Monate = 7,2 %	Minderung 36 Monte = 10,8 %	Minderung 48 Monate = 14,4 %
800,00 €	575 €	7.136 €	14.825 €	23.136 €	32,145 €
1.600,00 €	1.150 €	14.272 €	29.651 €	46.271 €	64.289 €
2.400,00 €	1.725 €	21.408 €	44.476 €	69.408 €	96.434 €

Tabelle 7.3: Was kostet ein Ausgleich von Rentenabschlägen – Quelle: Deutsche Rentenversicherung – Stand bis 19.03.2025

Vor einer Ausgleichszahlung sollten Sie folgende Fragen beantworten:

- ✔ Erfüllen Sie die Wartezeit von 35 Jahren bis Rentenbeginn?
- ✔ Sind Sie älter als 50 Jahre?
- ✔ Wie hoch ist die maximale Einzahlung, die Sie aktuell tätigen können?
- ✔ Haben Sie so viel Geld?
- ✔ Lohnt sich die Ausgleichszahlung steuerlich?
- ✔ Überwiegen die Vor- oder die Nachteile?
- ✔ Wann ist der Break-even erreicht?
- ✔ Welche Alternativen gibt es?
- ✔ Bekommen Sie eine Abfindung von Ihrem Arbeitgeber?

Wenn Ihr Arbeitgeber Ihnen eine Abfindung zahlt

Manchmal zahlen Arbeitgeber eine Abfindung zum Ausscheiden aus der Beschäftigung. Dieses Geld kann an die Deutsche Rentenversicherung (im Rahmen der Ausgleichszahlung) überwiesen werden. Die Hälfte des Betrages, den der Arbeitgeber an die Deutsche Rentenversicherung überweist, bleibt nach § 3 Nr. 28 EStG steuerfrei. Maximal bis zu 50 %

des von der Deutschen Rentenversicherung mitgeteilten Ausgleichsbetrags (vergleiche BFH 17.05.2017, X R 10/15). Werden mehr als 50 % überwiesen, könnten Sie gegebenenfalls eine ermäßigte Besteuerung nach der Fünftelmethode beantragen (siehe Kapitel 19).

Normalerweise sind Abfindungen des Arbeitgebers sozialversicherungsfrei. Wird jedoch durch den Arbeitgeber ein Ausgleichsbetrag gezahlt, sind nur 50 % dieser Zahlung sozialabgabenbefreit (vergleiche § 1 Abs. 1 Satz 1 Nr. 1 Sozialversicherungsentgeltverordnung). Liegt jedoch das Einkommen ohnehin oberhalb der jeweiligen Beitragsbemessungsgrenze, dürfte dieser Hinweis keine Rolle spielen.

Aber Vorsicht: Da eine Abfindung eigentlich sozialabgabenfrei ist, machen Sie bei Einzahlung in die Rentenkasse aus einer sozialversicherungsfreien Zahlung eine sozialversicherungspflichtige Leistung. Das könnte nachteilig für Sie sein.

Um die maximale steuerliche Förderung ausschöpfen zu können, ist eine Verteilung der Ausgleichszahlung über mehrere Jahre sinnvoll. Deswegen bietet es sich an, damit früh zu beginnen (ab 50). Aber: Der in der Auskunft ausgewiesene Betrag gilt nur für drei Monate. Doch warum ist das so? In der Rentenversicherung berechnet man viele Dinge über sogenannte Sozialversicherungsrechengrößen und diese verändern sich in regelmäßigen Abständen – und zwar meist nach oben. Da in der Berechnung dieser Ausgleichszahlungen das Durchschnittsentgelt (durch Bundesregierung festgelegter Wert), der Beitragssatz der Rentenversicherung und der aktuelle Rentenwert und natürlich auch Ihr Einkommen mit einfließen, gilt die Auskunft der Rentenversicherung grundsätzlich nur für drei Monate.

Grundsätzlich gilt, dass der Ausgleich Jahr für Jahr teurer wird.

Die Deutsche Rentenversicherung bestätigt jede Einzahlung und teilt mit, wie viel noch, auf dem jeweils aktuellen Stand, eingezahlt werden kann. Zahlt man zu viel, bekommt man das zu viel gezahlte Geld zurücküberwiesen.

Wenn Sie eine Ausgleichszahlung leisten und sich dann tatsächlich mit 63 Jahren in den Ruhestand verabschieden, bleibt es bei einer Altersrente für langjährig Versicherte mit dauerhaften Abschlägen. Sie nehmen eine Rente vor 67 Jahren in Anspruch. Deswegen bleibt es bei dem Abschlag, den Sie für die vorzeitige Inanspruchnahme zahlen müssen. Sie brauchen sich also nicht zu wundern, dass Sie im Rentenbescheid mit 63 Jahren Ihre Rente um die Abschläge gekürzt bekommen, obwohl Sie extra Geld eingezahlt haben, damit eben das nicht passiert.

Durch eine Ausgleichszahlung erhöhen Sie Ihre Entgeltpunkte, die die Grundlage für Ihre Rentenberechnung sind. In Ihrem Rentenbescheid wird zwar weiterhin ein Abschlag aufgeführt, dieser belastet Sie jedoch nicht mehr finanziell, da die Rente durch die erhöhten Entgeltpunkte berechnet wird.

Sehen Sie die Ausgleichszahlung einfach als Berechnungsmodell, das Ihnen in Höhe der Abschläge eine Extrazahlung in die Rentenkasse genehmigt. Ob Sie dann tatsächlich Abschläge haben oder nicht, hängt von Ihrem Rentenbeginn ab.

Ausbildungszeiten verbessern

Ehrlich gesagt sollten Sie diesen Abschnitt nur lesen, wenn Sie jünger als 45 Jahre sind. Sind Sie älter, spielt diese Möglichkeit für Sie keine Rolle mehr. Oder Sie haben Kinder, Nichten, Neffen und Ähnliche, die unter 45 sind, und geben diesen nach diesem Kapitel einen Tipp mit.

Seit dem 01.01.1997 gibt es die Möglichkeit, für Zeiten der Schul- und Hochschulausbildung ab dem 16. Lebensjahr Beiträge bei der gesetzlichen Rentenversicherung nachzuzahlen. Der Antrag auf Nachzahlung muss spätestens bis zum 45. Lebensjahr gestellt werden.

Die oft verwandte Formulierung Verbesserung von Ausbildungszeiten oder Nachzahlen für Schule und Hochschule kann zu einer falschen Annahme führen – nämlich, dass generell für alle gemeldeten Schulzeiten noch Beiträge erbracht werden können. Das ist falsch.

Der § 207 SGB VI sieht vor, dass für Zeiten einer schulischen Ausbildung nach dem vollendeten 16. Lebensjahr auf Antrag freiwillige Beiträge nachgezahlt werden können, sofern diese Zeiten nicht bereits als Anrechnungszeiten berücksichtigt sind beziehungsweise nicht bereits mit Beiträgen belegt sind.

Es ist also genau zu prüfen, und zwar individuell, für welche Zeiten tatsächlich eine Nachzahlung erbracht werden darf.

Wir erinnern uns: Anrechnungszeiten sind Zeiten, die ab Vollendung des 17. Lebensjahres für Schule und Studium berücksichtigt werden. Sie zählen zur Wartezeit für 35 Jahre hinzu. Anerkannt werden maximal acht Jahre.

Deswegen ist diese Variante interessant, wenn Sie auf lange Schul- oder Studiumzeiten zurückblicken können (über acht Jahre). Und für alle, da bei der Rentenversicherung erst Zeiten ab dem 17. Lebensjahr hinterlegt sind.

Die Nachzahlung kann für jeden interessant sein, der zwischen 16 und 17 eine Schule besucht hat, und für diejenigen, die länger als acht Jahre eine Schule besucht und/oder studiert haben (und in dieser Zeit nichts anderes gemacht haben).

BEISPIEL

Minie Meister ist 40 geworden (Baujahr 1984). Sie hat sich gerade im Job etabliert und fängt an, sich für ihre Altersvorsorge zu interessieren. Sie hat gehört, dass sie ihre Ausbildung aufbessern kann.

Bei Minie Meister sind folgende Zeiten im Versicherungsverlauf gespeichert:

01.08.2001 – 17.07.2002 Schulzeit

01.08.2002 – 31.05.2010 Hochschulzeiten

Minie Meister kann auf alle Fälle für die Zeit vom 01.08.2000 bis 31.07.2001nachzahlen, da diese Zeit vor ihrem 17. Geburtstag liegt. Die Zeit vom 01.08.2001 bis zum 31.07.2009 ist mit Anrechnungszeit belegt. Das sind insgesamt acht Jahre. Somit bleibt nur noch der Zeitraum vom 01.08.2009 bis zum 31.05.2010, für den sie nachzahlen kann, weil sie insgesamt die acht Jahre mit Anrechnungszeiten überschritten hat.

Für jeden Monat, der offen ist, können freiwillig Beiträge eingezahlt werden. Durch die freiwilligen Beiträge werden diese Zeiten in echte Beitragszeiten umgewandelt.

Der Beitrag kann frei zwischen dem Mindest- und den Höchstbeitrag gewählt werden; Sie finden diese in der Tabelle 7.4:

Mindestbeitrag	103,42 €
Höchstbeitrag	1.497,30 €

Tabelle 7.4: Mindest- und Höchstbeiträge für eine freiwillige Versicherung im Jahr 2025

Die Beitragszahlung selbst kann auf Antrag auf bis zu fünf Jahre verteilt werden. Stellen Sie zum Beispiel kurz vor Ihrem 45. Lebensjahr den Antrag, kann die Zahlung auch noch nach 45 erbracht werden. Bei einer Zahlung über mehrere Jahre ist zu beachten, dass sich die Beiträge jedes Jahr verändern können und meist steigen.

Bekommen Sie mit, dass die Bemessungsgrenzen in der gesetzlichen Rentenversicherung steigen, sollten Sie schnell reagieren, um noch auf Basis der alten Rechengrößen durch Einzahlungen Entgeltpunkte zu kaufen.

Falls Sie einen Antrag stellen wollen:

Formular V0080 – Antrag auf Nachzahlung von freiwilligen Beiträgen für Ausbildungszeiten oder Onlinedienste der DRV

Welche Vorteile hat die Nachzahlung für Schul- oder Hochschulzeiten?

- ✔ Die Nachzahlung hilft unter Umständen dabei, Wartezeitmonate für alle Rentenarten zu erhalten.
- ✔ Durch das Mehr an Wartezeit kann gerade bei langen Studienzeiten unter Umständen eine vorzeitige Rente erst möglich gemacht werden.
- ✔ Rentensteigerungen – es werden Entgeltpunkte erworben, vergleiche oben, die bei jeder Rentensteigerung mit zu einem Rentenplus führen.

Durch die Einzahlung für Schulzeiten zwischen dem 16. und 17. Lebensjahr kann es zu finanziellen Nachteilen bei der Erwerbsminderungs- und der Hinterbliebenenrente kommen, wenn man im Vergleich zu seinem restlichen Erwerbsleben unterdurchschnittliche Beiträge in dieser Zeit einzahlt. Das hängt mit der Zurechnungszeit zusammen. Durch die Zurechnungszeit wird der Versicherte so gestellt, als wenn er bis zu einem gesetzlich festgelegten Zeitpunkt (2025: 66 Jahre und 2 Monate) gearbeitet und Beiträge in der Höhe eingezahlt hätte, wie er es in der Vergangenheit im Durchschnitt getan hat. Wenn man nun für das 16. Lebensjahr unterdurchschnittliche Einzahlungen tätigt (zum Beispiel den Mindestbeitrag), beeinflusst diese Zahlung den Durchschnitt negativ. Umgekehrt führt eine Nachzahlung für Zeiten von Schule oder Studium nach dem 17. Lebensjahr (wenn die acht Jahre mit Anrechnungszeiten überschritten sind) zu einer positiven Veränderung des Durchschnitts – ansonsten wäre da ja eine Lücke.

Scheidungsverluste wieder wettmachen

Jede zweite bis dritte Ehe in Deutschland wird geschieden. Vielleicht sind auch Sie geschieden? Meistens ist der sogenannte Versorgungsausgleich Bestandteil des Scheidungsurteils.

Rentenansprüche, die während der gemeinsamen Ehe oder Partnerschaft entstanden sind, stellen eine gemeinschaftliche Lebensleistung des Paares dar. Diese Lebensleistung gehört beiden zu gleichen Teilen. Bei Scheidung erfolgt ein Ausgleich aller Ansprüche auf Versorgung und Rente. Ziel dieses *Versorgungsausgleichs* ist es, dass jede Partei den gleichen Anteil an Versorgungsanrechten erhält – bezogen auf die Ehezeit.

Die Entscheidung über den Versorgungsausgleich trifft das Familiengericht. Das Ergebnis überrascht viele. Gutverdiener, die dachten, ausgesorgt zu haben, müssen nach der Scheidung die Ruhestandsplanung neu überdenken. Partner, die mit Selbstständigen verheiratet waren, die nicht oder nur wenig für das Alter vorgesorgt haben, müssen einen Teil ihrer vielleicht geringen Rente abgeben. Nicht umsonst wird in vielen Scheidungsverfahren gestritten.

Auch für alle eingetragenen Lebenspartnerschaften, die seit 01.01.2005 geschlossen wurden, gilt der Versorgungsausgleich. Für davor eingetragene Lebenspartnerschaften gilt der Versorgungsausgleich nur, wenn bis 31.12.2005 vor dem zuständigen Amtsgericht im Falle einer Aufhebung ein Versorgungsausgleich beantragt wurde.

Abgegebene Entgeltpunkte in einem Scheidungsverfahren können ganz oder teilweise wieder ausgeglichen werden:

- ✔ Die Deutsche Rentenversicherung informiert über die Umsetzung des Versorgungsausgleichs mit einem Anschreiben.
- ✔ Bestandteil dieses Schreibens ist die Berechnung der abgegebenen Entgeltpunkte.
- ✔ Die abgegebenen Entgeltpunkte können ausgeglichen werden. Das ist das Maximum bei dieser Variante.
- ✔ Die Höhe des Ausgleichs entspricht dem aktuellen Wert der Entgeltpunkte bei Erstellung des Schreibens. Dieser Wert ändert sich jedes Jahr.
- ✔ Der Ausgleich kann bis zur Regelaltersgrenze vorgenommen werden. Nach der Regelaltersgrenze nur dann, wenn noch keine Altersvollrente bewilligt wurde.

Falls Sie Rentenpunkte durch Ihre Scheidung abgegeben haben und überlegen, den Verlust auszugleichen, suchen Sie das Schreiben der DRV heraus und bestimmen die abgegebenen Entgeltpunkte beziehungsweise die abgegebene Rente. Alternativ finden Sie die Entgeltpunkte auch in einer aktuellen Rentenauskunft. Fragen Sie die DRV oder einen Rentenberater nach den aktuellen Kosten eines Ausgleichs.

Tabelle 7.5 hilft Ihnen, den Wert eines Ausgleichs **grob** zu ermitteln. Bitte beachten Sie: Der Wert verändert sich mit Veränderung der Bemessungsgrößen.

Verlust beziehungsweise Höhe der übertragenen Rente pro Monat	Verlust Entgeltpunkte	Kosten für den Ausgleich – einmalig
50,00 €	1,3298	10.671,00 €
100,00 €	2,6596	21.342,00 €
150,00 €	3,9895	32.013,00 €
200,00 €	5,3191	42.683,00 €
300,00 €	7,9787	64.024,00 €

Tabelle 7.5: Was kostet der Ausgleich von Scheidungsverlusten bei der Deutschen Rentenversicherung?

In dem Schreiben der DRV zur Umsetzung des Versorgungsausgleichs finden Sie auch eine Kontoverbindung und einen Verwendungszweck. Sie können, wenn Sie sich für einen Ausgleich entschieden haben, einfach Geld an die DRV überweisen.

Da es nur wenige Jahre gab, in denen die Bemessungsgrößen der gesetzlichen Rentenversicherung zurückgingen, kann ein schneller Ausgleich bei Scheidung unter Umständen sinnvoll sein.

Will man seine Rente erhöhen, ist man geschieden, (gegebenenfalls über 63) und hat noch keine Rente beantragt, ist diese Variante vielleicht eine Alternative, die man wegen des negativen Beigeschmacks der Scheidung einfach vergessen hat und jetzt wieder aktivieren kann.

Freiwillige Beiträge einzahlen

Die Deutsche Rentenversicherung ist eine Pflichtversicherung für die meisten Menschen in Deutschland. Im Jahr 2020 waren rund 57 Millionen Menschen pflichtversichert. Pflichtversichert sind zum Beispiel Arbeitnehmer, Auszubildende, rentenversicherungspflichtige Minijobber, Handwerker, Künstler, … Wer versicherungspflichtig ist, kann keine freiwilligen Beiträge zahlen.

§ 7 SGB VI: freiwillige Versicherung

- Wer nicht versicherungspflichtig ist, kann sich für Zeiten ab Vollendung des 16. Lebensjahres freiwillig versichern.
- Gilt auch für Deutsche, die ihren gewöhnlichen Aufenthalt im Ausland haben.
- Ab Erreichen der Regelaltersgrenze ist eine solche Zahlung nicht mehr möglich, wenn eine Vollrente wegen Alters bewilligt wurde.

Somit kann die freiwillige Versicherung interessant sein für Selbstständige, die nicht in der gesetzlichen Rentenversicherung pflichtversichert sind. Aber auch für die klassischen »Hausfrauen« und »Hausmänner« können freiwillige Beiträge eine Möglichkeit sein, die Rente aufzustocken oder um überhaupt eine bestimmte Wartezeit zu erfüllen. Bei manchen sind die fünf Jahre für die Regelaltersrente nicht erfüllt – andere hätten gerne doch eine Rente mit Abschlägen – es fehlt aber an den 35 Jahren. Oder aber man will die Wartezeit von 45 Jahren erreichen.

Nimmt man Elterngeld in Anspruch und hört für die Dauer der Elternzeit auf zu arbeiten, ruht das Arbeitsverhältnis. Bekommt der oder diejenige für diese Zeit die Kindererziehungszeit, gibt es keine Rentenlücke. Ohne Kindererziehungszeit entsteht dagegen eine Rentenlücke. Diese kann bis März des Folgejahres mit freiwilligen Beiträgen ausgeglichen werden.

Freiwillige Beiträge können Nichtpflichtversicherten bei der Aufstockung der gesetzlichen Rente und bei der Erreichung der unterschiedlichen Wartezeit helfen.

Was gilt bei freiwilliger Versicherung?

- ✔ Möglichkeit gibt es nur, wenn keine Pflichtversicherung bei der gesetzlichen Rentenversicherung vorliegt.
- ✔ Freie Wahl des monatlichen Einzahlungsbetrages zwischen Mindest- und Höchstbeitrag – also aktuell zwischen 103,42 € und 1.497,30 € (2025).
- ✔ Beiträge können jederzeit zum 01. des Folgemonats verändert oder ausgesetzt werden.
- ✔ Es kann auch eine andere Zahlweise, zum Beispiel jährlich, gewählt werden.
- ✔ Freiwillige Beiträge können bis zum 31.03. des Folgejahres für das Vorjahr erbracht werden.
- ✔ Auch für Rentner über die Regelaltersgrenze möglich, solange keine Vollrente (100 %) bezogen wird.
- ✔ Besonders interessant für: Selbstständige, »Hausfrauen und -männer«, während Elternzeit, wenn keine Kindererziehung zugeordnet wird, …

Teil III

An alle Bausteine denken und wissen, was dahintersteckt

IN DIESEM TEIL ...

Hier können Sie abgleichen, ob Sie wirklich an alles gedacht haben. Auch wenn die gesetzliche Rente vermutlich den größten Teil Ihrer Altersversorgung ausmacht, gibt es doch weitere Bausteine.

Betriebsrenten gibt es länger als die gesetzliche Rente. Oftmals werden diese aber im Rentencheck vergessen oder falsch bewertet. Damit Sie an alles denken, stelle ich Ihnen die unterschiedlichen Modelle und deren Hintergründe vor, damit Sie wissen, mit was Sie rechnen können oder nicht.

Auch das Thema Entgeltumwandlung wird immer wieder kontrovers diskutiert – die Frage ist, mit wem Sie darüber sprechen. Sie werden nach diesem Teil wissen, welche Vor- und Nachteile dahinterstecken.

Doch auch Ihre eigene Vorsorge ist ein Thema. Es gibt Modelle mit und ohne Förderung. Sie können nach diesem Teil für sich entscheiden, ob der von Ihnen eingeschlagene Weg der direkte ist oder ob Sie doch lieber mit einem kleinen Umweg in die Rente gehen.

IN DIESEM KAPITEL

Herausfinden, ob Sie eine Betriebsrente bekommen

Unterschiedliche Wege zur Zusatzrente vom Chef

Steuern und Abgaben – immer etwas Besonderes – insbesondere bei Betriebsrenten

Kapitel 8
Rente vom Chef

Entweder bekommen Sie eine Betriebsrente vom Chef oder Sie haben die Möglichkeit, über Ihren Betrieb eine Zusatzrente aufzubauen. Oder Sie können beides kombinieren. Aktuell haben über die Hälfte aller sozialversicherungspflichtigen Beschäftigten eine Betriebsrente.

Doch was ist eine Betriebsrente? Wie der Name schon sagt, ist es eine Rente über den Betrieb. Notwendig sind immer ein Arbeitgeber und ein Arbeitnehmer. Der Arbeitgeber sagt seinem Arbeitnehmer zu, dass er eine Leistung im Alter, bei Berufsunfähigkeit oder im Todesfall zahlt.

BEISPIEL

Henrietta Huhn ist bei einem mittelständischen Bekleidungshersteller angestellt. Passus ihres Arbeitsvertrages ist folgende Formulierung: »Zusätzlich erhalten Sie mit Erreichen Ihrer Regelaltersgrenze und dem Bezug einer Vollrente aus der gesetzlichen Rentenversicherung, jeweils im Juni eines Jahres, einen Gutschein über 500 €, den Sie in unserem Mitarbeitershop einlösen können.«

Handelt es sich dabei um eine Betriebsrente?

Henrietta bekommt ab 67 im Juni einen Gutschein von 500 € zum Shoppen im Mitarbeitershop. Sie hat von ihrem Arbeitgeber eine Zusage erhalten, im Alter eine bestimmte Leistung zu bekommen. Wenn auch untypisch, handelt es sich hierbei um eine Betriebsrente.

Um eine Betriebsrente handelt es sich immer dann, wenn ein Arbeitgeber seinem Arbeitnehmer Leistungen für folgende Fälle zusagt:

- ✔ Altersversorgung
- ✔ Hinterbliebenenversorgung
- ✔ Invaliditätsversorgung

Bei Henrietta Huhn handelt es sich um eine Altersversorgung.

Auf unterschiedlichen Wegen zum Ziel

Grundsätzlich gibt es fünf Möglichkeiten, eine Betriebsrente durchzuführen:

- ✔ **Direktzusage:** Ihr Arbeitgeber macht alles selbst und bildet Pensionsrückstellungen für das Versprechen an Sie in seiner Bilanz ab. Ob er für seine spätere Verpflichtung etwas zur Seite legt, entscheidet er selbst.
- ✔ **Unterstützungskasse:** Ihr Arbeitgeber schaltet eine Unterstützungskasse ein.
- ✔ **Direktversicherung, Pensionskasse oder Pensionsfonds:** Eigene Versorgungsträger, die Ihrem Arbeitgeber vieles abnehmen.
- ✔ **Versorgungseinrichtungen von Tarifvertragsparteien**, in Form einer Direktversicherung, Pensionskasse oder eines Pensionsfonds

Die unterschiedlichen Arten der betrieblichen Altersversorgung unterscheiden sich primär aus Arbeitgebersicht, zum Beispiel in der steuerlichen Behandlung der Beiträge, bilanziellen Behandlung, Haftung, bezüglich der Anlagevorschriften, Beiträge zur Insolvenzsicherung und so weiter.

Da Sie vermutlich Arbeitnehmer sind oder waren, sind für Sie die Kriterien der unterschiedlichen Varianten aus Arbeitnehmersicht interessanter, deshalb habe ich sie für Sie in Tabelle 8.1 zusammengestellt.

Wenn Sie jetzt Fragezeichen im Kopf haben, lesen Sie einfach weiter.

	Pensions- oder Direktzusage	Unterstützungskasse	Pensionskasse, Direktversicherung, Pensionsfonds
Steuern auf Beiträge	Unbegrenzt steuerfrei	Quasi unbegrenzt steuerfrei	Bis zu 8 % der Beitrags-bemessungsgrenze zur gesetzlichen Renten-versicherung sind steuerfrei: 7.248,00 € im Jahr beziehungsweise 604,00 € im Monat
Sozialversicherungs-rechtliche Behandlung der Beiträge	**Bei Arbeitgeberfinanzierung:** gegebenenfalls unbegrenzt sozialabgabenfrei **Bei Arbeitnehmerfinanzierung:** Bis zu 4 % der Beitragsbemessungsgrenze zur gesetzlichen Rentenversicherung gegebenenfalls sozialabgabenfrei	**Bei Arbeitgeberfinanzierung:** gegebenenfalls unbegrenzt sozialabgabenfrei **Bei Arbeitnehmerfinanzierung:** Bis zu 4 % der Beitrags-bemessungsgrenze zur gesetzlichen Rentenversicherung gegebenenfalls sozialabgabenfrei	Unabhängig von Finanzierung: Bis zu 4 % der Beitrags-bemessungsgrenze zur gesetzlichen Rentenversicherung gegebenenfalls sozialabgabenfrei
Steuerliche Behandlung der Leistungen	Komplett steuerpflichtig (Einkünfte aus nichtselbstständiger Arbeit)	Komplett steuerpflichtig (Einkünfte aus nichtselbstständiger Arbeit)	Komplett steuerpflichtig (sonstige Einkünfte)
Sozialversicherungs-rechtliche Behandlung der Leistungen	Bei **privat krankenversicherten Rentnern:** Keine eigene Beitragserhebung; durch den Beitrag zur privaten Kranken- und Pflegeversicherung sind auch diese Leistungen abgedeckt. Bei **freiwillig gesetzlich krankenversicherten** Rentnern: Komplett beitragspflichtig in der Kranken- und Pflegeversicherung. Bei in der **gesetzlichen Krankenkasse pflichtversicherten Rentnern:** Leistungen abzüglich eines Freibetrages in Höhe von 187,25 € (2025) monatlich komplett beitragspflichtig; bei Pflegeversicherung gilt eine Freigrenze in identischer Höhe.		
Anspruch auf Entgeltumwandlung	Nein	Nein	Ja
Art der Leistung	Kapital oder Rente	Kapital oder Rente	Kapitalabfindung oder Rente
Hinterbliebene	Enger Hinterbliebenenbegriff	Enger Hinterbliebenenbegriff	Enger Hinterbliebenenbegriff Ausnahme: alte Direktversicherung
Übertragung/Mitnahme zum neuen Arbeitgeber	In der Praxis in der Regel nie	Manchmal	Rechtsanspruch auf Portabilität
Fortführung mit eigenen Beiträgen	Nein	Gegebenenfalls	Ja

Tabelle 8.1: Durchführungswege der betrieblichen Altersversorgung im Vergleich aus Arbeitnehmersicht

Wir sind im Arbeitsrecht

Die wichtigste Grundlage für die Betriebsrenten ist das Arbeitsrecht – hier: Betriebsrentenrecht (oder: Gesetz zur Verbesserung der betrieblichen Altersversorgung – BetrAVG), das insbesondere Ihre Rechte als Arbeitnehmer eindeutig definiert.

Der Arbeitgeber haftet für das, was er Ihnen verspricht

Sobald Ihr Arbeitgeber Ihnen eine Betriebsrente zusagt, ist er in der Haftung. Das heißt, er muss die versprochene Leistung erfüllen. Tut er es nicht, können Sie die Leistung (notfalls gerichtlich), verlangen. Im Laufe der Jahrzehnte haben sich dabei unterschiedliche Versprechen des Arbeitgebers entwickelt, die Auswirkungen darauf haben, wie Sie Ihre Betriebsrente bekommen. Oder wie sie berechnet wird.

Die betriebliche Altersversorgung kennt vier Zusagearten:

- ✔ **Leistungszusage** (Sie erhalten eine feste Leistung, zum Beispiel 1.000 € Rente mit 65)
- ✔ **Beitragsorientierte Leistungszusage** (aus x € monatliche Einzahlung wird eine spätere Rente von x € garantiert)
- ✔ **Beitragszusage mit Mindestleistung** (im Alter steht Ihnen mindestens die Summe der eingezahlten Beiträge abzüglich der Kosten für biometrische Risiken zur Verfügung)
- ✔ **Beitragszusage** (*pay and forget* – es wird nur ein Beitrag gezahlt, die spätere Leistung ist nicht fix)

Jetzt sind Sie gefordert, wenn Sie eine Betriebsrente haben. Nehmen Sie die letzte Standmitteilung zur Hand. Können Sie erkennen, welche Zusageart für Sie gilt?

Wenn Sie sich die letzte Standmitteilung Ihrer Betriebsrente gegriffen haben, werden Sie vermutlich nicht erkennen können, was Ihr Arbeitgeber Ihnen versprochen hat. Sie haben zu Ihrer Betriebsrente (hoffentlich) noch weitere Unterlagen:

- ✔ Ergänzungen zum Arbeitsvertrag
- ✔ Betriebsvereinbarung
- ✔ Dienstvereinbarung
- ✔ Tarifvertrag
- ✔ Vereinbarung zur Entgeltumwandlung
- ✔ Versicherungsschein, Versicherungspolice
- ✔ Versicherungsvertrag

- Gesamtzusage des Arbeitgebers
- …

Vermutlich werden Sie erst in diesen Unterlagen eine Formulierung finden, die entweder explizit auf die Zusageart verweist oder die eigentliche Leistung beschreibt.

Wenn Sie nur eine Standmitteilung haben, recherchieren Sie im Intranet Ihres Unternehmens nach weiteren Unterlagen und laden sich diese herunter (und speichern sie privat ab beziehungsweise drucken sich diese aus).

Gibt es kein Intranet, fragen Sie in Ihrer Personalabteilung nach oder Ihren Betriebs- oder Personalrat.

Sie benötigen diese Unterlagen für die Feinabstimmung Ihrer Planung. Egal ob Sie wissen wollen,

- ob es eine vorzeitige Rente gibt,
- ob es Abschläge gibt, wenn Sie früher in Rente wollen,
- welche Leistung Sie bekommen,

diese Unterlagen sollten die Antworten auf Ihre Fragen enthalten.

Und – vielleicht brauchen Sie diese Unterlagen auch noch mal zum Klagen, wenn zum Beispiel Ihre Betriebsrente nicht so angepasst wird, wie es das Gesetz verlangt.

Rechtsanspruch auf Entgeltumwandlung

Vielleicht sparen Sie bereits selbst eine Betriebsrente an. Seit Beginn der 2000er-Jahre nutzen viele Arbeitnehmer die Vorteile des »Brutto-Sparens«.

Die Vorteile dieses »Brutto-Sparens« können Sie am einfachsten mit Zahlen nachvollziehen. In Tabelle 8.2 sehen Sie, wie sich eine Entgeltumwandlung auf Ihr Nettogehalt auswirken kann. Lesen Sie die folgende Tabelle einfach wie Ihre Gehaltsabrechnung (sehr vereinfacht dargestellt).

Auswirkungen einer Entgeltumwandlung in Höhe von 200,00 Euro monatlich bei einem Bruttoentgelt in Höhe von 3.750,00 Euro im Monat:

	ohne bAV	mit bAV
Bruttoentgelt	3.750,00 €	3.750,00 €
Einzahlung in bAV	0,00 €	200,00 €
Bruttoentgelt	3.750,00 €	3.550,00 €
Lohnsteuer	495,58 €	446,83 €
Krankenversicherung	298,13 €	282,23 €

	ohne bAV	mit bAV
Pflegeversicherung	86,25 €	81,65 €
Rentenversicherung	348,75 €	330,15 €
Arbeitslosenversicherung	48,75 €	46,15 €
Nettoentgelt	2.472,55 €	2.362,99 €
Nettoaufwand bAV		109,55 €

Tabelle 8.2: Auswirkungen einer Entgeltumwandlung auf Ihr Netto (Prämissen: Steuerklasse I, keine Kinder, Baden-Württemberg, keine Kirchensteuer, Krankenversicherung 14,6 % + 1,3 %, , kein Arbeitgeberzuschuss)

Wenn Sie selbst in eine Betriebsrente zahlen, sparen Sie brutto für netto. Vereinfacht machen Sie aus 109,55 € Aufwand ein Sparvolumen von 200,00 € – Sie können fast doppelt so viel sparen, als wenn Sie das Geld aus privatem, versteuertem Einkommen zur Seite legen.

Das Recht auf einen Zuschuss bei Entgeltumwandlung

Seit dem Jahr 2018 steht Ihnen ein Zuschuss Ihres Arbeitgebers von 15 % auf den Betrag zu, den Sie in eine Entgeltumwandlung einfließen lassen. Aber nur, wenn das Ganze über einen Pensionsfonds, eine Pensionskasse oder eine Direktversicherung läuft. Und auch nur dann, wenn Ihr Arbeitgeber durch Ihre Entgeltumwandlung Sozialversicherungsbeiträge einspart.

Wie jetzt? Sie sparen über Ihren Arbeitgeber und der verdient dabei? Streng genommen war das so.

- ✔ Bei einer Entgeltumwandlung zahlen Sie Ihren Beitrag zur Betriebsrente von Ihrem Bruttolohn. Dadurch senken Sie die Bemessungsgrundlage und zahlen so weniger Steuern und Sozialabgaben.

- ✔ Aber auch Ihr Arbeitgeber spart Sozialabgaben, da er durch Ihr reduziertes Bruttoentgelt den Arbeitgeberanteil an den Sozialabgaben in Höhe Ihrer Entgeltumwandlung einspart.

Hat Ihr Arbeitgeber eine solche Ersparnis, muss er Ihnen einen großen Teil davon zusätzlich auf Ihren Betriebsrentenvertrag einzahlen. Der Gesetzgeber hat sich pauschal für 15 % entschieden, um auch den Kosten, die Ihr Arbeitgeber für die Einrichtung einer bAV hat, Rechnung zu tragen.

Es kann aber auch sein, dass weder Sie noch Ihr Arbeitgeber Sozialabgaben sparen. Ihr Arbeitgeber spart nur ein, wenn Sie unterhalb der jeweiligen Beitragsbemessungsgrenzen liegen (mehr zur Beitragsbemessungsgrenze erfahren Sie in Kapitel 6). Tabelle 8.3 hilft Ihnen, sich anhand Ihres Gehalts zu orientieren:

	Jährlich	Monatlich
Kranken- und Pflegeversicherung	66.150,00 €	5.512,50 €
Allgemeine Rentenversicherung / Arbeitslosenversicherung	96.600,00 €	8.050,00 €

Tabelle 8.3: Beitragsbemessungsgrenze 2025

Wenn Sie sich fragen, ob Sie einen Zuschuss zu Ihrer Entgeltumwandlung erhalten, können Sie Ihre Gehaltsabrechnung zurate ziehen; hier wird der Zuschuss ausgewiesen. Wollen Sie ihn nachrechnen, müssen Sie wissen, wie Ihr Arbeitgeber diese Verpflichtung umsetzt (nachfragen).

✔ **Pauschal 15 % an alle**

In diesem Fall können Sie einfach Ihren Entgeltumwandlungsbetrag nehmen, zum Beispiel 100,00 € monatlich und hierauf 15 % berechnen = 15,00 €.

✔ **Spitzabrechnung 15 %, sofern Sozialabgaben eingespart werden**

Ihr Arbeitgeber hat es gerne kompliziert und will auf keinen Cent verzichten. Er geht in jede Gehaltsabrechnung und prüft, ob Sozialabgaben gezahlt und gespart werden oder nicht. Vereinfacht gibt es folgende Fälle:

- Einkommen liegt unter allen Beitragsbemessungsgrenzen = Weitergabe 15 %
- Einkommen liegt zwischen der Beitragsbemessungsgrenze zur Kranken- und Pflegeversicherung und Renten- und Arbeitslosenversicherung = jetzt werden nur noch Rentenversicherungsbeiträge und Beiträge an die Arbeitslosenversicherung eingespart. Hierauf werden die 15 % gezahlt.
- Einkommen liegt oberhalb aller Beitragsbemessungsgrenzen = kein Zuschuss.

✔ **Achtung:** Der Zuschuss gilt nur bei Pensionskassen, Direktversicherungen und Pensionsfonds. Gibt es eine Unterstützungskasse oder eine Direkt- beziehungsweise Pensionszusage, besteht keine Verpflichtung, bei Entgeltumwandlung einen Zuschuss zu zahlen. Oft zahlen Arbeitgeber im Rahmen der Gleichbehandlung unabhängig vom Durchführungsweg (das sind die Wege der bAV) einen Zuschuss.

✔ **Unveränderter Beitrag** – Aber: reduzierte Entgeltumwandlung. Bei alten Verträgen kann manchmal keine Änderung mehr erfolgen. Hier wurde der Beitrag beibehalten und Ihr Anteil um den Arbeitgeberzuschuss reduziert.

Neuer Arbeitgeber – was ist mit Ihrer Betriebsrente?

Sind Sie schon ewig bei Ihrem Arbeitgeber? Oder haben Sie immer wieder neue berufliche Herausforderungen angenommen (oder es blieb Ihnen nichts anderes übrig, weil Sie wechseln mussten)?

Wenn Sie Ihren Arbeitgeber verlassen, müssen Sie sich überlegen, was mit Ihrer Betriebsrente ist.

Auch hier hat der Gesetzgeber Möglichkeiten geschaffen (und in den letzten Jahrzehnten immer mehr zugunsten der Arbeitnehmer verändert), mit denen Sie selbst entscheiden können, wie Sie mit Ihrer Betriebsrente verfahren wollen.

Zunächst geht es darum zu klären, ob Sie Ihre Betriebsrente so einfach erhalten und mitnehmen können. Das geht immer bei Entgeltumwandlung (auch mit Zuschuss) – schließlich ist es Ihr Geld. Hat der Arbeitgeber für Sie gespart, müssen ein paar Regeln beachtet werden. Diese Regeln habe ich in folgende Fragen eingebaut, damit Sie schnell wissen, was mit Ihrer Betriebsrente war und ist.

1. **Ist Ihre Betriebsrente voll vom Chef finanziert worden?**

   a. Ja => machen Sie bei Frage 2. weiter.
   b. Nein => Sie können zum nächsten Abschnitt gehen. Ihre Betriebsrente gehört Ihnen ohnehin.

2. **Wann hat Ihr Arbeitgeber Ihnen die bAV zugesagt?**

   Sie brauchen das Datum. Bitte notieren.

3. **Wann hören Sie bei diesem Arbeitgeber auf oder wann haben Sie aufgehört?**

   Sie haben jetzt ein weiteres Datum. Zwischen dem Zusagezeitpunkt und dem Zeitpunkt des Ausscheidens müssen mindestens drei Jahre liegen.

   a. Sie kommen auf drei Jahre? Bitte bei Frage 4 weitermachen.
   b. Sie erreichen die drei Jahre nicht? Pech gehabt. Ihre Betriebsrente bleibt beim Arbeitgeber.

4. **Wie alt sind Sie?**

   a. Älter als 21 Jahre? Klasse, Sie können die Rente mitnehmen.
   b. Jünger als 21 Jahre? Schade. Sie haben keinen Anspruch auf diese Betriebsrente.

Sie können Ihre bAV, die von Ihrem Arbeitgeber allein finanziert wurde, nur bei einem Jobwechsel erhalten, wenn Sie mindestens 21 Jahre alt sind und es bereits drei Jahre her ist, dass Ihr Chef entschieden hat, etwas für Ihr Alter zurückzulegen.

Dussel Enterich hat bei der Chaos GmbH am 01.01.2020 angefangen und eine arbeitgeberfinanzierte Betriebsrente direkt bei Eintritt erhalten. Am 01.07.2024 findet er es an der Zeit, bei einem neuen Arbeitgeber seine Kreativität einzubringen. Dussel wurde am 01.07.1975 geboren.

Der Versorgungsfall ist noch nicht eingetreten (Dussel darf mindestens noch bis 63 arbeiten – 01.07.2038).

Dussel hat das 21. Lebensjahr am 01.07.1996 vollendet – er ist älter als 21 Jahre und das Arbeitsverhältnis endet nach der Vollendung seines 21. Lebensjahres am 30.06.2024.

Die Versorgungszusage wurde am 01.01.2020 erteilt. Mit Ausscheiden hat diese Zusage bereits länger als drei Jahre bestanden (genauer: Er war 4,5 Jahre bei der Chaos GmbH angestellt).

Dussel kann also seine Betriebsrente erhalten. Er hat eine *unverfallbare Anwartschaft.*

Hätte Dussel es nur auf 2,5 Jahre bei der Chaos GmbH gebracht, wäre die Betriebsrente verfallen.

In der Vergangenheit gab es andere Fristen. Es kann also sein, dass Sie zum Beispiel von 2000 bis 2018 den Arbeitgeber gewechselt hatten und keine Anwartschaft erhalten haben. Das Alter und die Zusagedauer (beziehungsweise die Betriebszugehörigkeit) wurden immer wieder verkürzt, um den Veränderungen der Berufswelt Rechnung zu tragen und gerade jüngere Arbeitnehmer nicht zu benachteiligen. Bis zum 31.12.2000 galt zum Beispiel unter anderem ein Mindestalter von 35 Jahren und 10 Jahre Zusagedauer.

Wenn Sie in der Vergangenheit bereits einen Arbeitgeberwechsel hatten und nun nicht wissen, ob Sie die bAV noch haben oder nicht, wenden Sie sich an einen Spezialisten für betriebliche Altersversorgung.

Gar nicht eisig: eine eingefrorene Rente bei Arbeitgeberwechsel

Nachdem Sie wissen, ob Sie Ihre bAV mitnehmen können, müssen Sie sich Gedanken über die Höhe machen. Ihnen steht logischerweise nicht dasselbe zu, wie jemandem, der bis zum Rentenbeginn dem Arbeitgeber die Treue gehalten hat. Es wird geprüft, was Ihnen

- ✔ bezogen auf die tatsächliche Betriebszugehörigkeit
- ✔ im Verhältnis zur möglichen Betriebszugehörigkeit beziehungsweise der Beiträge, die für Sie eingezahlt wurden,

zusteht. Diese ermittelte Rente wird dann eingefroren. Für die Zeit, die Sie tatsächlich bei Ihrem Arbeitgeber waren, steht Ihnen anteilig eine Rente oder eine Kapitalleistung zu.

Warum eingefroren? In der Regel steht Ihnen, bei einer arbeitgeberfinanzierten Variante, die Leistung dann aber erst im Alter zu. Bis dahin liegt die Rente sozusagen »auf Eis«,

Es gibt noch eine Besonderheit, wenn es sich um einen sehr kleinen Betrag handelt. Bis zu einem Kapitalbetrag von 4.494 € beziehungsweise einer monatlichen Rente von 37,45 € kann der Arbeitgeber auch bei Ausscheiden aus dem Arbeitsverhältnis abfinden. (Werte 2025)

Wie diese Höhe ermittelt wird, ist abhängig vom gewählten Durchführungsweg und/oder der Zusageart der betrieblichen Altersversorgung. Sie erhalten mit Ausscheiden bei Ihrem Arbeitgeber eine Information, in welcher Höhe Ihnen eine Rente oder ein bestimmtes Kapital zusteht.

Sie haben damit, wenn Sie diese bAV weiter auf Eis liegen lassen (müssen), eine Leistung, die Sie in Ihren Finanzplan für das Alter aufnehmen können.

Nachdem Sie wissen, ob Sie Ihre Betriebsrente behalten und in welcher Höhe sie Ihnen erhalten bleibt, können Sie überlegen, wie es mit dieser bAV weitergeht.

Viele Arbeitnehmer machen einfach gar nichts oder tun das, was der neue Arbeitgeber empfiehlt. Ob das unbedingt so passt und sinnvoll ist, steht auf einem anderen Blatt Papier. Im folgenden Abschnitt werden Ihnen die Möglichkeiten – die Auswirkungen und Ihre Chancen auf den für Sie richtigen Weg aufgezeigt.

Übertragung – Übernahme – Portabilität – nicht dasselbe

Bei einer Betriebsrente geht es nicht ohne Arbeitgeber. Deswegen sind Sie in Ihren Entscheidungen und Überlegungen eingeschränkt. Das heißt aber nicht, dass Ihnen keine Alternativen bleiben.

Übernahme Ihrer Betriebsrente

Wenn Sie von Arbeitgeber zu Arbeitgeber wechseln und Ihre Betriebsrente mitnehmen wollen, ist die Übernahme Ihrer bAV durch den neuen Arbeitgeber ein interessanter Weg:

✔ Sie müssen einen Anspruch haben (unverfallbare Anwartschaft).

✔ Das Arbeitsverhältnis wird beendet.

✔ Beide Arbeitgeber (alt und neu) und Sie müssen zustimmen.

✔ Der neue Arbeitgeber übernimmt alles, wie es in der Vergangenheit abgeschlossen und zugesagt wurde.

✔ Für Sie ist das praktisch – alles läuft weiter und Sie haben keine Verluste:

- Garantiezins bleibt erhalten
- Sterbetafeln bleiben erhalten
- Versicherungsbedingungen gelten weiter

Übertragung Ihrer Betriebsrente

Bei dieser Möglichkeit wird Ihr alter Vertrag (und das dahinterstehende Anlageinstrument, zum Beispiel eine Versicherung) »plattgemacht«. Es wird ein Gegenwert ermittelt und dieser Gegenwert wird in eine Versorgung Ihres neuen Chefs eingezahlt.

✔ Sie müssen einen Anspruch haben (unverfallbare Anwartschaft).

✔ Das Arbeitsverhältnis wird beendet.

- ✔ Beide Arbeitgeber (alt und neu) und Sie müssen zustimmen.
- ✔ Der neue Arbeitgeber übernimmt den Wert – alles andere wird neu gemacht.

Prüfen Sie, ob Sie etwas davon haben, dass nur der Wert übernommen wird.

- ✔ Wie hoch sind die Zinsen?
- ✔ Welche Sterbetafeln gelten?
- ✔ Welche Versicherungsbedingungen gelten?

Portabilität

Der Gesetzgeber hatte die Idee, dass alle Betriebsrenten eines Lebens (von Arbeitgeber A zu Arbeitgeber B zu Arbeitgeber C und so weiter) immer von A zu B zu C und so weiter mitgenommen werden können, anwachsen und so zum Rentenbeginn eine schöne Rente in einem Paket zur Verfügung steht. Ob Sie jetzt einen riesigen Schrankkoffer voller bAVs im Alter haben möchten oder viele kleine Köfferchen, die in der Summe auch eine schöne Rente ergeben können, hängt von Ihren Entscheidungen ab. Bei der Portabilität gilt Folgendes.

- ✔ Sie müssen einen Anspruch haben (unverfallbare Anwartschaft).
- ✔ Das Arbeitsverhältnis wird beendet.
- ✔ Sie verlangen innerhalb eines Jahres nach Beendigung des Arbeitsverhältnisses von Ihrem alten Arbeitgeber, dass
  - der Wert (!)
  - auf die Versorgungseinrichtung (Durchführungsweg) des neuen Arbeitgebers

  übertragen wird.
- ✔ Das funktioniert nur, wenn der Gegenwert nicht mehr als 96.600,00 Euro (schon wieder: Beitragsbemessungsgrenze zur allgemeinen Rentenversicherung 2025) beträgt.

Prüfen Sie, ob Sie etwas davon haben, dass nur der Wert übernommen wird.

- ✔ Wie hoch sind die Zinsen?
- ✔ Welche Sterbetafeln gelten?
- ✔ Welche Versicherungsbedingungen gelten?

Weitere Möglichkeiten – stehen lassen oder privat fortführen

Wenn der Arbeitgeber Ihnen die Möglichkeiten vorgibt und Sie diese nicht nutzen wollen, weil Sie diese als nachteilig bewertet haben, können Sie

- nichts mehr einzahlen und beim neuen Arbeitgeber einen neuen Vertrag abschließen oder
- aus Ihrem versteuerten und verbeitragtem Einkommen weiter sparen.

Wenn Sie nichts mehr einzahlen, wird Ihr Vertrag auf der Basis Ihres Ausscheidens beim Arbeitgeber »eingefroren«. In der Regel (bei Pensionsfonds, Direktversicherung und Pensionskasse) wird die Versicherungsnehmereigenschaft der Versicherung an Sie übertragen.

Ein *Versicherungsnehmer* ist eine natürliche oder juristische Person, die einen Versicherungsvertrag mit einem Versicherungsunternehmen abschließt. Der Versicherungsnehmer bei einer Betriebsrente ist zunächst immer der Arbeitgeber, da er die Beiträge für die Versicherung zahlt (auch wenn Sie die Beiträge zum Beispiel im Rahmen einer Entgeltumwandlung selbst tragen, zahlt diese der Arbeitgeber). Sie sind die versicherte Person. Durch die Übertragung der Versicherungsnehmereigenschaft geht der Vertrag komplett auf Sie über.

Achten Sie immer darauf, dass die Versicherungsnehmereigenschaft an Sie übertragen wird, sonst bleibt Ihr ehemaliger Arbeitgeber der Begünstigte aus dem Versicherungsvertrag.

Die Rente oder das Kapital aus Ihrem stillgelegten bAV-Vertrag können Sie beantragen, wenn Sie in Ihren Ruhestand gehen.

Wenn Sie den Vertrag aus Ihrem Netto weiter besparen wollen, fällt die steuerliche Förderung der Beiträge weg. Sie sparen dann nicht mehr brutto für netto. Sie haben aber für den Teil des Vertrages, den Sie privat fortführen, keine komplette Steuerpflicht mehr und müssen die Leistungen nicht mehr extra in der Kranken- und Pflegeversicherung verbeitragen.

Weitere Rechte

Das Betriebsrentenrecht (BetrAVG) ist ein Arbeitnehmerschutzgesetz. Einige Vorschriften sind wichtig, damit Sie Ihre Rechte kennen.

Auskunftsrecht

Sie können jederzeit von Ihrem Arbeitgeber (oder dem Unternehmen, mit dem dieser zusammenarbeitet) verlangen, dass Sie Auskünfte über Ihre aktuelle und prognostizierte Betriebsrente erhalten.

Inflationsausgleich

Je nach der Höhe der Inflation ist ein Inflationsausgleich wichtig. Auch bei Ihrer Betriebsrente. Grundsätzlich sieht der Gesetzgeber vor, dass Ihre Betriebsrente angepasst wird:

- Anpassung alle drei Jahre (Inflation oder Nettolohnanstieg) bei einer Direktzusage oder Unterstützungskasse oder alternativ
- jährliche Anpassung um 1 %

- Überschüsse erhöhen die Rente (meist bei Direktversicherung, Pensionskassen oder Pensionsfonds),
- bei Beitragszusage mit Mindestleistung ist kein Inflationsausgleich vorgesehen.

Insolvenz des Arbeitgebers

Grundsätzlich sind Betriebsrenten insolvenzgeschützt. Im Falle der Insolvenz wird die Leistung zum Zeitpunkt der Insolvenz eingefroren.

- Bei Direktversicherungen und den meisten Pensionskassen haben Sie einen Rechtsanspruch gegen den Versorgungsträger, der in der Regel später Ihre Leistungen zahlt.
- Bei Unterstützungskassenversorgungen und Direkt- beziehungsweise Pensionszusagen, aber auch bei Pensionsfonds (Hintergrund ist, dass diese »spekulativer« anlegen) wurden Beiträge an den Pensionssicherungsverein auf Gegenseitigkeit gezahlt. Dieser kümmert sich dann um die Auszahlung Ihrer späteren Betriebsrente.

Sollte einer Ihrer Arbeitgeber mal bankrottgegangen sein, ist es möglich, dass Sie eine Anwartschaftsbestätigung des Pensionssicherungsvereins auf Gegenseitigkeit, kurz: PSVaG, erhalten haben. Das ist in der Regel ein einseitiges Schreiben. Falls Sie dieses Schreiben nicht bei Ihren Rentenunterlagen abgelegt haben, suchen Sie es bitte, denn Sie müssen es zur Anforderung Ihrer Leistungen beim PSVaG bei Rentenbeginn vorlegen. Wie so oft: Papier ist geduldig!

Wichtige Informationen zu Steuern

Damit Sie Ihre Betriebsrente in Ihrer Rentenplanung richtig bewerten können, ist es gut, sich die steuerliche Behandlung ins Gedächtnis zu rufen.

Beiträge in die Betriebsrente

Die Beiträge für Ihre bAV werden steuerlich gefördert. Hintergrund ist der Gedanke des Gesetzgebers, dass irgendwann alle Rentenleistungen *nachgelagert*, also nicht in der Ansparphase, sondern im Alter, versteuert werden. Dafür soll die Sparphase weitestgehend gefördert werden. In der Regel bedeutet das, dass Sie Betriebsrenten aus unversteuertem Einkommen ansparen können.

Auch wenn Ihr Arbeitgeber in die bAV einzahlt, greift diese Steuerfreiheit für Sie:

- Bei der Direktversicherung, der Pensionskasse und dem Pensionsfonds gilt der § 3 Nr. 63 EStG, durch den ein Betrag von bis zu 8 % der Beitragsbemessungsgrenze zur allgemeinen Rentenversicherung steuerfrei gestellt wird.
- Bei der Unterstützungskasse und der Direkt- beziehungsweise Pensionszusage greift kein Lohnzufluss. Dieser erfolgt erst, wenn die Leistungen gezahlt werden. Normalerweise wird Lohn, sobald er zufließt (also mit Ihrer Gehaltsabrechnung und

Auszahlung an Sie) steuerpflichtig. Bei der Unterstützungskasse und bei der Direkt- beziehungsweise Pensionszusage ist durch die ständige Rechtsprechung der Zufluss ausgehebelt. Damit sind die Beiträge, die eingezahlt werden, in unbegrenzter Höhe steuerfrei.

Teilweise gibt es noch »alte« Direktversicherungen (Abschluss vor 2005). Hier greift eine Besteuerung mit einer pauschalen Steuer in Höhe von 20 %. Begrenzt auf 1.752 € im Jahr. Diese Direktversicherungen wurden in der Vergangenheit primär aus Sonderzahlungen einmal oder zweimal im Jahr bespart.

Die Leistungen aus Ihrer Betriebsrente

Sie können im Alter aus Ihrer Betriebsrente entweder eine Rente oder Kapital erhalten. Egal, für welche Variante Sie sich entscheiden, die Leistungen sind (Ausnahme: alte, pauschalversteuerte Direktversicherung) komplett steuerpflichtig.

- ✔ **Bei Direktzusagen und Unterstützungskassen** erhalten Sie Einkünfte aus nichtselbstständiger Arbeit, die Sie versteuern müssen. Erhalten Sie hieraus statt einer Rente eine Kapitaloption, können Sie parallel die sogenannte *1/5-Regelung* geltend machen. Dabei wird die Steuerprogression etwas geglättet.

- ✔ **Bei den drei versicherungsförmigen Durchführungswegen (Pensionskasse, Pensionsfonds, Direktversicherung)** erhalten Sie sonstige Einkünfte – auch diese sind komplett steuerpflichtig.

⚠ Eigentlich ist es einfach: Steuerfrei angespart bedeutet in der Leistungsphase eine komplette Steuerpflicht!

Haben Sie eine alte, pauschalversteuerte Direktversicherung nach § 40b EStG a. F., hängt die Besteuerung an der Auszahlung. Wird Kapital ausgezahlt, könnte dies gegebenenfalls komplett steuerfrei sein. Dabei sind bestimmte Bedingungen zu erfüllen: zum Beispiel frühestens ab 60 abrufbar, mindestens 5 Jahre Beitragszahlung, mindestens 12 Jahre Laufzeit, …

Erhalten Sie aus dieser alten Direktversicherung eine Rente, so unterliegt diese der sogenannten *Ertragsanteilsbesteuerung*. Der Ertragsanteil ist der einkommensteuerpflichtige Teil einer Rente. Die Höhe ist abhängig vom Alter bei Rentenbeginn. Eigentlich ist es eine Steuervergünstigung für lebenslange Leibrenten.

Kranken- und Pflegeversicherungsbeiträge – belasten die Betriebsrenten – Betriebsrenten in der Sozialversicherung

»Kanzler Scholz verspricht Ende der Doppelverbeitragung bei Betriebsrenten« –Schlagzeilen wie diese, tauchen immer wieder auf – bestimmt sind Sie auch schon darüber gestolpert.

Seit 2004 unterliegen Betriebsrenten der vollen Beitragspflicht zur gesetzlichen Krankenversicherung. Unberücksichtigt blieb dabei, dass viele Betriebsrenten ganz oder teilweise aus verbeitragtem Einkommen gebildet wurden, also aus Einkommen, für das bereits Beiträge zur Krankenkasse gezahlt wurden. Eine gewisse Entlastung gibt es seit dem Jahr 2020. Mit dem GKV-Betriebsrentenfreibetragsgesetz wurde ein Freibetrag für Krankenkassenbeiträge und eine Freigrenze für die Pflegeversicherung eingeführt.

Doppelverbeitragung oder nicht

Die Fragen, ob Sie in eine Doppelverbeitragung Ihrer Betriebsrente kommen oder nicht, wird durch Ihre Einkommen beantwortet.

Sie unterliegen einer Doppelverbeitragung,

- **wenn Sie mehr als 4 % zur Beitragsbemessungsgrenze zur allgemeinen Rentenversicherung in eine Betriebsrente eingezahlt haben.** Gegebenenfalls wird dabei nicht nur Ihr Beitrag, sondern auch ein Zuschuss oder eine zusätzliche Leistung Ihres Arbeitgebers mit eingerechnet.
- **wenn Sie Einkommen oberhalb der Beitragsbemessungsgrenze zur Kranken- und Pflegeversicherung – auch nach Entgeltumwandlung – erhalten haben.** Denn dann haben Sie den jeweils maximalen Beitrag an die Kranken- und Pflegeversicherung bezahlt und müssen später Beiträge auf etwas Erspartes zahlen, obwohl Sie zum Zeitpunkt des Sparens keine Entlastung in der Kranken- und Pflegeversicherung hatten.

Die Doppelverbeitragung müssen Sie als gegeben hinnehmen. Sich darauf zu verlassen, dass die Regierung auf Einnahmen verzichtet und die Doppelverbeitragung abschafft, wäre die falsche Strategie. Gehen Sie lieber offensiv mit diesem Thema um.

Wenn Sie heute schon wissen, dass die meisten Ihrer Einnahmen im Alter versteuert und verbeitragt werden, kann es sinnvoll sein, dass Sie weitere Alterseinkünfte mit begünstigter Besteuerung und keiner oder geringerer Belastung für sich finden.

Beiträge in der Ansparphase

Wenn Sie oder Ihr Arbeitgeber für Ihre Betriebsrente sparen, ist der Sparbeitrag zunächst Entgelt,

- weil Sie den Beitrag aus Ihrem Bruttoentgelt aufwenden oder
- weil Ihr Arbeitgeber Ihnen eine zusätzliche Vergütung bezahlt, die dann in eine Betriebsrente umgewandelt wird.

Ob diese Sparbeiträge in den Zweigen der Sozialversicherung verbeitragt werden, hängt vom Durchführungsweg, der Finanzierung (durch den Arbeitgeber oder durch Sie) und davon ab, ob Sie mit Ihrem Gehalt oberhalb der jeweiligen Beitragsbemessungsgrenze liegen.

In Tabelle 8.4 sehen Sie, ob Sie mit Ihren Sparbeiträgen für die bAV sozialversicherungsfrei unterwegs sind oder nicht.

	Pensions- oder Direktzusage	Unterstützungskasse	Direktversicherung, Pensionskasse, Pensionsfonds
Sozialversicherungsfreiheit bei Arbeitgeberfinanzierung	Ja, Beiträge sind komplett sozialversicherungsfrei		Ja, begrenzt auf 4 % der Beitragsbemessungsgrenze zur allgemeinen Rentenversicherung 2025: 3.864 € p. a. beziehungsweise 322 € im Monat
Sozialversicherungsfreiheit bei Arbeitnehmerfinanzierung (Entgeltumwandlung)	Ja, begrenzt auf 4 % der Beitragsbemessungsgrenze zur allgemeinen Rentenversicherung 2025: 3.864 € p. a. beziehungsweise 322 € im Monat		
Besonderheiten »alte« § 40 b EStG Verträge (vor 2005 abgeschlossen beziehungsweise Weiteranwendung)			Direktversicherung: bei jährlicher Sonderzahlung: sozialabgabenfrei bei monatlicher Zahlung der Beiträge: sozialabgabenpflichtig

Tabelle 8.4: Sozialversicherungsrechtliche Behandlung der Beiträge in eine betriebliche Altersversorgung

Wenn Sie mit Ihrem Gehalt oberhalb der jeweiligen Beitragsbemessungsgrenze liegen, haben Sie ebenfalls keine Ersparnis (siehe Tabelle 8.5).

	Jährlich	Monatlich
Kranken- und Pflegeversicherung	66.150,00 €	5.512,50 €
Allgemeine Rentenversicherung/ Arbeitslosenversicherung	96.600,00 €	8.050,00 €

Tabelle 8.5: Erinnerung Beitragsbemessungsgrenzen 2025

BEISPIEL

Gustav Glück hat ein monatliches Bruttoentgelt von 9.000,00 €. Sein Arbeitgeber zahlt für ihn monatlich 500 € in die bAV ein. Er selbst wandelt 250 € monatlich in eine bAV um. Da Gustav nach Abzug der monatlichen Beiträge für die bAV brutto immer noch oberhalb der Beitragsbemessungsgrenze verdient (8.250 € > 8.050 €, hat er keinerlei Einsparungen an Sozialabgaben.

Belastung von Betriebsrenten

Betriebsrenten unterliegen als Versorgungsbezug der vollen Kranken- und Pflegeversicherung.

Ausnahmen:

- ✔ Sie sind privat krankenversichert.
- ✔ Sie haben andere Einkünfte, mit denen Sie bereits die maximalen Kranken- und Pflegeversicherungsbeiträge zahlen.

Bei Rentnern, die im Alter in der gesetzlichen Krankenversicherung (und Pflegeversicherung) pflichtversichert sind, gilt eine Belastung der Betriebsrenten mit individuellem, vollem Kranken- und Pflegeversicherungsbeitrag – unter Berücksichtigung eines Freibetrages in der Krankenkasse und einer Freigrenze in der Pflegeversicherung.

BEISPIEL

Gitta von Gänseburg ist als Rentnerin in der gesetzlichen Krankenkasse pflichtversichert. Ihre Krankenkasse, die Entendorf Gesund und fit BKK, erhebt aktuell einen Krankenversicherungssatz von 14,6 Prozent und einen Zusatzbeitrag von 1,75 Prozent. Gitta hat zwei erwachsene Kinder.

Sie erhält aus einer Direktversicherung ab dem 01.07.2024 eine monatliche Rente von 175,00 € und von der Zusatzversorgungskasse Entendorf nochmals 450,50 € monatliche Rente.

Berechnung des Krankenkassenbeitrages:

175,00 € + 450,50 € = 625,50 € Summe Betriebsrenten = Versorgungsbezug

Bei der Krankenkasse kann ein Freibetrag von 187,25 € monatlich (2025) abgezogen werden.

625,50 – 187, 25 € = 438,25 €.

Auf diesen Betrag werden nun der Krankenkassenbeitrag und der Zusatzbeitrag fällig.

438,25 € => hiervon 16,35 % = 71,65 €

Da Gitta zwei erwachsene Kinder hat, gilt für sie aktuell der Pflegeversicherungssatz von 3,6 %. Bei der Pflegeversicherung gibt es eine Freigrenze von 187,25 €. Da ihre Betriebsrenten aber mit 625,50 € über dieser Freigrenze liegen, muss Gitta den Pflegeversicherungssatz auf ihre kompletten Betriebsrenten zahlen:

625,50 € => hiervon 3,6 % = 22,52 €

In Summe muss Gitta von Gänseburg auf Ihre Betriebsrenten 94,17 € monatlich für Kranken- und Pflegeversicherung aufwenden.

Statt Rente: Kapitalabfindung zu Rentenbeginn

Etwas anders sieht die Berechnung aus, wenn anstelle einer Rente eine Kapitalabfindung gewählt wird. Es wird ein fester Kapitalbetrag ausgezahlt.

Da die Krankenkasse auch auf dieses Kapital Beiträge erhebt, wird das Kapital über 10 Jahre als fiktive Rente abgebildet – das Kapital wird durch 120 geteilt (10 Jahre mal 12 Monate pro Jahr) und Ihnen entsprechend der Beitrag für die Kranken- und Pflegeversicherung in Rechnung gestellt.

BEISPIEL

Gitta findet es schicker, sich die Direktversicherung in einer Summe als Kapital bei Rentenbeginn abfinden zu lassen. Die Rente der Zusatzversorgungskasse bleibt als Rentenleistung. Der Kapitalwert der Direktversicherung beträgt 49.150 €.

Vorschritt: Umrechnung Kapital in Rente: 49.150,00 € : 120 = 409,58 € fiktive Rente

Dies ergibt eine neue Berechnung:

Berechnung des Krankenkassenbeitrages:

409,58 € + 450,50 € = 860,08 € Summe Betriebsrenten = Versorgungsbezug

Bei der Krankenkasse kann ein Freibetrag von 187,25 € monatlich (2025) abgezogen werden.
860,08 – 187,25 € = 672,83 €.

Auf diesem Betrag werden nun der Krankenkassenbeitrag und der Zusatzbeitrag fällig.
672,83 € => hiervon 16,35% = 110,01 €

Da Gitta zwei erwachsene Kinder hat, gilt für sie aktuell der Pflegeversicherungssatz von 3,6 %. Bei der Pflegeversicherung gibt es eine Freigrenze von 187,25 €. Da ihre Betriebsrenten aber mit 860,08 € über dieser Freigrenze liegen, muss Gitta den Pflegeversicherungssatz auf ihre kompletten Betriebsrenten zahlen:
860,08 € => hiervon 3,6 % = 30,96 €

In Summe muss Gitta von Gänseburg auf Ihre Betriebsrenten 140,97 € monatlich für Kranken- und Pflegeversicherung aufwenden. Dies gilt für die nächsten zehn Jahre. Nach zehn Jahren muss sie »nur« noch ihre ZVK-Rente verbeitragen.

Die nächsten zehn Jahre bedeutet aber die Entscheidung für eine Kapitalauszahlung 46,80 € mehr Aufwand in der Kranken- und Pflegeversicherung. Das sind 5.616,00 € in zehn Jahren.

Hiervon könnte der Beitrag bei Rentenzahlung noch circa fünf Jahre gezahlt werden. Circa 15 Jahre nach Kapitalauszahlung rechnet sich, bezogen auf die Kranken- und Pflegeversicherung, die Wahl für Kapital statt Rente.

Was im Todesfall wichtig ist

Wichtig ist für Sie, dass Betriebsrenten nicht grundsätzlich an jedermann vererbt werden können. Vererben können Sie Ihren Rentenanspruch nach dem gesetzlichen *engen Hinterbliebenenbegriff* nur an:

- ✔ Ehepartner
- ✔ Ehemaligen Ehepartner

- ✔ Eingetragenen Lebenspartner
- ✔ In häuslicher Gemeinschaft lebenden Lebensgefährten
- ✔ Kinder
- ✔ Stiefkinder
- ✔ Faktische Stiefkinder (Kinder des Partners, die im Haushalt leben und deren Lebensunterhalt man trägt)
- ✔ Gegebenenfalls Enkelkinder (das Enkelchen muss im eigenen Haushalt überwiegend leben und man hat die Fürsorgepflicht)

Wie immer, wenn ich grundsätzlich schreibe, gibt es Ausnahmen:

Bei alten Direktversicherungen, Sie erinnern sich, pauschalversteuert, § 40 b EStG a. F., vor 2005 abgeschlossen beziehungsweise Weiteranwendung. Hier gilt der enge Hinterbliebenenbegriff nicht. Diese Versicherung können Sie an »Hund, Katze, Maus, ...« vererben.

Sonne und Schatten – wie Betriebsrenten zu bewerten sind

Wie überall gibt es Vor- und Nachteile. Wichtig ist, dass Sie nicht nur die Ansparphase bewerten, sondern auch die Leistungsphase.

Ganz pauschal gilt:

- ✔ Arbeitgeberfinanzierte bAV ist immer klasse.
- ✔ Die Rendite bei einem Zuschuss des Arbeitgebers zur Entgeltumwandlung ist meistens gut (also mitnehmen).
- ✔ Wenn Sie heute schon wissen, dass
  - Sie im Alter eine hohe Steuerlast haben und/oder
  - Sie freiwillig gesetzlich krankenversichert sind,

  könnte gegebenenfalls eine andere Anlage interessant sein.

Sie haben beim Abschluss einer bAV in der Regel keine Chance, sich die beste Versicherung herauszusuchen. Ihr Arbeitgeber arbeitet (verständlicherweise, oder wollen Sie mit unzähligen Versicherern zusammenarbeiten?) meist mit einem Anbieter zusammen. Dennoch sollten Sie sich im Vorfeld ein paar Gedanken machen.

Wenn Sie eine bAV haben, stellen Sie sich bitte folgende Fragen (und beantworten diese):

- ✔ Wann wird die Betriebsrente ausgezahlt?
- ✔ Bekommen Sie Kapital oder Rente?
- ✔ Wer bekommt Ihr Geld, wenn Ihnen etwas passiert?
- ✔ Gibt es bei vorzeitigem Beginn Abschläge oder können Sie zum Beispiel nur Kapital in Anspruch nehmen – und dann auch noch zum Rückkaufswert?

IN DIESEM KAPITEL

Förderungsmöglichkeiten vom Staat: Riester und Rürup

Private Geldanlage

Kapitel 9
Private Vorsorge – ein Muss für jeden

Wenn Sie an die Rente denken, denken Sie vermutlich zunächst an die gesetzliche Rente. Im vorangegangenen Kapitel ging es um die Rente vom Chef, die nicht zu vergessen – und nicht zu verachten ist. Jetzt geht es um die Frage, wie Sie mit den Mahnungen der Politik, diverser Anbieter, wie Banken, Versicherern, Beratern, vielleicht auch Freunden und Familienangehörigen umgegangen sind oder vielleicht noch umgehen werden. Jetzt geht es um

- ✔ Riester, Rürup (oder Basisrente) & Co – oder Steuern sparen heute oder morgen,
- ✔ Ihre weiteren privaten Anlagen und Verträge – und die Prüfung, ob diese ein Siegel für Ihre Altersvorsorge haben oder nicht (das Siegel vergeben Sie selbst!),
- ✔ Vor- und Nachteile einer staatlichen Förderung sowie
- ✔ Vor- und Nachteile einer individuellen, privaten Vorsorgegestaltung.

Da Sie dieses Buch in den Händen halten, gehören Sie bestimmt nicht zu den Menschen, die sich von einer niedrigen Rente im Rentenbescheid der Deutschen Rentenversicherung überraschen lassen.

Wenn Sie früher in Rente gehen möchten, sich im Rentenalter auch mal etwas leisten und nicht jeden Cent umdrehen und dann noch flexibel bleiben wollen, kommen Sie nicht an der privaten Vorsorge vorbei.

Machen Sie gleich wieder mit. Welche Versicherung, welche Anlagen haben Sie für das Alter abgeschlossen? Greifen Sie wieder zu Ihrem Vorsorgeordner oder öffnen Ihre Dateien. Haben Sie eine Riester- oder Rürup-Rente? Private Lebens- oder Rentenversicherungen? Wertpapieranlagen, die für Ihren Ruhestand gedacht sind?

Jede Förderung mitnehmen

Wissen Sie noch, wer Walter Riester oder Bert Rürup waren? Beide haben zwei grundlegende Rentenreformen begleitet und werden als Väter zweier staatlich geförderten Varianten der privaten Altersversorgung betrachtet.

- ✔ **Die Riester-Rente** wurde mit der dazugehörigen Förderung durch das Altersvermögensgesetz (AVmG) im Jahr 2002 eingeführt. Der damalige Bundesminister für Arbeit und Sozialordnung, Walter Riester, ließ die Riester-Rente ausarbeiten. Die freiwillige, zusätzliche Altersversorgung wird mit Zulagen und Sonderausgaben gefördert. Hintergrund war die Reform der gesetzlichen Rentenversicherung im Jahr 2000/2001. Bei dieser Reform wurde das Nettorentenniveau eines Eckrentners von 70 % auf 67 % reduziert. Theoretisch hätte damals jedermann mit dem »Riestern« anfangen müssen!

Immer wieder taucht der berühmt-berüchtigte *Eckrentner* auf. Der Eckrentner ist eine fiktive Figur, die 45 Jahre lang genau immer das Durchschnittseinkommen in Deutschland verdient hat.

Auch das *Rentenniveau* ist eine fiktive Rechengröße. In % wird ausgedrückt, wie sich die Standardrente (siehe Eckrentner) im Verhältnis zum aktuellen Durchschnittseinkommen eines Arbeitsnehmers entwickelt.

Ab dem 01.07.2025 beträgt die Standardrente 1.835,55 €. Im Jahr sind das 22.026,60 €. Das Durchschnittsentgelt 2025 beträgt 50.493,00 €. Also beträgt das Rentenniveau 2025: 22.026,60 € × 100 : 50.493,00 € = 43,62 %. Allerdings vereinfacht – es werden bei der Nettobetrachtung jeweils noch die anfallenden Sozialabgaben abgezogen. Damit verändert sich der Wert. Steuern werden nicht mehr berücksichtigt, da seit 2005 die gesetzliche Rente nicht mehr einheitlich besteuert wird.

Bis zum Jahr 2031 garantiert der Gesetzgeber ein Rentenniveau von mindestens 48 %.

- ✔ **Die Rürup- oder Basisrente** wurde nach dem Wirtschaftswissenschaftler Bert Rürup benannt und 2005 mit dem Alterseinkünftegesetz (AltEinkG) eingeführt. Gedacht war sie von Anfang an für Besserverdienende und Selbstständige. Die Beiträge können als Sonderausgaben vom Gesamtbetrag der Einkünfte abgesetzt werden.

Riestern für jeden?

Mit Einführung der Riester-Rente wurden unzählige Verträge angeboten und abgeschlossen. Heute stehe die Riester-Rente immer wieder im Mittelpunkt politischer Diskussionen. Die Riester Rente ist kompliziert und teuer – so die herrschende Meinung. Doch machen Sie sich einfach selbst ein Bild.

Erste Frage: Dürfen Sie riestern?

Klar, wenn Sie einen Vertrag abgeschlossen haben, hat irgendjemand überprüft, dass Sie zum Kreis der förderberechtigten Personen gehören. Sie können auch gerne im Gesetz nachlesen (hier: § 10a EStG). Hier finden Sie die Personen aufgezählt, die riestern dürfen.

Haben Sie noch keinen Riester-Vertrag, dürfen Sie zum nächsten geförderten Produkt springen. Der Vertrieb von Riester-Produkten, also die Möglichkeit eines Neuabschlusses, ist aktuell nicht gegeben. Fast alle Versicherungen und Fondsgesellschaften haben ihre Produkte für Neuabschlüsse geschlossen. Es erfolgt in den meisten Fällen nur noch eine Bestandsbetreuung.

Zweite Frage: Was müssen Sie für die volle Förderung vom Staat zahlen?

Um zu wissen, was Sie einzahlen können, um die volle Förderung mitzunehmen, müssen Sie wissen, was der Staat dazugibt.

Die Grundzulage

Sie erhalten die volle Zulage in Höhe von 175,00 € im Jahr (Grundzulage), wenn Sie mindestens 4 % Ihres rentenversicherungspflichtigen Einkommens des Vorjahres, abzüglich Zulagen, einzahlen. Höchstens sind jedoch 2.100,00 € möglich.

BEISPIEL

Ben Becker hatte im Jahr 2025 ein rentenversicherungspflichtiges Einkommen von 60.000 €.

Davon 4 % sind 2.400,00 €. Da das mehr ist als 2.100,00 €, sind nur die 2.100,00 € anzusetzen. Da Ben die volle Zulage erhalten will, gilt: 2.100,00 – 175,00 € = 1.925 € – Ben muss also für die volle Zulage 1.925,00 € im Jahr in den Riester-Vertrag einzahlen. Im Monat wären das 160,42 €.

Nachwuchs? Kinderzulage

Auch für Kinder gibt es einen Riester-Bonus, oder besser gesagt, eine Kinderzulage.

- Kind, geboren bis 31.12.2007 = 185,00 €
- Kind, geboren ab 01.01.2008 = 300,00 €

Sie haben Anspruch auf eine Kinderzulage, wenn Sie für mindestens einen Monat in dem relevanten Kalenderjahr Kindergeld erhalten haben. Die Kinderzulage erhalten Sie, wenn Sie Kindergeldempfänger sind. Sind Sie verheiratet, erhalten Sie als Mutter die Zulage/n – als Vater müssen Sie einen Antrag stellen.

Im Übrigen gilt bei Ehepaaren: Sie können nicht zusammen einen Vertrag abschließen. Jeder von Ihnen muss einen eigenen Vertrag abschließen, um in den Genuss der vollen Zulage zu kommen.

BEISPIEL

Claus Celle hat ein rentenversicherungspflichtiges Jahreseinkommen von 58.000,00 €. Seine Frau Clara Celle ist in einem Teilzeitarbeitsverhältnis und hat ein rentenversicherungspflichtiges Jahreseinkommen von 27.000,00 €. Die beiden haben zwei Kinder. Charlotta, geboren am 15.10.2007, und Charlie, geboren am 15.04.2009. Beide Kinder gehen noch zur Schule und erhalten Kindergeld.

Claus: 58.000,00 € - davon 4 % = 2.320,00 €; begrenzt auf 2.100,00 € im Jahr. 2.100,00 € - 175,00 € = 1.925,00 € Mindesteigenbetrag im Jahr.

Clara: 27.000,00 € - davon 4 % = 1.080,00 €; keine Begrenzung; 1.080,00 € – 175,00 € – 185,00 € (Kinderzulage Charlotta, vor 2008 geboren) – 300,00 € (Kinderzulage Charlie, nach 2008 geboren) = 420,00 Euro Mindesteigenbetrag im Jahr.

Für zusammengenommen 2.345,00 Euro Eigenleistung im Jahr erhalten die Eheleute Celle 835,00 Euro Zulagen vom Staat in Ihren Riester-Vertrag zusätzlich eingezahlt.

Neu im Job? Berufseinsteiger-Bonus

Berufseinsteiger,

- ✔ die am 1. Januar des Jahres, in dem der Vertrag abgeschlossen wird, das 25. Lebensjahr noch nicht vollendet haben,
- ✔ die unmittelbar zulagenberechtigt sind und die
- ✔ nach dem 31.12.1982 geboren sind,

erhalten einen Berufseinsteiger-Bonus von 200,00 € im ersten Jahr. Das heißt, im ersten Jahr des Abschlusses des Riester-Vertrages wird die Grundzulage um 200,00 € erhöht, wenn der volle notwendige Mindesteigenbetrag gespart wird.

Zahlen Sie weniger als den Mindesteigenbetrag, wird die Zulage anteilig gekürzt.

Der Mindesteigenbetrag

Wenn Sie zu dem nicht unmittelbar förderberechtigten Personenkreis gehören, also zum Beispiel selbstständig sind, aber Ihr Ehepartner ist förderberechtigt, gibt es noch eine Besonderheit. Sie müssen einen eigenen Vertrag abschließen und einen *Mindesteigenbeitrag* im Jahr von 60,00 € zahlen. Diese 60,00 € sind der *Sockelbetrag*, der mindestens im Jahr in einen Vertrag einfließen muss. Man könnte auch sagen, der jährliche Mindestbetrag eines Riester-Vertrages – aber das wäre für ein deutsches Gesetz vielleicht in der Formulierung zu klar.

BEISPIEL

Ben Becker hat einen Riester-Vertrag abgeschlossen. Seine Frau Beate Becker ist als Handelsvertreterin selbstständig. Sie gehört nicht zum förderberechtigten Personenkreis.

Mit 60,00 € im Jahr kann Beate einen Riester-Vertrag abschließen und die volle Zulage von 175,00 € erhalten. Aber nur, weil Ben Becker einen Vertrag abgeschlossen hat.

Die Beiträge, die Sie in einen Riester-Vertrag einzahlen, können Sie in Ihrer Einkommensteuererklärung als Sonderausgaben angeben. Das Finanzamt führt eine sogenannte *Günstigerprüfung* durch.

- ✔ Ist die Steuerersparnis für Sie günstiger als die Zulage, werden die Beiträge als Sonderausgaben anerkannt.
- ✔ Ist das nicht der Fall, finden Sie in Ihrem Einkommensteuerbescheid die Bemerkung »Ein Sonderausgabenabzug der geltend gemachten Altersvorsorgebeiträge (§ 10a EStG) in Höhe von … kommt nicht in Betracht, weil der nach Ihren Angaben errechnete Zulagenanspruch günstiger ist«.

Dritte Frage: Wie haben Sie geriestert?

Haben Sie einen Riester-Vertrag abgeschlossen, muss dieser folgende Voraussetzungen erfüllen:

- ✔ **Beitragserhaltungsgarantie:** Sie erhalten bei Auszahlung mindestens die Summe der eingezahlten Beiträge (Zulagen + Eigenleistung) zurück.
- ✔ **Kostenverteilung:** Die Abschluss- und Vertriebskosten müssen auf mindestens fünf Jahre verteilt werden.
- ✔ **Informationspflicht:** Sie müssen über die Abschluss-, Vertriebs- und Verwaltungskosten, den Stand des Altersvorsorgevermögens, die Verwendung der Mittel und die Anlagestrategie informiert werden.
- ✔ **Kündigungsmöglichkeiten:** Sie müssen die Möglichkeit haben, vierteljährlich zu kündigen oder den Vertrag beitragsfrei zu stellen.

Sowohl Versicherer als auch Investmentgesellschaften sowie Kreditinstitute, die Riester-Verträge anbieten, müssen die Beiträge garantieren. Das kann über verschiedene Anlagekonzepte zwar wunderbar funktionieren – aber die Frage ist, wann Sie Ihren Vertrag in Anspruch nehmen wollen.

Sie können den Riester-Vertrag ab dem 62. Lebensjahr (beziehungsweise bei Abschlüssen vor 2012 ab dem 60. Lebensjahr) in Anspruch nehmen. Das ist eine gesetzliche Anforderung und Ihr gutes Recht. Nur – diese Vorgabe macht es den Anbietern schwierig zu kalkulieren. Je näher der Vertrag Ihrem 60. oder 62. Lebensjahr rückt, desto defensiver müssen die Anbieter investieren. Das belastet Ihre Rendite aus einem Riester-Vertrag.

Was machen Sie mit Ihrem Riester-Vertrag?

Besparen Sie schon seit Jahren einen Riester-Vertrag oder haben Sie diesen Vertrag beitragsfrei gestellt, weil der Vertrag sich Ihrer Meinung nach nicht lohnt, dann stellen Sie sich vielleicht die Frage, ob Sie den Vertrag kündigen und sich auszahlen lassen oder nicht.

Überlegen Sie sich das gut, denn:

- ✔ Die Auszahlung ist eine förderschädliche Verwendung. Sie zahlen im Falle einer Kündigung die Zulagen und etwaige Steuerersparnisse zurück. Sie haben dann keine geförderte Altersversorgung mehr und haben deswegen keinen Anspruch mehr auf Förderung.
- ✔ Der Rückkaufwert ist – beispielsweise bei einer Versicherung – nicht unbedingt der beste Wert, den man zurückbekommen kann. Bei einer Fondsanlage könnten Sie gerade einen schlechten Zeitpunkt erwischen.
- ✔ Dazu kommen die Kosten. Die haben Sie in der Regel nach spätestens fünf Jahren erbracht.

Kündigung sollte Ihre letzte Wahl sein – wenn Sie keine Alternativen haben.

Einmal im Jahr Zeit für Ihren Zulagenantrag investieren

Warum sollten Sie Zeit investieren, wenn Sie doch einen Dauerzulagenantrag haben, fragen Sie sich jetzt vielleicht? Na ja, eigentlich haben Sie recht. Ihr Anbieter stellt bei einem Dauerzulagenantrag einmal im Jahr einen Antrag auf Riester bei der ZfA – oder auf gut deutsch: Zentrale Zulagenstelle für Altersvermögen, die bei der Deutschen Rentenversicherung angesiedelt ist. Dieser Dauerzulagenantrag gilt bis auf Widerruf.

Bequemlichkeit hat ihren Preis. Lassen Sie den Dauerzulagenantrag ohne Prüfung durchlaufen, kann es sein, dass Sie nicht die volle Zulage oder den optimalen Sonderausgabenabzug bekommen.

Überprüfen Sie Ihre Angaben und teilen Sie Änderungen Ihren Anbieter umgehend mit – normalerweise erhalten Sie jährlich von Ihrem Anbieter ein Schreiben, mit dem Sie genau dazu aufgefordert werden.

Änderungen Ihrer Lebensumstände können dazu führen, dass sich notwendige Rahmenbedingungen für die steuerliche Förderung verändern. Oder Sie sollten einfach daran denken, wichtige Stammdaten mitzuteilen, damit alles problemlos abgewickelt werden kann.

- ✔ Hat sich Ihre berufliche Situation verändert? Sind Sie nun zum Beispiel Bezieher von Bürgergeld? Oder nicht mehr in der gesetzlichen Rentenversicherung pflichtversichert, sondern Mitglied eines berufsständischen Versorgungswerkes? …
- ✔ Teilen Sie Ihre neue Steuer-Identifikationsnummer mit.
- ✔ Informieren Sie, wenn Sie umgezogen sind.
- ✔ Mit am wichtigsten ist die Veränderung Ihres Einkommens. Wenn Ihr Einkommen steigt, könnte es schnell passieren, dass Sie einen höheren Eigenbeitrag erbringen sollten, um in den Genuss der vollen Zulage zu kommen.

- Wenn Sie einen mittelbar zulagenberechtigten Partner haben, bei dem sich etwas verändert (beruflich oder privat, Stichwort: Trennung), dann sollten Sie das mitteilen.
- Wenn sich bei Ihren Kindern etwas verändert – mit anderen Worten – Sie bekommen zum Beispiel kein Kindergeld mehr.

Die Besteuerung der Leistungen nicht vergessen

Sie wissen, dass die Riester-Rente steuerlich mit Zulagen und beziehungsweise oder Sonderausgabenabzug gefördert wird.

In der Auszahlungsphase müssen Sie die Riester-Rente nachgelagert versteuern. Das bedeutet, dass Sie die monatliche Rente oder Rate oder Teilkapitalauszahlung zu 100 % mit Ihrem persönlichen Steuersatz versteuern müssen.

Rürup für Selbstständige und Besserverdiener?

Im Jahr 2005 trat die *Basisrente*, die mittlerweile umgangssprachlich als *Rürup-Rente* viel bekannter ist, neben die Versorgungen der ersten Schicht. Also neben die gesetzliche Rente, berufsständische Versorgungen und die landwirtschaftliche Alterskasse.

Wenn Sie zu einer der folgenden Personengruppe gehören, kann eine Basisrente für Sie interessant sein:

- Sie sind selbstständig und von der Rentenversicherungspflicht befreit.
- Sie sind Freiberufler.
- Sie haben als Angestellter ein hohes Einkommen.

Einschränkungen bei der Flexibilität

Wie Sie schon bei der Riester-Rente gesehen haben (wir sind in Deutschland, dem Land mit den unzählbaren Steuergesetzen), gibt es Rahmenbedingungen, die eingehalten werden müssen. Diese Bedingungen führen zu einer steuerlichen Förderung. Aber auch zu einer mangelnden Flexibilität.

Denken Sie an Riester, denken Sie an die betriebliche Altersversorgung. Förderung in der Ansparphase verlangt ein enges Korsett. Ziel ist immer, dass am Ende des Sparens eine lebenslange Rente steht, die so ähnlich wie die gesetzliche Rentenversicherung oder die berufsständische Versorgung funktioniert. Wer die Förderung mitnehmen will, verzichtet auf Flexibilität.

Überlegen Sie, wie wichtig Ihnen diese Flexibilität im Alter ist. Bei der Basisrente können Sie sich Ihre Rente nicht auf einen Schlag auszahlen lassen, sondern es gibt nur die Möglichkeit, dass Sie Ihre Rente monatlich erhalten. Wenn Sie sowieso lieber ein monatlich fest kalkulierbares und prognostizierbares Einkommen erhalten möchten, dann könnte für Sie neben den anderen geförderten Vorsorgeformen auch die Basisrente richtig sein.

Der Basisrentenvertrag muss folgende Voraussetzungen erfüllen:

- ✔ Sie erhalten eine lebenslange Rente.
- ✔ Sie haben kein Kapitalwahlrecht, können sich Ihr Geld also nicht statt einer monatlichen Rente auf einmal auszahlen lassen.
- ✔ Wenn Sie keinen Ehe-, Lebenspartner haben, ist Ihr eingezahltes Geld, wenn Ihnen etwas passiert, weg.
- ✔ Sie können den Vertrag, je Anbieter, mit einer Hinterbliebenenrente zugunsten Ihres Ehepartners, Lebensgefährten oder der kindergeldberechtigten Kinder ausgestalten.
- ✔ Ansonsten können Sie den Vertrag nicht vererben. Auch nicht beleihen, verpfänden oder an Dritte veräußern.
- ✔ Sie können frühestens ab dem 62. Lebensjahr eine Rente beziehen (bei Vertragsabschluss seit dem 01.01.2012; davor war es das 60. Lebensjahr).

Sie finden sich bei der Basisrente in einem sehr eingeschränkten Rahmen wieder. Sollte allerdings Ihr Ziel sein, die Einzahlungen steuerlich zu optimieren und gleichzeitig im Alter ein regelmäßiges, monatliches Einkommen zu generieren, so kann die Basisrente für Sie interessant sein.

Steuern – heute und morgen bei der Basisrente

Die steuerlichen Rahmenbedingungen der Basisrente können Sie 1:1 mit der gesetzlichen Rentenversicherung vergleichen.

Ansparphase

Das Wichtigste zuerst: Sie können die Beiträge zur Basisrente als Sonderausgaben geltend machen.

Der Höchstbetrag liegt im Jahr 2025 bei 29.343,60 Euro bei Alleinstehenden und bei 58.687,20 Euro bei Verheirateten beziehungsweise Verpartnerten. Er kann sich jedes Jahr verändern, da er an die Beitragsbemessungsgrenze zur knappschaftlichen Rentenversicherung gekoppelt ist.

- ✔ **Sind Sie Arbeitnehmer,** müssen Sie von dem Höchstbetrag die Arbeitgeber- und Arbeitnehmeranteile zur gesetzlichen Rentenversicherung abziehen, damit Sie Ihren maximal möglichen Beitrag zur Basisrente ermitteln können.

✔ **Sind Sie nicht in der gesetzlichen Rentenversicherung pflichtversichert**, zum Beispiel Gesellschafter-Geschäftsführer einer GmbH, müssen Sie fiktive Beiträge zur gesetzlichen Rentenversicherung von dem möglichen Höchstbetrag abziehen. Dabei wird der maximale Pflichtbeitrag anhand der Beitragsbemessungsgrenze für die Berechnung herangezogen.

✔ **Sind Sie Beamter,** müssen Sie ebenfalls fiktive Beiträge zur gesetzlichen Rentenversicherung abziehen.

Auszahlungsphase

Ihre Leistungen aus einer Basisrente werden analog der gesetzlichen Rente versteuert. Sie finden die komplette Aufstellung im § 22 EStG – zuletzt mit dem sogenannten Wachstumschancengesetz geändert.

In Tabelle 9.1 finden Sie den Besteuerungsanteil, der Sie nach Jahr des Rentenbeginns erwartet. Er steigt jedes Jahr bis 2058 um 0,5 %. Sie können links ablesen, wann Sie in Rente gehen möchten und dann den Teil Ihrer Rente ermitteln, der in % Ihrer Rente zu versteuern ist und welcher Anteil in % Ihrer Rente steuerfrei bleibt. Die Jahre 2039 bis 2057 sind in der Tabelle ausgespart. Wenn Sie diese Zahlen benötigen, rufen Sie bitte das Gesetz im Internet auf, zum Beispiel `www.gesetze-im-internet.de`.

Rentenbeginn	Besteuerungsanteil in %	Steuerfreier Anteil in %
2024	83	17
2025	83,5	16,5
2026	84	16
2027	84,5	15,5
2028	85	15
2029	85,5	14,5
2030	86	14
2031	86,5	13,5
2032	87	13
2033	87,5	12,5
2034	88	12
2035	88,5	11,5
2036	89	11
2037	89,5	10,5
2038	90	10
…2048…	95	5
2058	100	0

Tabelle 9.1: Besteuerungsanteil der Rente nach Rentenbeginn

Ist eine Basisrente für Sie interessant?

Könnte die Basisrente etwas für Sie sein?

- ✔ Wenn Sie gut verdienen, kann die steuerliche Förderung Ihnen eine höhere Rendite bescheren.
- ✔ Bei der Basisrente können Sie auch chancenreichere Investments auswählen – dafür kann aber die Garantie der eingezahlten Beiträge fehlen.
- ✔ Wenn Sie selbstständig sind, kann die Basisrente unter Umständen die einzige steuerlich geförderte Möglichkeit einer Altersversorgung sein.

Vergleichen Sie das Angebot einer Rürup-Rente mit einer Ausgleichszahlung bei der Deutschen Rentenversicherung, wenn Sie die Voraussetzungen erfüllen. Damit vergleichen Sie grundsätzlich Äpfel und nicht Äpfel mit Birnen. Achten Sie dabei aber auf dieselben Prämissen, zum Beispiel Betrag, Zahlungsart, Zahlungsdauer. Und – schalten Sie einen Steuerberater ein. Nur dieser kann Ihnen genau sagen, ob sich dieser Variante steuerlich für Sie lohnt.

Wenn Sie heute schon wissen, dass Sie im Alter freiwillig gesetzlich krankenversichert oder privat krankenversichert sein werden und einen Anspruch auf die gesetzliche Rente haben, sollten Sie bei der Vergleichsbetrachtung (Basisrente versus Ausgleichszahlung) auch noch den Bonus »Zuschuss zur Krankenversicherung bei der gesetzlichen Rentenversicherung« betrachten. Je höher Ihre gesetzliche Rente, desto höher Ihr Zuschuss zur Krankenversicherung. Details folgen im Kapitel 19.

Flexibel bleiben – mit privaten Anlagen

Viktoria Vorsicht hat bereits mit Anfang 20 auf Anraten Ihrer Eltern zwei Rentenversicherungen mit Garantie und Beitragsdynamik abgeschlossen. Rudi Risiko schwört auf Aktien und ETFs – eine bessere Rendite gibt es seiner Meinung nach nirgends. Gustaf Gleich setzt bei seinen eigenen Anlagen auf Festgeld und festverzinsliche Wertpapiere. Fridolin Folgt hört auf seinen Anlageberater und hat sein Geld in eine wachstumsorientierte Fondsvermögensverwaltung angelegt.

Sind Sie wie Viktoria, Rudi, Gustaf oder Fridolin? Oder gehen Sie mit Ihren privaten Anlagen Ihren ganz eigenen Weg?

Bevor Sie abgebogen sind (oder abbiegen werden), um Ihrem Weg zu folgen, sind folgende Überlegungen wichtiger als jede Rendite:

- ✔ **Haben Sie eine ausreichende Liquiditätsreserve für Unvorhersehbares oder für konkrete Anschaffungen?** Denken Sie daran, es kann immer etwas kaputtgehen. Oder Sie wissen heute schon, dass ein neues Auto fällig wird, Sie sich einen längst fälligen Urlaub gönnen wollen oder eines Ihrer Kinder dringend unterstützt werden muss …

- **Wollen Sie vor Rentenbeginn noch Darlehen ablösen?** Die niedrigen Zinsen der vergangenen Jahre haben die Banken aus Not ein wenig unvorsichtig werden lassen. Darlehensverträge laufen teilweise in das Rentenalter hinein – das ist eigentlich ein »No-Go«. Darlehensverträge im Rentnerdasein verringern den – in der Regel – geringeren Etat.
- **Wollen Sie Vermögen übertragen?** Die rechtzeitige Übertragung von Vermögen kann sowohl Sie als auch Ihre Kinder entlasten. Dabei müssen Sie aber überlegen, wie Sie gegebenenfalls Rentenverluste kompensieren.
- **Müssen Sie Ihre Immobilie noch sanieren?** Denken Sie an die ganzen neuen Auflagen der Regierung oder an notwendige Umbaumaßnahmen für ein altersgerechtes Wohnen.
- **Ist Ihnen eine hohe Rendite wichtig?** Oder können Sie mit alternativen Anlagemodellen nichts anfangen? Bitte denken Sie in diesem Zusammenhang immer daran, dass Rendite zulasten der Sicherheit und der Liquidität geht. Wenn eine Anlage Bestandteil Ihrer Altersversorgung ist, gilt: Je näher die Rente, desto sicherer die Anlage.
- **Gehen Sie am liebsten auf »Nummer sicher«?**
- **Wollen Sie im Alter ein »monatliches Grundrauschen« in der Kasse hören** oder sind Sie diszipliniert genug, auch höhere Kapitalbeträge für spätere, regelmäßige, aber kalkulierte Ausgaben, unangetastet zu lassen?
- **Ist Ihnen die Absicherung Ihres Partners wichtig?**
- **Wissen Sie, wie Sie im Alter krankenversichert sind?**
- **Können Sie bereits Ihre Steuerbelastung im Alter ansatzweise vorhersagen (schätzen oder Glaskugel verwenden)?**
- **Wollen Sie mit Ihrem Geld völlig flexibel bleiben?**
- **Oder ist Ihnen wichtig, dass ein Produkt total günstig ist?**

Je nachdem, wie Sie diese Fragen beantwortet haben, ergeben sich unterschiedliche Ausprägungen, wie Sie sich Produkten der privaten Altersversorgung annähern können.

In Tabelle 9.2 sehen Sie typische Produkte und dahinter die Zielsetzung. Details zu den Produkten folgen später in diesem Kapitel.

Investieren Sie nur in etwas, das Sie auch verstehen. Sie kaufen sich doch auch keinen Fernseher, den sie nicht bedienen können, oder?

Produkt	Zielsetzung
Private Rentenversicherung (klassisch, fondsbasiert oder auf Basis von Indizes)	• Nummer sicher oder ein wenig mehr Rendite mit Sicherheitsaspekten • Grundrauschen, wenn bei Fälligkeit Rente gewählt wird • Nur Ertragsanteilsbesteuerung (gegebenenfalls Steuerentlastung) • Absicherung des Partners möglich • Bei Rentenbeginn in der Regel Wahl zischen Rente und Kapital
ETFs	• Chancen auf mehr Rendite • Flexibilität • In der Regel niedrige Kosten
Sparplan – Entnahmeplan	• Sicher • Gegebenenfalls flexibel (hängt vom Angebot ab) • Kostengünstig • Zeitlich begrenzte Rentenzahlung (wie lange möchten Sie leben?)
Fonds	• Je nach Ihrer Präferenz – von sicher bis chancenreich Anlagemedium wählbar • Flexibel • Zeitlich begrenzte Rentenzahlung möglich (Entnahmeplan)
Festgeld	• In der Regel tägliche Verfügbarkeit ohne Verluste • Sicher

Tabelle 9.2: Produkte der privaten Altersversorgung und mögliche Zielsetzungen

Private Lebens- oder Rentenversicherung

Wenn Sie auf Nummer sicher gehen wollen, klar kalkulierbar in einem bestimmten Zeitraum Ihre Rente haben wollen, Ihren Partner absichern und gleichzeitig eine leichte Steuerentlastung im Alter haben möchten, kommen Sie, trotz der immer wieder negativen Presse, an einer privaten Lebens- oder Rentenversicherung nicht vorbei.

Da die Versicherer gezwungen sind, gesetzliche Vorgaben einzuhalten, werden Lebensversicherungen aufgrund der niedrigen Zinsen immer unrentabler. Achten Sie deshalb bei einem Neuabschluss auf die Kosten und die Anlage des Versicherers. Wenn Sie Garantie wollen und nur noch eine kurze Restlaufzeit haben, kann es passieren, dass Sie weniger erhalten, als Sie eingezahlt haben. Sicherheit und Absicherung der Langlebigkeit und des Todesfallschutzes hat seinen Preis.

Kapitallebensversicherung

Ob Sie hier tatsächlich für das Alter sparen oder nicht, eher die Ablösung eines Darlehens oder die Renovierung Ihres Eigenheims im Blick haben, hängt eher mit der Einordnung zusammen – Abschluss für das Alter oder nicht.

Eine Kapitallebensversicherung ist eine Kombination aus einer Lebensversicherung, die den Todesfall der versicherten Person absichert, und eines Sparplans mit Zinsen und Auszahlung bei Fälligkeit. Passiert der versicherten Person etwas, erhält der Bezugsberechtigte die Versicherungssumme. Passiert der versicherten Person nichts, erhält sie am Ende der Laufzeit die Versicherung in einer Summe.

Verträge, die vor 2005 abgeschlossen wurden, sind oft komplett steuerfrei bei Auszahlung.

Doch auch bei späteren Abschlüssen gilt noch eine Steuerbegünstigung für den Kapitalertrag (= Auszahlungsbetrag abzüglich der Summe der eingezahlten Beiträge). Nur die Hälfte des Kapitalertrages müssen Sie mit dem persönlichen Steuersatz versteuern, wenn

- ✔ der Vertrag eine Laufzeit von mindestens 12 Jahren hat und
- ✔ nach dem 62. Lebensjahr fällig wird.
- ✔ Bei einem Vertragsabschluss bis 31.12.2011 gilt als Fälligkeit das 60. Lebensjahr.

Allerdings führt der Versicherer auf den vollen Ertrag 25 % und darauf Solidaritätszuschlag und gegebenenfalls Kirchensteuer an das zuständige Finanzamt ab. Daher ist es unbedingt ratsam, eine Steuererklärung für das Auszahlungsjahr beim Finanzamt einzureichen, um hier keinen finanziellen Nachteil zu haben.

Der Solidaritätszuschlag wird übrigens immer noch erhoben. Eine Freistellung war mit der letzten Änderung nicht vorgesehen (Gesetz zur Rückführung des Solidaritätszuschlags«, 10.12.2019, am 25.03.2025 vom Bundesverfassungsgericht bestätigt).

Die Besteuerung des »hälftigen Ertrages« ist mit der Einkommensteuererklärung zu beantragen. Die durch den Versicherer einbehaltene Kapitalertragsteuer wird vom Finanzamt als Vorauszahlung auf die persönliche Einkommensteuerschuld beachtet.

Private Rentenversicherung

Auch hier wird eine Versicherung abgeschlossen. Dabei steht eine spätere lebenslange Rente im Vordergrund. In der Regel können Sie zwischen unterschiedlichen Varianten wählen:

- ✔ **Klassisch** (sichere Anlage mit Garantiezins und Garantie der eingezahlten Beiträge)
- ✔ **Fondsbasiert**, das heißt es werden ganz, teilweise oder nur die Überschüsse in Fonds investiert
- ✔ **Auf Basis eines Index** – in der Regel Anlage der Überschüsse

In den chancenorientierten Varianten (fondsbasiert oder auf Basis eines Index) haben Sie oft noch die Wahl zwischen unterschiedlichen Anlagekonzepten oder Strategien.

Achten Sie auf die Absicherung im Todesfall:

- ✔ **Rentengarantiezeit von X Jahren:** Der Begünstigte erhält nach Rentenbeginn für die Dauer der verbleibenden Rentengarantiezeit die Rente weitergezahlt. Beispiel: Rentengarantiezeit fünf Jahre. Der Versicherungsnehmer stirbt nach drei Jahren des Rentenbezugs. Seine bezugsberechtigte Ehefrau erhält dann noch zwei Jahre die Rente weitergezahlt.

- **Restkapitalverrentung:** Bei Tod nach Rentenbeginn erhalten die Bezugsberechtigten die Summe der eingezahlten Beiträge abzüglich der bereits gezahlten Rente als eigene Rente – zu den dann gültigen Tarifen.
- **Bei Tod vor Rentenbeginn:** wird in der Regel das eingezahlte Kapital zurückgezahlt.

Während Sie bei der Kapitallebensversicherung eine Gesundheitsprüfung vornehmen müssen, fällt diese bei einer Rentenversicherung (ohne eigenen Hinterbliebenenschutz, ohne besonderen Todesfallschutz und ohne Berufsunfähigkeitsversicherung) weg. Schließen Sie diese besonderen Absicherungen in die Rentenversicherung mit ein, müssen Sie natürlich eine Gesundheitsprüfung über sich ergehen lassen.

Steuerlich gilt:

- Die Besteuerung ist analog zur Kapitallebensversicherung, wenn die Summe auf einmal ausgezahlt wird.
- Lassen Sie sich eine Rente auszahlen, wird diese mit dem Ertragsanteil besteuert.

Die Steuertabelle finden Sie im § 22 EstG und in Tabelle 9.3 – hier auszugsweise je nach Rentenbeginnalter mit dem relevanten Ertragsanteil.

Vollendetes Lebensjahr des Rentenberechtigten bei Beginn der Rente	Steuerlicher Ertragsanteil in Prozent
60 bis 61	22
62	21
63	20
64	19
65 bis 66	18
67	17

Tabelle 9.3: Ertragsanteil je Rentenbeginn

Sparpläne und Entnahmepläne – Festgeld

Wenn Sie zu den Menschen gehören, die noch an die guten alten Spareinlagen glauben (warum auch nicht), können Sparpläne und anschließende Entnahmepläne oder ein Festgeld der beste Weg sein – kalkulierbarer und transparenter geht nicht.

Spar- und Entnahmepläne

Bei einem Sparplan wird in der Regel ein monatlicher Betrag angespart und verzinst und das angesparte Kapital zu einem bestimmten Zeitpunkt in einen Entnahmeplan eingezahlt und dann wieder entnommen.

Informieren Sie sich bei Ihrer Bank oder Sparkasse, welche Produkte gerade angeboten werden.

Festgeld

Mit einem Festgeld legen Sie kurzfristig Geld bei Ihrer Bank an. Sie bekommen einen festen Zinssatz, haben eine feste Laufzeit und können sich innerhalb eines sehr kurzfristigen Zeitraums, wie zum Beispiel täglich, monatlich oder in einem anderen kurzfristigen Turnus wieder neu entscheiden, ob Sie über das Geld verfügen oder es weiter anlegen möchten. Ein Festgeld eignet sich für Sie, wenn Sie

- ✔ flexibel bleiben wollen (Stichwort: Liquidität, Polster für Unvorhersehbares, kurzfristig geplante Ausgaben),
- ✔ genau planen möchten (Zinssatz und Laufzeit sind fix),
- ✔ sicherheitsorientiert denken.

ETFs

Haben Sie ETFs? ETF bedeutet »Exchange Traded Fund«. Mit diesem Instrument werden verschiedene Börsenindizes abgebildet. Bekannt sind zum Beispiel der DAX, der MSCI-World oder der S&P 500.

Fondsgesellschaften kaufen für Sie und andere Anleger Wertpapiere aller Firmen, die in einem Index enthalten sind.

Wenn Sie irgendwann mal einen Index-Aktienfonds gekauft haben – ETF ist die »neudeutsche« Abkürzung dafür.

Sie können ETFs über ein Depot sukzessive ansparen und über Rhythmus und Höhe individuell entscheiden. Die Anbieter unterscheiden sich hier oft von den Mindestbeträgen her – und den Kosten.

Wenn Sie noch jünger sind, sind ETFs auf alle Fälle eine Option.

- ✔ Sehen Sie die Anlage langfristig (20 bis 30 Jahre gelten hierbei grundsätzlich als langfristig).
- ✔ Mischen Sie die Anlage nochmals – nicht nur ein Index, sondern mehrere.
- ✔ Fangen Sie ein paar Jahre vor Rentenbeginn an, Kursgewinne zu realisieren und parken Sie Ihr Geld entweder in Festgeld oder in kurzfristigen Rentenfonds.
- ✔ Sie bleiben völlig flexibel – über die Höhe der Beiträge entscheiden Sie!
- ✔ ETFs sind in der Regel günstiger als aktiv gemanagte Fonds.
- ✔ Sie haben bessere Renditechancen.
- ✔ Je eher Sie anfangen, desto gelassener können Sie Kursschwankungen entgegensehen.

Wenn Sie mehr wissen möchten: *Investieren in ETFs für Dummies* erklärt Genaueres.

Steuerlich sollten Sie Folgendes beachten: Sie müssen die jährlichen Gewinne versteuern. Verkaufen Sie zum Beispiel ETFs, die einen Aktienindex als Basiswert haben und die einen Aktienanteil von mindestens 50 % haben, sind 70 % des Gewinns mit Abgeltungsteuer zu belegen – auch hier wieder 25 % plus Soli plus gegebenenfalls Kirchensteuer.

Der steuerfreie Anteil der Erträge (in %) ergibt sich nach dem Aktienanteil der ETFs:

- Aktienanteil mehr als 50 % = 30 % steuerfreier Anteil der Erträge
- Aktienanteil von 25 bis 50 % = 15 % steuerfreier Anteil der Erträge
- Aktienanteil unter 25 % = kein steuerfreier Anteil der Erträge

Fonds

Sie haben die Wahl zwischen einer Vielzahl unterschiedlicher Fonds:

- Aktienfonds
- Rentenfonds
- Mischfonds
- Immobilienfonds
- Aktiv gemanagte Fonds
- Nicht aktiv gemanagte Fonds
- Index-Fonds
- …

Es werden immer neue Fonds in unterschiedlichen Ausprägungen aufgelegt. Entweder kümmern Sie sich selbst um Ihre Anlage oder Sie suchen (oder haben) einen Anlageberater, Finanzberater Ihrer Wahl, der Sie berät.

Achten Sie auch bei Aktienfonds auf die Kosten. Klassische, aktiv gemanagte Fonds haben oft Ausgabeaufschläge, Vertriebs- und Verwaltungsgebühren, Depotgebühren, … Diese Kosten müssen erst mal verdient werden.

Denken Sie noch an Viktoria, Rudi und Gustaf? Wenn Sie im üblichen Vokabular der Einschätzung der Risikostrategie denken, ist Viktoria ertragsorientiert, Rudi chancenorientiert und Gustaf wachstumsorientiert.

- **Ertrag:** Eigentlich auf Nummer sicher. Aktienanteil maximal zwischen 20 und 30 %, wenn das Geld langfristig nicht benötigt wird.

- **Wachstum:** Ausgewogene Strategie – maximal 50 % Aktien – der Rest in sichere Anlagen.
- **Chancenorientiert:** Aktienquote kann durchaus mal auf 100 % gehen.

Überlegen Sie sich vorher, wo Sie sich sehen. Die Banken, Sparkassen, Investmenthäuser und Ähnliches sind verpflichtet, Sie vorher auf die Chancen und Risiken hinzuweisen. Sie unterschreiben, dass Sie aufgeklärt wurden. Unterschreiben Sie bitte nur, wenn Sie das auch tatsächlich wurden und auch keine Fragen mehr für Sie offen sind.

Und denken Sie daran, Worte wie

- Turnaround
- Mögliche Bestperformance
- Angestrebte Rendite
- Optimale Balance

sagen eigentlich nichts aus. Oder können Sie damit sofort etwas anfangen? Außer, dass es sich toll anhört?

Kaufen Sie nur das, was Sie verstehen. Und mischen Sie sich Ihr eigenes Altersvorsorgedepot. Nicht nur mit Fonds, sondern mit allen Varianten der Altersversorgung: der gesetzlichen Rente, Ihrer Betriebsrente, privaten Anlagen, …

In *Investieren in Fonds für Dummies* erfahren Sie mehr zur Geldanlage in Fonds.

Teil IV
Früher in Rente mit dem Arbeitgeber

IN DIESEM TEIL …

Können Sie überlegen, ob Sie die Möglichkeiten einer Altersteilzeit nutzen können.

Haben Sie vielleicht die Chance, über ein Wertguthaben oder Zeitwertkonto eine Punktlandung zu Ihrem gewünschten Rentenbeginn hinzubekommen.

Erhalten Sie Handlungsempfehlungen, wenn Ihr Arbeitgeber nicht mehr mit Ihnen will (oder kann) – bewerten Sie einen Sozialplan, Abfindungsangebote und Ähnliches als ungewollten Start in ein neues Leben.

Erhalten Sie einige Tipps, was Sie bei einer Flexi-Rente beachten sollten.

IN DIESEM KAPITEL

Block- oder Teilzeitmodell? Verschiedene Vorruhestandsmodelle

Aufstockungsbeträge

Nachteile der Altersteilzeit

Kapitel 10
Altersteilzeit – ein Vorruhestandsmodell

»Noch vier Wochen – dann bin ich endlich im Vorruhestand!« Wie oft haben Sie diesen Satz schon von ehemaligen Kollegen gehört? Der Begriff »Vorruhestand« wird gerne für die Passivphase einer Altersteilzeitregelung verwendet (auch wenn es kein echter Vorruhestand ist). Am Ende dieses Kapitels können Sie für sich entscheiden, ob Altersteilzeit ein Weg in Ihren frühzeitigen Ruhestand ist.

Unterschiedliche Modelle führen zum Ziel

Angesprochen fühlen können Sie sich, wenn Sie das 55. Lebensjahr vollendet haben. Ab dem Zeitpunkt redet das Gesetz von älteren Arbeitnehmern, denen mit Altersteilzeit ein gleitender Übergang vom Erwerbsleben in die Rente ermöglicht werden kann – unabhängig davon, wie jung Sie sich fühlen.

In der Praxis werden meist zwei Wege angeboten:

1. **Blockmodell:** Der vereinbarte Zeitraum wird in zwei Blöcke geteilt:

   - In der *Aktivphase* dürfen Sie voll Kraft und voll Dampf zu 100 % Ihrer bisherigen Arbeitszeit bei um die Hälfte reduziertem Gehalt arbeiten.

   - In der *Passivphase* dürfen Sie dann Dampf ablassen und zu Hause bleiben. Sie erhalten aber, auch wenn Sie 0 % leisten, Ihr halbes Gehalt weiter.

2. **Gleichverteilungs- oder Teilzeitmodell:** Bei diesem Modell können Sie über einen festgelegten Zeitraum Ihre Arbeitszeit (und Ihr Gehalt) auf die Hälfte Ihrer bisherigen Arbeitszeit reduzieren.

Da die Praxis zeigt, dass das Blockmodell das beliebteste (und sinnigste) Modell im Sinne von »früher in Rente« ist, hier ein Beispiel:

Donald Duck hat bislang noch keinen Arbeitgeber gefunden, der ihm den ganzen Tag in der Hängematte finanziert. Also hat er, um seine drei Neffen durchzukriegen (wenn er nicht für seinen Onkel Dagobert im Einsatz war), in der Margarine-Fabrik gearbeitet. Da Donald in absehbarer Zeit (nicht nur gefühlte) 55 Jahre alt wird, will er über eine Altersteilzeitregelung in den vorgezogenen Hängematten-Ruhestand verhandeln.

Donald überlegt, von 55 bis 63 Jahren, also über acht Jahre, eine Vereinbarung zu schließen. Bis 59 arbeitet er voll, mit weniger Gehalt und bleibt dann zu Hause, in seinem Garten, in seiner Hängematte und bekommt weiter (weniger) Geld. Mit 63 beantragt er dann seine Altersrente für langjährig Versicherte mit dauerhaften Abschlägen.

Donald kann also mit einer Altersteilzeit von 100 auf 0 mit 59 seine Hängematte genießen (wenn der Chef der Margarine-Fabrik mitspielt).

So viel, so gut zur Idee. Aber – ohne Gesetze geht in Deutschland gar nichts, so auch hier. Deswegen ist es wichtig, dass Sie die Spielregeln kennen und diese in Ihren Verhandlungen berücksichtigen.

Die Spielregeln der Altersteilzeit

Wenn Sie sich fragen, ob in Ihrem Unternehmen Altersteilzeit angeboten wird, sollten Sie an folgenden Stellen recherchieren:

- ✔ Im Intranet Ihres Unternehmens – im personalwirtschaftlichen Teil finden sich oft Betriebsvereinbarungen, Gesamtzusagen, Tarifverträge, die Details vorhandener Angebote enthalten.
- ✔ Im Internet – im Gesetz oder in einem Tarifvertrag für Ihre Branche.
- ✔ Beim Personalrat, dem Betriebsrat oder in Ihrer Personalabteilung.
- ✔ Oder einfach – bei Ihrem Chef fragen.

Egal über welche Stelle Sie sich Ihre Informationen beschaffen – Hintergrund aller Regelungen ist das Altersteilzeitgesetz (kurz: AltTZG).

Die wichtigsten Punkte aus dem Altersteilzeitgesetz mit den entsprechenden Erläuterungen (oder Übersetzungen) finden Sie in Tabelle 10.1.

Wichtig, muss erfüllt, beachtet werden	Erläuterung
Vollendung des 55. Lebensjahres.	Ist so vom Gesetzgeber festgelegt worden. Wann sind Sie geboren? Wann vollenden Sie das 55. Lebensjahr? Gegebenenfalls kann es ab diesem Alter ein Angebot geben – oft aber auch erst später. Das erfragen Sie bitte beim Arbeitgeber.
Am Ende der Altersteilzeit kann eine Rente wegen Alters beansprucht werden.	Überlegen Sie sich, ob Sie am Ende der Vereinbarung eine Rente beanspruchen können –und wollen. Denn es macht wenig Sinn, eine Rente mit 63 und mit dauerhaften Abschlägen in Anspruch zu nehmen, wenn Sie mit 65 eine abschlagsfreie Rente erhalten können. Nach der Altersteilzeit muss keine Rente beantragt werden; es muss nur die Möglichkeit eines Rentenbezuges bestehen (KANN-Formulierung im Gesetz). Das nach Altersteilzeit eine Rente beansprucht werden muss, ist ein Irrglaube in vielen Personalabteilungen.
Die bisherige Arbeitszeit wird um die Hälfte reduziert.	Bei einer Altersteilzeit arbeiten Sie zum Beispiel statt 8 Stunden am Tag nur noch 4 Stunden am Tag. Im Blockmodell arbeiten Sie zum Beispiel zwei Jahre Vollzeit und weitere zwei Jahre gar nicht.
Sie sind weiter versicherungspflichtig beschäftigt.	Das heißt, dass Sie auch während Ihrer Altersteilzeit Beiträge an alle Zweige der Sozialversicherung zahlen (Rentenversicherung, Arbeitslosenversicherung, Kranken- und Pflegeversicherung).
Sie waren in den letzten fünf Jahren vor Beginn der Altersteilzeit mindestens drei Jahre versicherungspflichtig.	Dazu zählen auch Zeiten, in denen Sie Anspruch auf Arbeitslosengeld, Arbeitslosenhilfe, Bürgergeld oder Krankengeld hatten.
Vereinbarung, die für Ihre Altersteilzeit zugrunde gelegt wird.	Die Formulierung im Gesetz ist sehr schwierig. Bei Arbeitgebern: Aufgrund eines Tarifvertrages, einer Betriebsvereinbarung oder einer Vereinbarung. Bei Kirchen und öffentlich-rechtlichen Trägern eine separate Regelung. Nach herrschender Meinung gilt – Ausnahmen bestätigen die Regel – bei Tarifvertrag und ähnlicher Regelung kann eine Vereinbarung auch über einen längeren Zeitraum als drei Jahre getroffen werden. Bei allen anderen ist die Laufzeit auf drei Jahre beschränkt. Prüfen Sie bitte genau, auf welcher Basis Ihnen eine Vereinbarung geboten wird und ob alle Punkte eingehalten werden.
Beginn, Ende und mögliche Laufzeit – Hauptfrage bei einer zielgerichteten Gestaltung.	Das Gesetz sieht grundsätzlich einen Beginn mit 55 Jahren vor. Das Ende ist an die Möglichkeit gekoppelt, eine Rente in Anspruch nehmen zu können. Längstens kann eine Altersteilzeitvereinbarung bis zur jeweiligen Regelaltersgrenze geschlossen werden. Allerdings sieht das Gesetz im Blockmodell nur eine Laufzeit von drei Jahren vor. Bei einem Tarifvertrag sechs Jahre und bei einem Tarifvertrag mit Öffnungsklausel (und Betriebsvereinbarung) gegebenenfalls darüber hinaus. Hinterfragen Sie genau, was für Sie gilt. Erst wenn Sie wissen, welche maximale Laufzeit möglich ist, können Sie sich über das Ende und den Beginn Gedanken machen.

Tabelle 10.1: Wichtige gesetzliche Grundlagen einer Altersteilzeit - und was dahintersteckt

Damit haben Sie die ersten gesetzlichen Eckdaten kennengelernt. Im Folgenden gehen wir zunächst auf die Aufstockungsbeträge Ihres Arbeitgebers im Falle einer Altersteilzeit ein – oder die Gründe, warum Altersteilzeit auch nicht so gerne angeboten wird.

Ihr Arbeitgeber lässt sich die Altersteilzeit etwas kosten – Aufstockung von Gehalt und Rente

Die Attraktivität der Altersteilzeit aus Ihrer Arbeitnehmersicht ist stark durch *Aufstockungsbeträge* geprägt. Neben Ihrem sogenannten Regelarbeitsentgelt (also Ihr um die Hälfte reduziertes Brutto, Ihr Entgelt während der Altersteilzeit) erhalten Sie Aufstockungsbeträge.

- ✔ **Das Regelarbeitsentgelt wird um mindestens 20 % aufgestockt.** Es kann sein, dass auf Basis eines Tarifvertrages oder einer Betriebsvereinbarung diese Aufstockung höher ist – vorgeschrieben sind aber mindestens 20 %. Durch diese Aufstockung erhalten Sie grob rund 60 % Ihres bisherigen Gehalts.
- ✔ **Auch die Beiträge an die Rentenversicherung werden aufgestockt.** Hierbei wird ebenfalls Ihr neues Regelarbeitsentgelt zugrunde gelegt. Auf dieser Basis zahlt Ihr Arbeitgeber zusätzlich 80 % an die Rentenversicherung zur Erhöhung Ihres Rentenkontos bei der Deutschen Rentenversicherung.

BEISPIEL

Donald Duck hat mit seinem Chef einen Weg zur Hängematten-Glückseligkeit vereinbart.

Donald hat aktuell Vollzeit einen Bruttolohn von 4.000 €. Er hat die Steuerklasse 1 und drei Kinderfreibeträge. Er lebt in Baden-Württemberg und zahlt Kirchensteuer. Sein Zusatzbeitrag bei seiner gesetzlichen Krankenversicherung beträgt 1,7 %. Er hat drei Kinder unter 25 Jahre.

Sein neues ATZ-Brutto beträgt 2.000 €. Sein Nettolohn beträgt 1.491,08 €. Die Aufstockung des Arbeitgebers beträgt 400,00 €. Damit beträgt sein Nettolohn in der Altersteilzeit 1.891,08 €.

Zum Vergleich: Sein Netto vor ATZ beträgt 2.557, 98 €.

Im Internet finden Sie eine Vielzahl von Altersteilzeitrechnern. Zum Beispiel `www.ihre-vorsorge.de` oder `www.brutto-netto-rechner.info`. Alternativ sollten Sie sich von Ihrem Arbeitgeber spätestens bei Vorlage eines Entwurf-ATZ-Vertrages *Probeabrechnungen* erstellen lassen – Gehalt vor ATZ und Gehalt nach ATZ. Die Aussagekraft einer Probeabrechnung Ihres Arbeitgebers ist höher – insbesondere, wenn Sie besondere Vergütungsbestandteile (zum Beispiel betriebliche Altersversorgung, Dienstfahrrad oder Dienstwagen, vermögenswirksame Leistungen und Ähnliches) haben. Mit diesen Probeabrechnungen können Sie Ihr neues Nettogehalt bewerten – reicht Ihnen das Geld aus, um Ihre monatlichen Ausgaben zu bestreiten?

Je höher der prozentuale Aufstockungsbetrag Ihres Arbeitgebers, desto geringer ist Ihr Verlust!

BEISPIEL

Donald Duck weiß, dass er vermutlich zu wenig Rente erhält. Dennoch will er wissen, was der Chef der Margarine-Fabrik noch zusätzlich während der Altersteilzeit auf sein Rentenkonto einzahlen muss.

Donald hat ein Vollzeit-Brutto von 4.000 €. Sein Regelarbeitsentgelt, während der ATZ, beträgt 2.000,00 €. Auf dieses Gehalt zahlen Donald und sein Arbeitgeber Pflichtbeiträge in die gesetzliche Rentenversicherung – wie gewohnt – ein. Dazu kommt die Aufstockung des Arbeitgebers zur Rentenversicherung. Auf Basis des Altersteilzeit-Brutto zahlt Donalds Arbeitgeber zusätzlich 80 % in die Rentenkasse ein, also 297,60 €. Der spätere Rentenverlust durch die Altersteilzeit ist demnach nicht so hoch.

Die Aufstockung für die Rentenversicherung ist gesetzlich nach oben limitiert. Und zwar zwischen der Differenz von 90 % der Beitragsbemessungsgrenze zur allgemeinen Rentenversicherung (2025 = 8.050,00 € monatlich) und dem Regelarbeitsentgelt. Ihr Arbeitgeber kann aber auch darüber hinaus, maximal bis zur Beitragsbemessungsgrenze zahlen.

Unterschreiben Sie nicht blind – beachten Sie die Nachteile!

Eigentlich sieht alles gut aus.

Bei einer Altersteilzeit, zum Beispiel im Blockmodell, können Sie 1,5 Jahre oder länger vor Ihrem geplanten Rentenbeginn zu Hause bleiben – mit Beginn der Passivphase. Sie haben netto zwar weniger als vorher, aber durch die Aufstockungsbeträge zum Gehalt, die Ihr Arbeitgeber zahlt, haben Sie entschieden, dass Sie sich den Luxus eines vorzeitigen Rentenbeginns etwas kosten lassen. Es geht monatlich auch mit etwas weniger Geld.

Progressionsvorbehalt

Dann machen Sie Ihre Einkommensteuererklärung und dann kommt die Überraschung – Sie müssen dem Finanzamt Geld nachzahlen.

Das hängt am *Progressionsvorbehalt.* Sie erhalten zwar den Aufstockungsbetrag zum Gehalt netto hinzu. Dieser unterliegt aber dem Progressionsvorbehalt. Das bedeutet, dass die Summe des Aufstockungsbetrages zu den Einnahmen zählt, nach dem Ihr Steuersatz ermittelt wird. Weitere Einnahmen können also einem höheren Steuersatz unterliegen als zuvor und Sie müssen gegebenenfalls auf diese weiteren Einnahmen mehr Steuern zahlen.

Vergleichen Sie kritisch Ihr Netto vor und nach Altersteilzeit und überlegen sich genau, ob Ihnen das Geld ausreicht. Sprechen Sie auf alle Fälle vorher mit Ihrem Steuerberater, damit Sie durch den Progressionsvorbehalt keine bösen Überraschungen erleben.

Krankheitsfall

Wenn Sie gesundheitlich angeschlagen sind, ist eine Altersteilzeitvereinbarung vielleicht der falsche Weg für Sie. In der Passivphase, also in dem Zeitraum, in dem Sie bereits zu Hause bleiben können, passiert auch im Krankheitsfall nichts. Sie bekommen weiterhin Ihr Gehalt ausbezahlt.

Werden Sie aber während der Aktivphase krank, kann das ganze Konstrukt scheitern.

- ✔ In den ersten sechs Wochen passiert nichts – Sie erhalten in der Regel sechs Wochen das Gehalt weiter ausgezahlt.
- ✔ Nach sechs Wochen zahlt Ihre gesetzliche Krankenkasse Krankengeld. Das Dumme ist nur, dass die Bemessungsgröße für das Krankengeld nicht Ihr ATZ-Gehalt mit Aufstockungsleistung ist, sondern das reduzierte Arbeitsentgelt (also 50 % Ihres letzten Vollzeit- Bruttogehalts). Das bedeutet, dass Ihr Krankengeld vermutlich viel zu niedrig ist.

Zahlt der Arbeitgeber Aufstockungen zum Krankengeld, müssen Sie genau rechnen. Zahlt der Arbeitgeber zu viel, kann es zu einem Wegfall des Krankengeldes kommen.

In den ATZ-Verträgen ist in der Regel vereinbart, dass Phasen, in denen Sie Krankengeld erhalten, nachgearbeitet werden müssen. Aktiv- und Passivphase sind im Blockmodell immer gleich lang. Sie arbeiten voll und bekommen nur noch das halbe Gehalt (natürlich mit Aufstockungsleistungen). Die andere Hälfte des Gehalts wird zur Seite gelegt und Ihnen ausgezahlt, wenn Sie in der Passivphase zu Hause bleiben. Auch hier wieder mit Aufstockungsleistungen. Fehlt jetzt durch den Krankengeldbezug Ihre Vorleistung (volle Arbeit, halbes Gehalt), muss die Laufzeit neu berechnet werden. Sie müssen so lange nacharbeiten, bis die Ausgewogenheit zwischen Aktiv- und Passivphase wieder hergestellt ist. Achten Sie hier auf die Formulierungen in Ihrem Vertrag.

Störfälle bei Altersteilzeit

Erkranken Sie auf Dauer, kommt es zu einem sogenannten *Störfall.* Stellen Sie sich vor, Sie haben im Rahmen einer Altersteilzeit Vollzeit gearbeitet und nur die Hälfte des Gehalts bekommen. Die andere Hälfte Ihres Gehaltes hat der Arbeitgeber zur Seite gelegt. Er hat ein Wertguthaben aufgebaut, das dazu dienen soll, dass Sie das Geld, das Sie schon verdient haben, in der Passivphase als Gehalt ausgezahlt bekommen. Es wurde also zweckbestimmt für Sie angespart.

Jetzt überlegen Sie weiter. Die Aktivphase hat beispielsweise eine Dauer von drei Jahren; die Passivphase von ebenfalls drei Jahren. Nach dem zweiten Jahr der Aktivphase passiert etwas – Sie werden krank und Sie erhalten eine volle Erwerbsminderungsrente der Deutschen Rentenversicherung Bund.

Oder Ihr Arbeitgeber meldet Insolvenz an. Oder es kommt, aus welchem Gründen auch immer, zu einer Kündigung.

Oder Sie versterben! Was passiert mit dem Geld, das bereits für Sie und für Ihre Passivphase zur Seite gelegt wurde?

In diesen Fällen wird das Wertguthaben an Sie (oder Ihre Erben) ausgezahlt. Da es zu keiner planmäßigen Inanspruchnahme kam, spricht man von einem Störfall.

Wenn Sie gesundheitlich angeschlagen sind und Sie damit rechnen (oder rechnen müssen), dauerhaft erwerbsunfähig zu werden, ist eine Altersteilzeitvereinbarung mit Risiken belastet. Wägen Sie gut ab, ob Sie das Risiko eines reduzierten Krankengeldes tragen wollen – denn erst ab der Passivphase sind Sie gesichert.

Kurzarbeit

In Coronazeiten kam es wieder verstärkt zu *Kurzarbeit* in verschiedenen Branchen oder Betrieben. Bestanden oder bestehen Altersteilzeitverhältnisse bei Kurzarbeit, muss die fehlende Zeit, wie bei Krankheit, nachgearbeitet werden. In manchen Fällen wurden die fehlenden Zeiten durch eine freiwillige Zahlung des Arbeitgebers ausgeglichen.

Rentenbeginn

Auch wenn eine Altersteilzeitvereinbarung der Höhe nach oft nur geringe Auswirkungen auf die gesetzliche Rente hat, legen Sie sich mit der Vereinbarung einer Altersteilzeit zunächst auf Ihren Rentenbeginn fest.

In Verhandlungen verlangen die Arbeitgeber oft eine aktuelle Rentenauskunft, der (vergleiche Kapitel 2) Ihre Rentenbeginne und die erreichte Wartezeit entnommen werden können. Hieran orientiert sich Ihr Arbeitgeber in der Regel, mit dem Hinweis, dass Sie sich bei der Deutschen Rentenversicherung beraten lassen sollen, und legt die Laufzeit des Altersteilzeitvertrages in Anlehnung an Ihre Rentenauskunft fest. Was Ihr Arbeitgeber und die Mitarbeiter im Personalbereich nicht wissen können, ist, ob Sie tatsächlich die Wartezeit, zum Beispiel für eine abschlagsfreie Rente erfüllen können. In der Rentenauskunft finden sich zwar Wartezeitmonate – aber ob diese ausreichen oder ob noch Monate nachgewiesen werden müssen, zum Beispiel Zeiten der Arbeitslosigkeit, kann Ihr Arbeitgeber nicht wissen.

Arbeitgeber versuchen oft, die Altersteilzeitvereinbarung so zu gestalten, dass Sie, ob Sie wollen oder nicht, mit 63 Jahren aufhören zu arbeiten.

Wenn Sie sich mit 63 arbeitslos melden, kann es zu einer Sperrfrist bei der Agentur für Arbeit kommen. Und – Sie müssen sich wieder dem allgemeinen Arbeitsmarkt zur Verfügung stellen (mehr im Kapitel 12).

Die Festlegung Ihres Rentenbeginns ist neben der Entscheidung, ob Ihnen das Geld während der ATZ ausreicht, die wichtigste Entscheidung. Hier sollten Sie einmal mehr und genauer hinschauen. Wenn Ihnen die Beratung bei der DRV nicht ausreicht, nehmen Sie Kontakt mit dem VdK, einem anderen Sozialverband oder einem gerichtlich zugelassenen Rentenberater auf. Honorarberatung kostet zwar Geld – es geht aber um die Entscheidung für Ihren dritten Lebensabschnitt. Eine falsche Entscheidung kann mehr Geld kosten als eine einmalige Investition in einen sicheren Ruhestand.

Überprüfen Sie abschließend mithilfe der folgenden Checkliste,

- ✔ ob in einem vorliegenden Angebot Ihres Arbeitgebers alles berücksichtigt wurde (aus Ihrer Perspektive) oder
- ✔ ob Ihre Gesprächsvorbereitung für weitere Verhandlungen alle wichtigen Punkte enthält.

Gleichen Sie das Angebot Ihres Arbeitgebers oder Ihre Notizen für Verhandlungen (oder was Sie fordern müssen) mit der Tabelle 10.2 ab:

Prüfen?	Was und warum?
Bietet Ihr Arbeitgeber Altersteilzeit an?	Fragen Sie in der Personalabteilung oder beim Betriebs- beziehungsweise Personalrat nach einer Altersteilzeitvereinbarung (Tarifvertrag für Ihre Branche, Betriebsvereinbarung, …). Vielleicht bekommen Sie sogar gleich einen Mustervertrag ausgehändigt (Altersteilzeitarbeitsvertrag). Lassen Sie sich diese Vereinbarung geben. Sie haben dann eine Grundlage, Ihren (späteren) Vertrag anhand dieser Daten abzugleichen (oder abgleichen zu lassen).
Gibt es ein bestimmtes Alter, ab dem Sie eine Altersteilzeit beantragen können und gibt es Fristen?	Viele Vereinbarungen sehen ein bestimmtes Alter vor, ab dem eine Altersteilzeit beantragt werden kann. Auch Fristen, die eingehalten werden müssen. Bitte beachten Sie: Sie haben keinen Rechtsanspruch auf Altersteilzeit – eine Altersteilzeit liegt im Ermessen Ihres Arbeitgebers (oder eines geltenden Tarifvertrages).
Ist für Sie das Blockmodell interessant? Wird es angeboten?	In den meisten Fällen passt das Blockmodell für die optimale Ruhestandsplanung. In der Regel wird es auch angeboten (wenn es Regelungen gibt). Üblich ist oftmals eine Laufzeit von insgesamt sechs Jahren – drei Jahre Passivphase, davor drei Jahre Aktivphase.
Ist für Sie das Teilzeitmodell von Interesse?	Wenn es für Sie wichtiger ist weiterzuarbeiten, könnte ein Teilzeitmodell interessant sein. Schauen Sie genau, wann die Altersteilzeit endet. Ihre Regelaltersgrenze stellt das äußerste Limit dar. Beachten Sie: Rente und Verteilmodell der Altersteilzeit funktionieren nicht. Wenn Sie eine Kombi zwischen Gehalt und Rente wollen, müssen Sie in die echte Teilzeitarbeit wechseln– also einfach Gehalt und Arbeitszeit reduzieren.

Prüfen?	Was und warum?
Welche Laufzeit wird angeboten?	Die Laufzeit einer Altersteilzeit im Blockmodell muss immer durch 2 teilbar sein. Das Laufzeitende sollte zu Ihrem besten Rentenbeginn passen. Es werden im Rahmen von Tarifverträgen und Ähnlichem unterschiedliche Laufzeiten angeboten. Gilt kein Tarifvertrag, gilt das Gesetz. Dann ist das Blockmodell auf insgesamt drei Jahre limitiert.
Welches ist Ihr bester Rentenbeginn?	Ihr bester Rentenbeginn ist an Ihren Wunschtermin und die beste Rentenhöhe und Rentenart gekoppelt. Entscheiden Sie, ob Sie Abschläge hinnehmen wollen oder nicht. Machen Sie sich schlau, ob Sie die Wartezeit für Ihre Rente erfüllen oder nicht. Ermitteln Sie Ihre Rentenhöhe mit und – zum Vergleich – ohne Altersteilzeit. Mit anderen Worten – Machen Sie, bevor Sie einen Altersteilzeitvertrag unterschreiben, einen umfangreichen Rentencheck.
Werden Ihre Rentenabschläge vom Arbeitgeber ausgeglichen?	Einige Vereinbarungen sehen vor, dass eine Altersteilzeit primär gewährt wird, wenn Sie ab dem 63. Lebensjahr in Rente gehen. Das bedeutet für Sie, dass Sie Rentenabschläge haben. Diese Rentenabschläge können im Rahmen einer Altersteilzeit gegebenenfalls durch den Arbeitgeber ganz oder teilweise ausgeglichen werden. Prüfen Sie dazu unbedingt Ihre Vereinbarung und besprechen Sie das konkrete Prozedere im Vorfeld.
Haben Sie eine Betriebsrente?	Es kann sein, dass die Altersteilzeit im positiven, aber auch im negativen Sinne Auswirkungen auf Ihre Betriebsrente hat. Hinterfragen Sie diese im Vorfeld.
Welche Aufstockungen werden gewährt?	Je höher, desto besser. Das ATZ-Gehalt muss mindestens um 20 % netto aufgestockt werden. Für die Rente muss Ihr Arbeitgeber zusätzlich mindestens auf 80 % Ihre Beiträge zur RV aufstocken. Zahlt Ihr Arbeitgeber mehr, umso besser für Sie.
Welche Gehaltsbestandteile fließen in Ihr Altersteilzeit-Brutto ein?	Prüfen Sie, gerade wenn Sie verschiedene Sondervergütungen haben (auch Provisionen, Gratifikationen, Sonderzahlungen wie Weihnachts- oder Urlaubsgeld), wie Ihr Arbeitgeber diese in Ihr Altersteilzeitgehalt einfließen lässt. Viele Personalabteilungen können Ihnen Prognoseberechnungen Ihres Einkommens erstellen – fragen Sie dort nach.
Gibt es besondere Regelungen zum Krankengeld?	Auch hier wieder: Prüfen Sie die arbeitsrechtlichen Regelungen. Gibt es einen Zuschuss, eine Aufstockung zum Krankengeld? In welcher Höhe? Wie lange? Verlängern diese Krankengeldzeiten Ihre Aktivphase?

Prüfen?	Was und warum?
Wie wird Ihr Wertguthaben abgesichert?	Wundern Sie sich nicht, wenn Sie im Zusammenhang mit einer Altersteilzeitvereinbarung von Ihrem Arbeitgeber gebeten werden, eine Verpfändung zu unterschreiben. Dann hat Ihr Arbeitgeber für Ihr Wertguthaben eine Versicherung oder einen Fondssparplan abgeschlossen. Denkbar sind auch Treuhandmodelle. Damit ist gewährleistet, dass Ihr Geld nicht weg ist, wenn Ihr Arbeitgeber in eine Insolvenz rutscht.
Wie fit sind Sie?	Gehen Sie in sich. Erfahrungsgemäß gibt es verschiedene Erkrankungen, die nicht mal eben weggesteckt werden, zum Beispiel Herzinfarkt, Krebserkrankung, aber auch Burn-out. Hier besteht die Gefahr, dass eine Altersteilzeit scheitern könnte, wenn die Krankheit wieder auftritt oder Folgeerkrankungen erscheinen und Sie vielleicht dadurch erwerbsgemindert werden könnten.

Tabelle 10.2: Checkliste für Ihre Altersteilzeit

Lassen Sie sich von Ihrem Arbeitgeber nicht unter Druck setzen, einen Vertrag zu unterschreiben. Es ist sinnvoll, vorher zum Beispiel einen Steuerberater, die Deutsche Rentenversicherung, einen gerichtlich zugelassenen Rentenberater und/oder einen Fachanwalt für Arbeitsrecht einzubinden. Die Terminvereinbarung braucht in der Regel eine gewisse Vorlaufzeit. Erst wenn Sie alle Auswirkungen kennen, können Sie den Altersteilzeitvertrag guten Gewissens als Weg in Ihren optimalen Früher-in Rente-Schritt nutzen.

- ✔ Im Blockmodell können Sie eher in Rente als gedacht.
- ✔ Sie können Ihre Rentenabschläge gegebenenfalls sinnvoll steuern (oder ohne Abschläge in Rente gehen).
- ✔ Sie haben in der Regel während der Altersteilzeit ein höheres Gehalt, als wenn Sie direkt in die Rente starten.
- ✔ Sie haben durch die Aufstockungsbeträge des Arbeitgebers in die Rentenkasse kaum Rentenverluste im Vergleich zu einer Erwerbstätigkeit bis Rentenbeginn.

IN DIESEM KAPITEL

Zeitwertkonten und wie sie funktionieren

Worauf Sie bei der Ausgestaltung von Zeitwertkonten achten sollten

Vor- und Nachteile

Kapitel 11
Sparen Sie Zeit oder Geld (oder beides) und gestalten Sie Ihren Vorruhestand selbst

Etliche Großunternehmen, aber auch klein- und mittelständische Unternehmen bieten mittlerweile neben einer Arbeitszeitflexibilisierung auch Vorruhestandsmodelle an. Auch Tarifverträge sehen Regelungen vor, zum Beispiel der Chemietarifvertrag.

Vielleicht kennen Sie Zeitwertkonten aber auch unter einem anderen Begriff. Gebräuchlich sind: Lebensarbeitszeitkonten, Langzeitkonten, Wertguthaben, Sabbatical-Konto.

Im Gesetz wird der Begriff *Wertkonten* verwandt – diesen werden ich im Folgenden gleichfalls verwenden (wenn ich mich nicht vertue). Denken Sie aber bitte daran, dass es in Ihrem Unternehmen einen völlig anderen Begriff geben kann.

Prüfen Sie, ob Ihr Unternehmen Wertkonten anbietet. Wenn ja, sammeln Sie so viele Informationen wie möglich – vielleicht ist es Ihr Weg »früher in Rente« zu kommen.

Funktionsweise von Wertkonten

Das Prinzip ist einfach – Sie kennen es aus Ihrem täglichen Geldanlageleben. Sie nehmen Geld, legen es an und lassen es sich für einen bestimmten Zweck wieder auszahlen. Bei den Wertkonten machen Sie es nicht selbst, sondern Ihr Arbeitgeber legt die Eckdaten fest und kümmert sich um alles. Sie sagen irgendwann nur: »Ich bin dann mal weg!«

Ansparphase

Grundsätzlich können Sie entweder Zeit (Überstunden, Urlaub) oder Geld (aus Ihrem Bruttolohn) in ein Wertkonto einzahlen. Was genau, legt Ihr Arbeitgeber (und/oder ein Tarifvertrag) fest.

Es gibt unterschiedliche Möglichkeiten von Einzahlungen, bei denen bestimmte Punkte (in der Regel wieder gesetzliche Vorgaben) eingehalten werden müssen:

- ✔ **Arbeitslohn:** Sie können einen großen Teil Ihres Arbeitslohns einzahlen. Zum Beispiel:
  - Laufendes Gehalt
  - Weihnachts- oder Urlaubsgeld
  - Tantieme
  - Gratifikationen
  - Andere Sonderzahlungen
- ✔ **Geringfügigkeitsgrenze:** Sie müssen aber die Geringfügigkeitsgrenze (Minijobgrenze, in 2025 sind dies 556,00 €) beachten, die Sie mit Ihrer Einbringung (Umwandlung von Gehalt in ein Wertkonto) nicht unterschreiten dürfen.
- ✔ **Minijob:** Haben Sie bereits einen Minijob, können Sie theoretisch Ihr komplettes Gehalt umwandeln, wenn Ihr Arbeitgeber arbeitsrechtlich mitspielt.
- ✔ **Arbeitszeit:** Grundsätzlich können Sie Ihre Arbeitszeit ansparen. Allerdings wird diese Einbringung, wenn sie möglich ist, oft stark reglementiert, um zu vermeiden, dass »Zeitungsleser« oder »Kaffeetrinker« während der Arbeitszeit Zeit für ein Wertkonto bunkern. Denkbar (und auch schon in der Praxis umgesetzt) ist zum Beispiel, dass bis Mitte Februar eines Jahres alle Überstunden, die über 80 Stunden hinausgehen, in ein Wertkonto eingebracht werden können.
- ✔ **Urlaub:** Teilweise können Sie auch Ihren Urlaub einbringen. Allerdings funktioniert das nur für Urlaubstage über den gesetzlichen Mindesturlaubsanspruch hinaus.
- ✔ **Anschubfinanzierung:** Ihr Arbeitgeber kann was dazugeben. Viele Arbeitgeber zahlen eine Anschubfinanzierung, das heißt zum Zeitpunkt Ihrer Entscheidung, mit einem Wertguthaben zu beginnen, wird von Ihrem Chef ein Einmalbetrag eingezahlt. Oder aber Ihr Arbeitgeber gibt Ihnen laufend etwas dazu. Manchmal sehen auch Tarifverträge eine solche Einzahlung vor. Oder aus der Anschubfinanzierung wird eine Abschlussfinanzierung – wenn Sie Ihr Wertguthaben in Anspruch nehmen, gibt Ihr Arbeitgeber Ihnen ordentlich etwas dazu – oder er lässt es sich etwas kosten, dass Sie endlich in Rente gehen.

Denken Sie daran, auch wenn es viele Möglichkeiten gibt etwas einzuzahlen – die Eckdaten legt Ihr Arbeitgeber fest.

Falls Sie Informationen gefunden haben – gleichen Sie diese ab. Welche Möglichkeiten haben Sie, in ein Wertguthaben einzuzahlen?

Übrigens – abgesehen von der Geringfügigkeitsgrenze gibt es rein rechtlich der Höhe nach nichts zu beachten. Sie können entscheiden, auf was Sie zugunsten eines Wertkontos verzichten möchten. Sie werden aber oft Höchst- und Mindestbeiträge mitgeteilt bekommen. Dies kann mit dem Anbieter zusammenhängen, mit dem Ihr Arbeitgeber zusammenarbeitet. Es kann aber auch ein Schutzgedanke dahinterstehen – schließlich soll Ihr Entgelt ja dazu dienen, Ihren Lebensunterhalt zu bestreiten und nicht nur, um in ein Wertkonto eingebracht zu werden.

Bietet Ihr Chef nichts an, sprechen Sie ihn trotzdem darauf an. Viele Unternehmen haben Zeitwertkonten eingeführt, um eine Alternative zu teureren Altersteilzeitmodellen zu schaffen, oder aber, sie wollen sich im Wettbewerb als innovativer Arbeitgeber darstellen (und sein). Vielleicht stoßen Sie mit Ihrer Frage eine Umsetzung in Ihrem Unternehmen an.

Gehören Sie zu den Jüngeren? Dann sind die Wertguthaben besonders interessant. Je eher Sie anfangen, desto weiter kommen Sie – auch mit geringeren Einzahlungen.

Anlage Ihres Wertguthabens

Sie haben sich entschieden, ein Wertguthaben anzusparen? Prima. Der *Einbringungsbetrag* wird monatlich von Ihrem Gehalt, brutto für netto, von Ihrem Arbeitgeber einbehalten. Brutto für netto kennen Sie schon von der betrieblichen Altersversorgung. Das Geld, das Sie in ein Wertkonto einzahlen, wird in der Ansparphase nicht mit Steuern und Sozialabgaben belastet.

✔ **Ihr Arbeitgeber legt Ihr Geld nach gesetzlichen Vorschriften an.**

Dabei hat er die Wahl zwischen

- einem festen Zinssatz oder
- einer variablen Verzinsung.

Während feste Zinsen in der Regel dann angeboten werden, wenn Ihr Arbeitgeber im eigenen Unternehmen mit Ihrem Geld wirtschaftet, finden Sie variable Verzinsungen, wenn Ihr Chef Ihr Geld in einer Versicherung oder einem Fonds extern anlegt.

✔ **Ihr Chef muss den Wert der Einzahlungen garantieren.**

Oder aber der externe Anbieter, auf den Ihre Firma zurückgreift, muss eine solche Garantie aussprechen.

✔ **Die Anlage muss gegen Insolvenz des Unternehmens geschützt werden.**

Das passiert in der Praxis in der Regel über Verpfändungen (das heißt Sie bekommen Ihr eigenes Geld verpfändet) oder über ein Treuhandmodell, bei dem ein Treuhänder Sorge dafür trägt, dass Ihr Geld im Falle einer Insolvenz gesichert ist.

Der Gesetzgeber schreibt vor, dass Ihr Wertkonto gegen Insolvenz Ihres Arbeitgebers geschützt werden muss, wenn

- ein Anspruch auf Insolvenzgeld nicht besteht und wenn
- Ihr Wertkonto (das Guthaben plus der darin enthaltenen Gesamtsozialversicherungsbeiträge Ihres Arbeitgebers) einen Betrag von aktuell 3.745 € monatlich übersteigt. Der Betrag entspricht der monatlichen Bezugsgröße gemäß § 18 SGB VI.

Tarifverträge oder andere arbeitsrechtliche Vereinbarungen können vorsehen, dass Ihr Geld ab dem ersten Euro gegen Insolvenz abgesichert werden muss.

✔ **Auch die Gesamtsozialversicherungsbeiträge des Arbeitgebers müssen abgesichert sein.**

Ihr Sparbeitrag ist steuer- und sozialabgabenfrei. Also spart theoretisch auch Ihr Arbeitgeber den Arbeitgeberanteil an den Sozialabgaben. Er sollte jedoch seinen Sozialabgabenanteil bereits in das Wertkonto einzahlen. Er ist spätestens bei Inanspruchnahme verpflichtet, diese zu tragen.

Überprüfen Sie, wie Ihr Wertguthaben angelegt ist und mit welcher Verzinsung beziehungsweise Wertentwicklung zu rechnen ist. Je besser die Anlage, je mehr Rendite desto länger die Zeit der Inanspruchnahme.

Achten Sie auch auf den Insolvenzschutz. Ihr Arbeitgeber muss Sie hierüber informieren und Sie müssen gegebenenfalls sogar eine Unterschrift leisten. Fehlt der Nachweis der Insolvenzsicherung (nachdem Sie Ihren Arbeitgeber schriftlich dazu aufgefordert haben) und Sie haben nach zwei Monaten immer noch nichts vorliegen, können Sie die Vereinbarung kündigen. Das Wertkonto wird dann komplett aufgelöst.

Im Rahmen der Betriebsprüfungen der Deutschen Rentenversicherung werden die Wertguthabenkonten aber auch überprüft. Finden die Prüfer Fehler in den Verträgen oder in der Umsetzung, wird unter Umständen Ihr Vertrag von Anfang an nichtig.

Auszahlung – Sie sind dann mal weg

Hintergedanke des ganzen Konstruktes ist, dass Sie bei vollem (oder etwas weniger beziehungsweise etwas mehr) Lohnausgleich daheimbleiben können.

Wenn Sie von Ihrer Arbeitsleistung freigestellt werden, bleiben Sie weiterhin angestellt und erhalten Ihr Gehalt.

Das Gehalt, das Sie während der Inanspruchnahme eines Wertkontos bekommen, wird versteuert und verbeitragt in allen Zweigen der Sozialversicherung (es sei denn, Teile der Sozialversicherung gelten für Sie nicht). Gesetzlich gilt eine sogenannte *Beschäftigungsfiktion* (Sie sind angestellt, arbeiten aber ganz oder teilweise nicht).

Denkbar sind neben dem Vorruhestand auch andere Auszahlungsmöglichkeiten:

- ✔ Sie reduzieren Ihre Arbeitszeit und pflegen jemanden.
- ✔ Sie bekommen/haben ein Kind und nehmen Elternzeit.
- ✔ Sie wollen Ihre vertraglich vereinbarte Arbeitszeit reduzieren, aber keine Gehaltseinbußen haben.
- ✔ Sie wollen eine Auszeit – Sabbatical (zum Beispiel weil Sie eine längere Reise unternehmen, sich weiterbilden oder sich einfach mal eine Zeitlang aus dem Arbeitsleben herausnehmen wollen, ...).

Sie nehmen Ihr Wertkonto eigentlich immer im laufenden Arbeitsverhältnis in Anspruch – das heißt Ihr Rentenbeginn ist noch nicht in Sicht. Ausnahme ist der Vorruhestand. Dieser wird in der Regel so gewählt, dass das Arbeitsverhältnis endet, wenn die Entnahmezeit abläuft, zum Beispiel weil Sie dann in Rente gehen.

Natürlich müssen Sie auch hier die Spielregeln Ihres Arbeitgebers und diverser Gesetze einhalten. Spätestens wenn Sie an die Feinjustierung Ihrer Auszeit gehen, müssten Sie folgende Fragen beantworten.

- ✔ Wie lange vorher müssen Sie mitteilen, dass Sie eine Auszeit oder einen Vorruhestand wünschen? Oft gibt es hier Fristen, die Ihrem Arbeitgeber Zeit lassen, um zu überlegen, was er tut, wenn Sie nicht mehr da sind.
- ✔ Spielt Ihr Arbeitgeber in jedem Fall mit? Oder hat er das Recht, nein zu Ihrem Vorruhestand zu sagen, da er einfach nicht auf Sie verzichten kann (oder will)?
- ✔ Wie lange können Sie die Auszeit nehmen? Meistens muss die Auszeit mindestens einen Monat betragen (logisch, halbe Monate im Gehaltslauf sind aufwendig) und kann auch von der Dauer her begrenzt sein – drei Monate, sechs Monate, ein Jahr ...). Flexibler oder weitergefasst ist es in der Regel, wenn es um den Rentenbeginn geht. Vor Ihrer Rente wird geprüft, für wie viele Monate Sie Geld angespart haben und wie lange Sie vorher zu Hause bleiben können.
- ✔ Die Höhe des Auszahlungsbetrages (Ihr monatliches Gehalt während Ihrer Auszeit oder Ihres Vorruhestandes) muss zwischen 70 und 130 % Ihres letzten (Brutto-) Arbeitsentgelts betragen. Diese Angemessenheit wird vorher geprüft. Was das heißt, wird im folgenden Beispiel unten erläutert. Fragen Sie Ihren Arbeitgeber (oder den Anbieter, mit dem er zusammenarbeitet), wie lange Sie mit welchem Gehalt zu Hause bleiben können.
- ✔ Sie bekommen während der Auszahlungsphase weiterhin Gehalt. Das bedeutet, dass dieses versteuert und verbeitragt wird (jetzt kommen also Fiskus und Sozialversicherungsträger zu ihrem Recht).

André Anders spart in ein Wertkonto ein. Von seinem Bruttomonatsgehalt von 5.000,00 Euro zahlt er 2.000,00 € monatlich ein – er hat schließlich sehr konkrete Ziele mit seinem Wertguthaben. Weiterhin nimmt er seine Sonderzahlungen in Höhe von 10.000,00 € im Jahr und zahlt auch diese ein.

Geht man davon aus, dass André weder Gehaltssteigerungen erhält noch die Anlage eine Verzinsung bringt, hat er nach fünf Jahren 170.000,00 € angespart.

In der Freistellungsphase ist die Bemessungsgrundlage das letzte Brutto. Hier also 3.000,00 € (er hat ja 2.000,00 € und seine Sonderzahlungen in das Wertkonto eingezahlt). Er will während der Freistellung 100 % des letzten Bruttoentgelts ausgezahlt bekommen. (Dies könnte sich in einem Rahmen zwischen 70 und 130 % des letzten Bruttoentgelts bewegen, das heißt zwischen 2.100,00 und 3.900,00 €.)

Bei 100 % Auszahlung, also weiterhin 3.000,00 € brutto, kann er rund 57 Monate zu Hause bleiben. Das sind fast 4,75 Jahre, wenn er fünf Jahre, bis zu seinem 60. Geburtstag in das Wertkonto anspart. Reduziert er sein Brutto während der Freistellungsphase zum Beispiel auf 90 % = 2.700,00 €, kann er über fünf Jahre eher zu Hause bleiben – und zum Beispiel mit 65 seine abschlagsfreie Rente in Anspruch nehmen.

Bei 90 Prozent Freistellungsgehalt brutto ab 60 kann André fünf Jahre eher zu Hause bleiben und (sofern der Gesetzgeber nicht hineingrätscht) mit 65 seine abschlagsfreie Rente in Anspruch nehmen. Da André mit 15 ins Arbeitsleben eingestiegen ist und findet, dass es nach 45 Jahren irgendwann einmal reicht, hat er mit einem Wertkonto die Flexibilität, die zu seiner persönlichen Planung passt.

Denken Sie daran, dass alle Sparformen, mit denen Sie von Ihrem Bruttoentgelt Geld für ein Zeitwertkonto oder auch für eine Entgeltumwandlung im Rahmen der betrieblichen Altersversorgung zur Seite legen, Ihre gesetzliche Rente reduzieren. Sie haben ein geringeres Brutto und zahlen damit (sofern Sie unterhalb der Beitragsbemessungsgrenze zur gesetzlichen Rentenversicherung verdienen), weniger Beiträge in die Rentenkasse ein.

Im Beispiel hat André Anders sein Gehalt von 70.000,00 € auf 36.000,00 € reduziert. Mit 70.000,00 € hätte er (Stand Juli 2025) pro Jahr 56,55 € monatliche Rente erwirtschaftet – mal 5 Jahre Ansparphase wären das gut 282,75 € monatlich mehr Rente. Durch seine Einzahlungen in das Wertkonto werden die Rentenbeiträge nur noch auf 36.000,00 € ermittelt. Das sind im Jahr, gleichfalls Stand Juli 2025) 29,08 €al 5 sind das rund 145,40 € monatliche Rente.

Das Wertkonto kostet André Anders 137,35 € monatliche Rente. Dafür ist er fast fünf Jahre eher zu Hause.

Eine monatliche Umwandlung von 100,00 € (in ein Zeitwertkonto oder auch eine Entgeltumwandlung zum Beispiel im Rahmen einer Direktversicherung, Pensionskasse oder Pensionsfonds) kosten im Jahr rund einen Euro Rente.

Dies allerdings nur, wenn Sie unterhalb der Beitragsbemessungsgrenze zur gesetzlichen Rentenversicherung verdienen. Diese beträgt im Jahr 2025:

96.600,00 € p. a. – 8.050,00 € pro Monat

Arbeitgeberwechsel und andere Zwischenfälle – und was ist mit Ihrem Zeitwertkonto?

Vorweg: Wenn Sie jung und unsicher sind, wie viel Sie in ein Wertguthaben einzahlen werden, oder wenn für Sie absehbar ist, dass Sie bei Ihrem aktuellen Arbeitgeber nicht alt werden, sollten Sie von diesem Modell die Finger lassen. Flexibler werden Sie erst, wenn eine bestimmte Summe erreicht wird – und dafür brauchen Sie Zeit und Geld – und eine gewisse Verweildauer bei Ihrem Arbeitgeber. Zahlt Ihr Arbeitgeber allerdings mit ein, sollten Sie in jedem Fall zugreifen. Das kann gerade bei der Anwendung von Tarifverträgen und bei innovativen Arbeitgebern der Fall sein.

Sie können aus folgenden Gründen vorzeitig bei Ihrem Arbeitgeber ausscheiden:

- ✔ Sie kündigen oder Sie schließen mit Ihrem Arbeitgeber einen Aufhebungsvertrag (vergleichen Sie hierzu auch Kapitel 12).
- ✔ Sie erhalten eine Erwerbsminderungsrente der Deutschen Rentenversicherung.
- ✔ Ihr Arbeitgeber wird insolvent.
- ✔ Sie versterben.
- ✔ Sie erhalten eine gesetzliche Altersrente.

Wenn Sie Ihren Arbeitgeber, aus welchem Grund auch immer, verlassen, stellt sich die Frage, was mit Ihrem Wertkonto passiert. Das Wertkonto hat in diesem Fall seinen Zweck verfehlt – eine planmäßige Inanspruchnahme ist nicht mehr möglich. Obige Gründe werden »Störfall« genannt. Es gibt unterschiedliche Möglichkeiten, mit außerplanmäßigen Störfällen umzugehen:

- ✔ Auszahlung
- ✔ Übertragung auf den neuen Arbeitgeber
- ✔ Übertragung an die Deutsche Rentenversicherung

Auszahlung: Auflösung des Wertkontos

In vielen Fällen wird bei einem Arbeitgeberwechsel das Wertkonto sofort ausgezahlt (und es werden Steuern und Sozialabgaben fällig).

Eine Auszahlung erfolgt in der Regel auch beim Ausscheiden wegen Erwerbsminderung (Erwerbsminderungsrente der Deutschen Rentenversicherung) oder wenn Sie versterben.

Erwerbsminderung

Wenn Sie so krank sind, dass Sie von der Deutschen Rentenversicherung eine Rente wegen Erwerbsminderung erhalten, ist es so, dass Ihr Arbeitsverhältnis bei einer vollen, unbefristeten Erwerbsminderungsrente aufgelöst wird. Bei einer vollen befristeten Erwerbsminderungsrente könnte Ihr Arbeitsverhältnis ruhen. Je nachdem, wie es in Ihrem Unternehmen geregelt ist, könnte es zu einer Auszahlung Ihres Wertkontos kommen (oft: bei Dauerrente wegen voller Erwerbsminderung).

Hinweise, wie im Falle einer Erwerbsminderung mit Ihrem Arbeitsverhältnis umgegangen wird, finden Sie in Ihrem Arbeitsvertrag, einem gegebenenfalls geltenden Tarifvertrag oder in Betriebsvereinbarungen und Ähnlichem.

Bietet Ihr Arbeitgeber ein Wertkonto an, finden Sie dort in der Regel auch Hinweise darauf, was eine Erwerbsminderungsrente für Ihr Wertkonto bedeutet.

Tod – ein Thema, über das keiner redet

Wenn Sie versterben, sehen die meisten Vereinbarungen vor, dass Ihr Wertguthaben aufgelöst und (nach Steuern und Sozialabgaben) an Ihre Erben ausgezahlt wird.

Ihr Arbeitgeber ist pleite

Wenn Ihr Arbeitgeber insolvent und/oder die Betriebstätigkeit eingestellt wird, können Sie Ihr Wertkonto nicht mehr in Anspruch nehmen.

Wurde Ihr Wertkonto gegen Insolvenz gesichert, steht das Wertguthaben abzüglich Steuern und Sozialversicherungsbeiträgen zur Verfügung. Fehlt die Insolvenzsicherung, geht Ihr Wertguthaben in die Insolvenzmasse ein und dient der Befriedigung der Gläubiger – Sie können sich also hinten anstellen, wenn Sie Ihr Geld wiedersehen wollen.

Wertkonto vergessen – und plötzlich in Rente

Sie können sich mit einem Wertkonto Ihren eigenen Vorruhestand planmäßig aufbauen. Was, wenn Sie eher als erwartet in Rente gehen?

Damit Sie Ihr »Früher-in-Rente-Projekt« richtig angehen können, müssen Sie wissen, wann Sie in Rente gehen wollen und wann Sie gehen dürfen.

Das Dürfen finden Sie in Ihrem Arbeitsvertrag. Hier gibt es in der Regel Passagen, die aussagen, wann Ihr Arbeitsverhältnis »ohne dass es einer Kündigung bedarf« endet.

Bitte prüfen Sie, was in Ihrem Arbeitsvertrag steht. Ist es nicht eindeutig, sollten Sie gegebenenfalls mit einem Fachanwalt für Arbeitsrecht sprechen.

Üblich sind Formulierungen wie diese: »Ohne dass es einer Kündigung bedarf, endet das Arbeitsverhältnis vorzeitig spätestens mit Ablauf des Monats, in dem der Arbeitnehmer die für ihn maßgebliche Regelaltersgrenze in der gesetzlichen Rentenversicherung erreicht.«

Sascha Schaffer ist am 24.10.1960 geboren. Er hat dieses Buch nicht gekauft und nicht gelesen, weil er nicht früher in Rente will – er will so lange arbeiten, wie er lustig ist. Rente ist langweilig und sein Arbeitgeber braucht ihn. Sascha geht davon aus, dass er mindestens bis 67 arbeiten kann und dann noch mal mit seinem Chef redet, wie es dann weitergeht. Sascha rechnet also damit, dass er frühestens zum Rentenbeginn zum 01.11.2027 aktiv werden muss.

Wir machen jetzt eine kurze Zeitreise in den Herbst 2026.

Sascha wird zu seinem neuen Chef einbestellt. »Also Herr Schaffer, schön, dass wir uns kennenlernen. Leider haben wir nur noch bis Februar das Vergnügen. Ich wäre froh, wenn Sie noch in den nächsten zwei Monaten Ihren Nachfolger einarbeiten können, bevor Sie Ihren Resturlaub nehmen.«

Sascha fällt aus allen Wolken – er dachte, er habe noch ein Jahr Zeit, ehe er dieses Gespräch führen muss (mit anderem Ausgang). Sein Arbeitsvertrag sieht eine Auflösung des Arbeitsverhältnisses ohne Kündigung mit Erreichen der Regelaltersgrenze vor. Diese erreicht Sascha bereits am 01.03.2027 – also acht Monate eher als gedacht.

Sascha hat über die Jahre ein Wertkonto aufgebaut. Da er seinen tatsächlichen Rentenbeginn (Regelaltersgrenze, vergleiche vorne, Kapitel 5) nicht auf dem Schirm hatte, genauso wenig wie sein Wertkonto, kann er dieses nun, vor seinem Ausscheiden vor der Regelaltersgrenze nicht mehr in Anspruch nehmen – das Arbeitsverhältnis endet, er muss seinen Nachfolger einarbeiten und dann den Resturlaub abbauen. Hier tritt also der Störfall mit Auszahlung des Wertguthabens bei Auflösung des Arbeitsverhältnisses ein.

Bitte haben Sie immer folgende Daten auf dem Schirm:

- ✔ Ihren Hauptrentenbeginn für alle Rentenarten (nachdem Sie die Wartezeiten abgeglichen haben, vergleiche vorne),
- ✔ den Zeitpunkt, zu dem Ihr Arbeitsverhältnis endet,
- ✔ Ihren Wunschrentenbeginn.

Übertragung auf einen neuen Arbeitgeber

Sie haben (zunächst theoretisch) einen Anspruch, von Ihrem alten Arbeitgeber zu verlangen, dass Ihr Wertkonto auf eine neues Wertkonto bei Ihrem neuen Arbeitgeber übertragen wird. In der Praxis kommt das so gut wie nie vor. Selbst wenn Ihr alter und Ihr neuer Chef mitspielen, kann es sein, dass die Übertragung Ihres angesparten Geldes nicht so einfach ist.

Falls Sie diesen Weg gehen wollen, klären Sie die Eckdaten mit beiden Arbeitgebern – möglich ist es.

Funktioniert die Übertragung auf den neuen Arbeitgeber nicht, gibt es noch eine weitere Möglichkeit:

Übertragung an die Deutsche Rentenversicherung Bund

Jetzt werden Sie sich fragen, was Ihr Wertkonto mit Ihrer gesetzlichen Rente zu tun hat. Die Antwort lautet: gar nix.

Der Gesetzgeber hat aber vor dem Hintergrund der Überlegung, dass viele Arbeitgeber einer Übertragung nicht zustimmen, überlegt, wie Ihr Wertkonto trotzdem erhalten werden kann, damit Sie irgendwann das Wertkonto zweckbestimmt entsparen können.

Die Deutsche Rentenversicherung Bund fungiert hier quasi als Arbeitgeber für Sie. Damit Sie Ihr Wertkonto an die Deutsche Rentenversicherung Bund übertragen können, müssen Sie

- das Beschäftigungsverhältnis, in dem Sie Ihr Wertkonto angespart haben, beenden (jetzt oder demnächst):
- einen bestimmten Grenzbetrag mit Ihrem Wertkonto (Summe der Einzahlungen und Arbeitgeberanteil zur Sozialversicherung) überschreiten und zwar 22.470 Euro (sechsfache monatliche Bezugsgröße nach § 18 SGB VI).

Wollen Sie Ihr Wertkonto an die Deutsche Rentenversicherung übertragen, informieren Sie Ihren (Noch- beziehungsweise alten) Arbeitgeber und beantragen die Übertragung bei der Deutschen Rentenversicherung Bund.

Der Vordruck heißt: »Übertragung des Wertguthabens auf die Deutsche Rentenversicherung Bund«. Sie finden den Vordruck unter `www.deutsche-rentenversicherung.de/wertguthaben`.

Gemeinsam mit Ihrem Arbeitgeber füllen Sie das Formular aus und leiten es per Post oder via Online-Dienste der DRV an die DRV-Bund.

Doch stopp, zurück. Was passiert mit Ihrem Wertkonto bei der Deutschen Rentenversicherung Bund? Erhöhen Sie Ihre Rente damit? Nein.

Aber die Deutsche Rentenversicherung Bund legt Ihr Wertkonto sicher an. Wenn Sie das Wertkonto in Anspruch nehmen möchten, können Sie das für folgende Zwecke tun:

- im Rahmen einer gesetzlichen Pflege- oder Familienpflegezeit,
- während der gesetzlichen Elternzeit,
- für einen Zeitraum, in dem Sie Teilzeit arbeiten möchten (wollen oder müssen),
- wenn Sie eine Zeit vor Ihrer Rente überbrücken möchten oder
- wenn Sie eine bestimmte Zeit zum Beispiel eine Weiterbildung machen wollen und dabei weiter Gehalt bekommen möchten.

Diese Verwendungszwecke gelten, wenn Sie in einem Arbeitsverhältnis stehen. Sie sollten das natürlich auch vorher mit Ihrem (neuen) Arbeitgeber abstimmen.

Stehen Sie in keinem Arbeitsverhältnis, können Sie die Auszahlung nur für einen Zeitraum beantragen, der unmittelbar dann endet, wenn Sie eine gesetzliche Rente beantragen können.

Ist das Geld einmal bei der Deutsche Rentenversicherung Bund, können Sie es nicht zurückverlangen oder mit einem neuen Wertkonto zusammenführen. Sie können aber wieder ein neues Wertkonto ansparen, bei einem Jobwechsel wieder an die Deutsche Rentenversicherung Bund übertragen und so weiter. Das Wertkonto bei der DRV Bund können Sie aber nicht weiter zum Beispiel durch Einzahlungen besparen.

Grundsätzlich arbeitet Ihr Geld auch bei der Deutschen Rentenversicherung Bund – es ist jedoch krisensicher angelegt und erwirtschaftet nur minimale Renditen, daher kann es passieren, dass sich Ihr Wertguthaben verringert, wenn die Rendite schlecht ist. Bedenken Sie, dass auch dort Verwaltungskosten entstehen. Sie erhalten einmal im Jahr einen Kontoauszug über den Stand Ihres Wertguthabens.

Noch mal zurück – die wichtigsten Punkte

Wertkonten, Zeitwertkonten, Wertguthaben, Zeitkonten – wie auch immer dieses Konstrukt bei den unterschiedlichsten Arbeitgebern heißt – können Sie nutzen, um Ihren eigenen Ruhestand zu planen.

Das Ganze lohnt sich aber meist nur, wenn Sie noch genügend Zeit haben. Je älter Sie sind, desto mehr kostet die Idee und es stellt sich die Frage, wovon Sie leben möchten, wenn Sie ein Wertkonto ansparen. Oder Sie haben einen Partner, der Sie mitfinanziert. Bevor Sie für sich entscheiden können, ob es sich für Sie lohnt, denken Sie bitte über das Folgende nach:

Vorbereitung – Recherche

Beschaffen Sie sich, das kennen Sie schon, Informationen:

✔ **Wenn ein Wertkonto angeboten wird**

- Was können Sie einzahlen?
- In welcher Höhe?
- Wie können Sie das Guthaben verwenden?
- Wie wird das Wertkonto abgesichert?
- Wie ist die Rendite?
- Haben Sie die Möglichkeit, auf einen Online-Rechner in Ihrem Betriebs-Intranet zuzugreifen? Viele Anbieter stellen den Mitarbeitern von Firmen, die mit ihnen zusammenarbeiten, Online-Tools zur Berechnung zur Verfügung.

- Welchen Vorlauf plant Ihr Arbeitgeber je Verwendungszweck ein? Oder bis wann müssen Sie mit Ihrem Arbeitgeber reden, wenn Sie das Wertguthaben in Anspruch nehmen möchten.

✔ **Wenn kein Wertkonto angeboten wird**

- Wie beurteilen Sie Ihre Möglichkeiten, eine Umsetzung bei Ihrem Arbeitgeber hinzubekommen?

- Fragen Sie einfach – vielleicht kann sich jemand Ihre Initiative an die Brust heften.

Immerhin finanzieren Sie sich Ihren Vorruhestand selbst – Ihr Arbeitgeber wird Sie vorzeitig und geplant los, wenn Sie zu teuer sind und zu alt, und hat dabei einen überschaubaren Aufwand. Andere Lösungen könnten später für Ihren Arbeitgeber teurer werden.

Zusammenführung der Informationen und Ihre Planungen

Viele Arbeitnehmer rechnen sehr viele Szenarien mit unterschiedlichen Renditen, Beträgen und Laufzeiten durch, ehe sie sich entscheiden, einen bestimmten Betrag umzuwandeln.

Auch wenn es Garantien gibt, besteht in der Regel keine Garantie auf Rendite. Sie partizipieren zwar von einer guten Performance der Anlagen; können sich aber oft nur für bestimmte Anlagekategorien entscheiden – Sie können die Rendite also nicht selbst steuern. Deswegen stellt sich die Frage, ob Sie nicht bei Ihren Berechnungen einfach die Rendite weglassen – je mehr Rendite, desto eher können Sie daheimbleiben oder desto länger ist Ihre Auszeit.

✔ Wie hoch ist Ihr Bruttoentgelt?

✔ Wie viel könnten Sie im Monat brutto sparen?

Gegebenenfalls kann Ihre Personalabteilung Probeberechnungen durchführen – dann sehen Sie auch Ihr Netto.

✔ Wie lange können Sie noch sparen? Oder anders gefragt: Wann wollen Sie aufhören zu arbeiten?

✔ Welchen Zeitraum müssen Sie überbrücken, bis Ihre Rente beginnt?

✔ Identifizieren Sie Ihr angemessenes Entnahmegehalt – Brutto minus Umwandlung ins Zeitwertkonto – hiervon zwischen 70 bis 130 %.

✔ Wie viel müssen Sie ansparen?

Das Beispiel von André Anders oben zeigt Ihnen, wie Sie einfach rechnen können.

Achten Sie bitte auf die wichtigsten Punkte

- ✔ Sie können Wertkonten nur in einem Arbeitsverhältnis abschließen – Sie brauchen dafür einen Arbeitgeber, der mitspielt.
- ✔ Die arbeitsrechtlichen Grundlagen spielen eine wichtige Rolle: Ihr Arbeitsvertrag, ein Tarifvertrag, eine Betriebsvereinbarung, …
- ✔ Die Spielregeln werden von Ihrem Arbeitgeber oder den Sozialpartnern vorgegeben.
- ✔ In der Sparphase können Sie brutto für netto sparen. Wenn Sie das Wertkonto in Anspruch nehmen, fallen Steuern und Sozialabgaben an. Es handelt sich also um kein Steuersparmodell, sondern eher um ein Steuerstundungsmodell.
- ✔ Die Freistellungsanlässe können variieren.
- ✔ Das Wertkonto muss gegen Insolvenz gesichert sein, sobald ein bestimmtes Guthaben erreicht ist (3.745,00 € für das Jahr 2025).
- ✔ Die reguläre Auszahlung erfordert eine angemessene Vergütung. Das heißt, von Ihrem letzten Brutto sollten Sie zwischen 70 bis 130 % als Gehalt bei Inanspruchnahme des Wertkontos ansetzen.
- ✔ Wenn Sie das Wertkonto nicht planmäßig in Anspruch nehmen können, tritt entweder ein Störfall ein (Auszahlung) oder es gibt noch eine Übertragungsmöglichkeit.

Die Vor- und Nachteile auf einem Blick

In Tabelle 11.1 finden Sie die Vor- und die Nachteile von Wertguthaben auf einen Blick.

Vorteile	Nachteile
Individuelle Vorruhestandsplanung	Lange Laufzeiten – langer Vorlauf
Auszeit bei vollem Lohnausgleich möglich	Keine individuelle Anlagestrategie, oft vorgegebene Anlagen
Insolvenzsicherung	Außerhalb der Verwendungsmöglichkeiten oder Störfälle kommt man nicht an das Geld ran
Beiträge können an die individuelle Lebenssituation angepasst werden	
Wenn was passiert, gibt es das Geld zurück	
Bei Arbeitgeberwechsel kann das Wertkonto mitgenommen, ausgezahlt oder an die DRV übertragen werden	

Vorteile	Nachteile
Im Todesfall erhalten Ihre im Erbschein aufgeführten Erben das Geld – das Wertguthaben ist also grundsätzlich vererbbar	
Bei Arbeitslosigkeit kann das Wertguthaben sechs Monate beim alten Arbeitgeber stehen bleiben, bevor entweder eine Auszahlung oder eine Übertragung erfolgt	

Tabelle 11.1: Vor- und Nachteile von Wertkonten

Last, but not least – ein kleiner Hinweis, falls Ihnen das bisher noch nicht klar war: Sie können nicht jederzeit an das Geld, das sich auf Ihrem Wertkonto angesammelt hat, herankommen:

Eine jederzeitige Verfügbarkeit des Wertkontos ist nicht vorgesehen. Möchten oder müssen Sie trotzdem an das Geld, müssen Sie das gesamte Wertguthaben zum Zeitpunkt der planwidrigen Verwendung versteuern. Auch die Sozialabgaben werden dann sofort und auf einmal in Rechnung gestellt.

Es gibt eine Ausnahme: Wenn Sie in eine existenzbedrohende Notlage kommen. Denken Sie an das Thema Überschwemmung, Brand und Ähnliches.

IN DIESEM KAPITEL

Rentenverluste als Thema in Aufhebungsverträgen

Doch noch mal arbeitslos

Kapitel 12

Noch nicht ganz in Rente – und der Arbeitgeber will nicht mehr

»Cool! Habe ich das richtig verstanden?«, fragt Peter seinen Freund Klaus, während sie nach dem Arbeiten noch gemütlich zusammensitzen. »Du hörst nächsten Sommer auf zu arbeiten? Mensch, da bist du erst 57 oder so, kriegst bis 67 dein Gehalt weitergezahlt und gehst mit 67 dann in Rente?« »Jep!«, antwortet Klaus. »Doch was soll ich dann machen? Ich wollte eigentlich weiterarbeiten.«

Sie kennen bestimmt auch einen Klaus. Klaus hat ein tolles Angebot von seinem Arbeitgeber erhalten – eine Kombination aus einem vorhandenen Zeitwertkonto und eine Abfindungszahlung. Klaus hat zudem vermutlich keine Renteneinbußen, da er sein Gehalt (ungeschmälert) weiter bezieht. Zunächst sieht alles klasse aus. Aber – Klaus wollte eigentlich weiterarbeiten. Das kann er nun nicht mehr, da zudem eine Wettbewerbsklausel und das weitere Angestelltenverhältnis durch das Zeitwertkonto (vergleiche Kapitel 11) dies verbietet.

Mit 57 im Vorruhestand und das bei vollem Lohnausgleich – noch besser kann man es ja nicht treffen, denken Sie vielleicht. Und vielleicht haben Sie das Glück, dass Ihnen ein Angebot gemacht wird, das in Ihre Planung passt. Doch leider kommen solche Angebote meist unverhofft, passen vom Zeitpunkt her nicht und sind oft mit Einbußen versehen.

Abfindung mit Aufhebungsvertrag

Es gibt unterschiedliche Gründe, die dazu führen, dass Ihnen aktiv ein Aufhebungsvertrag seitens Ihres Arbeitgebers angeboten wird. Primär werden es wirtschaftliche Gründe sein. Ältere Mitarbeiter (und zu denen gehören Sie ab Anfang, Mitte 50) sind teurer als jüngere. Da mag Erfahrung noch so viel wert sein, die Kosten, die Sie verursachen, überwiegen.

Arbeitgeber nutzen Aufhebungsverträge aus folgenden Gründen:

- ✔ Kündigungsfristen fallen weg.
- ✔ Es muss kein Kündigungsgrund vorliegen.
- ✔ Als Angebot auch an Arbeitnehmer, die einem besonderen Kündigungsschutz unterliegen (zum Beispiel schwerbehinderte Menschen, Schwangere, ...).
- ✔ Der Betriebsrat braucht nicht angehört zu werden.

Doch auch aus Arbeitnehmersicht kann ein Aufhebungsvertrag Vorteile haben:

- ✔ Sie können die Modalitäten mitgestalten und bestimmen, zu welchen Konditionen Sie ausscheiden:
  - Vereinbaren Sie eine Abfindung.
  - Lassen Sie sich ein gutes Zeugnis ausstellen.
- ✔ Sie können versuchen, unabhängig von Kündigungsfristen den Zeitpunkt Ihres Ausscheidens mitzubestimmen.

Wenn Sie sich mit dem Ausscheiden aus dem Unternehmen auf Basis eines Aufhebungsvertrages bei der Agentur für Arbeit arbeitssuchend melden (müssen), ist es möglich, dass die Agentur für Arbeit Sie sperrt. Sie erhalten dann für einen bestimmten Zeitraum kein Arbeitslosengeld.

Achten Sie darauf, dass Ihr Arbeitgeber Klauseln verwendet, die von der Agentur für Arbeit akzeptiert werden und die nicht zu einer Sperrfrist führen. Das kann zum Beispiel sein, dass die Aufhebungsvereinbarung geschlossen wurde, um eine betriebs- oder personenbedingte Kündigung zu vermeiden.

- ✔ Personenbedingte Kündigung: objektive Leistungsmängel, zum Beispiel Krankheit, Unfall, Verlust der beruflichen Zulassung
- ✔ Betriebsbedingte Kündigung: zum Beispiel Wegfall des Arbeitsplatzes, Sozialauswahl

Hierzu gibt es eine Geschäftsanweisung der Bundesagentur für Arbeit zum Umgang mit Sperrfristen. Bei Interesse siehe `https://www.arbeitsagentur.de/datei/fw-sgb-iii-159_ba034410.pdf`.

Die Agentur für Arbeit sieht in einem Aufhebungsvertrag ein versicherungswidriges Verhalten (in Bezug auf den Anspruch auf Arbeitslosengeld I). Ein versicherungspflichtiges Beschäftigungsverhältnis wird aufgelöst. Gegen Ihren Willen konnte diese Auflösung nicht erfolgen. Also sind Sie selbst schuld, dass Sie keinen Job mehr haben.

Sicherheitshalber – und diesen Rat werde ich in diesem Kapitel mehrfach wiederholen – sollten Sie einen Aufhebungsvertrag von einem Fachanwalt für Arbeitsrecht überprüfen oder sich vor der Unterzeichnung direkt bei der Agentur für Arbeit beraten lassen.

Die Agentur für Arbeit wird bestimmte Kriterien überprüfen:

- ✔ Wurde eine Abfindung gezahlt?
- ✔ Wie hoch ist die Abfindung?
- ✔ Welcher Grund liegt für den Aufhebungsvertrag vor?

Je nach Ergebnis wird es zu einer Sperrfrist kommen oder nicht.

Gegen eine Sperrfrist könnten folgende Aussagen sprechen:

- ✔ Die Abfindung beträgt maximal ein Viertel oder die Hälfte eines Monatsgehalts pro Beschäftigungsjahr.
- ✔ Es lag ein wichtiger Grund für den Abschluss dieses Vertrages vor:
  - Ihnen wurde, alternativ zu diesem Aufhebungsvertrag, eine Kündigung in Aussicht gestellt.
  - Es lagen Gründe für eine betriebs- beziehungsweise personenbedingte Kündigung vor.
  - Auch im Rahmen des Aufhebungsvertrages wurden die Kündigungsfristen eingehalten und Sie sind nicht unkündbar.
  - Sie sind für Ihre Tätigkeit auf Dauer aus gesundheitlichen Gründen nicht mehr einsetzbar.
  - Grundsätzlich können berufliche, betriebliche und/oder private Gründe aufgeführt werden.

Aber – ob die Agentur für Arbeit keine weitere Prüfung anstellt und ob Sie die Kriterien zum Ausschluss einer Sperrfrist erfüllen, lassen Sie am besten von einem Fachanwalt für Arbeitsrecht überprüfen. Jeder Vertrag ist anders, jede Formulierung ist anders – und jede Interpretation ist anders.

Aufhebungsvertrag – Einigung zwischen Ihnen und Ihrem Arbeitgeber

Da Sie bei Kündigung eine Kündigungsschutzklage einreichen können, bieten Arbeitgeber gerne statt einer Kündigung einen Aufhebungsvertrag, mit dem Sie und Ihr Arbeitgeber das Arbeitsverhältnis gemeinsam auflösen, an. Damit werden der Kündigungsschutz, die Kündigungsfristen und die Mitsprache des Betriebs- oder Personalrates ausgehebelt. Die Vor- und Nachteile finden Sie auch am Anfang des Kapitels. Jetzt stellt sich die Frage, ob Sie dieses Angebot Ihres Arbeitgebers annehmen wollen.

Abfindung – herausholen, was geht?

Was geht, wird von Ihnen abhängen. Sie haben keinen gesetzlichen Anspruch auf eine Abfindung, wenn Sie einen Aufhebungsvertrag abschließen. Oft ist es aber so, dass Ihr

Arbeitgeber (wenn er Ihnen schon einen solchen Vertrag anbietet), dieses Angebot versüßen will und von sich aus das Thema in den Raum stellt.

Da es keine gesetzliche Grundlage bei der Höhe der Abfindung gibt, sollten Sie sich bei diesem Angebot im Vorfeld folgende Fragen beantworten und darauf Ihre Argumentation aufbauen:

- ✔ Warum wird Ihnen dieses Angebot gemacht? Gibt es Umstrukturierungen? Sind Sie zu teuer oder zu unbequem? Hat Ihr Chef bereits Ihre Nachfolge in Position gebracht? Oder anders ausgedrückt: Wie viel Not hat Ihr Arbeitgeber, Sie loszuwerden?
- ✔ Wie lange sind Sie schon in der Firma? (Stichwort: Dienst- beziehungsweise Beschäftigungsdauer)

Ob eine angemessene Abfindung herauskommt, wird an Ihrem Verhandlungsgeschick hängen.

Natürlich gibt es, wie fast überall, auch hier »Daumenwerte«:

Machen Sie sich schlau, was bei Ihnen üblich ist, das könnte ein halbes oder volles Monatsgehalt pro Jahr der Dienst- beziehungsweise Betriebszugehörigkeit sein. Im Fachjargon wird hierbei von *Regelabfindung* gesprochen. Oft gibt es aber pro Jahr nur ein Viertel Monatsgehalt.

Doch reicht Ihnen dieser Betrag?

BEISPIEL

Hanno Huber ist zarte 61 Jahre jung. Er arbeitet seit 25 Jahren bei einem mittelständischen Maschinenbauunternehmen. Er ist nun seit 15 Jahren als Gruppenleiter im Controlling des Rechnungswesens verantwortlich für die Planung, Kontrolle und Koordination des Unternehmensprozesses aus der Innensicht. Er führt seine acht Mitarbeitenden sehr kollegial.

Als Hanno zu einem Gespräch mit der Geschäftsführung gerufen wird, denkt er daran, die aktuellen Zahlen parat zu haben. Auf dem Schirm hat er nicht, was dann kommt:

»Herr Huber, schön, dass Sie es sich so kurzfristig möglich machen konnten«, wird er freundlich vom Geschäftsführer begrüßt. »Nehmen Sie Platz, Kaffee und so weiter kommt gleich«, beginnt der Geschäftsführer das Gespräch. »Sie haben ja kürzlich Ihren 61. Geburtstag gefeiert. Nachträglich nochmals alles Gute, ich hoffe, die kleine Aufmerksamkeit der Firma hat Ihnen gefallen«, fährt der Geschäftsführer fort. Hanno fragt sich, wo das Gespräch hinführt, eigentlich hatte er damit gerechnet, dass er kurz die Zahlen präsentiert und dann wieder in die nächste Sitzung kann. »Ja«, führt der Geschäftsführer weiter aus, »61 ist ein gutes Alter, sich auf die Rente vorzubereiten. Was halten Sie davon, wenn Sie einfach jetzt schon anfangen, Ihre Rente zu genießen? Wir schließen eine Vereinbarung, dann nehmen Sie noch zwei Jahre Arbeitslosengeld mit, mal schauen, vielleicht können wir Ihre Verluste hier noch ein wenig mit einer kleinen Abfindung kompensieren, und dann gehen Sie in den wohlverdienten Ruhestand. Klingt das nicht super, Herr Huber? Eine echte Win-win-Situation für uns beide.«

Hanno steckt in einer schwierigen Lage. Zum einen will er überhaupt nicht aufhören zu arbeiten. Zum anderen wollte er eigentlich, nach 45 Arbeitsjahren, erst mit 65 abschlagsfrei zu Hause bleiben und vielleicht eher noch ein wenig weiterarbeiten. Hanno ist klar, dass er jetzt geschickt verhandeln muss, um seinen eigenen Rentenplan zu erhalten – mit 63 in Rente, mit 14,4 % Abschlägen, das war nicht sein Plan.

Wie Sie im Beispiel sehen können, klingt Abfindung und Aufhebungsvertrag zunächst interessant. Die wichtigsten Fragen, die Sie sich jedoch direkt beantworten müssen, sind:

1. Passt dieses Angebot überhaupt in Ihre Lebensplanung?
2. Wollen Sie die gegebenenfalls entstehenden Verluste hinnehmen?

Einen Schritt zurück: Was wollen Sie?

Angenommen, Sie haben, wie Hanno, ein Angebot erhalten. Sie fangen an zu überlegen, wie Sie weiter vorgehen wollen. Sie wissen nicht, wo Sie anfangen sollen, und Sie müssen sich auch noch schnell entscheiden? Und auch der Gedanke, dass womöglich kein besseres Angebot kommt und Sie ansonsten eine Kündigung bekommen, dürfte zu einer gewissen Hektik beitragen.

Lassen Sie sich nicht unter Druck setzen. Sie brauchen Zeit, sich Gedanken zu machen und Sie brauchen Zeit, Kontakt mit Fachleuten aufzunehmen, damit Sie alle Konsequenzen für sich beleuchten können. Und vergessen Sie nicht: Das Angebot kam von Ihrem Chef. Er will was von Ihnen. Er muss Ihnen Zeit geben.

Beantworten Sie für sich folgende Fragen – die wir gemeinsam durchgehen:

Haben Sie Lust auf neue Herausforderungen – auch mit weniger Geld?

Vermutlich hatten Sie völlig andere Pläne. Jetzt müssen Sie sich überlegen, wie Sie damit umgehen, dass Sie Ihren Job, den Sie womöglich jahrelang gut gemacht haben, aufgeben müssen, sich neu bewerben, Vorstellungsgespräche führen müssen und so weiter. Kommen Sie damit klar? Vielleicht haben Sie auch Ideen oder sind froh, aus dem Trott herauszukommen.

Sie brauchen Antworten auf die folgenden Fragen:

✔ **Welche Gehaltseinbußen werden Sie voraussichtlich haben?**

Angebote von Arbeitgebern, die mit Arbeitslosigkeit verbunden sind, haben unmittelbare Auswirkungen auf Ihr monatliches Haushaltseinkommen. Sie werden weniger Geld zur Verfügung haben. Ob eine etwaige Abfindung ausreichend ist, die Differenz aufzufangen, müssen Sie entscheiden.

- **Wie stehen Sie dazu, sich arbeitslos zu melden und sich dem allgemeinen Arbeitsmarkt wieder zur Verfügung zu stellen?**

  Das heißt Termine beim Amt, Anträge ausfüllen, Bewerbungen schreiben, Vorstellungsgespräche, sich in ein neues Unternehmen einarbeiten, neue Aufgaben, neue Kollegen, …?

  Kennen Sie auch die Geschichten von Menschen, die bei Arbeitslosigkeit täglich morgens das Haus verlassen und abends wiederkommen, damit niemand mitbekommt, dass sie arbeitslos sind? Ist das für Sie ein Problem?

  Dann kennen Sie auch die Regeln der Bewerbung. Sie müssen für ein Unternehmen attraktiv sein – sich gut verkaufen. Hat es funktioniert, müssen Sie sich wieder neu beweisen: dem neuen Chef gegenüber, den neuen Kollegen gegenüber. Sie lernen neue Arbeitsabläufe kennen, neue Strukturen, neue Aufgaben. Haben Sie Lust darauf?

Wird Ihr Wunschrententermin zu einem Mussrententermin?

Wenn Sie sich frühzeitig mit dem Thema Rente auseinandergesetzt haben (weil Sie ein Dummie-Leser sind), wissen Sie, wann Ihr Planrentenbeginn ist. Jetzt steht unter Umständen (weil Sie keinen neuen Job erhalten) ein Soll- oder Mussrentenbeginn auf der Agenda. Am besten lässt sich das wieder mit einem Beispiel, wir bleiben bei Hanno, verdeutlichen.

BEISPIEL

Hanno ist 61 Jahr alt. Er wurde am 15.04.1964 geboren. Hanno kann zu folgenden Terminen in Rente, da er bis dahin auch die Wartezeit für eine Altersrente für besonders langjährig Versicherte (theoretisch) erfüllt hätte:

- **Altersrente für langjährig Versicherte** mit dauerhaften Abschlägen in Höhe von 14,4 % am 01.05.2027
- **Altersrente für besonders langjährig Versicherte** (ohne Abschläge) am 01.05.2029
- **Regelaltersrente** am 01.05.2031.

Wir schreiben das Jahr 2025, weit von der Erde entfernt, nein das war etwas anderes.

Hanno könnte die Vereinbarung mit Wirkung zum 01.05.2025 unterschreiben. Sofern er nicht von der Agentur für Arbeit gesperrt würde, könnte er – aufgrund seines Alters und seiner Vorversicherungszeit (immer gearbeitet und Beiträge in die Arbeitslosenkasse gezahlt, nie arbeitslos), für zwei Jahre Arbeitslosengeld I beziehen. Es wäre also eine Punktlandung bis zum vorzeitigen Rentenbeginn.

Doch Hanno wollte ursprünglich abschlagsfrei in Rente …

Bitte beantworten Sie in diesem Zusammenhang folgende Fragen:

- Wann können Sie in Rente?
- Wann wollen Sie in Rente?
- Passt das Angebot Ihres Arbeitgebers noch zu Ihrem Wunschrententermin? Oder landen Sie jetzt bei einem »Sie-müssen-in-Rente-Termin«, den Sie gar nicht wollten?

Gerade die Diskrepanz zwischen Ihrem Wunsch- und Mussrententermin kann jeden Monat weniger Geld bedeuten.

Sind Sie bereit Rentenverluste hinzunehmen?

Wie Sie am obigen Beispiel sehen, führt ein neuer Mussrententermin auf einmal zu ungeplanten Abschlägen. Und hier kommt Ihr Verhandlungsgeschick ins Spiel. Warum lassen Sie sich Ihre Rentenverluste nicht einfach ganz oder teilweise im Rahmen der Aufhebungsvereinbarung von Ihrem Arbeitgeber ausgleichen?

BEISPIEL

Stellen wir uns vor, Hanno hätte (unwahrscheinlich, wegen seiner Position als Führungskraft, aber ich will ja nicht, dass Sie vom Stuhl kippen), das Durchschnittsentgelt verdient. Per Stand September 2024 und bei Hochrechnung des aktuellen Bruttoentgelts könnten sich folgende Bruttorenten (vor Kranken- und Pflegeversicherung und Steuern) ergeben:

- **Altersrente für langjährig Versicherte** mit dauerhaften Abschlägen in Höhe von 14,4 % am 01.05.2027 = 1.494,10 €
- **Altersrente für besonders langjährig Versicherte** (ohne Abschläge) am 01.05.2029 = 1.824,09 €

Durch die Arbeitslosigkeit zwei Jahre vor frühestmöglichem Rentenbeginn ergeben sich ungefähr folgende Werte:

- **Altersrente für langjährig Versicherte** mit dauerhaften Abschlägen in Höhe von 14,4 % am 01.05.2027 = 1.479,91 €
- **Altersrente für besonders langjährig Versicherte** (ohne Abschläge) am 01.05.2029 = 1.725,33 €

Wie Sie sehen können, müssen Sie sich über folgende Verluste im Klaren sein

- Verluste aus dem Bezug von Arbeitslosengeld I
- Verluste aus den Abschlägen
- Verluste, da Sie nicht, wie ursprünglich geplant, bis zu Ihrem Wunschrententermin Beiträge einzahlen.

BEISPIEL

Wenn Hanno seine Abschläge ausgleichen will, sollte der Arbeitgeber aktuell eine Abfindung in Höhe von 62.403,15 € zahlen.

Wenn Sie die Details zur Ausgleichszahlung nachlesen wollen, blättern Sie bitte zurück ins Kapitel 7.

Bringen Sie Ihre Rentenverluste aktiv ins Gespräch – insbesondere, wenn die Idee eines Aufhebungsvertrags von Ihrem Arbeitgeber stammt.

Lassen Sie Ihre Betriebsrente schrumpfen?

Wenn Sie eine Betriebsrente (Direktversicherung, Pensionskasse, Pensionsfonds, Unterstützungskasse, Direkt- oder Pensionszusage; im öffentlichen Dienst die Zusatzversorgungskasse – sind im Übrigen auch Pensionskassen) haben, müssen Sie auch schauen, welche Auswirkungen der Aufhebungsvertrag auf diese Verträge hat.

Details finden Sie Kapitel 8.

Wie wird eine Abfindung steuerlich behandelt?

Wenn Sie eine Abfindung erhalten sollen, sprechen Sie bitte mit Ihrem Steuerberater. Eine Abfindung von 250.000 € klingt zunächst klasse. Doch was bleibt, wenn die Steuern gezahlt werden? Das ist bei jedem individuell. Manchmal kann man die Arbeitgeber in den Verhandlungen überreden, den Steueranteil zu übernehmen oder die Auszahlung ins nächste Jahr zu verschieben, in dem die laufenden Einnahmen vielleicht geringer sind, um die Steuerlast zu senken. Doch das gelingt nur in seltenen Fällen. Aber bitte probieren Sie es, wenn Sie von Ihrer Abfindung noch etwas haben wollen.

Was fällt Ihnen noch ein?

In einer solchen Situation ist es wichtig, dass Sie an alles denken. Überlegen Sie zum Beispiel, auf welche Gehaltskomponenten oder Zusatzleistungen Sie noch durch das Angebot Ihres Arbeitgebers verzichten müssen. Was ist mit Ihrem Dienstwagen? Wie lange läuft der Leasingvertrag noch? Vielleicht können Sie einen Deal aushandeln, den Wagen zu übernehmen (natürlich nur, wenn Sie mögen). Die gleiche Frage stellt sich bei einem Dienstfahrrad. Denken Sie an alles, was jetzt wegfällt und was Sie ab Ausscheiden selbst finanzieren müssen.

Noch nie geklebt? Dann wird es Zeit

Sollten Sie einen Aufhebungsvertrag schließen (wollen), überlegen Sie sich genau, was Sie jetzt in Richtung Agentur für Arbeit, Ihrem »neuen Arbeitgeber«, tun müssen.

Aufhebungsvertrag geschlossen? Arbeitsuchend melden

In dem Moment, in dem Sie wissen, dass Ihr Beschäftigungsverhältnis bald endet, melden Sie sich arbeitsuchend. Sie werden dann einen Termin bei der Agentur für Arbeit erhalten, in dem Ihre weiteren Möglichkeiten besprochen werden.

Damit es keine Nachteile beim Bezug von Arbeitslosengeld gibt, sollten Sie sich spätestens drei Monate, bevor Ihr Beschäftigungsverhältnis endet, **arbeitsuchend** melden.

Wenn Sie kurzfristig Ihre Stelle verlieren, gilt eine Frist von drei Tagen.

Sie können arbeitsuchend sein, wenn Sie noch beschäftigt sind, Sie aber wissen, dass Ihre Beschäftigung bald endet.

Arbeitslos melden

Spätestens am ersten Tag, an dem Sie arbeitslos sind, melden Sie sich persönlich oder online bei Ihrer Agentur für Arbeit **arbeitslos**. Frühestens können Sie sich drei Monate, bevor die Arbeitslosigkeit eintritt, arbeitslos melden.

Doch wann sind Sie arbeitslos? Arbeitslosigkeit tritt ein, wenn

- ✔ Sie gar nicht oder weniger als 15 Stunden in der Woche arbeiten,
- ✔ Sie sich von der Agentur vermitteln lassen wollen und der Agentur für Arbeit zur Verfügung stehen (und damit dem allgemeinen Arbeitsmarkt) und
- ✔ Sie sich selbst auch um ein neues Beschäftigungsverhältnis kümmern.

Nur, wenn Sie arbeitslos sind und sich arbeitslos melden, haben Sie Anspruch auf Arbeitslosengeld (sofern alle weiteren Bedingungen, vergleiche unten, erfüllt sind).

Melden Sie sich zu spät, so haben Sie auch erst Anspruch auf Arbeitslosengeld, wenn Sie sich melden. Rückwirkend gibt es kein Arbeitslosengeld.

Arbeitslosengeld beantragen

Damit Sie Arbeitslosengeld bekommen, müssen Sie:

- ✔ sich arbeitslos melden – online, schriftlich oder persönlich.
- ✔ lange genug pflichtversichert beschäftigt gewesen sein (mindestens zwölf Monate).
- ✔ ohne Beschäftigung sein – aber willens mindestens 15 Stunden die Woche zu arbeiten.
- ✔ mit der Agentur für Arbeit zusammenarbeiten – mit dem Ziel, wieder eine versicherungspflichtige Beschäftigung auszuüben.

Der Tag, an dem Sie sich arbeitslos melden, gilt als der Tag, zu dem der Antrag gestellt wurde. Allerdings erfordert das Arbeitslosengeld einen eigenen Antrag und weitere Unterlagen (wir sind in Deutschland).

Es gibt eine *Anwartschaftszeit*, das heißt in den letzten 30 Monaten vor der Arbeitslosmeldung und der Arbeitslosigkeit müssen mindestens 12 Monate eine pflicht- oder freiwillige Versicherung in der Arbeitslosenversicherung vorliegen. Pflichtversichert sind Sie zum Beispiel in einem Beschäftigungsverhältnis. Freiwillig können sich Selbstständige versichern. Berücksichtigt werden können aber auch (zur Erreichung der Anwartschaftszeit) weitere Zeiten, zum Beispiel Kindererziehung bis zum 3. Lebensjahr des Kindes, Krankengeldbezug, freiwilliger Wehrdienst, Bundesfreiwilligendienst oder Jugendfreiwilligendienst.

Das Arbeitslosengeld

Das Arbeitslosengeld, oder kurz ALG, ist eine Sozialleistung, die Arbeitnehmer, die ihre Beschäftigung verlieren, absichern soll. Es wird nur über einen bestimmten Zeitraum gezahlt und soll den Verlust des Entgelts zum Teil auffangen.

ALG – Dauer

Die Dauer des Arbeitslosengeldbezuges hängt davon ab,

- ✔ wie lange Sie beschäftigt waren und
- ✔ wie alt Sie sind.

Weitere Details können Sie der folgenden Tabelle 12.1 entnehmen.

Nach Versicherungspflichtverhältnissen mit einer Dauer von insgesamt mindestens ... Monaten *)	Nach Vollendung des ... Lebensjahres	... Monate/ Kalendertage
12		6/180
16		8/240
20		10/300
24		12/360
30	50. **)	15/450
36	55. **)	18/540
48	58. **)	24/720

Tabelle 12.1: Anspruchsdauer Arbeitslosengeld (Quelle: Agentur für Arbeit, Merkblatt für Arbeitslose, Seite 34–35)

*) Innerhalb der Rahmenfrist. Es wird aber nicht weiter zurückgerechnet als bis zur Entstehung eines früheren Arbeitslosengeldanspruchs.

**) Wenn Sie bei Beginn des Arbeitslosengeldanspruchs bald eines dieser Lebensjahre vollenden, empfiehlt es sich, dass Sie sich von der Agentur für Arbeit über Ihren Anspruchsbeginn beraten lassen. Das muss aber unbedingt vor der Bewilligung Ihres Arbeitslosengeldes passieren.

Sie waren schon länger bei Ihrem Arbeitgeber. Sie sind älter als 58 Jahre, wenn Sie den Aufhebungsvertrag unterschreiben. Sie haben also auf alle Fälle länger als die letzten 48 Monate Beiträge aus einer versicherungspflichtigen Beschäftigung gezahlt. Sie erhalten für zwei Jahre Arbeitslosengeld.

Sie haben grundsätzlich die Möglichkeit, Ihren Anspruch auf Arbeitslosengeld bis zu 18 Monate zu verschieben. Wenn Sie daher kurz nach Beginn Ihres Arbeitslosengeldanspruchs eines der oben aufgeführten Lebensjahre vollenden, empfiehlt es sich gegebenenfalls Ihren Anspruch auf Ihren Geburtstag zu verschieben, um einen längeren Anspruch auf Arbeitslosengeld generieren zu können. Es ist schon ein Unterschied, ob Sie mit 57 Jahren 1,5 Jahre Arbeitslosengeld beziehen, oder durch Verschiebung mit 58 Jahren 2 Jahre Arbeitslosengeld bekommen.

ALG – Höhe

Um die Höhe bestimmen zu können, müssen folgende Daten vorliegen:

- ✔ Ihr beitragspflichtiges Arbeitsentgelt, das Sie im letzten Jahr vor dem Entstehen des Anspruchs auf Arbeitslosengeld erzielt haben
- ✔ Ihre Lohnsteuerklasse
- ✔ Kinder, für die Sie steuerlich Freibeträge geltend machen können (in der Regel analog Kindergeldberechtigung)

Berücksichtigt wird nur Gehalt, das beitragspflichtig war. Sie kennen die Beitragsbemessungsgrenze zur gesetzlichen Rentenversicherung. Die Beitragsbemessungsgrenze zur Arbeitslosenversicherung ist identisch. Im Jahr 2025 sind das 96.600,00 €.

Achten Sie genau auf Ihre beitragspflichtigen Einnahmen. Neben dem Gehalt werden auch laufende Einmalzahlungen, wie zum Beispiel Weihnachtsgeld, Urlaubsgeld und Ähnliches berücksichtigt.

Ihre Lohnsteuerklasse ist wichtig, da auf dieser Basis ein pauschalisiertes Nettoarbeitsentgelt (sogenanntes Leistungsentgelt) ermittelt wird.

Kinder werden in der Regel durch Unterlagen nachgewiesen, aus denen ersichtlich wird, dass diese im Lohnsteuerabzugsverfahren berücksichtigt wurden (Verdienst- beziehungsweise Gehaltsabrechnung). Bei volljährigen Kindern müssen Sie die Kindergeldberechtigung nachweisen. Dies geht durch Angabe der Kindergeldnummer der Familienkasse.

Die Höhe des Arbeitslosengeldes beträgt in der Regel 60 % (ohne kindergeldberechtigte Kinder) beziehungsweise 67 % (mit kindergeldberechtigten Kindern) des Leistungsentgelts. Sie können Ihren Anspruch einfach über den Arbeitslosengeldrechner der Agentur für Arbeit selbst berechnen.

Berechnen Sie Ihren Anspruch auf Arbeitslosengeld anhand Ihrer Gehaltsabrechnungen der letzten zwölf Monaten oder anhand der Jahreswerte Ihrer Dezember-Gehaltsabrechnung unter `https://www.pub.arbeitsagentur.de/start.html`.

Wenn alles gut gelaufen ist und Sie den Bescheid über Arbeitslosengeld erhalten haben, geht Ihre neue Beschäftigung los – bewerben und dem allgemeinen Arbeitsmarkt wieder zu Verfügung stehen.

Allerdings lässt sich eines festhalten: Arbeitnehmer, die von ihrem Arbeitgeber freigesetzt werden, gehören in der Regel nicht zu den Branchen, in denen Fachkräftemangel herrscht. Somit ist es häufig schwierig, aufgrund des Alters und der Qualifikation, eine neue Stelle zu erhalten.

Was noch wichtig ist: Sozialversicherung

Dieses Buch dreht sich um Rente – um Sozialabgaben. Oft gibt es Lücken – bei der Rente. Vergessen Sie aber nicht, dass Sie auch bei Arbeitslosigkeit sozialversichert sein müssen.

Krankenversicherung

Wenn Sie Mitglied einer gesetzlichen Krankenversicherung sind und Arbeitslosengeld erhalten, zahlt die Agentur für Arbeit aufgrund Ihrer Versicherungspflicht Beiträge zur gesetzlichen Kranken- und Pflegeversicherung.

Versichert sind Sie allerdings erst dann, wenn die beantragte Leistung auch bewilligt wurde. Rückwirkend ab dem Tag, zu dem Sie Leistungen erhalten.

Erhalten Sie keine Leistungen, sind Sie durch die Agentur für Arbeit nicht versichert, insbesondere dann, wenn der Anspruch **ruht**.

Eine Ausnahme gibt es: Wenn der Anspruch wegen einer Urlaubsabgeltung oder einer Sperrzeit ruht, sind Sie ab Beginn des Ruhenszeitraums beziehungsweise frühestens ab Beginn der Arbeitslosigkeit kranken- und pflegeversichert.

Reden Sie im Falle einer Arbeitslosigkeit rechtzeitig mit Ihrer Krankenkasse.

Sie können sich von der Kranken- und Pflegeversicherungspflicht befreien lassen, wenn Sie in den letzten fünf Jahren vor Beginn der Arbeitslosigkeit privat krankenversichert waren und die Leistungen Ihrer privaten Krankenkasse nach der Art und dem Umfang mindestens den Leistungen einer gesetzlichen Krankenversicherung entsprechen.

Diesen Befreiungsantrag müssen Sie innerhalb von drei Monaten bei einer gesetzlichen Krankenversicherung stellen.

Werden Sie als privat Krankenversicherter arbeitslos und wollen Sie weiterhin privat krankenversichert bleiben, stellen Sie, sobald Sie von Ihrer Arbeitslosigkeit wissen, einen Antrag auf Befreiung bei einer beliebigen gesetzlichen Krankenversicherung.

Wollen Sie dagegen in eine gesetzliche Kasse wechseln (nachdem Sie sich vorher über die Sinnhaftigkeit Gedanken gemacht haben, vergleiche Kapitel 19), können Sie der Agentur für Arbeit innerhalb von zwei Wochen nach Leistungsbeginn des Arbeitslosengeldes mitteilen, welche gesetzliche Krankenversicherung Sie sich ausgewählt haben.

Versicherungsfreiheit in der gesetzlichen Kranken- und Pflegeversicherung bleibt aber erhalten, wenn Sie

- ✔ mindestens 55 Jahre alt sind und
- ✔ Sie in den letzten fünf Jahren kein Mitglied einer gesetzlichen Kranken- und Pflegeversicherung waren.

Sind Sie privat krankenversichert, übernimmt die Agentur für Arbeit die Beiträge zu einer privaten Krankenversicherung. Allerdings nur bis zur Höhe der Beiträge der gesetzlichen Kranken- und Pflegeversicherung.

Das bedeutet, dass auf Basis Ihres Arbeitslosengeldes ermittelt wird, was für Beiträge ein gesetzlich Versicherter erhalten würde. Sie erhalten nur diesen Betrag (entweder selbst oder direkt an Ihre private Krankenkasse überwiesen).

Rentenversicherung

Zunächst die gute Nachricht – und das ist auch der Grund, warum sich Arbeitslosigkeit vor Rentenbeginn lohnen kann – die Agentur für Arbeit zahlt aktuell (!) während Ihrer Arbeitslosigkeit Rentenversicherungsbeiträge als Pflichtbeiträge an die Rentenkasse.

Die Agentur für Arbeit zahlt seit 2011 für 80 % des Entgelts, auf dessen Basis das Arbeitslosengeld gewährt wurde, die kompletten Beiträge an die Rentenversicherung.

BEISPIEL

Vereinfachtes Beispiel (die Agentur für Arbeit rechnet mit täglichem Bemessungsentgelt): 3.000,00 € Bemessungsentgelt (Gehalt mit laufenden Sonderzahlungen der letzten 12 Monate vor Arbeitslosigkeit als Durchschnittswert). Hiervon 80 % - sind 2.400,00 € »monatliches Gehalt«, auf dessen Basis mit dem aktuellen Beitragssatz von 18,6 % Beiträge an die Rentenversicherung gezahlt werden.

Während einer Sperrfrist oder während eines weiteren Ruhenstatbestands werden keine Beiträge zur Rentenversicherung gezahlt.

Bitte erinnern Sie sich: Wenn Sie eine abschlagsfreie Rente im 65 Jahren im Sinn haben (Altersrente für besonders langjährig Versicherte), achten Sie darauf, dass Sie die Wartezeit von 45 Jahren mit entsprechenden Zeiten (vergleiche Kapitel 5) vor Ihrer Arbeitslosigkeit erfüllt haben. Die letzten zwei Jahre vor Rentenbeginn zählt Arbeitslosigkeit (auch wenn es Pflichtbeiträge sind und damit Rentenbeiträge für Sie von der Agentur für Arbeit gezahlt werden) nicht zu dieser

Wartezeit hinzu. Das hat der Gesetzgeber bewusst so bestimmt, damit nicht über die Agentur für Arbeit vorzeitige Rentenbeginne finanziert werden.

Unfallversicherung

Wenn Sie den Aufforderungen der Agentur für Arbeit nachkommen, zum Beispiel Termin bei der Agentur für Arbeit, ärztliche Untersuchung, Vorstellungsgespräche, Kurse der Agentur für Arbeit, sind Sie unfallversichert.

Im Fall des Falles: Zeigen Sie einen Unfall sofort bei der Agentur für Arbeit an.

Zu Schluss noch einen Hinweis.

Schließen Sie einen Aufhebungsvertrag, mit dem Sie eine Abfindung erhalten und mit dem Ihre ordentliche Kündigungsfrist nicht eingehalten wurde, kann der Anspruch auf Arbeitslosengeld teilweise bis zu 12 Monate (je Kündigungsfrist, die nicht eingehalten wurde) ruhen.

Viele unterschreiben einen Aufhebungsvertrag – und wundern sich, dass dann kein Arbeitslosengeld gezahlt wird.

Sprechen Sie rechtzeitig mit einem Fachanwalt für Arbeitsrecht, um an alles zu denken und alles richtig zu machen. Und/oder reden Sie direkt mit der Agentur für Arbeit.

IN DIESEM KAPITEL

Flexi-Rente – eine Option für Sie?

Wichtige Hinweise zur Flexi-Rente

Kapitel 13
Mehr herausholen? Weiterarbeit und Rente

Spielen Sie mit dem Gedanken, eine Rente in Anspruch zu nehmen und weiterzuarbeiten? Dann müssen die Vor- und Nachteile der Flexi-Rente kennen. Und die wichtigsten Dinge, auf die Sie achten müssen.

BEISPIEL

Lola Lüdenscheid weiß genau, was sie will. Da sie 63 Jahre alt ist, will sie die Flexi-Rente für sich nutzen. Gleichzeitig die Rente beziehen und weiterarbeiten – ob bis 65 oder 67, das weiß sie nun doch noch nicht. Auf alle Fälle will sie mitnehmen, was geht. Im Gespräch mit ihren Mädels tut sie ihre Absicht kund. In der folgenden Diskussion wird sie dann doch nachdenklich. »Weißt du überhaupt, ob mit 63 deine beste Rente beginnt?«, fragt sie Birgit. »Spielt dein Chef denn mit?«, ergänzt Sabine die Fragerunde. »Ähm, na klar, sicher, warum nicht«, winkt Lola ab. Tatsächlich ist sie nachdenklich geworden, ob alles so einfach ist, wie sie sich das gedacht hat.

Wenn Sie sich langsam Ihrem 60. Lebensjahr nähern, sollten Sie sich vielleicht (wenn Sie es noch nicht wissen) Gedanken darüber machen, wie lange Sie noch arbeiten wollen. Denn manchmal kann es sinnvoll sein, die Rente mit 62 oder 63 Jahren zu beanspruchen und ganz normal weiterzuarbeiten – und wie Lola, aber nach gründlicher Überlegung und Vorbereitung als Dummie-Leser – die Vorteile der Flexi-Rente mitzunehmen.

Was ist die Flexi-Rente?

Im allgemeinen Sprachgebrauch ist die Flexi-Rente die Kombination zwischen Rente und Weiterarbeit. Sie nehmen Ihre gesetzliche Rente, egal zu welchem Zeitpunkt ab Ihrem 62. (wenn Sie schwerbehindert sind) oder Ihrem 63. Lebensjahr, ganz (zu 100 %) oder teilweise (zwischen 10 und 99,99 %) in Anspruch. Parallel arbeiten Sie – entweder Voll- oder Teilzeit weiter.

Was Sie bei der Flexi-Rente beachten müssen

Sie wissen bereits genau und sicher, dass Sie eine gesetzliche Rente erhalten werden – immerhin haben Sie bis hierhin dieses Buch akribisch durchgearbeitet. Sie wissen aber auch, dass Sie unbedingt noch ganz oder teilweise weiterarbeiten wollen. Vorher sollten Sie aber noch einige Dinge wissen und abgleichen.

Können Sie überhaupt die Flexi-Rente nutzen?

Bevor Sie darüber weiter nachdenken können, müssen Sie etwas völlig anderes überprüfen.

Falls noch nicht geschehen – suchen Sie Ihren Arbeitsvertrag heraus!

Arbeitsverträge enthalten in der Regel eine Altersaustrittsklausel. Haben Sie eine solche in Ihrem Arbeitsvertrag gefunden? Zum Beispiel »Das Arbeitsverhältnis endet ohne Kündigung, wenn der Arbeitnehmer eine ungekürzte, abschlagsfreie gesetzliche Altersrente bezieht.« Damit ist die Regelaltersgrenze gemeint. Wenn Sie eine solche Klausel in Ihrem Arbeitsvertrag finden, läuft Ihr Arbeitsverhältnis zum Ende des Monats, in dem Sie die Regelaltersgrenze erreichen, aus.

BEISPIEL

Lola Lüdenscheid wurde am 21.04.1962 geboren. Sie erreicht Ihre Regelaltersgrenze am 21.04.2029. Ihr Arbeitsverhältnis endet damit am 30.04.2029.

Grundsätzlich gibt es keine Verpflichtung, den Arbeitgeber zu informieren, wenn Sie die Flexi-Rente in Anspruch nehmen (also Rente beziehen und weiterarbeiten). Auffallen wird es jedoch spätestens in der Personalabteilung, wenn die Rentenversicherung für die Berechnung Ihrer Rente Ihr sozialversicherungspflichtiges Entgelt außer der Reihe elektronisch anfordert. Außerdem müsste im Falle des Bezuges der Vollrente in der Gehaltsabrechnung der Krankenkassenbeitrag angepasst werden, oder es ergeben sich steuerliche Änderungen. Also heimlich die Rente zu beziehen und weiterzuarbeiten, könnte auffallen und zu finanziellen Nachteilen führen.

Wichtig ist zu wissen, dass Ihr Arbeitsverhältnis grundsätzlich nicht mit dem Bezug einer vorgezogenen Altersrente (also Rente vor Ihrer Regelaltersgrenze) endet. Egal, ob Sie eine Teil- oder Vollrente beziehen.

Wollen Sie mit dem Bezug einer vorzeitigen Rente aufhören zu arbeiten, müssen Sie kündigen oder einen Aufhebungsvertrag schließen.

Wenn Sie über Ihre Regelaltersgrenze hinaus arbeiten wollen, muss meist ein neuer Arbeitsvertrag, oft auch befristet geschlossen, werden.

Planen Sie, mit Bezug einer Rente die Arbeitszeit zu reduzieren?

Rente beziehen – weniger arbeiten – langsam auf den Ruhestand vorbereiten. Wenn das Ihre Idee ist, muss Ihnen klar sein, dass Sie Ihren Arbeitsvertrag verändern müssen. In einem größeren Unternehmen ist das einfacher als in einem kleinen Unternehmen. Wollen Sie diesen »gleitenden Übergang« in Ihren Ruhestand nutzen, beantworten Sie bitte folgende Fragen:

- ✔ Können Sie Ihre Arbeitszeit reduzieren? Reden Sie einfach mit Ihrem Chef.
- ✔ Kommen Sie mit der Gehaltsreduzierung klar?

(Weniger) Arbeit = weniger Geld. Arbeiten, Rente beziehen und weiter in die Rente einzahlen?

Klingt irgendwie abstrus, oder? Es ist aber eine Tatsche:

- ✔ Sie beziehen Ihre gesetzliche Rente.
- ✔ Sie arbeiten ganz oder teilweise weiter.
- ✔ Sie erhöhen bis zu Ihrer Regelaltersrente auf alle Fälle weiter Ihre Rente, weil Sie und Ihr Arbeitgeber immer noch in die Rentenkasse einzahlen (müssen).

Ab Bezug Ihrer vorgezogenen Alters(teil)rente (gegebenenfalls mit Abschlägen) sind Sie trotzdem weiterhin mit Ihrer Beschäftigung noch rentenversicherungspflichtig und müssen Beiträge in die Rentenkasse einzahlen. Natürlich bringen Ihnen diese weiteren Einzahlungen ein Rentenplus – allerdings erst mit Erreichen Ihrer Regelaltersgrenze, dann aber auch für diese zusätzlichen Beiträge ohne Abschläge.

Ab Ihrer Regelaltersrente können Sie dann selbst entscheiden, ob Sie weiter in die Rentenkasse einzahlen wollen oder nicht. Wenn ja, dann erhöht sich Ihre Rente einmal jährlich.

In Tabelle 13.1 finden Sie die Werte, mit denen Sie ausgehend von 1.000,00 Euro Gehalt, Ihr Arbeitsentgelt beziehungsweise Ihr Gehalt, in eine Rente umrechnen können. Stand 01.07.2025.

BEISPIEL

Lola Lüdenscheid hat ein sozialversicherungspflichtiges Entgelt von 40.000 €. Sie geht davon aus, dass Sie dieses Gehalt auch weiterhin bekommt, wenn sie ihre Flexi-Rente nutzt. Um dieses Gehalt in Rente umzuwandeln gilt:

Umrechnung von Gehalt in eine monatliche Rente	Monatliche Rente	Faktor
Sozialversicherungspflichtiges Entgelt 1.000 €	0,81 €	0,0008077

Tabelle 13.1: Umrechnungshilfe - Gehalt in Rente

40.000 × 0,0008077 = 32,31 €

Das heißt für ein sozialversicherungspflichtiges Jahresentgelt von 40.000 € gibt es aktuell eine monatliche Bruttorente von 32,31 €.

Haben Sie eine Betriebsrente?

Wenn Sie eine Betriebsrente erhalten und diese vom Arbeitgeber finanziert wird, gelten oft Regelungen, die dazu führen, dass beim gleichzeitigen Bezug von Rente und Gehalt (aus weiterer Beschäftigung) keine Beiträge mehr vom Arbeitgeber in die Betriebsrente gezahlt werden (müssen).

Wenn Sie eine Betriebsrente erhalten, prüfen Sie, ob bei Bezug einer Voll- oder Teilrente aus der gesetzlichen Rentenversicherung Ihre Betriebsrente weiter bespart wird oder ob Sie Ihre Betriebsrente in Anspruch nehmen können oder müssen.

Warum Teilrente?

Sie haben bestimmt schon davon gehört, dass viele im Rahmen der Flexi-Rente eine Teilrente beziehen. Doch warum? Der Gesetzgeber trennt zwischen einer

- ✔ Vollrente (100 % Ihres Rentenanspruchs) und einer
- ✔ Teilrente (10 bis 99,99 % Ihres Rentenanspruchs).

BEISPIEL

Maxi Müller hat einen Anspruch auf 1.500,00 € Rente. Diese Rente kann voll, also zu 100 % ausgezahlt werden. Alternativ könnte Maxi festlegen, dass die Rente in einem Rahmen zwischen 150,00 und 1.499,85 € ausgezahlt wird.

Versicherte können eine Rente wegen Alters in voller Höhe (Vollrente) oder als Teilrente in Höhe von mindestens 10 % der Vollrente in Anspruch nehmen.

Wenn Sie auf 0,01 % Ihrer Rente verzichten – also eine Teilrente von 99,99 % beziehen, hat das Auswirkungen auf andere Sozialleistungen oder auf Leistungen Ihres Arbeitgebers (Betriebsrenten).

Teilrente erhält Ihren Krankengeldanspruch

Normalerweise haben Sie mit dem Bezug einer Rente keinen Anspruch mehr auf Krankengeld. Unser Sozialsystem sieht grundsätzlich nicht vor, dass zwei Sozialleistungen (hier Rente und Krankengeld) parallel bezogen werden können.

Arbeiten Sie neben Ihrer Rente weiter, können Sie weiterhin krank werden. In der Regel erhalten Sie in den ersten sechs Wochen nach Erkrankung Ihr Gehalt weiter.

Was ist sonst noch wichtig für Sie zu wissen?

- **Kein Krankengeld bei Vollrente:** Gesetzlich oder freiwillig gesetzlich Krankenversicherte erhalten bei einer Vollrente aus der gesetzlichen Rentenversicherung kein Krankengeld.
- **Krankengeld bei Teilrente:** Gesetzlich oder freiwillig gesetzlich Krankenversicherte bekommen dann Krankengeld von ihrer gesetzlichen Krankenkasse, wenn sie eine Altersteilrente erhalten.
- **Privat krankenversichert?** Privat Krankenversicherte erhalten unter Umständen ihr versichertes Krankentagegeld. Ob es hier Einschränkungen bei einer Voll- oder einer Teilrente gibt, hängt von den individuellen Versicherungsbedingungen der privaten Krankenkasse ab und kann an dieser Stelle nicht beantwortet werden.

Teilrente bringt Ihnen ein Rentenplus, wenn Sie Angehörige pflegen

Pflegen Sie einen nahen Angehörigen, zum Beispiel Ihre Eltern oder Ihren Partner, kann es sein (die Details, wann was sein kann, finden Sie im Kapitel 19), dass die Pflegekasse für Sie Rentenversicherungsbeiträge auf Ihr Versicherungskonto bei der Deutschen Rentenversicherung zahlt. Solange Sie Ihre Regelaltersgrenze nicht erreicht haben, ist es egal, ob Sie eine Voll- oder eine Teilrente erhalten – die Pflegekasse zahlt für Sie weiter ein und generiert für Sie unter Umständen zusätzliche Rentenpunkte. Allerdings nur, solange Sie die Regelaltersgrenze noch nicht erreicht haben und keine Vollrente beziehen. Erreichen Sie die Regelaltersgrenze und Sie reduzieren rechtzeitig Ihre Rente um 0,01%, so zahlt die Pflegekasse auch über Ihre Regelaltersgrenze hinaus weiter für Sie Beiträge in die Rentenkasse ein. Diese Beiträge erhöhen erstmalig mit spätestens 67 und dann jedes Jahr Ihre Rente.

Pflegen Sie einen Angehörigen mit einem Pflegegrad von mindestens 2, so müssen Sie ab Erreichen Ihrer Regelaltersgrenze Ihre Vollrente auf Teilrente umstellen.

BEISPIEL

Lisa ist am 21.04.1950 geboren worden. Sie erhält seit dem 01.09.2015 ihre kleine Rente, die zum Juli 2025 500,00 € beträgt. Ihr Mann Michael erhält ab August 2025 Pflegegrad 2 (Sachleistung). Lisa reduziert ab August 2025 ihre Rente von 500,00 auf 499,95 € = Teilrente 99,99 %. Die Pflegekasse hat jetzt Beiträge für die Pflegezeit an die Rentenkasse (auf Lisas Versicherungskonto) zu zahlen. Bereits im nächsten Jahr – ab Juli – rechnet sich das für Lisa. Ihre Rente entwickelt sich (ohne Berücksichtigung der jährlichen Rentenerhöhungen):

- Juli 2026 = 504,67 Euro
- Juli 2027 = 516,40 Euro
- Juli 2028 = 528,54 Euro
- Juli 2029 = 541,10 Euro
- …

Flexi-Rente – Auswirkungen Ihrer Wahl auf Voll- oder Teilrente auf die Sozialabgaben – vor und nach Ihrer Regelaltersgrenze

Wenn Sie sich für eine Flexi-Rente entschieden haben oder entscheiden werden, ist es wahrscheinlich, dass Ihre Wahl auf eine Teilrente fällt, da Sie alle Vorteile (Krankengeld, Betriebsrente, Pflege, …) mitnehmen wollen. Ihre Wahl hat Auswirkungen auf die Sozialabgaben, die Sie weiterhin zahlen. Würde Ihre Wahl auf eine Vollrente fallen, gibt es andere Sozialabgaben.

Mit Erreichen Ihrer Regelaltersgrenze hat die Entscheidung für eine Voll- oder Teilrente noch weitreichendere Auswirkungen. Deswegen ist es sinnvoll, bei Rente und Weiterarbeit auch Ihre Regelaltersgrenze im Blick zu behalten.

Ab Ihrer Regelaltersgrenze befindet der Gesetzgeber, dass primär die Rentenkasse für Sie zuständig ist, da Sie als Rentner eine Rente beziehen. Die Idee der Weiterarbeit ist zwar alt – aber nur sehr selten praktiziert worden. Ob und in welchem Umfang Sozialabgaben von Ihrem weiteren Gehalt (neben der Rente) gezahlt werden, hängt von folgenden Fragen ab:

- ✔ Regelaltersgrenze erreicht oder nicht?
- ✔ Teilrente oder Vollrente?

Altersrente vor Erreichen der Regelaltersrente

Wenn Sie sich für eine Frühverrentung, also für eine Rente zwischen 62 und 67 Jahren entscheiden, hängt Ihre Versicherungspflicht bei Weiterarbeit in den unterschiedlichen Zweigen der Sozialversicherung davon ab, ob Sie eine Voll- oder Teilrente beziehen.

- ✔ **Bezug einer Teilrente**
  - Versicherungspflicht in der gesetzlichen Rentenversicherung, voller Beitragssatz
  - Versicherungspflicht in der gesetzlichen Arbeitslosenversicherung, voller Beitragssatz
  - Versicherungspflicht in der Kranken- und Pflegeversicherung, voller Beitragssatz
- ✔ **Bezug einer Vollrente**
  - Versicherungspflicht in der gesetzlichen Rentenversicherung, voller Beitragssatz
  - Versicherungspflicht in der gesetzlichen Arbeitslosenversicherung, voller Beitragssatz
  - Versicherungspflicht in der Kranken- und Pflegeversicherung, ermäßigter Beitragssatz – kein Krankengeldanspruch mehr

Sie zahlen als Rentner weiterhin Beiträge zur Arbeitslosenversicherung. Das hängt damit zusammen, dass Sie weiterhin pflichtversichert sind, wenn Sie ein Beschäftigungsverhältnis vor Beginn der Regelaltersgrenze ausüben. Wenn Sie arbeitslos werden und eine Altersrente beziehen, ruht Ihr Anspruch auf Arbeitslosengeld.

Im Falle einer Teilrente (schon wieder), sieht es ein wenig anders aus. Wurde Ihnen

- ✔ eine Teilrente
- ✔ sechs Monate vor Beginn der Arbeitslosigkeit genehmigt
- ✔ und Sie standen vor der Arbeitslosigkeit in einem Beschäftigungsverhältnis,

erhalten Sie für einen zeitlich begrenzten Rahmen von drei Monaten Arbeitslosengeld (§ 156 Abs. 2 Nr. 3a SGB III).

Altersrente nach Erreichen der Regelaltersrente

Jetzt sind Sie 67 Jahre und beziehen vielleicht schon ein paar Jahre die Rente. Welche Auswirkungen hat eine Teil- und eine Vollrente auf Ihre Versicherungspflicht in den Sozialversicherungszweigen und damit auf die Höhe Ihrer Sozialabgaben, wenn Sie weiterarbeiten?

- ✔ **Bezug einer Teilrente**
  - Versicherungspflicht in der gesetzlichen Rentenversicherung, voller Beitragssatz
  - Kein Beitrag mehr zur Arbeitslosenversicherung
  - Versicherungspflicht in der Kranken- und Pflegeversicherung, voller Beitragssatz
- ✔ **Bezug einer Vollrente**
  - Keine Versicherungspflicht mehr in der gesetzlichen Rentenversicherung. Aber: Sie können gegenüber Ihrem Arbeitgeber schriftlich erklären, dass Sie auf die Versicherungsfreiheit in der gesetzlichen Rentenversicherung verzichten. Tun Sie das, wirken sich der Arbeitgeber- und der Arbeitnehmeranteil zur gesetzlichen Rentenversicherung rentensteigernd für Sie aus.
  - Kein Beitrag mehr zur Arbeitslosenversicherung
  - Versicherungspflicht in der Kranken- und Pflegeversicherung, ermäßigter Beitragssatz, kein Krankengeldanspruch

Weiterarbeit – über die Regelaltersgrenze hinaus

Wenn Sie eine Frühverrentung gewählt haben, werden die zusätzlichen Entgeltpunkte, die Sie durch Ihre Weiterarbeit erhalten haben (vergleiche oben, Tabelle 13.01 Gehalt in Renten umrechnen), erstmalig Ihrer Rente gutgeschrieben, wenn Sie Ihre Regelaltersgrenze erreicht haben. Arbeiten Sie dann weiter, wird ab Juli des Folgejahres die durch die Weiterarbeit erhöhte Rente gezahlt.

Wenn Sie sich entscheiden, Ihren eigenen Beitrag zur Rente ab der Regelaltersgrenze einzusparen und keine Einzahlung mehr in die Rentenkasse zu leisten, sparen Sie den Arbeitnehmeranteil zur Rente. Sie haben also 9,3 % mehr im Geldbeutel – bei einem Brutto von 2.000,00 € macht das 186,00 € plus im Monat aus. Ihr Arbeitgeber muss seinen Arbeitgeberanteil weiter in die Rentenkasse einzahlen. Allerdings nicht auf Ihr Versicherungskonto, sondern ins Kollektiv.

Zahlen Sie weiter ein, erhöht sich jeden Monat (auf aktuellem Stand) Ihre Rente um 1,62 €. Da die Rente einmal jährlich angepasst wird, erhalten Sie nach einem Jahr rund 19,44 Euro Rentenerhöhung plus die jährliche Rentenanpassung. Nach circa neun Jahren Rentenbezug profitieren Sie von der weiteren Einzahlung im Vergleich zu einem höheren Gehalt.

Teil V
Lange Krankheit – und eine Altersrente ist noch nicht in Sicht

IN DIESEM TEIL ...

Lernen Sie kennen, welche Mechanismen greifen, wenn Sie mal nicht mehr so können, wie Sie wollen. Werden Sie sich darüber im Klaren, was Ihr Arbeitgeber in den ersten sechs Wochen (für gewöhnlich) für Sie macht und, dass Sie 78 Wochen zum Gesundwerden haben. Danach gibt es weitere Mechanismen, bis eine Erwerbsminderungsrente vielleicht der beste Weg ist.

IN DIESEM KAPITEL

Lohnfortzahlung im Krankheitsfall

Krankengeldbezug einer gesetzlichen Kasse – mit Exkurs, was eine private Krankenversicherung tun kann.

Kapitel 14
78 Wochen zum Gesundwerden

Unverhofft kommt in diesem Fall leider viel zu oft. Stellen Sie sich vor, Sie haben Ihre Rentenplanung abgeschlossen. Jetzt sind Sie auf der Zielgeraden – und – Ihre Gesundheit spiel nicht mehr mit. Sie sind aber noch nicht alt genug, um eine Altersrente zu beantragen. Oder wenn doch, nur eine Altersrente mit Abschlägen, nicht aber Ihre wohlver- und -erdiente abschlagsfreie Rente.

Eine Selbstverständlichkeit – Lohnfortzahlung im Krankheitsfall

Wahrscheinlich denken Sie gar nicht darüber nach, dass die Lohnfortzahlung im Krankheitsfall noch gar nicht so lange selbstverständlich ist, wie wir es annehmen.

Die Lohnfortzahlung im Krankheitsfall oder auch Entgeltfortzahlung nach dem Entgeltfortzahlungsgesetz gilt, bis auf wenige Aktualisierungen in den letzten Jahren, seit 1994. Gäbe es dieses Gesetz nicht, müssten Sie sich darauf einstellen, dass Sie im Krankheitsfall nicht arbeiten und damit nichts verdienen könnten. Denn ohne Arbeit ist ein Arbeitgeber nicht verpflichtet, Gehalt zu zahlen.

Das Gesetz zur Lohnfortzahlung sorgt also dafür, dass von dem Prinzip »Ohne Arbeit kein Lohn!« abgewichen werden muss.

Voraussetzungen für die Lohnfortzahlung

Wenn Sie sich nicht gut fühlen und zum Arzt gehen, schreibt dieser Sie arbeitsunfähig. In der Zeit, in der Sie wieder gesund werden, merken Sie überhaupt nicht, dass finanziell etwas anders ist – Ihr Gehalt wird einfach weitergezahlt (zunächst).

Anspruch auf Lohnfortzahlung haben sowohl Voll- als auch Teilzeitbeschäftigte und sowohl Arbeiter als auch Angestellte. Auszubildene gehören auch dazu. Weiterhin aber zum Beispiel auch Aushilfen, studentische Beschäftigte, Minijobber.

Lohnfortzahlung erfolgt, wenn folgende Voraussetzungen erfüllt sind:

- ✔ **Ihr Arbeitsverhältnis muss mindestens vier Wochen bestehen.** Achten Sie auf geltende Tarifverträge, hier kann gegebenenfalls etwas anderes vereinbart sein.

- ✔ **Sie müssen arbeitsunfähig sein.** Sie können aufgrund einer Krankheit oder eines Unfalls die vertraglich vereinbarte Arbeitsleistung nicht erbringen. Oder die Arbeit würde Ihre Erkrankung verschlimmern. Die Arbeitsunfähigkeit müssen Sie durch ein ärztliches Attest nachweisen (AU-Bescheinigung).

- ✔ **Ihre Arbeitsunfähigkeit muss Folge einer Krankheit sein.**

- ✔ **Sie dürfen Ihre Arbeitsunfähigkeit nicht selbst verschuldet haben.** Wenn Sie volltrunken Auto fahren und Sie bauen einen Unfall, sind Sie selbst schuld und haben keinen Anspruch auf Lohnfortzahlung. Wenn Sie sich eine Grippe einfangen, können Sie nichts dafür und haben Anspruch auf Lohnfortzahlung. Sie haben gleichfalls keinen Anspruch, wenn Sie sich zum Beispiel tätowieren lassen und die Tätowierung sich entzündet.

Wie lange erhalten Sie Lohnfortzahlung?

Wenn Sie krank werden, diese Krankheit nicht selbst verschuldet haben und deswegen nicht die Arbeitsleistung erbringen können, die Sie mit Ihrem Arbeitgeber vereinbart haben, erhalten Sie bis zu sechs Wochen Ihr Gehalt vom Arbeitgeber weitergezahlt.

Bleiben Sie krank beziehungsweise führt dieselbe Krankheit dazu, dass Sie wieder arbeitsunfähig werden, wird es komplizierter:

- ✔ Wenn Sie innerhalb von zwölf Monaten immer wieder wegen derselben Krankheit arbeitsunfähig werden, werden alle Krankheitstage aufsummiert, bis die sechs Wochen erreicht sind. Gerechnet wird ab der erstmaligen Arbeitsunfähigkeit dieser Krankheit. Sind die sechs Wochen abgelaufen, erhalten Sie keine Lohnfortzahlung mehr.

- ✔ Sind Sie seit der erstmaligen Arbeitsunfähigkeit sechs Monate nicht an derselben Krankheit erkrankt, beginnt der Anspruch auf sechs Wochen Lohnfortzahlung erneut.

- ✔ Sind Sie dagegen seit der erstmaligen Arbeitsunfähigkeit wieder an derselben Krankheit erkrankt, beginnt der erneute Anspruch auf Lohnfortzahlung erst nach Ablauf von zwölf Monaten.

Es kommt darauf an, ob Sie an derselben Krankheit oder an einer anderen Krankheit leiden – pauschal ausgedrückt.

Weitere wichtige Punkte

Egal, wie banal folgende Punkte für Sie sind, aufgrund der Rechtsfolgen ist es wichtig, diese nochmals zusammenzufassen:

- ✔ **Sie müssen Ihrem Arbeitgeber unverzüglich mitteilen, dass Sie krank sind.** In welcher Form und Geschwindigkeit das erfolgt, ist in der Regel betriebsintern geregelt. Melden Sie sich nicht, hat Ihr Arbeitgeber einen Grund Sie abzumahnen.
- ✔ **Sie müssen dem Arbeitgeber nicht mitteilen, woran Sie erkrankt sind.** Es sei denn,
  - *es besteht ein dringendes betriebliches Interesse.*

    Dies ist oft der Fall, wenn Sie in einer Branche arbeiten, die besonderen Ansteckungsgefahren ausgesetzt ist, zum Beispiel Gesundheitswesen, Pflege, Pharmaindustrie oder Chemie, Kinderbetreuung, … Also dann, wenn Sie die Gesundheit anderer gefährden würden.
  - *Ihre Erkrankung ist aufgrund von betrieblichen Abläufen eingetreten.*

    Denken Sie zum Beispiel an große Kundenveranstaltungen. Ist hier jemand erkrankt, kann es gut sein, dass die anderen Teilnehmer ebenfalls erkranken.
- ✔ **Sie müssen eine Krankschreibung vorlegen.** Schauen Sie in Ihrem Arbeitsvertrag (oder Tarifvertrag), ab wann Sie ein ärztliches Attest benötigen. Ist nichts geregelt, greift das Gesetz. Gesetzlich gilt: Wenn Sie länger als vier Tage nicht arbeiten können, benötigen Sie eine Arbeitsunfähigkeitsbescheinigung (»gelber Schein«).

BEISPIEL

Erwin fühlt sich am Dienstagmorgen schlapp und bleibt daheim. Bis Freitag ist er immer noch nicht fit. Erwin muss spätestens am Freitag ein Attest vorlegen.

BEISPIEL

Sabine hat sich eine böse Erkältung eingefangen. Sie bleibt ab Donnerstag daheim. Eigentlich müsste sie, da es ihr immer noch nicht besser geht, ab Sonntag ein Attest vorlegen. Da für sie der Sonntag kein Arbeitstag ist, reicht es, wenn sie ihrem Arbeitgeber am Montag ein Attest vorlegt.

- ✔ **Abgesehen von der telefonischen Krankschreibung (maximal für fünf Tage), gibt es keine Vorgaben, wie lange Sie arbeitsunfähig sind.** Sie können sich bei weiterer Erkrankung eine Folgebescheinigung ausstellen lassen. Achten Sie bitte auf die Lückenlosigkeit dieser Bescheinigungen. Gilt die erste AU bis Freitag, muss die Folgebescheinigung spätestens ab Montag gelten. Gehen Sie zu spät zum Arzt, kann es Probleme mit Ihrem Krankengeldanspruch (vergleiche folgendes Kapitel) geben.
- ✔ **Die elektronische Arbeitsunfähigkeitsbescheinigung kann es für Sie einfacher machen**
  - **Sie sind Mitglied einer gesetzlichen Kasse?**

    Ihr Arzt informiert Ihre gesetzliche Krankenkasse über den Beginn und die voraussichtliche Dauer Ihrer Arbeitsunfähigkeit. Ihr Arbeitgeber muss seit dem

01.01.2023 die Arbeitsunfähigkeitsdaten elektronisch bei den Krankenkassen abrufen. Somit müssen nicht Sie melden, sondern Ihr Arbeitgeber muss die Daten abrufen. Ist Ihr Arzt noch als »Papiertiger« unterwegs und Sie erhalten immer noch die dreiteilige Arbeitsunfähigkeitsbescheinigung, müssen Sie darauf achten, dass der Ausdruck für Ihre gesetzliche Krankenkasse innerhalb von sieben Tagen bei Ihrer Krankenkasse vorliegen muss.

Sie erhalten von Ihrem Arzt eine AU in Papierform. Heben Sie diese auf. Sollte etwas mit dem digitalen Datenaustausch nicht funktionieren, können Sie Ihre AU nachweisen.

- **Sie sind privat krankenversichert?**

Sie müssen Ihrer Firma weiterhin Ihre Arbeitsunfähigkeit in Papierform (oder einer anderen, mit Ihrem Arbeitgeber abgestimmten Form) vorlegen. Ob Sie Ihre private Versicherung informieren wollen, bleibt Ihnen überlassen. Klären Sie ab, was gilt. Prüfen Sie Ihren Versicherungsvertrag. Gegebenenfalls gibt es schon eher Krankentagegeld.

Als privat Krankenversicherter tun Sie gut daran, genau zu wissen, ab wann Sie Krankentagegeld erhalten und wie Sie dieses unter Einhaltung welcher Fristen beantragen. Bereiten Sie sich vor, wenn Sie gesund sind und informieren Ihren Partner oder jemand anderen, der im Hinterkopf hat, woran zu denken ist, wenn Sie nicht daran denken können.

BEISPIEL

Rita Reute ist von ihrem Arzt wegen Burn-out aus dem Verkehr gezogen worden. Wann Sie wieder arbeitet, ist offen. Rita ist privat krankenversichert. Da ihr der kleinste Handgriff und das Denken schwerfällt, merkt sie erst zwölf Wochen nach Beginn ihrer Arbeitsunfähigkeit, dass sie kein Gehalt mehr bezahlt bekommt und ihr Konto ziemlich leer ist. Rita rafft sich auf und beantragt rückwirkend ihr Krankentagegeld. Allerdings freut sich ihre Versicherung über ihre Untätigkeit. Das Krankentagegeld wird von ihrer Versicherung erst mit Antragstellung gezahlt. Rita hat etliche Wochen Krankengeld in den Sand gesetzt.

✔ **Spielen Sie nicht mit dem »Krankfeiern«!** Auch wenn die Arbeitsunfähigkeitsbescheinigung eine Urkunde mit hoher Beweiskraft ist, kann sie angezweifelt werden.

BEISPIEL

Theo hat die Nase gestrichen voll. Erst setzt sein Arbeitgeber ihm mit 61 die Pistole auf die Brust und zwingt ihn, einen Aufhebungsvertrag zu unterschreiben. Dann will der Arbeitgeber auch noch, dass er die letzten drei Monate eine Niederlassung im 800 Kilometer entfernten München leitet, bis er das Unternehmen verlassen muss. Theo platzt der Kragen. Er informierte seine Kollegen, dass er morgen zum Arzt geht und sich krankschreiben lässt. Gesagt, getan – er lässt sich zunächst für sechs Wochen krankschreiben. Am Monatsende – kein Geld auf dem Konto. Sein Arbeitgeber hat die Lohnfortzahlung ausgesetzt. Arbeitgeber dürfen die Arbeitsunfähigkeit anzweifeln. In Theos Fall ist es ja so, dass er angekündigt hat, sich krankschreiben zu lassen, da er keinen Bock hat, nach München zu gehen. Theo muss jetzt seinen Arzt bitten, für ihn auszusagen, damit seine Arbeitsunfähigkeit zusätzlich nachgewiesen wird.

- ✔ **Sie können, wenn Sie krankgeschrieben sind, tun, was Ihnen guttut.** Sprechen Sie, insbesondere wenn Sie verreisen wollen, vorher mit Ihrem Arzt und lassen Sie sich die Reise sozusagen ärztlich genehmigen. Oft ist es auch gut, offen mit seinem Chef zu sprechen.
- ✔ **Wenn Sie wieder fit sind, können Sie wieder arbeiten gehen – auch wenn Sie zum Beispiel noch arbeitsunfähig sind.** Die Dauer Ihrer AU ist eine Prognose Ihres Arztes. Entscheiden tun Sie.

Länger als sechs Wochen krank – jetzt noch 72 Wochen zum Gesundwerden

Wenn Sie länger als sechs Wochen erkranken, haben Sie anderes im Kopf als Behörden, Anträge und Ihren Job. Sie wollen nur noch gesund werden. Doch leider müssen Sie einiges im Kopf behalten und sich richtig verhalten, wenn Sie mit den Behörden kommunizieren. Auch wenn Sie zunächst einmal nach der Lohnfortzahlung im Krankheitsfall abgesichert sind.

Krankengeldanspruch der gesetzlichen Krankenkasse

Krankengeld ist eine sogenannte *Entgeltersatzleistung* der gesetzlichen Krankenkasse. Wenn Sie gesetzlich pflichtversichert oder freiwillig in einer gesetzlichen Krankenversicherung Mitglied sind, erhalten Sie im Falle Ihrer Arbeitsunfähigkeit nach der sechswöchigen Lohnfortzahlung *Krankengeld.* Krankengeld können Sie auch erhalten, wenn Sie auf Kosten der Krankenkasse stationär in einem Krankenhaus oder einer Vorsorge- beziehungsweise Rehaeinrichtung behandelt werden.

Wer hat Anspruch auf Krankengeld?

Wenn Sie Arbeitnehmer und Mitglied einer gesetzlichen Krankenkasse sind, ist der Krankengeldanspruch schnell geklärt. Sie haben einen Anspruch auf Krankengeld, wenn Sie arbeitsunfähig sind! Sind Sie dagegen über Ihren Partner familienversichert, haben Sie keinen Anspruch. Sind Sie in einer anderen Position, fragen Sie einfach Ihre Krankenkasse.

Leistung mal ohne Antrag

Eigentlich ist Krankengeld eine Antragsleistung (wie fast alles in Deutschland: ohne Antrag gibt es nix!). In der Praxis ist es jedoch so, dass eine Beantragung von Krankengeld nicht erforderlich ist. Aufgrund der bereits gemeldeten Arbeitsunfähigkeitsbescheinigungen prüft Ihre Krankenkasse, ob ein Krankengeldanspruch besteht und kommt direkt auf Sie zu, wenn das Ende der Lohnfortzahlung in Sicht ist.

Ihr Arbeitgeber ist verpflichtet, die für den Anspruch auf Krankengeld erforderlichen Daten elektronisch zu übermitteln. Hierfür gibt es ein einheitliches und verbindliches Verfahren. Ihr Arbeitgeber muss dieses Verfahren auslösen, sobald klar ist, dass die Entgeltfortzahlung während der bescheinigten Arbeitsunfähigkeit endet. Meldet sich Ihre Krankenkasse bei

Ihrem Arbeitgeber, muss dieser sofort, ohne Verzögerung, die Daten übermitteln. Normalerweise erfolgt das elektronisch anhand des Gehaltsabrechnungsprogrammes. Abgefragt wird zum Beispiel

- ✔ Allgemeines:
  - Haben Sie am ersten Tag der AU noch gearbeitet?
  - Bekommen Sie einen Krankengeldzuschuss?
  - Angaben zum Arbeitsverhältnis
  - Besonderheiten, zum Beispiel Kurzarbeit
- ✔ Arbeitsentgelt
  - Letzte Entgeltabrechnung
  - Entgeltabrechnung der letzten drei Monate
- ✔ Einmalzahlungen der letzten zwölf Monate
- ✔ Arbeitszeit
- ✔ Fehlzeiten
- ✔ Arbeitsunfall

⚠ Wenn die Krankenkasse die Höhe Ihres Krankengeldes mitteilt, rechnen Sie es nach. Fehlen zum Beispiel laufende Einmalzahlungen (meist Weihnachts- oder Urlaubsgeld), weisen Sie es nach und informieren Ihre Krankenkasse. Der Nachweis erfolgt normalerweise über Ihre Gehaltsabrechnung. Legen Sie Widerspruch ein und begründen Sie, dass das Krankengeld aufgrund anderer Gehaltsdaten (Gehaltsabrechnungen beifügen) höher ausfallen muss.

Höhe Ihres Krankengeldes

Die Grundlage für die Berechnung des Krankengeldes ist Ihr Gehalt. Oder besser ausgedrückt: Ihr Regelarbeitsentgelt. Doch was heißt »Gehalt«?

- ✔ Das Gehalt entspricht in der Regel der letzten abgerechneten Periode (Monat) vor Ihrer Arbeitsunfähigkeit.
- ✔ Bei schwankendem Entgelt (zum Beispiel bei Akkordarbeit, Stundenlohn) wird der Durchschnitt der letzten drei Monate zugrunde gelegt.
- ✔ Anteilig werden laufende Einmalzahlungen der letzten zwölf Monate mitberücksichtigt.
- ✔ Entgeltumwandlung, zum Beispiel Einzahlung in eine Betriebsrente oder in ein Zeitwertkonto reduzieren das relevante Brutto.

Haben Sie in den letzten zwölf Monaten Ihren Arbeitgeber gewechselt, schreibt Ihre Krankenkasse Ihren aktuellen Arbeitgeber und den ehemaligen Arbeitgeber an, insbesondere bei laufenden Einmalzahlungen. Das kann zu einem Zeitfresser werden – Verzögerungen in der Bearbeitung sind dann oft vorprogrammiert.

Krankengeld wird pro Tag berechnet. Ein sozialversicherungsrechtlicher Monat hat 30 Tage. Bei Teilmonaten werden die tatsächlichen Kalendertage berücksichtigt.

Das Krankengeld beträgt:

- 70 % vom sozialversicherungspflichtigen Arbeitsentgelt
- Maximal 90 % vom Nettoarbeitsentgelt
- Es wird nur Arbeitsentgelt bis zur Beitragsbemessungsgrenze zur gesetzlichen Kranken- und Pflegeversicherung berücksichtigt. (2025: 66.150,00 € im Jahr beziehungsweise 5.512,50 € im Monat. (das heißt maximal pro Tag 66.150,00 € : 360 = 183,75 € Brutto-Krankengeld).

Das Krankengeld ist steuerfrei. Es unterliegt aber dem Progressionsvorbehalt:

Progressionsvorbehalt ist ein Begriff aus dem Steuerrecht. Alle steuerfreien Einnahmen nach § 32b EStG unterliegen dem *Progressionsvorbehalt.* Dazu zählt auch das Krankengeld (Sie zahlen auf das Krankengeld, das Sie monatlich erhalten, keine Steuern).

Mit steigendem Einkommen steigt der Steuersatz. Das nennt man *Prinzip der Besteuerung nach Leistungsfähigkeit.* Dieses Prinzip will der Gesetzgeber auch bei steuerfreien Einnahmen, wie Ihrem Krankengeld, verfolgen, da auch hier die Leistungsfähigkeit des Einzelnen verbessert wird. Zunächst erhalten Sie eine steuerfreie Leistung.

Jetzt kann es gut sein, dass Sie (oder Ihr Partner) weiteres steuerpflichtiges Einkommen haben.

Ihr steuerpflichtiges und Ihr steuerfreies Einkommen ergeben Ihr Gesamteinkommen. Für dieses Gesamteinkommen wird Ihr Durchschnittssteuersatz ermittelt. Dieser Durchschnittssteuersatz wird dann auf Ihr zu versteuerndes Einkommen angewandt.

Krankengeld wird nicht versteuert. Es wird aber bei der Berechnung Ihres Durchschnittsteuersatzes als Einkommen berücksichtigt. Damit werden weitere steuerpflichtige Einkommen mit einem höheren Durchschnittssteuersatz besteuert.

Das Krankengeld ist steuerfrei, die Steuerprogression kann aber durch das Krankengeld ansteigen.

Vom Krankengeld werden Beiträge zur Sozialversicherung gezahlt. Ihre Krankenkasse zahlt zur Hälfte die Beiträge für die Arbeitslosen-, Renten- und Pflegeversicherung, die andere Hälfte plus gegebenenfalls den Zusatzbeitrag für Kinderlose in der Pflegeversicherung wird vom Brutto-Krankengeld direkt abgezogen; Krankenkassenbeiträge fallen nicht an, solange Sie im Krankengeldbezug sind.

Gehen Sie auf die Internetseite Ihrer Krankenkasse. Dort gibt es einen Krankengeld-Rechner. Berechnen Sie anhand Ihrer Gehaltsabrechnung Ihr mögliches Krankengeld.

Dauer des Krankengeldbezuges

Sie haben also, formal zumindest, 78 Wochen Zeit, gesund zu werden und haben so lange Anspruch auf den Bezug von Krankengeld. Allerdings ruht der Krankengeldanspruch, wenn Sie eine anderweitige Leistung erhalten. Das ist in der Regel zum Beispiel die Lohnfortzahlung im Krankheitsfall für sechs Wochen. Somit ergibt sich ein realer Anspruch von 72 Wochen.

Das Krankengeld wird gekürzt um Zeiten, in denen Sie andere Leistungen erhalten. Neben dem Gehalt können das zum Beispiel sein

- ✔ Arbeitslosengeld
- ✔ Versorgungskrankengeld (besondere Art des Krankengeldes, bei anerkanntem Gesundheitsschaden, zum Beispiel Kriegsopferschaden, Impfschaden, Opfer von Gewalttaten)
- ✔ Übergangsgeld (wird zum Beispiel während einer Reha gezahlt)
- ✔ Verletztengeld (bei Arbeitsunfähigkeit aufgrund eines Arbeitsunfalls oder einer Berufskrankheit)
- ✔ Mutterschaftsgeld

Achtung: Blockfrist

Bei Arbeitsunfähigkeit und Lohnfortzahlung im Krankheitsfall wird unterschieden, ob Sie wegen derselben Krankheit oder einer anderen Krankheit arbeitsunfähig sind (siehe weiter oben in diesem Kapitel).

Sie erhalten Krankengeld wegen derselben Krankheit innerhalb einer Blockfrist von drei Jahren maximal für 78 Wochen (abzüglich der Zeiträume, in denen Sie eine andere Leistung erhalten).

Wenn Sie zu der Krankheit, unter der Sie ohnehin schon leiden, noch eine weitere Krankheit bekommen, beginnt für diese Krankheit eine neue Blockfrist, die neben der anderen Blockfrist läuft – eben unterschiedlich lang. Länger Krankengeld erhalten Sie deswegen aber nicht.

Wenn Sie dagegen mit der ersten Krankheit den Krankengeldbezug beenden, sich also nicht mehr arbeitsunfähig schreiben lassen und wieder arbeiten; sich dann aber wieder (mit der neuen Erkrankung) arbeitsunfähig krankmelden, beginnt eine neue Blockfrist mit einem neuen Krankengeldanspruch. Ihre neue Krankheit darf aber in keinem Zusammenhang mit der alten Krankheit stehen.

Ein neuer Krankengeldanspruch wegen derselben Krankheit entsteht,

- ✔ wenn Sie sich sechs Monate nicht wieder wegen derselben Krankheit arbeitsunfähig krankgemeldet haben **und**
- ✔ wenn Sie in den sechs Monaten wieder einen Anspruch erworben haben. Dafür müssen Sie zum Beispiel gearbeitet oder sich dem allgemeinen Arbeitsmarkt wieder zur Verfügung gestellt haben (Jobsuche bei Arbeitslosigkeit).

Sie sehen, auch wenn die Rente in Sicht ist, kann noch vieles passieren.

Die Rechnung ohne den Wirt gemacht

BEISPIEL

Xavier Xanten hat einen Plan. Er ist etwas über 61 Jahre alt. Er hat absolut keine Lust mehr, sich täglich von seinem neuen Chef etwas sagen zu lassen, der ohnehin keinen blassen Schimmer hat, was wirklich abläuft. Dazu kommt, dass es ihm wirklich nicht gut geht. Seine fortschreitende Arthrose führt dazu, dass er seinen Außendienstjob im Auto überhaupt nicht mehr genießen kann – zu viel Schmerzen in Knie und Hüfte und die Frage, ob eine OP überhaupt etwas bringt. Immer nur Schmerzmittel zu schlucken, ist auch nicht so gut. Jetzt fängt auch noch sein Rücken an aufzumucken. Xavier reichts es und er wird bei seinem Arzt vorstellig. Dieser bestätigt die AU, gibt ihn an Fachärzte weiter, die sich um seine Krankheiten kümmern. Xavier sieht zu, dass er wieder gesund wird. Er hat sich ausgerechnet, dass die 78 Wochen, erst Lohnfortzahlung dann Krankengeldbezug, eine Punktlandung in die Rente geben können.

Als er Post von seiner Krankenkasse bekommt, denkt er sich zunächst nichts dabei. Seine Krankenkasse fordert ihn auf, innerhalb von zehn Wochen einen Reha-Antrag zu stellen.

Denken Sie bei Reha auch daran, dass es Ihnen guttut, sich voll auf sich und das Gesundwerden zu konzentrieren? Warum auch nicht, Sie wollen wieder arbeiten, Ihre Existenz sichern.

Ihre Krankenkasse hat das (gesetzlich vorgeschriebene) Interesse, Ihnen so kurz wie möglich Krankengeld zu zahlen. Sie dagegen wollen vielleicht wie Xavier aus dem obigen Beispiel so lange wie möglich Krankengeld beziehen, da Ihr Krankengeld höher ist als Ihre spätere Altersrente.

Ein Instrument der Krankenkasse, Ihren Krankengeldanspruch zu begrenzen, ist, Sie in Richtung Erwerbsminderungsrente »zu drängen«, denn in diesem Fall zahlt nicht mehr die Krankenkasse, sondern die gesetzliche Rentenversicherung. Das passiert in der Regel, wenn der Krankengeldbezug länger andauert.

Ist bei Ihnen auf Grundlage eines ärztlichen Gutachtens Ihre Erwerbsfähigkeit erheblich gefährdet oder gemindert, kann Ihre Krankenkasse Sie auffordern, innerhalb von zehn Wochen einen Antrag auf Leistungen der medizinischen Rehabilitation oder der Teilhabe am Arbeitsleben zu stellen.

Ihre Krankenkasse benötigt zur Ausübung des sogenannten »Ermessens« ein ärztliches Gutachten. Hierin muss festgehalten sein, dass Ihre Erwerbsfähigkeit erheblich gefährdet beziehungsweise gemindert ist. In der Regel wird dieses Gutachten vom Medizinischen Dienst erstellt.

Beachten Sie die Folgen dieser Aufforderung:

- ✔ Stellen Sie den Antrag auf Reha nicht fristgerecht, fällt das Krankengeld weg.
- ✔ Sind Sie zu spät dran, wird für die Zeit nach Ablauf der zehn Wochen bis zu dem Zeitpunkt, zu dem Sie den Reha-Antrag stellen, kein Krankengeld gezahlt.
- ✔ Sie können nicht mehr selbst entscheiden, ob Sie einen Rentenantrag bei der Deutschen Rentenversicherung stellen. Das geht nur noch mit Zustimmung Ihrer Krankenkasse.
- ✔ Wird Ihnen eine Reha bewilligt, erhalten Sie Übergangsgeld. Das ist in der Regel niedriger als Krankengeld.

Da hier massiv in Ihre Rechte eingegriffen wird und Sie nicht mehr allein über Ihren weiteren Lebensweg entscheiden können, sondern immer die Zustimmung der Krankenkasse benötigen, hat der Gesetzgeber entsprechend hohe administrative Hürden für die Krankenkasse festgelegt. Das Gutachten zum Beispiel muss etliche Kriterien erfüllen (Bezug zu Ihrer Tätigkeit, Prognose, ob die Reha überhaupt etwas bei Ihnen »bringt«, ...).

Auch der Bescheid muss erkennen lassen, dass das Ermessen der Krankenkasse tatsächlich ausgeübt und Ihr Fall individuell beurteilt wurde. Sie haben daher die Möglichkeit Widerspruch einzulegen. Bitte wenden Sie sich in diesem Fall an einen Fachanwalt für Sozialrecht oder einen gerichtlich zugelassenen Rentenberater, den VdK oder einen anderen Sozialverband.

Sie sehen, Überlegungen, die Zeit bis zur Rente durch Krankheit oder Arbeitslosigkeit zu überbrücken, gehen nicht immer wie gewünscht aus. Da die Krankenkasse ein Interesse daran hat, dass die Rentenversicherung die Zahlung übernimmt (Erwerbsminderungsrente statt Krankengeld), nutzt sie die Aufforderung zur Reha und beantragt (ohne Ihr Zutun) die Umdeutung des Reha-Antrages in einen Rentenantrag, wenn nachweislich durch Gutachten oder den Reha-Bericht bestätigt wird, dass Ihre Erwerbsfähigkeit gemindert ist. Sie haben dann überhaupt keine Möglichkeit mehr, selbst zu entscheiden, welche Rente Sie wann in Anspruch nehmen möchten – Sie marschieren dann geradewegs auf eine volle oder teilweise Erwerbsminderung beziehungsweise auf gar keine Rente zu.

Einige Hinweise an privat Krankenversicherte

Wenn Sie privat krankenversichert sind, haben Sie es ungleich einfacher und schwerer zugleich. Einfacher, weil Sie zunächst nur Ihre private Krankenkasse haben und die Spielregeln durch die Versicherungsbedingungen eindeutig erscheinen.

Nach der Lohnfortzahlung wichtig:

- ✔ Beantragen Sie Ihr Krankentagegeld!
- ✔ Klären Sie ab, welche Sozialleistungen Ihre Krankenkasse für Sie fortführt.

Zahlen Sie die Rentenversicherungsbeiträge selbst ein. Allerdings müssen Sie fast sofort einen Antrag stellen. Versäumen Sie das, können Sie die nun entstehende Lücke in Ihrem Versicherungsverlauf nicht mehr heilen.

- ✔ Überlegen Sie sich, welche Auswirkungen es hat, wenn keine Beiträge mehr an die Arbeitslosenversicherung gezahlt werden. Denken Sie an die Fristen im Kapitel 12.
- ✔ Beachten Sie, dass es gegebenenfalls andere Regeln für Sie gibt, wenn Sie zum Beispiel als Führungskraft privat krankenversichert sind, was die Wiedereingliederung anbelangt, wenn Sie wieder im Job durchstarten. Es soll Chefs geben, die am ersten Tag meinen, dass ein 8-Stunden-Tag (statt 12) eine gute Wiedereingliederung ist.
- ✔ Prüfen Sie unbedingt den Vertrag mit Ihrer privaten Krankenkasse. Es kann vorkommen, dass sie Ihr Krankentagegeld zurückfordert, wenn Sie zum Beispiel für Ihre letzte Tätigkeit auf Dauer arbeitsunfähig sind. Viele private Krankenversicherer stellen auf die Berufsunfähigkeit (für Ihren Job) ab und nicht auf eine eingetretene Erwerbsminderung (für den allgemeinen Arbeitsmarkt).

Auch wenn es nicht unmittelbar mit dem Thema dieses Buches zu tun hat – überlegen Sie rechtzeitig, das Risiko der Berufsunfähigkeit abzusichern.

IN DIESEM KAPITEL

Wie es nach der Aussteuerung der Krankenkasse weitergeht.

Arbeitslos, wenn Sie krank sind

Kapitel 15
Aussteuerung – und jetzt?

Um gesund zu werden, reichen 78 Wochen oft nicht aus. Wenn Sie Krankengeld bis zum Ende der Möglichkeiten der Krankenkasse erhalten, flattert irgendwann ein Schreiben Ihrer Krankenkasse ein. Ihre Krankenkasse steuert Sie zum Termin X aus. Das heißt eigentlich nur, dass Sie kein Krankengeld mehr bekommen. Ihre Krankenkasse ist nun nicht mehr für Sie zuständig.

Beantragen Sie Arbeitslosengeld!

Sie müssen jetzt Arbeitslosengeld beantragen. Arbeitslosengeld? Aber Sie sind doch gar nicht arbeitslos!

Genau. Grundsätzlich erhalten Sie Arbeitslosengeld, wenn Sie sich der Vermittlung durch die Agentur für Arbeit zur Verfügung stellen. Das ist bei Ihnen nicht der Fall. Sie sind arbeitsunfähig – und haben deswegen keinen Anspruch auf Arbeitslosengeld.

Aber: Um zu vermeiden, dass Sie, bis zum Beispiel die Rentenversicherung über Ihren Antrag auf Erwerbsminderungsrente entschieden hat oder Ihre Krankenkasse Sie noch nicht aufgefordert hat, einen Rentenantrag zu stellen, ohne Geld dastehen, gibt es die sogenannte *Nahtlosigkeitsregelung*.

Die Nahtlosigkeitsregelung (§ 145 SGB III)

Sie können Arbeitslosengeld ausnahmsweise auch dann erhalten, wenn

- ✔ die Rentenversicherung noch nicht über Ihren Antrag auf Erwerbsminderungsrente entschieden hat.
- ✔ Ihre Leistungsfähigkeit voraussichtlich noch mehr als sechs Monate so eingeschränkt ist, dass Sie weniger als drei Stunden am Tag arbeiten können.

- ✔ in Ihrer bisherigen Tätigkeit krankgeschrieben sind, aber noch andere Arbeiten ausüben können.
- ✔ Sie unter Umständen weiterhin bei Ihrem Arbeitgeber angestellt sind, aber beschäftigungslos sind, da Sie arbeitsunfähig sind.

Arbeitslosigkeit im Rahmen der Nahtlosigkeit

Sie erhalten jetzt *Nahtlosigkeits-Arbeitslosengeld.* Das ist eine Sonderform des Arbeitslosengeldes. Es ist dazu gedacht, die Zeit, in der Sie zum Beispiel auf die Bewilligung Ihrer Erwerbsminderungsrente warten, finanziell zu überbrücken. Die Regelung greift, wenn Sie arbeitsunfähig sind und kein Krankengeld mehr erhalten.

Nahtlosigkeits-Arbeitslosengeld ist eine Lohnersatzleistung, die den lückenlosen Übergang von Krankengeld über Arbeitslosengeld in die Erwerbsminderungsrente sicherstellen soll.

Bedenken Sie, dass die Bewilligung einer Erwerbsminderungsrente Monate dauern kann. Die »Einigung« darüber, welcher Sozialleistungsträger jetzt für Sie zuständig ist, soll nicht zu Ihren Lasten gehen. Finanzielle Engpässe sollen vermieden werden.

Aber Sie sind doch noch bei Ihrem Arbeitgeber angestellt …

Länger als 1,5 Jahre konnten Sie nicht mehr arbeiten. Sofern Ihr Arbeitgeber Ihnen nicht gekündigt hat, befinden Sie sich immer noch in einem Arbeitsverhältnis – auch wenn Ihr Arbeitgeber Ihnen schon monatelang (Ausnahmen sind zum Beispiel Krankengeldzuschüsse) kein Geld mehr zahlt.

Läuft Ihr Krankengeldbezug aus, meldet Ihr Arbeitgeber Sie als sozialversicherungsrechtlich Beschäftigter ab. Das bedeutet aber nicht, dass Sie jetzt automatisch gekündigt sind!

Oft verlieren die Firmen das Interesse an kranken Mitarbeitern. In der Anfangsphase wird noch nachgefragt, dann gehen die Personalabteilungen eher davon aus, dass die Arbeitnehmer nicht zurückkehren.

Bedingungen für die Nahtlosigkeitsregelung

Jedes Leben ist anders – jede Situation ist anders. Vereinfacht müssen Sie folgende Bedingungen erfüllen, um überhaupt Arbeitslosengeld im Rahmen der Nahtlosigkeit zu erhalten:

- ✔ **Ihr Krankengeldanspruch ist ausgeschöpft** (normalerweise durch sechs Wochen Lohnfortzahlung und 72 Wochen Krankengeldbezug).

- **Sie sind seit mehr als sechs Monaten arbeitsunfähig krank.** Durch die Minderung Ihrer Leistungsfähigkeit sind Sie nicht in Lage, unter üblichen Bedingungen am allgemeinen Arbeitsmarkt länger als drei Stunden am Tag beziehungsweise 15 Stunden die Woche zu arbeiten.

- **Sie müssen einen Antrag stellen.** Sie müssen sich arbeitslos melden (auch wenn Sie nicht arbeiten können).

Melden Sie sich vor dem Ablauf des Krankengeldes bei Ihrer zuständigen Agentur für Arbeit. Am besten drei Monate vor Ende Ihres Krankengeldanspruchs.

Nehmen Sie das Schreiben Ihrer Krankenkasse, mit dem Sie ausgesteuert werden, mit. Hier steht das Datum der Aussteuerung drin. (Die Agentur für Arbeit verweist auf ihrer Internetseite, dass Sie spätestens am ersten Tag nach Ende des Krankengeldbezuges vorsprechen sollten.)

Sollten Sie (bis ungefähr zwei Monate vor Ablauf des Krankengeldanspruchs) kein Schreiben Ihrer Krankenkasse erhalten, fordern Sie es an. Sie brauchen es für Ihre Arbeitslosmeldung. Sie können natürlich auch bis zuletzt (Ende des Krankengeldanspruchs) warten. Dann müssen Sie aber damit rechnen, dass die Bearbeitung und damit die Auszahlung Ihres Arbeitslosengeldes dauert. Die Bewilligung erfolgt frühestens ab Antragsstellung. Können Sie es sich leisten, kein Geld zu erhalten?

Mittlerweile geht bei der Agentur für Arbeit vieles online und telefonisch. Nutzen Sie diese Möglichkeiten – es geht Ihnen vermutlich schon schlecht genug, wenn Sie so lange krank sind.

Nach der Arbeitslosmeldung

Im Anschluss erhalten Sie einen Haufen Formulare. An erster Stelle stehen der Gesundheitsfragebogen und die Entbindung Ihrer Ärzte von der Schweigepflicht. Weiterhin erhalten Sie ein Formular für Ihren Arbeitgeber. Hinter allen Formularen stecken weitere Folgen für Sie.

Entbindung von der Schweigepflicht – der Gesundheitsfragebogen

Mit dem Gesundheitsfragebogen müssen Sie selbst Ihre Gesundheit beurteilen. Mit der Entbindung von der Schweigepflicht erlauben Sie Ihren Ärzten, Auskunft über Sie zu erteilen. Der Gesundheitsfragebogen und die Schweigepflichtentbindung gehen dann an den Ärztlichen Dienst der Agentur für Arbeit.

Hier findet die entscheidende Prüfung statt: Erhalten Sie Arbeitslosengeld im Rahmen der Nahtlosigkeit – oder nicht?

Der Ärztliche Dienst prüft, ob Arbeitsfähigkeit vorliegt, ob ein Reha-Antrag sinnvoll ist oder ob eine Erwerbsminderungsrente zu beantragen ist.

Erst wenn das Gutachten des Medizinischen Dienstes vorliegt, wird der Antrag auf Arbeitslosengeld bearbeitet.

Der Ärztliche (oder hier Arbeitsamtsärztliche) Dienst prüft, ob Sie voraussichtlich noch länger als sechs Monate krank sein werden, und nimmt eine Prognose auf Basis Ihrer Angaben und der Einschätzungen Ihrer Ärzte vor.

Meistens werden Sie nicht selbst begutachtet – es gibt aber immer wieder Ausnahmen. In der Regel entscheidet die Aktenlage.

Formular für Ihren Arbeitgeber

Senden Sie dieses Formular so schnell wie möglich an Ihre Personalabteilung. Neben Fragen zu Gehaltszahlungen gehen die wichtigsten Fragen in Richtung Ihres bisherigen Arbeitsplatzes und in Richtung eines alternativen Arbeitsplatzes.

Anders ausgedrückt: Kann Ihr Chef Ihnen einen Job anbieten, den Sie mit Ihrer aktuellen Erkrankung ausüben können?

Ihr Chef muss der Agentur für Arbeit das Ergebnis folgender Überlegungen mitteilen:

- ✔ Können Sie (mit Ihren Fähigkeiten, Erfahrungen und Qualifikationen) in Ihrer Firma einen anderen Arbeitsplatz erhalten?
- ✔ Können Sie diese Stelle mit Ihren gesundheitlichen Beschwerden ausfüllen?
- ✔ Können Sie aus dem Homeoffice arbeiten?

Je nachdem wie intensiv Sie mir Ihrer Firma, trotz Ihrer Erkrankung, in Kontakt waren, haben Sie vielleicht bereits selbst, gemeinsam mit Ihrem Chef, solche Überlegungen angestellt und sind zu keinem Ergebnis gekommen.

Oft ist aber auch so, dass der Kontakt mit dem Arbeitgeber eingeschlafen ist – Sie haben vielleicht noch Ihre Arbeitsunfähigkeit gemeldet (je nachdem, ob Sie privat oder gesetzlich krankenversichert sind) – ansonsten wollten Sie keinen Kontakt. Man darf nicht unterschätzen, dass gerade Erkrankungen im psychischen Bereich ihre Ursachen (oder den Auslöser) im beruflichen Umfeld haben. In vielen Fällen verneinen Arbeitgeber die Möglichkeit eines leidensgerechten Arbeitsplatzes – kranke Mitarbeiter sind nicht sonderlich attraktiv für die Firma.

Folgen der Entscheidung der Agentur für Arbeit

Der Medizinische (Arbeitsamtsärztliche, Ärztliche) Dienst entscheidet, ob Sie Arbeitslosengeld im Rahmen der Nahtlosigkeit erhalten oder nicht. Diese Entscheidung ist für Sie wichtig – davon hängt Ihr weiteres Vorgehen ab.

Sie erhalten Arbeitslosengeld im Rahmen der Nahtlosigkeit

Wenn Sie den Bescheid über das Arbeitslosengeld erhalten, ist in der Regel nicht erkennbar, dass es sich um Arbeitslosengeld im Rahmen der Nahtlosigkeit handelt. In der Praxis läuft es meist so, dass der Bescheid der Agentur »Arbeitslosengeld nach § 136 SGB III« bewilligt und nur im hinteren Teil des Bescheides der § 145 SGB III auftaucht oder ein extra Bescheid (Aufforderung zur Antragstellung Teilhabe bei der DRV) erlassen wird.

Aber: Finanziell ist zunächst alles gut. Ihre weitere (wenn auch eingeschränktere) Existenz ist die nächsten sechs bis 24 Monate gesichert. Details zum Thema Arbeitslosengeld finden Sie im Kapitel 12.

Auch wenn Sie jetzt Arbeitslosengeld erhalten, spielt eine Reha noch eine Rolle.

- ✔ **Haben Sie bereits eine Reha gemacht?** Zum Beispiel aufgrund einer Aufforderung Ihrer Krankenkasse? Dann hängt alles Weitere am Reha-Entlassungsbericht.
- ✔ **Sie haben noch keine Reha gemacht?** Dann wird Sie die Agentur für Arbeit auffordern, einen Reha-Antrag zu stellen. Das ist der extra Bescheid (Aufforderung zur Antragsstellung Teilhabe bei der DRV), der oben erwähnt wurde. Aber Achtung: Dieses Mal müssen Sie den Antrag innerhalb eines Monats stellen, sonst wird Ihr Arbeitslosengeld eingestellt.

  Heißt es in Ihrem Reha-Entlassungsbericht, dass Sie am allgemeinen Arbeitsmarkt nur weniger als drei Stunden arbeiten können, dürfte alles Weitere in einem Antrag auf Erwerbsminderungsrente münden.

Erhalten Sie Arbeitslosengeld im Rahmen der Nahtlosigkeit, können Sie sich zunächst auf sich und Ihre Gesundheit konzentrieren. Sie müssen aber im Hinterkopf behalten, wie lange Sie Arbeitslosengeld beziehen können (sechs bis 24 Monate, vergleiche Kapitel 12). An diesen Fristen ändert die Nahtlosigkeit nichts.

Leistungen bei Dauererkrankung:

- ✔ in der Regel sechs Wochen Lohnfortzahlung im Krankheitsfall
- ✔ in der Regel 72 Wochen Krankengeldbezug
- ✔ zwischen sechs und 24 Monate Arbeitslosengeld im Rahmen der Nahtlosigkeit

Läuft das Arbeitslosengeld aus, kann es auf einmal richtig schlecht aussehen. Sie haben dann zwei Möglichkeiten:

1. **eine Erwerbsminderungsrente beantragen** (die vielleicht bewilligt wird) oder
2. **Sozialhilfe beantragen** – neuerdings Bürgergeld (oder wie auch immer diese Leistung bei Erscheinen dieses Buches heißt). Doch dieses erhalten Sie nur, wenn Sie wirklich nichts mehr haben – und Ihr Partner auch nicht.

Kein Arbeitslosengeld im Rahmen der Nahtlosigkeit

Wenn Sie einen Bescheid der Agentur für Arbeit erhalten, nach dem Ihnen kein Arbeitslosengeld im Rahmen der Nahtlosigkeit zusteht, müssen Sie sich dem allgemeinen Arbeitsmarkt im Rahmen Ihrer Möglichkeiten zur Verfügung stellen. Auch wenn Sie noch ein fortbestehendes Arbeitsverhältnis haben und viel zu krank zum Arbeiten sind.

Bedenken Sie: Anlass (und gegebenenfalls Ursache) für Ihre Arbeitsunfähigkeit ist Ihre derzeitige Stelle. Auf dieser Stelle können Sie nicht arbeiten. Das heißt aber nicht, dass Sie nicht im Rahmen Ihrer Möglichkeiten (!) tätig werden können.

Im Falle einer Ablehnung Ihres Nahtlosigkeit-Arbeitslosengeldes müssen Sie der Agentur für Arbeit mitteilen, dass Sie »im Rahmen Ihrer Möglichkeiten dem Arbeitsmarkt zur Verfügung stehen«.

Lassen Sie sich nicht bequatschen – sagen Sie es einfach. Denn dadurch haben Sie Anspruch auf Arbeitslosengeld. Sie wissen, dass Sie nicht arbeiten können – die Agentur für Arbeit weiß es auch. Aber durch diese Formulierung sind alle Beteiligten zufrieden und Sie erhalten Arbeitslosengeld. Tappen Sie dazu bitte nicht in die Teilzeitfalle.

BEISPIEL

Bettina Bamberg ist in einer Diskussion mit ihrem Berater bei der Agentur für Arbeit. Eigentlich ist sie krank. Eigentlich ist sie viel zu erschöpft, jetzt große Diskussionen zu führen – sie will eigentlich nur heim. »Also wenn sie jetzt ohnehin nicht mehr richtig arbeiten können, dann können wir sie gleich auf eine Teilzeitjobsuche abstellen«, erläutert der Berater. Bettina sagt einfach ja. Sie will nach Hause. Einige Zeit später erhält sie den Bescheid über die Höhe ihres Arbeitslosengeldes und ist erschrocken. Es ist viel weniger, als sie sich ausgerechnet hatte. Nach einigem Studieren des Bescheides merkt sie, dass auf eine Teilzeitstelle bei der Berechnung des Arbeitslosengeldes abgestellt wurde. Ihr entnervtes »Ja« (oder mit anderen Worten: Ich will meine Ruhe haben) hat sie in die Teilzeitfalle tappen lassen.

Stellen Sie sich generell, wenn Sie bei und mit der Agentur für Arbeit in Gesprächen sind, für eine Vollzeitstelle zur Verfügung. Ansonsten erhalten Sie Arbeitslosengeld auf Basis einer Teilzeitstelle – wenn Sie sagen, dass Sie eine Teilzeitstelle suchen, bekommen Sie auch Arbeitslosengeld nur auf Basis einer Teilzeitstelle.

Wie sind Sie bei Arbeitslosigkeit krankenversichert?

Sobald Sie eine Leistung der Agentur für Arbeit, also Arbeitslosengeld erhalten, sind Sie krankenversichert. Im Fachjargon sind Sie »versicherungspflichtig in der Kranken- und Pflegeversicherung«.

Dies gilt allerdings erst ab dem Zeitpunkt der Bewilligung des Arbeitslosengeldes. Erfolgt diese rückwirkend, ist die Krankenversicherungspflicht grundsätzlich kein Problem. Beantragen Sie jedoch das Arbeitslosengeld zu spät oder dauert die Beantragung zu lange oder erfolgt die Bewilligung erst in der Zukunft oder gar nicht, sind Sie nicht krankenversichert.

Im ersten Monat (nach Auslaufen des Krankengeldes), gilt ein sogenannter *Nachversicherungsschutz* Ihrer Krankenkasse.

Ab dem zweiten Monat sollten Sie unruhig werden und Kontakt mit Ihrer Krankenkasse aufnehmen. Krank ohne Versicherungsschutz wäre fatal! Sie haben jetzt verschiedene Möglichkeiten:

✔ **Kein Anspruch auf Arbeitslosengeld?** Vielleicht haben Sie Anspruch auf Bürgergeld? Doch Vorsicht: Bürgergeld wird nur bei Bedürftigkeit gezahlt. Das Jobcenter prüft genau, was an Vermögen da ist, wie die Ausgaben sind und was bei Ihrem Partner oder Ihrer Partnerin eingeht. Denn auch die »Bedarfsgemeinschaft« (also Sie und Ihr Partner oder Ihre Partnerin) werden unabhängig vom Trauschein geprüft.

✔ **Sind Sie verheiratet?**

- Ist Ihr Ehemann oder Ihre Ehefrau Mitglied einer gesetzlichen Krankenkasse? Dann können Sie eine Familienversicherung bei der Krankenversicherung Ihres Ehemannes oder Ihrer Ehefrau beantragen.
- Ist Ihr Ehemann oder Ihre Ehefrau Mitglied einer privaten Krankenkasse? Jetzt kann es teuer werden. Ihr Beitrag zur freiwilligen gesetzlichen Krankenversicherung wird nämlich auf Basis des Einkommens Ihres Ehemannes oder Ihrer Frau ermittelt. Sie können jetzt ganz schnell beim Höchstbetrag einer freiwilligen gesetzlichen Krankenversicherung landen. Dann sind rund 942,64 € Krankenversicherung und Zusatzbeitrag und dazu 198,45 € (mit Kind) beziehungsweise 231,55 € (ohne Kind) Pflegeversicherung monatlich zu zahlen. Die Höhe kann bei Ihnen anders aussehen – die Berechnung erfolgte mit dem durchschnittlichen Zusatzbeitrag von 2,5 % im Jahr 2025.

✔ **Sie sind nicht verheiratet?** Blöd. Aber besser, als mit jemandem verheiratet zu sein, der privat krankenversichert ist. Jetzt müssen Sie sich freiwillig krankenversichern. Ohne Einnahmen liegt der Mindestbetrag bei 213,46 € Krankenversicherungsbeitrag monatlich beziehungsweise 44,94 € bzw 47,13 € (ohne Kinder) monatlich an Pflegeversicherungsbeiträgen.

Wenn Sie auf Nummer sicher gehen wollen: Reden Sie mit Ihrer Krankenkasse!

Sie brauchen zwar meist etwas Geduld in den telefonischen Warteschleifen, bekommen aber meist schnell eine Antwort und anschließend Post mit den weiteren To-dos.

Sobald Sie Arbeitslosengeld erhalten, sind Sie gesetzlich pflichtversichert in der Krankenkasse.

Doch was ist, wenn Sie privat krankenversichert sind?

Waren Sie in den letzten fünf Jahren vor Beginn des Arbeitslosengeldes nicht gesetzlich sondern privat krankenversichert, können Sie sich von der Versicherungspflicht in der gesetzlichen Krankenkasse auch bei Arbeitslosigkeit weiter befreien lassen. Voraussetzung ist, dass der Leistungsumfang mindestens dem einer gesetzlichen Kasse entspricht.

Den Befreiungsantrag müssen Sie innerhalb von drei Monaten bei irgendeiner gesetzlichen Krankenkasse stellen.

Die Agentur für Arbeit übernimmt die Beiträge für die private Versicherung bis zur Höhe der halben Beiträge der gesetzlichen Kranken- und Pflegeversicherung. Der Höchstzuschuss liegt bei 471,32 € monatlich für die Krankenversicherung und 99,23 € für die Pflegeversicherung (im Jahr 2025). Die Differenz zu Ihrem Beitrag zur privaten Krankenkasse müssen Sie selbst aus dem Arbeitslosengeld tragen.

Möchten Sie sich nicht befreien lassen und zurück in eine gesetzliche Krankenkasse, müssen Sie das innerhalb von zwei Wochen nach Leistungsbeginn (des Arbeitslosengeldes) der Agentur für Arbeit mitteilen.

Die Beiträge zahlt die Agentur für Arbeit an Ihre Krankenkasse, wenn das Arbeitslosengeld bewilligt ist.

Arbeitsunfähigkeit bei Arbeitslosigkeit?

Regelmäßige Arztbesuche und weitere Arbeitsunfähigkeit wird bei Langzeiterkrankten zur Routine.

Erkundigen Sie sich bei Ihrem Arbeitgeber, ob dieser nach Auslaufen des Krankengeldes noch Ihre Arbeitsunfähigkeit gemeldet bekommen möchte. Lassen Sie sich die Aussage schriftlich dokumentieren. (Man weiß nie, ob man arbeitsrechtlich so etwas nochmals braucht.)

- **Erhalten Sie Arbeitslosengeld im Rahmen der Nahtlosigkeit**, richten Sie sich einfach nach den Weisungen der Agentur für Arbeit.
- **Erhalten Sie kein Arbeitslosengeld im Rahmen der Nahtlosigkeit** und stellen sich »im Rahmen Ihrer Möglichkeiten dem Arbeitsmarkt zur Verfügung«, gibt es leider völlig unterschiedliche Meinungen in der Fachwelt. Wenn Sie krankgeschrieben sind, können Sie nicht arbeiten. Sie müssen sich aber für diese Art des Arbeitslosengeldes dem Arbeitsmarkt zur Verfügung stellen. Deswegen könnte die Einreichung der Arbeitsunfähigkeitsbescheinigung an dieser Stelle kontraproduktiv sein.
- Die Agentur für Arbeit zahlt Ihnen grundsätzlich bei einer neuen Erkrankung sechs Wochen das Arbeitslosengeld fort. Im Anschluss daran wäre Ihre Krankenkasse wieder mit Krankengeld dran. ABER: Ist die Erkrankung, aufgrund derer Sie ausgesteuert wurden, tatsächlich ausgeheilt? Wenn nein, gilt bei der Krankenkasse die neue Erkrankung als Hinzutritt und es gibt kein weiteres Krankengeld. Sie würden also ohne laufende Einnahmen dastehen! Wenn ja, stellt sich die Frage warum Sie gegebenenfalls Ihre Tätigkeit nicht wieder aufgenommen haben. Sie sehen, es ist kompliziert!

Im besten Fall sollte der Berater bei der Agentur für Arbeit Ihnen helfen – wenn nicht, bleibt Ihnen nichts anderes übrig, als einen Fachanwalt für Sozialrecht zu suchen, der sich auf das Thema Arbeitslosengeld und Nahtlosigkeit spezialisiert hat.

Über die Höhe und die Dauer des Arbeitslosengeldes finden Sie weitere Details im Kapitel 12.

IN DIESEM KAPITEL

Erfahren Sie einige wichtige Dinge über die Erwerbsminderungsrente.

Erhalten Sie Tipps, wie Sie einen Rentenantrag vorbereiten können.

Kapitel 16
Erwerbsminderungsrente – ein Buch mit sieben Siegeln

Sie sind krank – zu krank, um zu arbeiten. Sie haben Krankengeld bezogen und beziehen jetzt vielleicht Arbeitslosengeld im Rahmen der Nahtlosigkeit.

Jetzt wird es höchste Zeit, sich um die Erwerbsminderungsrente zu kümmern (wenn Sie nicht schon durch Ihre Krankenkasse oder die Agentur für Arbeit dazu gezwungen wurden).

Im Krankheitsfall sind die Behördengänge einfach nervend. Man will sich auf das Gesundwerden konzentrieren und muss sich mit Formularen und Behörden herumschlagen. Wenn Sie aber zu Ihrem Recht kommen wollen, müssen Sie das tun.

Wichtige Auflagen für die Erwerbsminderungsrente – versicherungsrechtliche Bedingungen

Wie Sie schon von den Altersrenten wissen, müssen immer verschiedene Bedingungen erfüllt sein, um eine Rente zu erhalten. Bevor Sie eine Erwerbsminderungsrente beantragen können, sollten Sie also die Voraussetzungen kennen, die erfüllt werden müssen, um überhaupt eine Rente von der Deutschen Rentenversicherung zu erhalten.

Fast ein Drittel aller Erwerbsminderungsrenten werden abgelehnt, weil die versicherungsrechtlichen Bedingungen *nicht* erfüllt sind.

Sie müssen, um die versicherungsrechtlichen Voraussetzungen zu erfüllen,

- in den letzten fünf Jahren vor Eintritt der Erwerbsminderung drei Jahre für eine versicherte Tätigkeit oder Beschäftigung Pflichtbeiträge eingezahlt haben und
- vor Eintritt der Erwerbsminderung die allgemeine Wartezeit erfüllt haben.

Sie können sämtliche Voraussetzungen im § 43 SGB VI nachlesen oder hier weiterlesen, was das übersetzt heißt.

Die allgemeine Wartezeit beträgt fünf Jahre. Sie müssen fünf Jahre mit Beitragszeiten bei der Deutschen Rentenversicherung zurückgelegt haben. Beitragszeiten sind Zeiten, für die Pflichtbeiträge oder freiwillige Beiträge gezahlt wurden.

- **Pflichtbeiträge** sind zum Beispiel Monate, in denen Sie gearbeitet haben und Sie und Ihr Arbeitgeber Pflichtbeiträge an die gesetzliche Rentenversicherung gezahlt haben. Es sind aber auch Zeiten, für die Pflichtbeiträge nach besonderen Vorschriften als gezahlt gelten, zum Beispiel Kindererziehungszeit, Pflegezeit, Wehr- oder Zivildienst, gegebenenfalls Krankengeldbezug.
- **Freiwillige Beiträge,** zum Beispiel Monate, in denen Sie nicht pflichtversichert waren und selbst freiwillig in die Rentenkasse eingezahlt haben.

Wenn Sie die Wartezeit von fünf Jahren erfüllen, können Sie hinter dieser Voraussetzung schon mal einen Haken machen. Aber nehmen Sie auch die nächste versicherungsrechtliche Hürde? Sie müssen innerhalb der letzten fünf Jahre drei Jahre Pflichtbeitragszeiten haben.

Denken Sie daran, dass Sie auch mit Zeiten, in denen andere Beiträge für Sie in die Rentenkasse zahlen (zum Beispiel Pflege), die Voraussetzungen für die Erwerbsminderungsrente erfüllen. Es gibt eine Reihe weiterer Konstellationen, bei denen die Kombination »in fünf Jahren – drei Jahre mit Pflichtbeitragszeiten« ausgehebelt werden kann:

- Arbeitsunfall
- Berufskrankheit
- Krankheiten, die bei der Ausübung von Wehr- oder Zivildienst entstanden sind
- Erwerbsminderung innerhalb von sechs Jahren nach Beendigung der Ausbildung und
- ein paar weitere Ausnahmen und Besonderheiten, die hier den Rahmen sprengen würden

Diese Ausnahmeregelungen, die in § 53 SGB VI nachgelesen werden können, sollen insbesondere junge Menschen bei Erwerbsminderung schützen oder aber für Menschen, bei denen Erwerbsminderung durch eine berufliche Tätigkeit herbeigeführt wurde, sorgen.

Die gesundheitlichen Voraussetzungen – sind Sie krank genug für die Rente?

Den Spruch »den Kopf unter dem Arm tragen« kennen Sie bestimmt. Sie gehen arbeiten und wenn Sie noch so krank sind. Aber auch im Zusammenhang mit der gesetzlichen Erwerbsminderungsrente wird dieser Spruch sehr häufig gebraucht. Wenn Sie den Kopf unter dem Arm tragen, sind Sie schwer krank. Doch sind Sie krank genug, um eine Erwerbsminderungsrente zu erhalten?

Um das zu beurteilen, müssen Sie die »gesundheitlichen« Voraussetzungen erfüllen.

- ✔ Sie sind krank oder haben eine Behinderung?
- ✔ Sie haben diese Krankheit vermutlich eine »nicht absehbare Zeit« – übersetzt länger oder kürzer als sechs Monate? (Kürzer als sechs Monate: Sie sind nicht erwerbsgemindert!)
- ✔ Sie können am allgemeinen Arbeitsmarkt
  - weniger als drei Stunden arbeiten?
  - zwischen drei und bis zu sechs Stunden arbeiten?
  - mehr als sechs Stunden arbeiten? (Dann sind Sie nicht erwerbsgemindert.)

Eigentlich klingt alles klar. Doch so klar ist es, wie so oft, nicht. Lassen Sie uns deswegen die einzelnen Begriffe ein wenig genauer anschauen.

Arbeitsmarkt

Was ist das eigentlich, der *allgemeine Arbeitsmarkt*?

- ✔ Dazu gehört jede nur denkbare Tätigkeit.
- ✔ Die Tätigkeit muss üblich sein.
- ✔ Die Tätigkeit muss mit Ihren vorhandenen Kenntnissen und Fähigkeiten ausgeübt werden können.

Es wird nicht Ihr derzeitiger Job als Vergleichsmaßstab genommen, sondern jede beliebige Tätigkeit, die Sie mit Ihren Kenntnissen und Fähigkeiten ausüben können. Wenn es allerdings um die konkrete Erwerbsminderung geht, wird neben dem allgemeinen Arbeitsmarkt gegebenenfalls auch Ihre letzte berufliche Tätigkeit geprüft.

Eine Tätigkeit auf dem allgemeinen Arbeitsmarkt ist auch örtlich klar definiert:

- ✔ Bei Vollzeitbeschäftigung ist das Beschäftigungsfeld ganz Deutschland.
- ✔ Bei Teilzeit ist der regionale Arbeitsmarkt relevant (tägliches, zumutbares Pendeln).

Bedingungen

Doch was versteht man unter üblichen Bedingungen (des allgemeinen Arbeitsmarktes)? Zunächst zu den Bedingungen:

- ✔ **Rahmenbedingungen:** Was geschieht tatsächlich in den Betrieben? Welche Rahmenbedingungen gelten? Unter welchen Umständen wird normalerweise gearbeitet?
- ✔ **Rechtliche Bedingungen,** Dauer und Verteilung der Arbeitszeit, Pausen, Urlaub, Arbeitsschutzvorschriften, gesetzliche und/oder tarifvertragliche Vorschriften.
- ✔ **Tatsächliche Umstände:** Was ist mindestens an Konzentration, geistiger Beweglichkeit, Stressverträglichkeit und Frustrationstoleranz erforderlich?

Üblich

Und was versteht man unter »üblich«?

Üblich bedeutet, dass es keine Einzelfälle sind, sondern es für die meisten Fälle zutrifft.

Es wird geprüft, was üblicherweise gilt und ob Sie mit Ihrem Gesundheitszustand mit diesen Rahmenbedingungen klarkommen. Dabei stellen sich Fragen wie diese:

- ✔ **Müsste für Sie ein besonderer Arbeitsplatz eingerichtet werden?** Brauchen Sie zum Beispiel einen besonders eingerichteten Arbeitsplatz, so ist davon auszugehen, dass Sie eben nicht zu den allgemeinen Bedingungen arbeiten können.

  (Haben Sie schon davon gehört, dass die DRV fordert, es solle generell die Möglichkeit geben liegend zu arbeiten? Der PC hängt über dem Kopf und die Maus auf dem Nachttisch?)
- ✔ **Wie oft müssen Sie mit Ihrem Gesundheitszustand Pausen machen** – wie oft darf man im Allgemeinen Pausen machen? Wie weit sind die Toiletten entfernt? Gibt es Arbeitsplätze, die direkt neben den Toiletten liegen?
- ✔ **Kommen Sie mit dem Stress klar?** Oder ist Stress für Ihre Gesundheit kontraproduktiv. Überlegen Sie an dieser Stelle (nehmen Sie dafür Ihren bisherigen Job), welche Tätigkeiten Sie noch ausüben können und welche nicht. Wie wäre der Arbeitsplatz zu gestalten, damit Sie ihre Tätigkeit ausüben können?

Auf nicht absehbare Zeit

Man geht davon aus, dass eine dauerhafte Erwerbsminderung vorliegen kann, wenn die Krankheit oder Behinderung länger als sechs Monate andauert. Es kommt jedoch nicht auf die Vergangenheit an, also wie lange Sie bereits erkrankt sind, sondern es wird eine Zukunftsprognose erstellt.

Feststellung der Erwerbsminderung

Wenn Sie eine Erwerbsminderungsrente beantragt haben, prüft die Deutsche Rentenversicherung, wie Ihr qualitatives und quantitatives Leistungsvermögen unter den üblichen Bedingungen des allgemeinen Arbeitsmarktes aussieht. Das nennt man *Feststellung*. Gegebenenfalls wird noch ein zeitlicher Umfang berücksichtigt, in dem Sie Ihre letzte berufliche Tätigkeit ausüben können. Auch das schauen wir uns genauer an.

Qualitative Leistungseinschränkungen

Bewertet wird Ihre

- ✔ körperliche,
- ✔ geistige und
- ✔ psychische

Belastbarkeit – wenn Sie täglich von Montag bis Freitag arbeiten müssen.

Dabei können/werden folgende Punkte Berücksichtigung finden:

- ✔ **Anfahrt:** Normalerweise dürften Sie außerhalb Ihrer eigenen vier Wände arbeiten. Sie müssen demzufolge irgendwie zu Ihrer Arbeitsstelle kommen. Dafür müssen Sie ein Minimum an Mobilität aufweisen können. (Können Sie noch Auto fahren? Wie sieht es mit öffentlichen Verkehrsmitteln aus? Wie lange müssen Sie zur nächsten Bushaltestelle laufen? ...)
- ✔ **Leistungseinschränkung:** Summieren sich bei Ihnen ungewöhnliche Leistungseinschränkungen (Sie können keine leichten Tätigkeiten mit Einschränkungen ausüben) oder gibt es schwere spezifische Leistungsbehinderungen (Behinderung)?
- ✔ **Tätigkeit:** Welche Verrichtungen und Tätigkeiten können Sie noch ausüben?

Qualitatives Leistungsvermögen

Alle gesundheitlichen Umstände fließen in die Bewertung Ihres qualitativen Leistungsvermögens ein. Die Deutsche Rentenversicherung kann dann zu folgenden Ergebnissen kommen:

- ✔ **Keine Erwerbsminderung:** Sie können mindestens sechs Stunden arbeiten? Dann sind Sie nicht erwerbsgemindert!
- ✔ **Teilweise Erwerbsminderung:** Sie können zwischen drei und sechs Stunden arbeiten? Dann stehen die Weichen in Richtung teilweise Erwerbsminderungsrente. Sie erhalten dann die Hälfte der vollen Erwerbsminderungsrente und sollten zu mindestens noch drei bis sechs Stunden arbeiten (können).

- **Volle Erwerbsminderung:** Reicht Ihr Leistungsvermögen für weniger als drei Stunden Arbeit am Tag? Dann haben Sie Anspruch auf eine volle Erwerbsminderungsrente.

Der Weg zur Erwerbsminderungsrente

Entweder wird ein Reha-Antrag auf Antrag Ihrer Krankenkasse oder der Agentur für Arbeit von der Rentenversicherung in einen Rentenantrag umgewidmet. Oder Sie entscheiden selbst, einen Rentenantrag zu stellen (spätestens, wenn Sie im Nahtlosigkeits-Arbeitslosengeldbezug sind).

Wenn ein Reha-Antrag in einen Rentenantrag umgewidmet wird, heißt das noch lange nicht, dass die Krankenkasse oder die Agentur für Arbeit für Sie einen Rentenantrag gestellt hat. Sollte die Rentenversicherung der Umdeutung zustimmen, müssen Sie leider doch noch einige Formulare ausfüllen und damit den Antrag stellen:

Formulare, Formulare, Formulare, …

Immer wenn Sie etwas von der Deutschen Rentenversicherung wollen, müssen Sie Anträge stellen. Bei einer Erwerbsminderungsrente müssen Sie sich durch relativ viele Formulare kämpfen:

- **R100: Antrag auf Versichertenrente:** Das ist der »normale« Rentenantrag. Hier werden alle notwendigen Daten für die Abwicklung, aber auch Fragen zu einer abschließenden Kontenklärung gestellt.
- **R210: Anlage zum Rentenantrag zur Feststellung der Erwerbsminderung:** Dies ist ein spezielles Formular bei Erwerbsminderungsrenten. Hier wird abgefragt, was Sie beruflich gemacht haben, welche Qualifikationen und welche gesundheitlichen Probleme Sie haben. Sie müssen Ihre Ärzte (sehr detailliert) angeben, stationäre Behandlungen und Reha-Aufenthalte erläutern.
- **R211: Ergänzungsblatt zur Anlage 210:** Dieses Formular benötigen Sie, wenn Sie einen Antrag in Papierform stellen und das Formular R210 zum Beispiel für die Vielzahl von Ärzten nicht ausreicht.
- **R215: Selbsteinschätzungsbogen:** Mit diesem Bogen haben Sie die Möglichkeit, Ihre gesundheitliche Situation selbst einzuschätzen und der Rentenversicherung mitzuteilen, wie und unter welchen Umständen Sie Ihren Arbeitsplatz trotz Erkrankung noch ausfüllen können. Sie sind nicht an dem Umfang des Bogens gebunden; Sie können auch noch weitere Ergänzungen, zum Beispiel handschriftlich auf einem separaten Blatt beifügen.
- **R810: Meldung zur KVdR:** Mit diesem Formular wird geprüft, ob Sie Mitglied bei der Krankenversicherung der Rentner sein können. Details hierzu finden Sie im Kapitel 19.
- **R811: Ergänzungsblatt zur Meldung zur KVdR:** Auch hier – wenn Sie in Papierform den Antrag stellen, reicht das Formular vielleicht nicht aus – sei es, weil Sie in der Vergangenheit so viele unterschiedliche Krankenkassen hatten oder weil Sie ziemlich viele Kinder haben.

- ✔ **R820: Antrag auf Zuschüsse zur KVdR:** Dieses Formular brauchen Sie, wenn Sie nach Rentenbeginn in einer gesetzlichen Krankenkasse freiwillig versichert sein werden oder wenn Sie privat krankenversichert sind. Weitere Ergänzungen hierzu finden Sie im Kapitel 19.

- ✔ **R821: Bescheinigung des privaten Krankenversicherungsunternehmens zur Krankenversicherung:** Wie der Name schon sagt, muss mit diesem Formular – sofern Sie privat krankenversichert sind – durch Ihre Krankenkasse bestätigt werden, dass Sie versichert sind, seit wann und wie hoch Ihr aktueller Beitrag ist. Details hierzu sehen Sie auch hier Kapitel 19.

Je besser alles ausgefüllt ist, desto besser kann die Deutsche Rentenversicherung arbeiten. Fehlen Angaben oder sind Eintragungen nicht nachvollziehbar, werden Sie von der Deutschen Rentenversicherung angeschrieben.

Jetzt haben Sie die Formulare ausgefüllt und denken, der Antrag ist fertig? Nicht ganz. Wenn Sie krank sind, haben Sie Monate oder Jahre mit ständigen Arztbesuchen und Klinikaufenthalten hinter sich gebracht. Alle Ärzte haben etwas über Sie festgehalten und dann in der Regel Ihren Hausarzt informiert. Sie können das Thema gesundheitliche Voraussetzungen der Deutschen Rentenversicherung überlassen. Besser ist es jedoch, dem Antrag Gutachten, Arztbriefe, Befunde und Ähnliches beizufügen und der Deutschen Rentenversicherung zur Verfügung zu stellen.

Atteste, Befunde, ärztliche Gutachten – die Beweise für Ihre Erwerbsminderung

Wenn Sie bereits länger krank sind, haben Sie Arztbriefe, Befunde und Gutachten über Ihren Krankheitsverlauf gesammelt. Diese sollten Sie Ihrem Rentenantrag beifügen.

Zur Beurteilung ist die Deutsche Rentenversicherung dazu angehalten, aktuelle ärztliche Gutachten anzufordern. Dafür schreibt die Deutsche Rentenversicherung Ihre Ärzte an. Leider ist es so, dass die meisten Ärzte »Land unter« haben. Anfragen der DRV bleiben (irgendwo verständlicherweise) liegen oder werden gar nicht bearbeitet.

Reagiert Ihr Arzt nicht, werden Sie angeschrieben und darüber informiert, dass der Arzt, bei dem ein ärztliches Gutachten angefordert wurde, bis dato nicht geliefert hat. Jetzt sind Sie gefordert – mit Fordern. Bitte machen Sie Ihrem Arzt klar, dass es Arbeit ist – ja – aber: Es geht um Ihre finanzielle Existenz! Wenn Ihr Arzt Sie an dieser Stelle nicht unterstützt, lässt er Sie unter Umständen in ein langwieriges Verfahren laufen. Das tut Ihrer Gesundheit nicht gut.

Leider lässt die Aussagekraft von Gutachten oft zu wünschen übrig. Das ist logisch. Ihr Arzt ist kein Arzt der Rentenversicherung, der auf sozialmedizinische Gutachten spezialisiert ist – Ihr Arzt ist Mediziner, der will, dass seine Patienten bestmöglich unterstützt werden. Trotzdem ist es möglich, dass Ihr Arzt Ihren Gesundheitszustand so darstellt, dass auch er Sachverhalte bewertet, auf die die DRV Wert legt.

Die Anfragen der DRV sind einheitlich strukturiert, aber doch ist es wichtig, dass Ihr Arzt ausführlich auf folgende Fragen antwortet:

- ✔ Wie lange sind Sie bereits in Behandlung?
- ✔ Warum werden Sie behandelt?
- ✔ Wie oft sind Sie in Behandlung?
- ✔ Wie schwer ist Ihre Erkrankung?
- ✔ Wie wirkt sich Ihre Erkrankung auf Ihren Alltag aus?
- ✔ Wie wirkt sich Ihre Erkrankung auf Ihren Beruf aus?
- ✔ Wie sieht Ihre Behandlung aus? Was wurde getan? Was ist geplant?
- ✔ Welche Prognose gibt Ihr Arzt Ihnen?

Gerade bei der Prognose tun sich viele Ärzte schwer – aber: Es ist wichtig, dass Ihre Ärzte eine Einschätzung abgeben, wie Ihr quantitatives Leistungsvermögen aussieht. Können Sie noch Vollzeit- oder Teilzeit arbeiten?

Hierfür gibt es die Vordrucke »S0050« und »S0050« der Deutschen Rentenversicherung, die einfach im Internet heruntergeladen werden können (Formulare in Suchmaschine eingeben).

Bitte sprechen Sie offen mit Ihrem Arzt und betonen Sie die Dringlichkeit solcher Gutachten. Ihr Arzt ist Ihr Anwalt in Sachen Gesundheit – und er soll Ihnen Beweismittel an die Hand geben, wie es wirklich um Sie bestellt ist. Wichtig dabei ist, dass er die Auswirkungen Ihrer Erkrankung auf Ihre Arbeit und Ihren Alltag beschreibt. Lediglich die Aufzählung der Diagnosen ist meist zu kurz gedacht und die Gutachter der Rentenversicherung können Ihre individuelle Situation nicht ausreichend einschätzen.

Je aktueller ein Gutachten, desto besser. Ältere Gutachten können zwar den Verlauf der Erkrankung darstellen. Im Moment (zum Zeitpunkt der Antragstellung) ist aber wichtig, Ihren aktuellen Gesundheitszustand zu bewerten.

Und ab die Post!

Ihren Antrag können Sie auf zwei Wegen an die Rentenversicherung senden:

- ✔ **auf Papier über den Postweg:** Dann können Sie jetzt die Formulare und die Gutachten und Arztbriefe in die Post geben. Bitte mit Einschreiben gegen Rückschein, sonst können Sie den Eingang des Rentenantrages bei der DRV nicht nachweisen.
- ✔ **Online:** Sie können Ihren Antrag auch über die Online-Dienste der DRV einreichen: `https://www.deutsche-rentenversicherung.de/DRV/DE/Online-Services/online-services_node.html` und dort ein Online-Formular verwenden und alle weiteren Informationen und Gutachten – eingescannt und als PDF anhängen.

Wenn Ihnen die Antragstellung zu viel ist:

- ✔ Wenden Sie sich an Ihre Gemeinde, Ihre Stadt. Manchmal gibt es dort Angestellte, die bei der Rentenantragstellung unterstützen.
- ✔ Machen Sie einen persönlichen Termin bei der DRV aus. Sie können über die Online Services mit der DRV Kontakt aufnehmen: `https://www.deutsche-rentenversicherung.de/DRV/DE/Beratung-und-Kontakt/Kontakt/kontakt_node.html`. Alternativ können der VdK oder andere Sozialverbände helfen. Details finden Sie auf `www.vdk.de` oder `www.sovd.de`.
- ✔ Suchen Sie einen gerichtlich zugelassenen Rentenberater in Ihrer Nähe, der auch gleich Ihren Bescheid nach der Genehmigung prüfen und gegebenenfalls reklamieren kann.

Eine einfache Suche finden Sie unter `www.rentenberater.de`. Hier können Sie anhand Ihrer Postleitzahl zugelassene Rentenberater in Ihrer Nähe finden.

Achten Sie auf die gerichtliche Zulassung. Rentenberater ist ein geschützter Begriff. Rentenberater sind, wie Anwälte auch, im Rechtsdienstleistungsregister eingetragen. Mitarbeiter der DRV sind zum Beispiel keine Rentenberater.

Wann und wie kommt der Rentenbescheid?

Vorab – die Bearbeitung von Erwerbsminderungsrenten dauert sehr lange. Sechs Monate sind keine Seltenheit. Sofern Sie die Voraussetzungen für eine volle oder teilweise Erwerbsminderungsrente erfüllen, erhalten Sie irgendwann Ihren Rentenbescheid.

- ✔ **Sind Sie mit dem Ergebnis einverstanden?** Dann ist alles gut.
- ✔ **Sie sind mit dem Ergebnis nicht einverstanden?** Sie erhalten zum Beispiel keine Rente? Oder Sie erhalten nur eine teilweise Erwerbsminderungsrente? Dann müssen Sie innerhalb von einem Monat Widerspruch einlegen.

Eigentlich geht der Widerspruch ganz einfach. Unter Angabe Ihrer Versicherungsnummer, Ihrer Daten und der Begründung (warum widersprechen Sie dem Rentenbescheid, was hat die DRV falsch gemacht?) legen Sie den Widerspruch ein. Sie können die Begründung auch weglassen. Dann prüft die DRV den Sachverhalt neu. Allerdings ist es sinnvoll, den Widerspruch zu begründen. Ansonsten prüft die DRV nur die bereits vorliegenden Unterlagen erneut und wird höchstwahrscheinlich zu keinem anderen Ergebnis kommen.

Der Widerspruchsausschuss der Deutschen Rentenversicherung prüft Ihren Widerspruch und teilt Ihnen schriftlich das Ergebnis anhand eines klagefähigen Bescheides mit.

Sind Sie mit dem Ergebnis nicht zufrieden, können Sie beim zuständigen Sozialgericht Klage erheben. Ihr zuständiges Sozialgericht wird am Ende des Widerspruchsbescheides mit Anschrift aufgeführt.

Aber bitte lassen Sie sich vorher von

- ✔ einem Fachanwalt für Sozialrecht,
- ✔ dem VdK beziehungsweise einem Sozialverband oder
- ✔ einem gerichtlich zugelassenen Rentenberater

über die Chancen einer Klage und Ihre Rechte beraten. Besser ist es, einen dieser Rechtsbeistände bereits im Widerspruchsverfahren einzubinden.

Weitere wichtige Hinweise zur Erwerbsminderungsrente

Wenn Sie eine Erwerbsminderungsrente bewilligt bekommen, ist diese in der Regel befristet. Es gibt aber auch eine unbefristete Erwerbsminderungsrente.

- ✔ **Befristete Erwerbsminderungsrente:** Das ist die Regel. Bei Erstbewilligung erhalten Sie für circa zwei bis drei Jahre eine Zeitrente. Ungefähr sechs Monate bevor die Befristung endet, müssen Sie (wenn Sie bis dahin noch nicht gesund sind), die Rente erneut beantragen. Die Deutsche Rentenversicherung schreibt Sie einige Zeit vorher an. Die Befristung kann bis zu neun Jahren betragen.
- ✔ **Unbefristete Erwerbsminderungsrente:** Sie wird spätestens nach neun Jahren gewährt. Es gibt auch Ausnahmen, wenn zum Beispiel das Krankheitsbild zeigt, dass eine Gesundung unwahrscheinlich ist. Oder, wenn die Regelaltersgrenze in Sicht ist.

Oben haben Sie schon die volle und die teilweise Erwerbsminderungsrente kennengerlernt.

- ✔ **Volle Erwerbsminderungsrente:** Sie können nur noch bis zu drei Stunden am Tag arbeiten. Die Höhe der vollen Erwerbsminderungsrente können Sie ungefähr Ihrer jährlichen Renteninformation (vergleiche Kapitel 2) entnehmen. Die volle Erwerbsminderungsrente hat eine *Einkommensersatzfunktion* – ob Ihnen diese gesetzliche Rente reicht, steht auf einem anderen Blatt Papier.
- ✔ **Teilweise Erwerbsminderungsrente:** Sie können zwischen drei und bis zu sechs Stunden am Tag arbeiten. Die Höhe beträgt 50 % der vollen Erwerbsminderungsrente. Da Sie nach der Meinung der Deutschen Rentenversicherung noch arbeiten können, hat diese Rente eine *Einkommensergänzungsfunktion*. Sie müssen überlegen, wie Sie die Rente aufstocken. Beschäftigung? Krankengeld? Arbeitslosengeld? Oder doch Jobcenter?

Rückwirkender Beginn?

Wenn Sie Ihren Antrag auf Erwerbsminderungsrente auf dem Weg gebracht haben, wäre es logisch, den ersten des Monats als Antragsdatum zu werten. Das ist er manchmal auch. Oft wird ein Reha-Antrag in einen Rentenantrag umgewandelt, dann ist der Zeitpunkt des Rentenbeginns der Zeitpunkt des Reha-Antrages. Der Beginn liegt dann in der Vergangenheit.

Wenn der Rentenbeginn in der Vergangenheit liegt und die Rente rückwirkend gewährt wird, heißt das aber nicht unbedingt, dass Sie nun rückwirkend eine Auszahlung erhalten. Denn schließlich haben Sie in der Vergangenheit zum Beispiel Krankengeld oder Arbeitslosengeld I im Rahmen der Nahtlosigkeit erhalten.

Diese Sozialleistung, die die Krankenkasse oder die Agentur für Arbeit an Sie gezahlt hat, wird nun gegen die Erwerbsminderungsrente gerechnet. Die DRV zahlt zum Beispiel die Rente, die während der Zeit, in der Sie Krankengeld bezogen haben, angefallen ist, ganz oder teilweise an Ihre Krankenkasse. Die DRV informiert Sie dann, dass entweder die Krankenkasse und/oder die Agentur für Arbeit einen Erstattungsanspruch geltend machen.

Sie erhalten also in der Regel keine Auszahlung, da Sie bereits andere Leistungen erhalten haben. Bleibt noch etwas übrig, bekommen Sie eine Nachzahlung. Zusätzlich werden von der Krankenkasse Ihre Beitragsanteile zur Pflege- und Arbeitslosenversicherung, die beim Krankengeld ja abgezogen wurden, an Sie erstattet. Die Rentenversicherungsbeiträge verbleiben bei der Rentenversicherung und erhöhen Ihre Rente.

Sie müssen das Krankengeld aber auch nicht zurückzahlen! Auch dann nicht, wenn Sie ein höheres Krankengeld oder Arbeitslosengeld I erhalten haben, als Ihnen laut Erwerbsminderungsrente zugestanden hätte.

Bis die laufende Rentenzahlung beginnt, kann oft etwas Zeit verstreichen. Sie erhalten zwar rückwirkend ab einem bestimmten Zeitpunkt die laufende Rentenzahlung – es kann aber sein, dass Sie einige Monate überbrücken müssen.

Erwerbsminderungsrente und Hinzuverdienst

Sie erhalten eine Erwerbsminderungsrente. Eine volle oder eine teilweise Erwerbsminderungsrente:

✔ **Volle Erwerbsminderungsrente:**

- Sie können täglich drei Stunden arbeiten.
- Ihr Verdienst darf maximal 1.638,44 € brutto monatlich betragen, ohne dass es zu einer Anrechnung bei Ihrer Erwerbsminderungsrente kommt.
- Die Grenze wird jedes Jahr angepasst, wenn sich die Rechengrößen verändern.

Bei der Berechnung des Betrages wird die sogenannte *monatliche Bezugsgröße* West zugrunde gelegt. Die monatliche Bezugsgröße ist eine Rechengröße aus dem Sozialgesetzbuch. Sie wird für viele unterschiedliche Berechnungen genutzt. Sie bildet das Durchschnittsentgelt in Deutschland aus dem vorletzten Kalenderjahr ab.

Die monatliche Bezugsgröße im Jahr 2025 West beträgt 3.745 € monatlich.

Die Hinzuverdienstgrenze bei einer vollen Erwerbsminderungsrente entspricht 3/8 der 14-fachen monatlichen Bezugsgröße.

3/8 × 14 × 3.745,00 € = 19.661,25 € p. a. – also im Monat 1.638,44 €.

✔ **Teilweise Erwerbsminderungsrente**

- Sie können täglich zwischen drei und bis zu sechs Stunden arbeiten.
- Die Hinzuverdienstgrenze wird völlig individuell ermittelt. Dabei wird Ihr höchstes Entgelt der letzten 15 Jahre vor Eintritt der Erwerbsminderung zugrunde gelegt. Das bedeutet, dass Ihre eigene Hinzuverdienstgrenze höher sein kann als die Hinzuverdienstgrenze, die mindestens erlaubt ist.
- Mindestens beträgt die Hinzuverdienstgrenze monatlich 3.276,88 €

Überschreitet Ihre Rente die Hinzuverdienstgrenze, wird Ihre Rente gekürzt oder gar nicht ausgezahlt.

Probearbeit – nach längerer Krankheit wieder in das Berufsleben einsteigen?

In der Vergangenheit war es so, dass die DRV sehr kritisch die Höhe des Gehalts während des Bezugs einer Erwerbsminderungsrente untersucht hat. Passt das Gehalt zum festgestellten Restleistungsvermögen am allgemeinen Arbeitsmarkt?

Seit dem 01.01.2024 haben Erwerbsminderungsrentner die Möglichkeit, bis zu sechs Monate lang wieder eine Beschäftigung aufzunehmen, ohne dass die Erwerbsminderungsrente gestrichen wird.

Wenn Sie zum Beispiel eine volle Erwerbsminderungsrente beziehen und austesten wollen, ob Sie es schaffen, wieder Vollzeit zu arbeiten, können Sie das sechs Monate probieren, ohne dass Ihre volle Erwerbsminderungsrente entzogen wird. Natürlich wird ein Einkommen, das oberhalb der Hinzuverdienstgrenzen liegt, die Rente schmälern.

Die Rente wird aber nicht gestrichen, nur weil Sie probieren, wieder zu arbeiten.

Teil VI
Rentenantrag – Rentenbescheid – und Ihre Rentenzukunft

IN DIESEM TEIL …

Bereiten Sie Ihren Rentenantrag vor.

Identifizieren Sie mögliche Fehler im Rentenbescheid – und wie Sie damit umgehen können.

Erkennen Sie, dass Ihre Bruttorente nicht gleich Ihre Nettorente ist – die Krankenkasse und der Fiskus wollen auch noch zu ihrem Recht kommen.

Ihr Leben ist dynamisch – Ihre Rente deswegen auch. Unterschiedliche Lebensumstände können Auswirkungen auf Ihre Rente haben.

IN DIESEM KAPITEL

Optimale Vorbereitung Ihres Rentenantrages ist alles

Rentenantrag rechtzeitig auf dem Weg bringen

Kapitel 17
Zeit für Ihren Rentenantrag

Sie haben Ihre beste Rente der Höhe nach und betriebswirtschaftlich ermittelt? Sie haben genau abgeglichen, wann Sie welche Rente erhalten können? Sie haben mit Ihrem Arbeitgeber geredet? Ihr Arbeitsverhältnis endet automatisch oder Sie haben gekündigt oder Sie arbeiten weiter? Dann wird es für Sie Zeit, rechtzeitig Ihren Rentenantrag vorzubereiten und auf den Weg zu bringen. Ihre Vorbereitungen sollten spätestens ein Jahr vor Ihrem Rentenbeginn starten – je nachdem, ob bei Ihnen noch etwas im Versicherungsverlauf zu klären ist oder nicht.

Außerdem müssen Sie beachten, dass gesetzliche Bestimmungen gelten, wenn es um den Rentenbeginn Ihrer Altersrente geht (§ 99 SGB VI):

- ✔ Ihre Rente wird von dem Monat an geleistet, zu dessen Beginn die Anspruchsvoraussetzungen erfüllt sind (Alter und Wartezeit und gegebenenfalls weitere Bedingungen bei Schwerbehinderung).
- ✔ Das aber nur, wenn Sie den Antrag bis zum Ende des dritten Kalendermonats nach Ablauf des Monats, in dem die Anspruchsvoraussetzungen erfüllt sind, stellen.
- ✔ Stellen Sie den Antrag später, wird Ihre Rente ab Beginn des Antragsmonats geleistet.

BEISPIEL

Konstanze Konstanz erfüllt die Voraussetzungen für Ihre Altersrente für besonders langjährig Versicherte am 14.09.2025. Rentenbeginn ist der 01.10.2025. Konstanze kann Ihren Rentenantrag für einen Beginn zum 01.10.2025 bis zum 31.12.2025 stellen. Beantragt sie zum Beispiel erst im Dezember ihre Rente, hat sie ihren Rentenantrag immer noch rechtzeitig zum erstmaligen Rentenbeginn gestellt und erhält rückwirkend ab dem 01.10.2025 ihre Rente.

Stellt sie erst im Januar 2026 Ihren Rentenantrag, ist sie zu spät dran und erhält Ihre Rente zum 01.01.2026.

Stimmt Ihr Versicherungskonto?

Wenn noch nicht geschehen – jetzt ist es Zeit für Sie, Ihr Versicherungskonto nochmals abzugleichen. Wenn Sie Lücken haben, die Sie nachweisen müssen, brauchen Sie in der Regel Beweise. Und diese Beweise zu beschaffen, kostet Zeit.

Fordern Sie über die Online-Dienste der DRV einen aktuellen Versicherungsverlauf an. Gehen Sie Ihr Leben bei der Rentenversicherung akribisch durch. Fehlt etwas? Wenn ja, was? Was haben Sie damals gemacht? Gibt es Nachweise und Belege? Wenn nein, wer kann helfen?

Wiederholung, Wiederholung, Wiederholung: Aufräumen in allen Ehren. Aber werfen Sie nichts weg, was irgendwie von Belang für Ihre Rente sein könnte. Alles, was für die Rente wichtig ist, müssen Sie ein Leben lang aufbewahren.

Richtige Rentenart festlegen

Überprüfen Sie nochmals, ob Sie sich für die richtige Rentenart entschieden haben und hierfür die Voraussetzungen erfüllen. Details finden Sie insbesondere in den Kapiteln 2, 5 und 6. Welche Rente darf es denn nun sein? Die Rente für langjährig Versicherte (gegebenenfalls mit Abschlag) oder haben Sie die Voraussetzungen der Rente für besonders langjährig Versicherte nach 45 Jahren erreicht und möchten diese beantragen?

Der erste Schritt im Rentenantrag ist nämlich, ein Kreuzchen zu setzen, welche Rente Sie nun tatsächlich beantragen möchten und ab wann genau.

Nochmals Abgleich: Voll- oder Teilrente?

In Ihrem Rentenantrag müssen Sie angeben, ob Sie eine Voll- oder eine Teilrente möchten.

Die Entscheidung für eine Vollrente ist einfach. Die volle Rente ist der richtige Weg, wenn Sie nicht mehr arbeiten und das Leben für Sie keine Besonderheiten aufweist (zum Beispiel Pflege naher Angehöriger – hierzu siehe Kapitel 19).

Eine **Teilrente** macht in der Regel Sinn, wenn Sie neben dem Bezug einer Rente weiterarbeiten, denn:

- ✔ **Sie behalten Ihren Krankengeldanspruch.**

  Wie Sie im Kapitel 15 erfahren haben (oder vorher schon wussten), erhalten Sie nach der Lohnfortzahlung *Krankengeld*. Normalerweise können Sozialleistungen, die Ihre Grundversorgung sichern sollen, nicht doppelt gezahlt werden. Bei einer Teilrente erhalten Sie sich Ihren Krankengeldanspruch. Das macht Sinn, wenn Sie gerne arbeiten, gesundheitlich aber manchmal, etwas, immer wieder, angeschlagen sind.

Als Altersvollrentner zahlen Sie im Übrigen den sogenannten ermäßigten Beitragssatz bei Ihrer Krankenkasse (14 Prozent). Als Altersteilrentner nach wie vor den vollen Beitragssatz (14,6 Prozent).

✔ **Ihr Anspruch auf Kurzarbeitergeld bleibt erhalten.**

Kurzarbeit gewinnt in schlechten wirtschaftlichen Zeiten an Bedeutung. Für das konkrete Arbeitsverhältnis bedeutet Kurzarbeit, dass die regelmäßige Arbeitszeit reduziert wird. Es wird weniger oder gar nicht gearbeitet. Durch Kurzarbeit will ein Betrieb gewöhnlich Entlassungen vermeiden. Durch die geringere oder nicht vorhandene Arbeitsleistung wird weniger oder gar kein Gehalt gezahlt. Der Betrieb spart Personalkosten.

Mit dem *Kurzarbeitergeld* sollen die Einkommensverluste teilweise ausgeglichen werden. Ziel ist eine Grundversorgung und der Arbeitsplatzerhalt. Kurzarbeitergeld wird gezahlt, wenn Ihr Arbeitgeber oder Ihre Arbeitgeberin Kurzarbeit angemeldet hat. Die Höhe des Kurzarbeitergeldes beträgt 60 Prozent der Nettoentgeltdifferenz des Monats, in dem die Arbeit ausgefallen ist. Ist in der Lohnsteuerkarte ein Kinderfreibetrag von mindestens 0,5 eingetragen, wird ein erhöhter Leistungssatz von 67 Prozent gezahlt.

✔ **Sie können noch drei Monate ALG I erhalten.**

Eigentlich können Sie keine zwei Sozialleistungen beziehen. Stellen Sie sich vor, Sie arbeiten, bekommen Gehalt und dazu eine Teilrente aus der gesetzlichen Rentenversicherung. Dann werden Sie entlassen. Sie hatten zuvor mindestens sechs Monate in die Arbeitslosenversicherung eingezahlt und Ihre Rente läuft mindestens schon sechs Monate.

In diesem Fall ruht Ihr Anspruch auf Arbeitslosengeld I erst mit Ablauf des dritten Monats – Sie erhalten drei Monate Arbeitslosengeld.

✔ **Sie behalten Ihren Beihilfeanspruch.**

Angehörige von Beamten haben in der Regel selbst Anspruch auf *Beihilfe* zu Gesundheitsleistungen. Um diese Beihilfen zu erhalten, darf ein bestimmtes Einkommen nicht überschritten werden. Planen Sie größere, teurere Gesundheitsmaßnahmen (denken Sie zum Beispiel an Ihre Zähnchen – die gesetzlichen Krankenkassen zahlen kaum etwas dazu), kann es Sinn machen, die Einnahmen – also Ihre monatliche Rente – so herunterzuschrauben, dass Sie weiterhin die Beihilfe bekommen. Ist die Beihilfe abgeschlossen, können Sie nach einiger Zeit Ihr Einkommen (Ihre gesetzliche Rente) wieder erhöhen.

Wie hoch die Beihilfe ist und welche Einkommensgrenzen für Angehörige gelten, bringen Sie bitte über die jeweilige Beihilfeverordnung in Erfahrung.

✔ **Als freiwillig gesetzlich Krankenversicherter mit geringer Rente könnten Sie in die Familienversicherung kommen.**

Eine Teilrente kann sich lohnen, wenn Ihre Rente sehr gering ist und Sie freiwillig in einer gesetzlichen Krankenversicherung versichert sind. Und Ihr Krankenversicherungsbeitrag aus dem Mindestentgelt berechnet wird. Sind Ihre Rente und der Zuschuss zur freiwilligen Krankenversicherung niedriger als Ihr Beitrag zur Kranken- und Pflegeversicherung, kann sich eine Teilrente lohnen, um in die Familienversicherung zu kommen.

- **Sie können unter Umständen in die gesetzliche Krankenkasse zurückkehren.**

  Wenn Sie privat krankenversichert sind, ist es ab 55 in der Regel unmöglich (vergleiche auch Kapitel 19), in die gesetzliche Krankenkasse zurückzukommen.

  Sind Sie als privat Krankenversicherter mit einem gesetzlich Krankenversicherten verheiratet, gibt es unter Umständen (kann sein, dass dieses Schlupfloch bis zum Erscheinen dieses Buches komplett gestrichen ist) noch die Möglichkeit, dass Sie Ihr Einkommen so reduzieren, dass Sie unterhalb der Einkommensgrenze von 535 € (2025) im Jahr liegen.

Es ist davon auszugehen, dass dieses Schlupfloch demnächst komplett gestrichen wird!

- **Sie pflegen nahe Angehörige.**

  Unter bestimmten Voraussetzungen (sorry, die folgen im Kapitel 19), erhalten Sie, wenn Sie einen nahen Angehörigen pflegen, Beiträge von der Pflegeversicherung auf Ihr Rentenkonto eingezahlt. Erreichen Sie Ihre Regelaltersgrenze, sollten Sie spätestens ab diesem Zeitpunkt eine Teilrente beantragen, damit die Beiträge der Pflegeversicherung Ihre Rente erhöhen.

Rentenantrag vorbereiten und stellen

Ein Jahr bis zur Rente – jetzt wird es spannend, ob alles funktioniert. Und – ob Sie alles haben, was notwendig ist.

Wann Sie den Rentenantrag stellen sollten

Ihre Rente wird nur dann gezahlt, wenn Sie einen Antrag stellen.

Die Deutsche Rentenversicherung spricht in ihrer Broschüre »Ihr Rentenantrag – so geht's« von einer Antragstellung drei Monate vor Rentenbeginn – bei einem geklärten Versicherungskonto. Ist das Konto noch nicht geklärt, sollte der Antrag früher oder die Kontenklärung erheblich früher erfolgen. Haben Sie eine Zeitlang im Ausland gearbeitet, sollte der Antrag mindestens ein halbes Jahr vor Rentenbeginn gestellt werden.

Dem Grunde nach gibt es keine Regelung, die vorschreibt, wann der Rentenantrag zu stellen ist. Die Träger der Deutschen Rentenversicherung haben sich jedoch auf folgende Grundsätze verständigt, wenn der Rentenantrag früher als drei Monate vor Rentenbeginn gestellt wird.

- Rentenanträge, die mehr als zwölf Monate vor Rentenbeginn gestellt werden, werden abgelehnt.
- Rentenanträge, die zwischen drei und zwölf Monate vor Beginn gestellt werden, werden zurückgestellt und unaufgefordert wieder aufgegriffen. (Hin und wieder werden auch Schreiben dieses Inhalts von der DRV versandt – in der Masse eher nicht mehr.)

Mit anderen Worten:

- ✔ Sie können Ihren Rentenantrag bis zu zwölf Monate vor Rentenbeginn stellen.
- ✔ Sie können nicht erwarten, dass Ihr Rentenantrag, auch wenn Sie diesen so früh stellen, eher bearbeitet wird.

Das hängt auch damit zusammen, dass zwölf Monate vor Rentenbeginn auf Ihrem Rentenkonto noch einiges passieren kann.

Im Normalfall arbeiten Sie einfach weiter. Wer arbeitet, erhält Gehalt und zahlt Beiträge – und das wirkt sich auf Ihr Rentenkonto aus. Zum Zeitpunkt der Rentenantragstellung müssen Sie entscheiden, wie Ihr Gehalt bis zum Rentenbeginn auf Ihrem Rentenkonto zu Buche schlägt. Oder wäre es Ihnen lieber, Sie haben Ihren Rentenantrag frühzeitig und es fehlt im Rentenbescheid ein ganzes Jahr?

Deswegen müssen Sie sich mit Stellung Ihres Rentenantrages entscheiden, ob Sie die sogenannte Hochrechnung wählen oder ob Sie die Meldung Ihres Arbeitgebers zum Beschäftigungsende beziehungsweise Rentenbeginn (Verzicht auf Hochrechnung) abwarten.

Hochrechnung

Wenn Sie sich für eine Hochrechnung entscheiden, geben Sie der Deutschen Rentenversicherung das Okay, Ihr Gehalt die letzten drei Monate vor Rentenbeginn hochzurechnen.

Bei einer *Hochrechnung* beginnt die Deutsche Rentenversicherung in der Regel drei Monate vor Rentenbeginn. Sie nimmt Ihr Gehalt der letzten zwölf Monate als Grundlage und ermittelt einen Durchschnittswert, der für die letzten drei Monate vor Rentenbeginn hochgerechnet wird.

Ist das gut oder schlecht?

- ✔ **Vorteil** ist, dass Ihr Rentenantrag in der Regel vor dem Rentenbeginn bearbeitet wird. Außerdem wirkt sich die Hochrechnung in folgenden Fällen positiv aus:
  - Sie haben kürzlich Ihre Arbeitszeit reduziert.
  - Im Hochrechnungszeitraum haben Sie eine sozialversicherungspflichtige Sonderzahlung erhalten, die jetzt kurz vor Rentenbeginn nicht mehr so gezahlt wird.
- ✔ **Nachteil** ist, dass nicht Ihr reales Gehalt der letzten drei Monate vor Rentenbeginn in Ihre Rente einfließt.

  Das kann insbesondere dann nachteilig sein, wenn Sie
  - Gehaltserhöhungen (kurz vor Rentenbeginn) haben oder
  - sozialversicherungspflichtige Sonderzahlungen erhalten, die von Ihrem Gehalt in den letzten zwölf beziehungsweise 15 Monaten abweichen.

- ein Gehalt oberhalb der Beitragsbemessungsgrundlage zur gesetzlichen Rentenversicherung verdienen. Denn die Beitragsbemessungsgrenze steigt (auch hier wieder: in der Regel) jedes Jahr.

Im Übrigen fordert die Deutsche Rentenversicherung Ihren Arbeitgeber über die »gesonderte Meldung« auf, Ihr Gehalt zu melden.

Konstanze Konstanz stellt am 15.04.2025 ihren Rentenantrag. Sie möchte ab dem 01.10.2025 ihre Altersrente erhalten. Sie sagt in ihrem Rentenantrag, dass die Deutsche Rentenversicherung hochrechnen darf.

Konstanzes reales Gehalt wird bis zum 30.06.2025 berücksichtigt. Für die Zeit vom 01.07.2025 bis zum 30.09.2025 rechnet die Deutsche Rentenversicherung das Gehalt von Konstanze hoch. Dabei wird der Durchschnittswert vom 01.07.2024 bis zum 30.06.2025 genommen.

Nehmen wir mal an, Konstanze hatte im Jahr 2024 ein sozialversicherungspflichtiges Bruttoentgelt von 45.800,00 €. Hierin sind sowohl ihr monatliches Bruttoentgelt als auch zwei Sonderzahlungen enthalten. Somit liegt der Monatsdurchschnitt für den Zeitraum vom 01.07.2024 bis zum 31.12.2024 bei 3.816,67 €.

In den Monaten 01.01.2025 bis zum 30.06.2025 hatte Konstanze ein sozialversicherungspflichtiges Bruttoentgelt (Gehaltserhöhung und Sonderzahlung wegen Abgeltung Überstunden und Urlaubsanspruch = 6 × 3.500,00 € Gehalt, 1 × Abgeltung Urlaub und Überstunden 7.500,00 €) von 28.500,00 €. Der Monatswert für diesen Zeitraum liegt bei 4.750,00 €.

Das bedeutet, dass die DRV für die Hochrechnung (also für die letzten drei Monate vor Rentenbeginn) 4.283,34 € ansetzt.

Auf Stand 31.12.2024 ergeben drei Mal 4.283,34 € 11,13 € Rente.

Mit dem neuen Rentenwert ab 01.07.2025 verändert sich obige Rechnung natürlich. Wie immer geht es in diesen Beispielen darum, Sie zu sensibilisieren und Auswirkungen zu erläutern.

Verzicht auf Hochrechnung

Sie können aber auch gegenüber der Rentenversicherung angeben, dass eine Hochrechnung unterbleiben und die Meldung zum Beschäftigungsende abgewartet werden soll.

In diesem Fall kann die Rentenversicherung Ihren Rentenantrag erst abschließend bearbeiten, wenn Ihr Arbeitgeber eine Meldung zum Beschäftigungsende (oder eine gesonderte Meldung zum Rentenbeginn) vorgenommen hat. Dazu wird Ihr Arbeitgeber von der Rentenversicherung aufgefordert.

Der Verzicht auf die Hochrechnung ist in folgenden Fällen sinnvoll:

- ✔ Sie erhalten noch (im Vergleich zum Vorjahr) höhere Sonderzahlungen, die sozialversicherungspflichtig sind und sich auf die Höhe Ihrer Rente auswirken.

- ✔ Sie haben im Jahr des Rentenbeginns beziehungsweise in den letzten Monaten davor Gehaltserhöhungen erhalten.
- ✔ Sie liegen mit Ihrem Einkommen oberhalb der Beitragsbemessungsgrenze.

Der große Nachteil ist: Ihr Rentenantrag wird in diesem Fall erst bearbeitet, wenn Ihr Arbeitgeber Ihr Gehalt gemeldet hat. Das kann der Monat des Rentenbeginns sein, das kann aber auch der Monat danach sein. Sie müssen also unter Umständen ein, zwei oder drei Monate (hoffentlich nicht mehr) überbrücken, ehe Sie Ihre Rente erhalten.

Für die abgelaufenen Monate erhalten Sie zwar eine Nachzahlung – aber Sie müssen in Vorkasse treten – das ist Ihre Aufgabe (oder die Ihres Dispokredits).

Sprechen Sie Ihre Personalabteilung auf die notwendige Gehaltsmeldung an, fragen Sie nach, wann die Abrechnung gemacht wird und somit die Meldung an die Rentenversicherung geschickt werden kann. Erklären Sie die Dringlichkeit. Zum einen können Sie dann ungefähr abschätzen ob und gegebenenfalls wie lange Sie überbrücken müssen, zum anderen hat Ihre Personalabteilung auf dem Schirm, dass an dieser Meldung »mehr« dranhängt.

Denken Sie aber bitte auch daran, dass Renten am Monatsende gezahlt werden und somit gegebenenfalls. noch Luft bleibt zwischen der Meldung des Arbeitgebers und der Auszahlung der Rente – es könnte also zeitlich reichen, wenn alles passt.

BEISPIEL

Konstanze Konstanz stellt am 15.04.2025 ihren Rentenantrag. Sie möchte ab dem 01.10.2025 ihre Altersrente erhalten. Sie sagt der Rentenversicherung dieses Mal, dass sie auf die Hochrechnung verzichtet. Die Entgeltmeldung soll abgewartet werden.

Die DRV berücksichtigt Konstanzes reales Gehalt bis zum 30.09.2025.

In den Monaten 01.01.2025 bis zum 30.06.2025 hatte Konstanze ein sozialversicherungspflichtiges Bruttoentgelt (Gehaltserhöhung und Sonderzahlung wegen Abgeltung Überstunden und Urlaubsanspruch = 6 × 3.500,00 € Gehalt, 1 × Abgeltung Urlaub und Überstunden 7.500,00 €) von 28.500,00 €.

Für die Monate Juli bis September kommen nochmals 3.590,00 € (noch eine kleine Gehaltserhöhung) und eine laufende Sonderzahlung in Höhe von 3.590,00 € hinzu. Das sind in der Summe 14.360,00 €.

Zum Vergleich bedeutet das, dass die DRV (also für die letzten drei Monate vor Rentenbeginn) 4.786,67 € monatlich ansetzt.

Auf Stand 31.12.2024 ergeben drei Mal 4.786,67 € 12,45 € Rente.

Wenn sich Konstanze für den Verzicht auf die Hochrechnung entscheidet, erhöht sie ihre Bruttorente um 1,32 € monatlich.

Wie Sie dem Beispiel entnehmen können, kann Ihre Entscheidung die Höhe Ihrer Rente unmittelbar verändern.

Aber auch der Zeitpunkt, zu dem Sie Ihre Rente brauchen, sollte in die Entscheidung einfließen.

Wenn Sie auf einen pünktlichen Rentenbeginn setzen und Sie keine Sonderzahlungen oder Gehaltserhöhungen mehr haben, können Sie die Hochrechnung über die DRV wählen.

Erhalten Sie dagegen noch Sonderzahlungen oder Gehaltserhöhungen, macht es Sinn, die Personalabteilung zu bitten, schnell zu melden. Sie müssen aber trotzdem damit rechnen, dass Sie unter Umständen ein bis drei Monate finanziell überbrücken müssen. Sollte Ihnen das nicht möglich sein, müssen Sie gegebenenfalls mit Ihrer Bank oder Ihren Vermieter reden.

Welche Angaben und Unterlagen brauchen Sie für den Rentenantrag?

Sie kennen das von Ihrer Einkommensteuererklärung. Bis alles zusammen ist, kann es aufwendig werden. Dafür geht es dann umso schneller, egal welchen Weg Sie dann wählen, Ihren Antrag zu stellen.

Wenn Sie Ihre Altersrente beantragen, müssen Sie folgende Unterlagen und Angaben parat haben:

- ✔ Ihren Personalausweis
- ✔ Ihre Gesundheitskarte – und die Adresse Ihrer Krankenkasse
- ✔ Ihre Bankkarte
- ✔ Ihre letzte Rentenauskunft, Ihren letzten Versicherungsverlauf
- ✔ Geburtsurkunden Ihrer Kinder
- ✔ Bescheide über Sozialleistungen, die Sie in der letzten Zeit vor Rentenbeginn erhalten haben, zum Beispiel
  - Arbeitslosengeld
  - Bürgergeld
  - Krankengeld
  - Unfallrente
  - …

- ✔ Vertriebenenausweis beziehungsweise Spätaussiedlerbescheinigung
- ✔ Nachweise über eine Rente im Ausland,
- ✔ Standmitteilungen Ihrer Betriebsrenten
- ✔ Nachweis einer Pflegekasse, wenn Sie jemanden pflegen
- ✔ Schwerbehindertenausweis
- ✔ Ihre Steuer-ID

Formulare, Formulare, Formulare …

Unabhängig davon, wie und wo Sie den Rentenantrag stellen, die Formulare sind sowohl in Papierform als auch online identisch. Für den Altersrentenantrag brauchen Sie folgende Formulare:

- ✔ **R100: Antrag auf Versichertenrente:** Das ist der »normale« Rentenantrag. Hier werden alle notwendigen Daten für die Abwicklung, aber auch Fragen zu einer abschließenden Kontoklärung gestellt.
- ✔ **R810: Meldung zur KVdR:** Mit diesem Formular wird geprüft, ob Sie Mitglied bei der Krankenversicherung der Rentner sein können. Details hierzu finden Sie im Kapitel 19.
- ✔ **R811: Ergänzungsblatt zur Meldung zur KVdR:** Wenn Sie in Papierform den Antrag stellen, reicht das Formular vielleicht nicht aus. Sei es, weil Sie in der Vergangenheit so viele unterschiedliche Krankenkassen hatten oder weil Sie ziemlich viele Kinder haben.
- ✔ **R820: Antrag auf Zuschüsse zur KVdR:** Dieses Formular brauchen Sie, wenn Sie in einer gesetzlichen Krankenkasse freiwillig versichert sein werden (nach Rentenbeginn) oder wenn Sie privat krankenversichert sind. Weitere Ergänzungen hierzu finden Sie im Kapitel 19.
- ✔ **R821: Bescheinigung des privaten Krankenversicherungsunternehmens zur Krankenversicherung:** – Wie der Name schon sagt, muss mit diesem Formular durch (sofern Sie privat krankenversichert sind) Ihre Krankenkasse bestätigt werden, dass Sie versichert sind, seit wann und wie hoch Ihr aktueller Beitrag ist. Details hierzu sehen Sie auch hier Kapitel 19.

Sollte Ihr Konto bis zum Zeitpunkt des Rentenantrags immer noch nicht geklärt sein, empfiehlt es sich auf alle Fälle den Antrag trotzdem fristgerecht (frühzeitig) zu stellen, die DRV gegebenenfalls auf die fehlenden Zeiten hinzuweisen und die Unterlagen dann nachzureichen. Sollten Sie nicht alle relevanten Formulare und Unterlagen beigelegt haben, wird Sie die DRV nochmals an die Übersendung der fehlenden Nachweise/Formulare/Angaben erinnern.

Wo stellen Sie den Rentenantrag?

Haben Sie alles zusammen, müssen Sie sich überlegen, wie beziehungsweise wo Sie den Antrag stellen. Dabei haben Sie unterschiedliche Möglichkeiten:

✔ **Bei der Deutschen Rentenversicherung**

- **Persönlich:** Achtung: Vereinbaren Sie vorher online `unter www.deutsche-rentenversicherung.de` beziehungsweise per E-Mail: `info@deutsche-rentenversicherung.de` oder telefonisch 0800 1000 4800 einen Termin! Bedenken Sie – Sie sind vermutlich Babyboomer? Dann kann es sein, dass Sie einen Terminvorlauf von einigen Wochen berücksichtigen müssen.
- **Online:** Auch über die Online Services der Deutschen Rentenversicherung können Sie den Antrag stellen.
- **Papier und Post:** Sie können über die Internetseite der Deutschen Rentenversicherung die Anträge online herunterladen (als befüllbare PDFs). Oder Sie lassen sich die Anträge mit der Post zusenden.

  Wenn Sie den Antrag mit der Post versenden, dann gehen Sie zur nächsten Filiale der Deutschen Post und bringen Sie Ihren Antrag per Einschreiben gegen Rückschein auf dem Weg – der Rückschein ist der Beweis, dass Sie den Antrag auf dem Weg gebracht (und rechtzeitig gestellt) haben.
- **Versicherungsälteste und Versichertenberater:** Das sind ehrenamtliche Berater der Deutschen Rentenversicherung. Auch diese finden Sie über die Internetseite der Deutschen Rentenversicherung.

✔ **Gemeinde, Städte:** Manche Gemeinden oder Städte bieten die Möglichkeit, vor Ort Rentenanträge zu stellen. Erkundigen Sie sich vor Ort.

✔ **Sozialverbände:** Das sind zum Beispiel der VdK, der Sozialverband Deutschland oder die Volkssolidarität.

✔ **Gerichtlich zugelassene Rentenberater:** Diese sind wie Anwälte oder Steuerberater tätig. Sie haben Ihre Interessen im Blick – nicht die der Deutschen Rentenversicherung. Rentenberater in Ihrer Region finden Sie über `www.rentenberater.de` oder telefonisch über den Bundesverband der Rentenberater 030 62 72 55 02.

IN DIESEM KAPITEL

Eingang des Rentenbescheides – Fristen beachten

Fehler im Rentenbescheid

Widerspruch einlegen – Klage einreichen

Kapitel 18

Der Rentenbescheid ist da

Vor Monaten haben Sie Ihren Rentenbescheid auf den Weg gebracht. Jetzt warten Sie auf den Bescheid, damit Sie Sicherheit haben, dass Ihre Rente gezahlt wird.

Bearbeitungsdauer – oder warum dauert das so lange?

Vorab: Der Zeitraum von Antragsstellung bis Eingang des Bescheides kann im Vorfeld nicht pauschal benannt werden. Es dauert einfach so lange, wie es dauert. Die Bearbeitungsdauern reichen bei Altersrente erfahrungsgemäß zwischen zwei Wochen und sieben Monaten.

Mit einer zügigeren Bearbeitung können Sie rechnen,

- ✔ **Wenn das Versicherungskonto geklärt ist**

  Die Klärung des Versicherungskontos als Dreh- und Angelpunkt Ihrer richtigen Rente ist schon mehrmals angesprochen worden. Also: Wenn Sie rechtzeitig alles geklärt haben, hält die Klärung die Bearbeitung Ihrer Unterlagen schon mal nicht auf.

- ✔ **Wenn Sie keine ausländische Rente erhalten**

  Bei ausländischen Renten kann sich der Antragsprozess hinziehen. Je nachdem, wo Sie weitere gesetzliche Renten erworben haben, ist der Antrag bei der Deutschen Rentenversicherung gleichzeitig Ihr Antrag auf die ausländische Rente.

Sie haben im In- und Ausland bei einem Mitglieds- oder Abkommensstaat gearbeitet? Dann reicht es, wenn Sie einen Rentenantrag stellen. Dieser Antrag gilt sowohl für Ihre deutsche als auch für Ihre Rente im Ausland.

Den Antrag stellen Sie in dem Land, in dem Sie wohnen.

✔ **Wenn Sie Ihr Leben lang bei einer gesetzlichen Krankenkasse waren.**

Mit Rentenantragsstellung prüft Ihre gesetzliche Krankenkasse, ob Sie die Voraussetzungen für die Krankenversicherung der Rentner erfüllen. Dabei wird abgeglichen, ob Sie in der letzten Hälfte Ihres Erwerbslebens mindestens neun Zehntel der Zeit Mitglied einer gesetzlichen Kasse waren. Waren Sie immer bei einer Kasse, ist die Prüfung einfach. Waren Sie bei unterschiedlichen gesetzlichen Krankenkassen, ist der Abgleich schwieriger.

✔ **Wenn Sie aktuell (also vor Rentenbeginn) keine Sozialleistung beziehen.**

Wenn Sie eine Sozialleistung beziehen, kommt es oft zu einer Abstimmung zwischen den beiden Sozialleistungsträgern (zum Beispiel Rentenversicherung und Krankenkasse oder Agentur für Arbeit). Auch diese Abstimmungen (die Rentenversicherung braucht die richtigen Werte für Ihre Rente) kosten Zeit.

✔ **Wenn Sie die Hochrechnung gewählt haben.**

Mit der Hochrechnung kann die Deutsche Rentenversicherung drei Monate vor Ihrem Rentenbeginn mit der Bearbeitung Ihres Rentenbescheides beginnen und die »gesonderte Meldung« Ihres Arbeitgebers bereits vor diesen drei Monaten anfordern.

✔ **Wenn Sie seit Jahren nichts mehr eingezahlt haben** (weil Sie zum Beispiel seitdem selbstständig sind).

Ist in Ihrem Versicherungskonto nichts mehr passiert und alle übrigen Dinge wie Kontoklärung, Krankenkasse und so weiter sind eindeutig, hat die Deutsche Rentenversicherung alle Daten und kann ohne weitere Verzögerung Ihre Rente berechnen.

✔ **Wenn Ihr Arbeitgeber die gesonderte Meldung für die Berechnung Ihrer Rente schnell erledigt.**

Ins Blaue hinein kann die Rentenversicherung nicht arbeiten. Erfolgt keine Meldung durch Ihren Arbeitgeber, kann die Rentenversicherung nicht arbeiten. In den meisten Fällen werden Sie angeschrieben, wenn Ihr Arbeitgeber sich nicht rührt, damit Sie selbst Kontakt mit Ihrem Arbeitgeber aufnehmen können.

Dicker Umschlag im Briefkasten: Ihr Rentenbescheid ist da

Schauen wir uns den Inhalt Ihres Rentenbescheides genauer an.

Der Rentenbescheid ist ein Verwaltungsakt

Sie lösen mit einem Rentenantrag bei der Deutschen Rentenversicherung ein Verfahren aus. Über Ihren Antrag auf Rente wird schriftlich entschieden. Die Entscheidung wird Ihnen in Form eines Bescheides mitgeteilt.

Umgangssprachlich wird auch die Renteninformation oder die Rentenauskunft als Bescheid bezeichnet. Doch handelt es sich bei diesen Schriftstücken um unverbindliche Informationen, die keinerlei Rechtskraft haben.

Rechtskraft entwickelt erst der eigentliche Bescheid.

Aufbau des Rentenbescheides

Der Rentenbescheid, den Sie erhalten, umfasst viele Seiten. Die Deutsche Rentenversicherung erwartet, dass Sie ihn komplett lesen und verstehen – gerade die Rentengewährung umfasst auch Pflichten, die Sie gegenüber der Deutschen Rentenversicherung haben.

Ein Altersrentenbescheid enthält folgende Bestandteile:

✔ **Anschreiben**

Der **ersten Seite** können Sie direkt die wichtigsten Informationen entnehmen:

- Welche Rente wurde bewilligt? Regelaltersrente, Altersrente für besonders langjährig Versicherte, Altersrente für langjährig Versicherte oder Altersrente für schwerbehinderte Menschen?
- Wann beginnt Ihre Rente?
- Ab wann wird Ihre Rente regelmäßig gezahlt?
- Wie hoch ist Ihre monatliche Bruttorente?
- Wie hoch sind Ihre Abzüge, wenn Sie bei Ihrer Krankenkasse gesetzlich pflichtversichert sind?
- Wie hoch ist Ihr Zuschuss, wenn Sie freiwillig oder privat krankenversichert sind?
- Wie hoch ist der Zahlbetrag – oder anders: Was bekommen Sie monatlich überwiesen?
- Falls die Bearbeitungsdauer Ihres Antrages sehr lang war oder Sie eine rückwirkende Rente beantragt haben: Wie hoch ist der Nachzahlungsbetrag, der Ihrem Konto gutgeschrieben wird?

Die **zweite Seite** enthält weitere wichtige Informationen:

- Nochmals: Rentenart – und den Hinweis, ab wann Sie die Voraussetzungen für diese Rente erfüllen.
- Es wird kurz erläutert, ob Sie Anspruch auf einen Grundrentenzuschlag haben oder nicht.
- Ihr Krankenversicherungsstatus wird dargestellt (weitere Details folgen im nächsten Kapitel 19).

- Gegebenenfalls werden an dieser Stelle noch Entscheidungen aufgeführt, die für die Rentenberechnung wichtig sind. Lesen Sie den Abschnitt »Berechnung Ihrer Rente« genau durch. Dort sind unter anderem Hinweise enthalten, ob es sich um einen vorläufigen Bescheid handelt, weil noch Angaben fehlen oder ob Sie zum Beispiel eine Rente mit Abschlägen erhalten.

Die **folgenden Seiten** des Anschreibens enthalten Ihre Pflichten gegenüber der Rentenversicherung. Sie müssen zum Beispiel die Rentenversicherung informieren, wenn Sie bestimmte Leistungen erhalten und wenn Sie ins Ausland ziehen. Des Weiteren sind die Berechnungsanlagen Ihres Rentenbescheides aufgeführt und es wird auf Ihr Recht, dem Bescheid zu widersprechen, hingewiesen.

✔ **Anlage mit den »Hinweisen zum Rentenbescheid«**

Hier wird nochmals auf Ihre Mitwirkungspflichten hingewiesen, was passiert, wenn sich die Beiträge Ihrer Krankenkasse verändern, ob Ihre Rente versteuert werden muss (vergleiche Kapitel 19).

✔ **Anlage »Berechnung der Rente«**

Hier werden Ihre persönlichen Entgeltpunkte mit dem aktuellen Rentenwert multipliziert – es wird Ihre Brutto-Rente ermittelt. Dann wird aufgezeigt, in welcher Höhe von Ihrer Brutto-Rente Krankenversicherungsbeiträge und Zusatzbeitrag sowie Pflegeversicherungsbeiträge abgezogen werden (sind die Angaben korrekt?). Als letzten Wert finden Sie den Zahlbetrag. Alle Werte haben Sie bereits auf der ersten Seite des Anschreibens gefunden.

✔ **Anlage »Versicherungsverlauf«**

Der Versicherungsverlauf ist jetzt mit allen Zeiten gefüllt, die in Ihre Rente einfließen. Gegenüber dem letzten Versicherungsverlauf sind nun auch die Monate bis zum Beginn Ihrer Rente dokumentiert.

✔ **Anlage »Grundrentenzeiten«**

Auf Basis aller gemeldeten Zeiten ermittelt die Deutsche Rentenversicherung in dieser Anlage, in welchem Umfang Sie im Laufe Ihres Versicherungslebens Zeiten erworben haben, die zu den Grundrentenzeiten zählen. Um diesen Zuschlag erhalten zu können, benötigen Sie mindestens 33 Jahre mit Grundrentenzeiten. Ob Sie auf diese 33 Jahre kommen, erklärt diese Anlage.

✔ **Anlage »Berechnung der Entgeltpunkte«**

Ihre persönlichen Entgeltpunkte, die vorne bereits mit dem Rentenwert multipliziert wurden und Ihre Brutto-Rente ergeben, werden erläutert. Dabei wird erklärt, für was und wodurch Sie Entgeltpunkte erhalten:

- **Beitragszeiten** (das sind zum Beispiel Pflichtbeitragszeiten – Sie haben gearbeitet und in die Rentenkasse wurden somit Beiträge eingezahlt).
- **Beitragsfreie Zeiten** (teilweise gibt es Entgeltpunkte für Zeiten, in denen für Sie keine Beiträge in die Rentenkasse eingezahlt wurden).

- **Beitragsgeminderte Zeiten** (das ist beispielweise Ihre berufliche Ausbildung oder Monate, in denen beitragsfreie Zeiten mit Beitragszeiten zusammenfallen).
- **Zuschläge an Entgeltpunkten für Arbeitsentgelt aus geringfügiger Beschäftigung** (auch ein Minijob wirkt sich, wenn auch marginal, auf Ihre Entgeltpunkte aus).
- **Entgeltpunkte für Kindererziehung** (es wird ausgewiesen, wie viele Entgeltpunkte für Ihre Kinder gutgeschrieben werden).

Die ermittelten Entgeltpunkte werden addiert und mit dem Zugangsfaktor (vergleiche Kapitel 2) multipliziert. Das Ergebnis stellt Ihre persönlichen Entgeltpunkte dar.

Achtung: Fristen

Endlich ist Ihr Rentenbescheid da. Viele Seiten – Erläuterungen, Berechnungen, Hinweise.

Wenn Sie gegen einen Bescheid Widerspruch einlegen wollen, müssen Sie »binnen eines Monats nach Bekanntgabe eines Bescheides bei der Behörde, die den Bescheid erlassen hat, Widerspruch erheben.«

In Tabelle 18.1 können Sie ablesen, wie Sie die Widerspruchsfrist berechnen.

Datum	Was?	Hinweis
08.08.2025 (Freitag)	Der Bescheid wird an die Post übergeben.	Der Bescheid gilt ab dem vierten Tag nach der Übergabe an die Post als bekannt gegeben.
12.08.2025 (Dienstag)	Bekanntgabe des Bescheides beim Empfänger.	Für die Bekanntgabe eines Bescheides ist es unerheblich, ob es sich um einen Werktag oder um einen Sonn- beziehungsweise Feiertag handelt.
13.08.2025 (Mittwoch)	Beginn der Widerspruchsfrist	Fristbeginn ist der Tag nach der Bekanntgabe beim Empfänger.
12.09.2025 (Freitag)	Ende der Widerspruchsfrist	Die Frist endet einen Monat nach der Bekanntgabe des Bescheides. Fällt das Ende der Widerspruchsfrist auf einen Sonn- oder Feiertag (Achtung: bundeseinheitlicher Feiertag, nicht landesspezifischer Feiertag), endet die Widerspruchsfrist am nächsten Werktag.

Tabelle 18.1: Berechnung der Widerspruchsfrist

Sie sehen, die Zeit kann unter Umständen sehr knapp werden, wenn Sie Ihren Rentenbescheid noch genauer prüfen wollen – oder prüfen lassen wollen.

Wenn Sie sich unsicher sind, ob alles stimmt, binden Sie rechtzeitig (mindestens ein Jahr vor Rentenbeginn) einen Rentenberater ein, der gemeinsam mit Ihnen Ihren Versicherungsverlauf – Ihr Leben – abgleicht. Dieser kann Sie natürlich, ebenso wie Fachanwälte im Sozialrecht oder die Berater beim VdK, im Widerspruchsverfahren unterstützen.

Fällt Ihnen erst nach Eingang des Bescheides ein, dass Sie ihn gern prüfen lassen wollen, rechnen Sie bitte damit, dass die entsprechenden Fachleute, wie der VdK, Sozialverbände, Fachanwälte für Sozialrecht oder gerichtlich zugelassene Rentenberater, nicht sofort Zeit für Sie haben. In diesen Fall sollten Sie vorsorglich Widerspruch einlegen.

Widerspruch gegen den Rentenbescheid

Entweder haben Sie sofort einen Fehler gefunden oder Sie wollen Sicherheit für die Zukunft und Ihren Rentenbescheid von einem Spezialisten überprüfen lassen. Dann müssen Sie Widerspruch einlegen.

Ein Widerspruch enthält grundsätzlich zwei Komponenten:

1. **Widerspruch:** Sie legen formal – unter Wahrung der Frist – Widerspruch ein.
2. **Begründung:** Sie begründen Ihren Widerspruch – und erläutern, was konkret falsch gemacht wurde.

Hiermit lege ich Widerspruch ein …

Ein Widerspruch ist schnell auf den Weg gebracht. Ein Musterschreiben finden Sie im Kasten.

Sie können die Begründung auch allgemein halten, zum Beispiel »Ich bin mit der Rentenhöhe nicht einverstanden und bitte um erneute Überprüfung«. Die DRV wird dann noch einmal alles kontrollieren. Ob sich das Ergebnis tatsächlich verändert, ist offen. Ideen zur Begründung (oder eine Zusammenfassung von möglichen Fehlerquellen) finden Sie unten.

Gegenüber dem Rentenversicherungsträger gibt es verschiedene Möglichkeiten einen Widerspruch auf dem Weg zu bringen:

✔ **Schriftlich**

In Briefform an die im Bescheid genannte Adresse – bitte aus Nachweiszwecken immer mit Einschreiben gegen Rückschein.

✔ **Zur Niederschrift**

Klingt klasse – doch was heißt das? Sie haben die Möglichkeit, die im Bescheid genannte Adresse aufzusuchen (also vorbeizugehen) und Ihren Widerspruch dort aufnehmen lassen. Nur – schaffen Sie es, innerhalb der genannten Frist mal eben zum Beispiel nach Berlin zu fahren?

✔ **Auf elektronischen Wegen**

Das geht nicht einfach so über eine E-Mail. Möglich sind:

- E-Mail mit qualifizierter elektronischer Signatur
- Kundenportal der Deutschen Rentenversicherung
- Sicheres Verfahren, zum Beispiel »Mein Justizpostfach«

✔ **Bei einer anderen inländischen Behörde oder einem Versicherungsträger**

Damit ist kein privater Versicherer, sondern ein Träger der Deutschen Rentenversicherung gemeint, zum Beispiel Bund, Baden-Württemberg, Mitteldeutschland, ... Sie können den Widerspruch auch bei einer inländischen Behörde, Körperschaft (also auch bei Ihrer Krankenkasse und Ähnlichen) einlegen. Oder aber bei einer deutschen Botschaft im Ausland.

Ihr Widerspruchsschreiben

Absender:

Das ist einfach, das sind Sie.

Empfänger:

Deutsche Rentenversicherung (die Details, wo Ihr Widerspruch hinsoll, finden Sie in Ihrem Bescheid)

Betreff:

Widerspruch gegen den Bescheid vom XX.XX.XXXX (ergänzen Sie das Datum Ihres Bescheides) 12 345678 A 910 (geben Sie unbedingt Ihre Versicherungsnummer bei der DRV an, sonst weiß die Rentenversicherung nicht, wo Sie den Widerspruch zuordnen soll)

Text:

Sehr geehrte Damen und Herren,

hiermit lege ich Widerspruch gegen Ihren Bescheid vom XX.XX.XXXX (wieder Datum des Bescheides ergänzen) ein.

Jetzt müssen Sie begründen, warum Ihr Bescheid falsch ist, zum Beispiel: Ich hatte Ihnen alle Unterlagen zu meiner beruflichen Ausbildung zugesandt. Diese wurden jedoch bei der Rentenberechnung nicht berücksichtigt.

Ich bitte um Überprüfung, Korrektur und um die Zusendung eines neuen Bescheides.

Bitte teilen Sie mir mit, wenn Sie weitere Unterlagen benötigen.

Mit freundlichen Grüßen.

Begründung: weil ...

Wenn Sie gegen Ihren Rentenbescheid Widerspruch einlegen wollen, können Sie diesen begründen. Tun Sie das nicht, wird die Deutsche Rentenversicherung anhand der vorliegenden Unterlagen Ihren Antrag nochmals komplett prüfen – Aber: Wie soll Sie ohne Angaben von Gründen oder Einlassungen eine andere Entscheidung treffen?

- **Wenn Sie den Grund kennen,** können Sie den Widerspruch gleich komplett auf den Weg bringen.
- **Wenn Sie den Grund noch nicht kennen,** weil Sie erst noch einen Spezialisten einschalten wollen, dann können Sie zunächst Widerspruch einlegen und der Deutschen Rentenversicherung mitteilen, dass Sie die Begründung zu einem späteren Zeitpunkt nachliefern.

Eine gesetzliche Frist für die Begründung eines Widerspruchs gibt es nicht. Sie sollten aber schon einen Rahmen setzen, in dem Sie sich selbst sicher sind, die Begründung liefern zu können.

Schalten Sie einen Anwalt oder einen Rentenberater ein, können die Suche und die Möglichkeit einer Mandatierung (nehmen diese Personen überhaupt noch neue Mandanten an?) einige Zeit in Anspruch nehmen. Müssen Sie erst noch Beweise beschaffen, kann auch das dauern.

Am besten nennen Sie unter Berücksichtigung Ihrer nächsten To-dos selbst eine Frist.

Geben Sie sich selbst keinen Rahmen vor, wird die Deutsche Rentenversicherung Ihnen den Eingang des Widerspruchs schriftlich bestätigen und Ihnen selbst eine Frist vorgeben. Meistens einen Monat. Und dieser Monat ist knapp bemessen. Sie können dann aber um Fristverlängerung bitten – weil es dauert, die Beweise zusammenzutragen oder einen Rechtsberater zu finden.

Fehler finden – Beweise liefern

Der Staat macht keine Fehler, es ist doch alles gemeldet! Diese Obrigkeitshörigkeit findet sich bei der Bewertung von Rentenbescheiden oft. Dazu kommt auch, dass viele abgleichen, dass eigentlich alles passen wird. Oder resigniert feststellen, dass man doch eh nichts machen könne.

Gründe für fehlerhafte Bescheide gibt es eine Vielzahl:

Die Rentenanträge sind falsch ausgefüllt

Wenn Sie an die vielen Begriffe denken, die Sie bei der Lektüre dieses Buches schon verinnerlicht haben, wird klar, dass die Hintergründe komplex sind. Das zieht sich auch durch die Antragstellung.

- **Viele Fragen, die im Rentenantrag gestellt werden, beantworten die Versicherten schlichtweg falsch.** Oder sie werden offengelassen. Oder nicht eindeutig beantwortet.

Vergessen Sie nicht, dass die Rentenversicherung in der Regel auf Basis der Aktenlage entscheidet. Es wird zwar nachgefragt, wenn die Fragen aber wieder genauso unverständlich gestellt werden, wie im Rentenantrag, so wird die Antwort nicht viel anders ausfallen. Und die Rentenversicherung wird dann bei der Antwort durch den Versicherten nicht viel klüger sein als vorher.

- **Es fehlen Formulare.** Ein Antrag setzt sich oft aus mehreren Formularen zusammen, wie Sie in Kapitel 17 gesehen haben. Auch hier erinnert die Rentenversicherung, wenn etwas fehlt. Aber auch hier gilt: Die Qualität der Antwort des Versicherten (und die Befüllung eines weiteren Antrags) bedingt das Ergebnis.

Bereiten Sie Ihren Rentenantrag gut vor (vergleiche Kapitel 17). Wenn Sie mit Fragestellungen im Antrag nicht zurechtkommen oder nicht wissen, was gemeint ist, recherchieren Sie vorher.

Fachleute vom VdK und ähnliche Organisationen sowie gerichtlich zugelassene Rentenberater erkennen schnell, wenn Fehler im Antrag zu falschen Bescheiden führen, und können Sie dabei unterstützen, alles wieder richtigzustellen.

Ausbildung wurde vergessen

Manchmal fragt die Rentenversicherung nach – meistens nicht.

Wenn Sie eine berufliche Ausbildung (Lehre, Ausbildung) gemacht haben, prüfen Sie im Versicherungsablauf, ob die Ausbildung darin abgebildet ist.

Steht für der Dauer Ihrer Ausbildung nicht *Pflichtbeitragszeit berufliche Ausbildung*, sondern nur *Pflichtbeitragszeit* im Versicherungsverlauf, ist dies nicht korrekt und Sie müssen hier Ihren Ausbildungsnachweis nachreichen.

Das kann sich in nennenswerten Eurobeträgen ausdrücken, denn nicht Ihr Azubi-Gehalt wird in Rente umgerechnet, sondern es wird so getan, als hätten Sie während der relevanten Zeit 75 % des Durchschnittsverdienstes in Deutschland erhalten.

Ist Ihre Ausbildungszeit nicht eingetragen, suchen Sie Ihren Ausbildungsvertrag, das Zeugnis der Berufsschule und das Zeugnis der Kammer (zum Beispiel Industrie- und Handelskammer) oder Innung (zum Beispiel Handwerksinnung) heraus, um Ihre Ausbildung bei der Rentenversicherung nachzuweisen und die Ausbildungszeiten bei Ihrer Rente anerkennen zu lassen.

Haben Sie keine Nachweise mehr, können Sie diese bei den zuständigen Kammern oder Innungen anfordern. Diese bestätigen in der Regel sehr schnell schriftlich, wann Sie Ihre Prüfung abgelegt haben.

Kindererziehungszeiten und Berücksichtigungszeiten wurden nicht angegeben

An Ihre Kinder denken Sie ohnehin. Aber auch für Ihre Rente müssen Sie daran denken, die Kinder zu melden. Es gibt keinen Automatismus in Deutschland – nach dem Motto: Ich habe Kinder geboren, hier gibt es eine Geburtsurkunde, somit sind die Kinder auch bei der Deutschen Rentenversicherung gemeldet. Nein – Sie wissen doch, wir sind im Behördendschungel. Ohne Antrag läuft nix.

Fehlen Ihre Kinder (im Versicherungsverlauf dokumentiert als *Kindererziehungszeit* und *Berücksichtigungszeit* –, fehlt Ihnen wieder bares Geld.

Sie benötigen zur Nachmeldung das ausgefüllte Formular V0800 – Antrag auf Feststellung Kindererziehungszeiten / Berücksichtigungszeiten wegen Kindererziehung, die Geburtsurkunde/n und oft Ihren Personalausweis.

Im Versicherungsverlauf stehen falsche Eintragungen

Wenn Sie Ihren Versicherungsverlauf ansehen, haben Sie fast Ihr komplettes Leben vor sich – oft bis zu 50 Jahre. Gerade wenn Sie gearbeitet und Zeit Ihres Lebens Gehalt bezogen haben. Ihr sozialversicherungspflichtiges Entgelt wurde Ihnen mindestens einmal im Jahr (bei Stellenwechsel, Krankenkassenwechsel, Namensänderung, … öfter) mitgeteilt. Vielleicht haben Sie anfangs noch die Zettelchen (DIN-A6) aus Ihrem Versicherungsheft erhalten, die von Hand oder mit der Schreibmaschine ausgefüllt wurden. Irgendwann folgten dann die Meldungen maschinell im DIN-A4-Format. Oder Sie kommen aus der ehemaligen DDR und haben das Buch über Arbeit und Soziales. Auch hier wurde vieles unleserlich eingetragen.

Was auch immer Ihnen vorliegt: Wichtig ist, dass Sie (spätestens) jetzt, diese Meldungen mit den Eintragungen in Ihrem Versicherungsverlauf abgleichen.

Es können Übertragungsfehler entstanden sein, Tippfehler, Kommafehler, elektronische Meldungen sind nicht richtig erfolgt – oder bei einer Kontenklärung wurde in Zeiten eingegriffen, die jetzt einfach fehlen (Arbeitsfehler). Oder es fehlt ein Minijob, der, obwohl versicherungspflichtig, nicht gemeldet wurde. Denken Sie an die Euro-Umstellung. Manche Arbeitgeber haben proaktiv früh in Euro abgerechnet. Hat die DRV nun Euro oder DM berücksichtigt? Sie sehen, es gibt unzählige Möglichkeiten, Fehler zu finden.

Heben Sie alles auf! Schmeißen Sie nichts weg! Immer, wenn »Wichtige Versicherungsunterlage – gut aufbewahren« auf Schriftstücken zu finden ist, gehören diese besonders verwahrt, aufgehoben, dokumentiert und abgespeichert. (Sorry für die Wiederholung, Sie glauben gar nicht, wie oft diese wichtigen Unterlagen in die Tonne geworfen werden, weil mal eben entrümpelt wird.)

Ein Leben voller (Gedächtnis-)Lücken

Häufig fehlen ganze Lebensabschnitte. Einfach weil Sie sie vergessen haben.

Oder es gibt Lebenskonstellationen, in denen zwei rentenrechtliche Tatbestände übereinanderliegen.

Dieses Übereinanderliegen bedeutet zum Beispiel,

- ✔ dass während eines Studiums (Anrechnungszeit) am Wochenende oder in den Semesterferien gearbeitet wurde (Pflichtbeitragszeit) und einer dieser Tatbestände fehlt.

- dass Zeiten nicht besonders berücksichtigt wurden: Durch das Zusammentreffen von zwei unterschiedlichen rentenrechtlichen Zeiten kann eine sogenannte *beitragsgeminderte Zeit* entstehen, die in der eigentlichen Rentenberechnung zu Aufwertungen führen kann. Auch hier lohnt es sich nachzumelden.
- Oft fehlen auch Schulzeiten, der Besuch einer Fachschule, das Studium oder die Meisterschule.

Für die fehlenden Zeiten benötigen Sie wieder einmal Nachweise. Das können die Abschlusszeugnisse der Schulen, sogenannte Schulbestätigungen, die Sie damals gemeinsam mit dem Abschlusszeugnis von der Schule erhalten haben, Studienbestätigungen und Ähnliches sein.

Liegen Ihnen Zeugnisse nicht mehr vor, kann man die Schulen oder Universitäten oder Kammern, Innungen anschreiben.

Es macht Sinn, die Auswirkungen der Nachmeldung von Zeiten vor Meldung vorab von einem Rentenberater prüfen zu lassen: Bringt die Nachmeldung mehr Rente oder nicht? Es gibt an dieser Stelle sehr viele rechtliche Besonderheiten, die den Rahmen dieses Buches sprengen würden.

Es wurde die falsche Rentenart beantragt

Auch wenn die Deutsche Rentenversicherung von Amts wegen prüfen muss, welches die bessere Rente für Sie ist – wenn Sie die falsche Rente beantragen, ist es durchaus möglich, dass Ihrem Antrag, so wie Sie ihn stellen, stattgegeben wird. Auf einmal haben Sie eine Rente mit Abschlägen statt einer abschlagsfreien Rente.

Selbst wenn gegen einen Bescheid keine Rechtsmittel (Widerspruch, Klage) eingereicht wurden, haben Sie die Möglichkeit, Ansprüche geltend zu machen. Es kann ein Überprüfungsantrag gestellt werden. Zum Beispiel, weil sich neue Tatsachen ergeben haben, oder Sachverhalte zu berücksichtigen sind, die bisher nicht beachtet wurden. Dann beginnt ein *Rentenüberprüfungsverfahren*.

Weitere Fehlerquellen

Es gib noch eine ganze Reihe weiterer Fehler, die zu einer falschen Berechnung Ihrer Rente führen können. Ich will hier nur einige nennen, die auch die anderen Renten (Hinterbliebenenrenten, Erwerbsminderungsrenten) betreffen:

- **Einkommensanrechnung bei Hinterbliebenenrenten** (bei Witwen-, Witwerrenten wird eigenes Einkommen angerechnet, was dazu führt, dass die Hinterbliebenenrente gekürzt werden kann).
- **Einkommensanrechnung bei der Grundrente** (der Grundrentenzuschlag kann gezahlt werden, wenn im Laufe des Lebens zwar gearbeitet wurde, jedoch nur ein geringes Gehalt erhalten wurde. Dann könnte man rechnerisch einen Grundrentenzuschlag

bekommen, dieser wird aber oft nicht ausgezahlt, weil das Einkommen insgesamt zu hoch ist.)

- ✔ **Pflegezeiten (Sie haben nahe Angehörige gepflegt) wurden fehlerhaft berücksichtigt** (oder gar nicht) – vergleiche Kapitel 19.
- ✔ **Die Unfallrente wurde falsch angerechnet** (wenn Sie von der Berufsgenossenschaft eine Unfallrente erhalten, wird diese mit Ihrer Rente bei der Deutschen Rentenversicherung verrechnet).
- ✔ **Es gibt falsche Rentenabschläge** (wenn Sie eine Rente mit dauerhaften Abschlägen gewählt haben, schlägt jeder Monat, den Sie vor der Regelaltersgrenze Ihre Rente beantragen, mit 0,3 % zu Buche. Die Summe der Abschläge muss zu Ihrem Rentenbeginn passen).
- ✔ **Es fehlen die freiwilligen Beiträge** (Sie erhalten jedes Jahr eine Bestätigung, was Sie eingezahlt haben. Wenn diese Beträge nicht wie gezahlt im Versicherungsverlauf auftreten, muss eine Korrektur erfolgen).
- ✔ **Der Versorgungsausgleich wurde falsch umgesetzt** (wenn Sie geschieden sind, gilt zu überprüfen, ob das Urteil zum Versorgungsausgleich richtig bei der Rentenversicherung umgesetzt wurde).
- ✔ **Ost-Zeiten** sind falsch berücksichtigt.

Wenn Sie die Fehlerquelle ausfindig gemacht und die Beweismittel zusammengestellt haben, formulieren Sie die Begründung und teilen sie der Deutschen Rentenversicherung mit.

Wenn der Widerspruch nichts gebracht hat

Einige Zeit, nachdem Sie den Widerspruch und die Begründung eingereicht haben, erhalten Sie einen Widerspruchsbescheid. Entweder wurde Ihrem Widerspruch ganz, teilweise oder nicht entsprochen.

Wenn Ihrem Widerspruch nicht oder nur teilweise entsprochen wurde, haben Sie immer noch die Möglichkeit zu klagen.

Spätestens wenn es um die Klage geht, sollten Sie schnellstmöglich einen Fachanwalt für Arbeitsrecht oder einen gerichtlich zugelassenen Rentenberater aufsuchen. Diese unterstützen dabei, Ihnen auch vor Gericht zu Ihrem Recht zu verhelfen.

IN DIESEM KAPITEL

Rente und Steuern

Kranken- und Pflegeversicherung im Alter

Wichtige Aspekte nach Rentenbeginn

Pflege naher Angehöriger

Kapitel 19
Abgaben und Rentenzukunft

Die größte Herausforderung bei einer zielgerichteten Rentenplanung und einem sorgenlosen Ruhestand ist, alle Umstände mit einzubeziehen. Ein Umstand, der gerne vergessen wird, ist die Abgabenlast im Alter. Auch im Alter benötigen Sie eine Krankenversicherung und eine Pflegeversicherung. Und Sie zahlen auf Ihre Rente für gewöhnlich Steuern.

Steuern und Sozialabgaben führen dazu, dass eine scheinbar auskömmliche Rente schnell zu einer soeben noch ausreichenden Rente führt.

Steuern – der Fiskus will auch seinen Teil vom Kuchen

Wenn Sie sich alle Einnahmen im Alter in ihrer Summe als Rentenkuchen vorstellen, dann überlegen Sie jetzt mal, wie groß das Kuchenstück für das Finanzamt sein wird.

Falls Sie dieses Buch systematisch von vorne an bis hierin durchgearbeitet haben, sind Ihnen immer wieder Ausführungen für die steuerliche Behandlung aufgefallen.

Die Alterseinkünfte werden völlig unterschiedlich besteuert. Wenn Sie eine Bruttorente erhalten, wird diese Bruttorente nicht automatisch in voller Höhe besteuert. Sie wird – je nach Art der Einnahme – vielleicht nur zu einem Teil besteuert. In der Summe ergeben Ihre Einnahmen abzüglich Ausgaben und Freibeträgen die Bemessungsgröße für die Ermittlung Ihrer Steuerlast. Deswegen ist es wichtig, dass Sie wissen, wie die unterschiedlichen Einnahmen versteuert werden.

Wie war das noch mal? Alterseinkünftegesetz 2005

Im Jahr 2005 kam es zu einem Systemwechsel bei der Besteuerung der Alterseinkünfte. Grund war ein Urteil des Bundesverfassungsgerichts aus dem Jahr 2002 (2 BvL. 17/99 vom 06.03.2002). Es erklärte »... die unterschiedliche Besteuerung der Beamtenpension nach § 19 EStG und der Renten aus der gesetzlichen Rentenversicherung nach § 22 EStG Nr. 1 Satz 3 Buchstabe a EStG ... mit dem Gleichheitsgrundsatz des Art. 3 Abs. 1 GG für unvereinbar«...

Die Umsetzung dieses Urteils wurde von einer Sachverständigenkommission entwickelt und endete im sogenannten *Alterseinkünftegesetz*, das am 01.01.2005 in Kraft trat.

Zu diesem Zeitpunkt kam es zu einem Systemwechsel bei der Besteuerung von Altersleistungen. Grundsätzlich sollten alle Altersleistungen in der Ansparphase steuerlich gefördert und in der Leistungsphase dann komplett steuerpflichtig werden.

Seither spricht man von den drei Schichten der Altersversorgung, die Sie in Tabelle 19.1 sehen.

Schicht	Was gehört dazu?
1. Basisversorgung	✔ Gesetzliche Rentenversicherung ✔ Berufsständische Versorgung ✔ Beamtenversorgung ✔ Rürup-Rente (oder Basisrente) ✔ Landwirtschaftliche Alterskasse
2. Zusatzversorgung	✔ Riester-Rente ✔ Betriebliche Altersversorgung: • Direktversicherung • Pensionskasse • Pensionsfonds • Unterstützungskasse • Direkt- oder Pensionszusage (hierzu zählen auch die Zusatzversorgungen des öffentlichen Dienstes, wie zum Beispiel VBL, ZVK, ...)
3. Private Versorgung	Im Prinzip fallen hier alle privaten Anlagen rein, die für die Altersversorgung genutzt werden können: ✔ Private Rentenversicherungen ✔ Private Lebensversicherungen ✔ Sparpläne ✔ Immobilien ✔ Aktien ✔ ETF ✔ ...

Tabelle 19.1: Die drei Schichten der Altersversorgung in Deutschland

Von den Neuregelungen sind primär die erste und die zweite Schicht betroffen. Mit sehr langen Übergangsfristen (aktuell 2058) soll die nachgelagerte Besteuerung aller Alterseinkünfte erreicht werden.

Besteuerungsanteil in der ersten Schicht

Wissen Sie, welche Einnahmen der ersten Schicht Sie im Alter haben werden? Hiervon hängt ab, an welcher Stelle Sie weiterlesen.

Zur ersten Schicht gehören die gesetzliche Rente, die Landwirtschaftliche Alterskasse, die unterschiedlichen berufsständischen Versorgungswerke (sogenannte Kammerberufe, wie zum Beispiel Ärzte, Architekten, Ingenieure, Apotheker, …) und die Rürup- beziehungsweise Basisrente.

Beamtenpensionen gehören auch in die erste Schicht – allerdings werden diese anders als die anderen Einnahmen der ersten Schicht versteuert. Details folgen.

Wenn Sie Ihre Rentenunterlagen in Griffweite haben – suchen Sie Ihre Versorgungen der ersten Schicht heraus. Notieren Sie die Bruttorenten, die Sie voraussichtlich zu Ihrem Rentenbeginn erhalten werden. Wichtig ist, dass Sie das Jahr des Rentenbeginns gleichfalls festhalten.

Einnahmen der ersten Schicht – zum Beispiel gesetzliche Rente

Mit Einführung des Alterseinkünftegesetz im Jahr 2005 wurden 50 % der gesetzlichen Rente (und anderer Einnahmen, vergleiche oben) als steuerpflichtiges Einkommen angesetzt und 50 % der Rente waren steuerfrei.

Jedes Jahr bildet eine sogenannte *Kohorte.*

Bis zum Jahr 2058 wird jedes Jahr eine Rentner-Kohorte gebildet. Zum Rentenbeginn wird der steuerfreie Teil der Rente ermittelt. Dieser wird nicht jedes Jahr angepasst, sondern gilt für die Dauer des Rentenbezuges. Alle Neurentner eines Jahres bilden damit eine *Kohorte.*

Ab dem Jahr 2058 wird keine Kohorte mehr gebildet, da dann (auf heutiger Basis), der Besteuerungsanteil der gesetzlichen Rente und anderer bei 100 % liegen wird.

Rentenerhöhungen der gesetzlichen Rentenversicherung und anderer sind zu 100 % steuerpflichtig! Deswegen finden Sie auch zum Jahresanfang immer wieder Pressemitteilungen wie »Immer mehr Steuern von Rentnern!« oder »Steuerlast vieler Rentner steigt!«

Rentenerhöhungen können deswegen zu einer höheren Steuerlast führen.

Während der Übergangsfrist, die bis zum Jahr 2058 gilt, wird in Abhängigkeit des Rentenbeginns der Besteuerungsanteil in Prozent – bezogen auf Ihre Bruttorente – ermittelt.

Der Prozentsatz, der von Ihrer Rente steuerfrei ist, wird als *Rentenfreibetrag* bezeichnet.

Je nach Rentenbeginn können Sie der Tabelle 19.2 (erneut, vergleiche Kapitel 9) die Prozentsätze zur Berechnung Ihres Besteuerungsanteils entnehmen (bis 2040 aufgeführt).

Rentenbeginn	Besteuerungsanteil in %	Rentenfreibetrag in %
2025	83,5	16,5
2026	84	16
2027	84,5	15,5
2028	85	15
2029	85,5	14,5
2030	86	14
2031	86,5	13,5
2032	87	13
2033	87,5	12,5
2034	88	12
2035	88,5	11,5
2036	89	11
2037	89,5	10,5
2038	90	10
2039	90,5	9,5
2040	91	9
…		
Ab 2058	100	0

Tabelle 19.2: Besteuerungsanteil nach Rentenbeginn der ersten Schicht (Ausnahme: Beamtenpensionen)

BEISPIEL

Magnus Maxdorf erhält ab Januar 2025 eine Bruttorente von 2.000,00 €. Das sind im Jahr 24.000,00 €. Hiervon sind 83,5 % steuerpflichtig.

1. Sein dauerhafter, individueller Rentenfreibetrag beträgt deswegen:

   16,5 % von 24.000,00 € = 3.960,00 €.

2. Seine zu versteuernde Renteneinnahme 2025 beträgt:

   24.000,00 € – 3.960,00 € = 20.040,00 €. Das entspricht im Jahr 2025 tatsächlich 83,5 % der Bruttoeinnahme.

BEISPIEL

Magnus Maxdorf bekommt im Jahr 2026 eine Bruttorente von 2.070,00 €. Das sind im Jahr 25.680,00 €. Die Rente begann 2025.

1. Sein dauerhafter, individueller Rentenfreibetrag beträgt immer noch:

   16,5 % von 24.000,00 € = 3.960,00 €.

2. Seine zu versteuernde Renteneinnahme 2026 beträgt:

   25.680,00 € – 3.960,00 € = 21.720,00 €. Das entspricht im Jahr 2026 nicht mehr 83,5 % der Bruttoeinnahme.

Der Rentenfreibetrag wird zum Rentenbeginn als Nominalwert festgeschrieben.

In diesen Beispielen ist eine vereinfachte Darstellung gewählt. Da Renten nicht immer im ersten Jahr für zwölf Monate gezahlt werden (nur, wenn sie am 01.01. eines Jahres beginnen), sondern für weniger als zwölf Monate, wird der »endgültige Rentenfreibetrag« erst nach einem vollen Rentenbezugsjahr ermittelt.

Als wenn das nicht schon kompliziert genug wäre, ermittelt das Finanzamt den steuerpflichtigen Anteil Ihrer Bruttorente mithilfe des sogenannten *Anpassungsbetrages*. Das ist der Teil der Bruttorente, der auf die regelmäßige Rentenanpassung entfällt.

Lassen Sie sich von der Rentenversicherung die Werte bescheinigen. Das funktioniert aber erst nach dem ersten Jahr des Rentenbeginns. Es gibt zwei Unterlagen, die Ihre Rente bescheinigen:

- »Bescheinigung für die Finanzverwaltung«: enthält alle steuerlich relevanten Informationen.
- »Rentenbezugsbescheinigung«: Nachweis Ihrer Rente – für andere Behörden, zum Beispiel wenn Sie Wohngeld oder Grundsicherungsleistungen beziehen.

Sie können diese Unterlagen online anfordern: `https://www.eservice-drv.de/SelfServiceWeb/`

Wenn Sie eine Versorgung der ersten Schicht erhalten, können Sie jetzt den Teil der Einnahmen bestimmen, der zu versteuern ist.

Wenn Sie die Steuerklärung selbst machen – die Renten aus der gesetzlichen Rentenversicherung, der landwirtschaftlichen Alterskasse, aus berufsständischen Versorgungswerken und aus Rürup gehören in die Anlage R.

Besteuerung von Beamtenpensionen

Erhalten Sie als Beamter eine Pension, ist die Berechnung der zu versteuernden Einnahmen zunächst einfacher. Pensionen sind als Einkünfte aus nichtselbstständiger Arbeit im Sinne des § 19 EStG komplett steuerpflichtig. Die Bruttopension wird in voller Höhe als Einnahme angesetzt. Sie können also die Besteuerung der Einnahmen der ersten Schicht bestimmen.

Für Beamtenpensionen und Versorgungsbezüge müssen Sie in Ihrer Steuerklärung die Anlage N ausfüllen. Einkünfte aus nichtselbstständiger Arbeit sind Arbeitslohn.

Besteuerungsanteil in der zweiten Schicht

In einem zweiten Schritt bestimmen Sie nun die Einnahmen der zweiten Schicht und finden heraus, welcher Besteuerung Ihre Einnahmen der zweiten Schicht unterliegen.

Zur zweiten Schicht gehören die Riester-Rente und alle Betriebsrenten – in den unterschiedlichen Durchführungswegen der betrieblichen Altersversorgung, also: Direktversicherung, Pensionskasse, Pensionsfonds, Unterstützungskasse, Direkt- oder Pensionszusage.

Bitte denken Sie daran, dass auch die Versorgungen des öffentlichen Dienstes, wie die Zusatzversorgungskassen und die VBL, Betriebsrenten sind.

Wenn Sie Ihre Rentenunterlagen in Griffweite haben – suchen Sie Ihre Versorgungen der zweiten Schicht heraus. Notieren Sie die Bruttorenten, die Sie voraussichtlich zu Ihrem Rentenbeginn erhalten werden.

Jetzt könnten Sie es sich einfach machen: Eigentlich sind alle Betriebsrenten komplett steuerpflichtig! Damit liegen Sie in vielen Fällen richtig. In einigen aber nicht.

- ✔ Wenn Sie ältere Versorgungen haben, kann es sein, dass die späteren Leistungen in Gänze steuerbegünstigt sind.
- ✔ Es kann sein, dass Sie die Beitragszahlung zeitlich unterteilen müssen in
  - Zeiten, in denen die Leistungen auf bestimmte Beiträge noch steuerbegünstigt waren, und
  - Zeiten, in denen eine komplette Steuerpflicht vorliegt.

Und – die Einkunftsarten sind unterschiedlich. Das ist wieder wichtig, um die Einkommensteuererklärung richtig abzugeben.

Riester-Verträge

Wenn Sie eine Rente aus einem Riester-Vertrag erhalten, sind diese Einnahmen nach § 22 Nr. 5 EStG komplett steuerpflichtig. In Ihrer Einkommensteuererklärung müssen Sie sie in der Anlage R-AV/bAV angeben.

Direktversicherung, Pensionskasse, Pensionsfonds

Haben Sie Verträge der betrieblichen Altersversorgung ab dem 01.01.2005 abgeschlossen, sind die späteren Leistungen, Ihre Einnahmen nach § 22 Nr. 5 EStG komplett steuerpflichtig. In Ihrer Einkommensteuererklärung geben Sie die Rente in der Anlage R-AV/bAV an.

Unterstützungskasse, unmittelbare Versorgungszusage (oder auch Pensionszusage, Direktzusage

Das Problem an diesen Versorgungen ist, dass Sie in der Regel nicht unmittelbar an Ihren Standmitteilungen, die Sie jährlich erhalten, ablesen können, ob Sie eine solche Versorgung haben oder nicht. Manchmal steht auf Ihren Mitteilungen »Unterstützungskasse« – oft aber auch nicht. Ob es sich um eine Direktzusage handelt, können Sie in der Regel nicht selbst erkennen.

Versorgungen sind oft eine betriebliche Altersversorgung, die Ihr Arbeitgeber direkt an Sie zahlt. Sie können annehmen, dass es sich um eine solche Versorgung handelt, wenn Sie Ihre jährliche Information von Ihrem Arbeitgeber erhalten. Notfalls fragen Sie einfach in Ihrer Personalabteilung nach.

Die Rentenleistungen aus der betrieblichen Altersversorgung müssen Sie als Einkünfte aus nichtselbstständiger Arbeit im Sinne des § 19 EStG versteuern. Sie sind also komplett steuerpflichtig.

Auch Kapitalauszahlungen unterliegen der kompletten Steuerpflicht nach § 19 EStG. Allerding sieht hier der § 34 Nr. 3 EStG eine sogenannte *Fünftelregelung* vor.

Durch die *Fünftelregelung* soll die Steuerlast bei einmaligen Einnahmen, wie zum Beispiel Kapitalauszahlungen aus einer Unterstützungskasse oder einer Direktzusage, verringert werden – die Auszahlungen werden also »begünstigt besteuert«

Dabei wird ein Fünftel der Kapitalauszahlung zum Einkommen addiert und die (Gesamt-)Steuer daraus berechnet. Im nächsten Schritt wird die Steuerlast des »normalen« steuerpflichtigen Entgelts (ohne die Kapitalzahlung) berechnet. Die Differenz aus diesen beiden Berechnungen wird im Anschluss mit 5 multipliziert. Das Ergebnis aus dieser Multiplikation stellt die Einkommensteuer für die Kapitalzahlung dar. Hinzu kommt natürlich noch die Steuerlast für Ihre »normalen« steuerpflichtigen Einnahmen.

Zusatzversorgungskassen – Versorgungsanstalt des Bundes

Haben Sie im öffentlichen Dienst gearbeitet, ist die Wahrscheinlichkeit hoch, dass Sie eine Rente aus einer Zusatzversorgungskasse (ZVK) oder der Versorgungsanstalt des Bundes (VBL) erhalten. (Details finden Sie vorne im Kapitel 3).

Wie die Leistungen im Alter besteuert werden, hängt davon ab, wie die Beiträge, die irgendwann einmal dafür aufgewandt wurden, versteuert wurden.

Haben Sie steuerfrei angespart? Dann müssen Sie die Leistung versteuern.

Haben Sie aus versteuertem Einkommen gespart? Dann werden die Leistungen steuerbegünstigt oder gegebenenfalls steuerfrei sein.

Bei den Zusatzversorgungen im öffentlichen Dienst hat sich die Behandlung der Beiträge über die Jahrzehnte ständig verändert.

- ✔ Bis einschließlich 2007 wurde der Beitrag an die Zusatzversorgung entweder aus komplett versteuertem oder pauschal versteuertem Einkommen gezahlt.

Pauschalversteuerung nach § 40 b EStG: Aufwendungen, die zum Aufbau einer nicht kapitalgedeckten betrieblichen Altersversorgung erbracht werden, können bis zu einem Betrag von 1.752,00 € mit einem Pauschalsteuersatz von 20 % versteuert werden.

- ✔ Seit dem 01.01.2008 wird der Beitrag an die Zusatzversorgung sukzessive steuerfrei gestellt. Seit dem 01.01.2025 sind 4 % der Beitragsbemessungsgrenze zur allgemeinen Rentenversicherung steuerfrei. Das sind im Jahr 3.864,00 €. Angefangen hatte die Steuerfreistellung der Beiträge mit 1 %.

Durch diese sukzessive Steuerfreistellung der Beiträge werden die späteren Rentenleistungen aus der Zusatzversorgungskasse und der VBL später unterschiedlich besteuert. Ein Teil wird komplett steuerpflichtig sein; ein Teil wird ertragsanteilsbesteuert sein (Erläuterung folgt unten).

Die tatsächliche Aufteilung erhalten Sie jedes Jahr (nach Beginn der Rentenzahlung) von Ihrer Zusatzversorgungkasse mitgeteilt. Wenn Sie für Ihre Rentenplanung einen »Daumenwert« benötigen, können Sie diesen in der Regel bei Ihrer ZVK auf Basis der aktuell erworbenen Versorgungspunkte anfordern. Sie erhalten damit eine ungefähre Einschätzung.

Besonderheit: Direktversicherung nach altem Recht (§ 40b EStG a. F.)

Durch das Alterseinkünftegesetz hat sich seit 2005 vieles verändert. Es ist deshalb wichtig, dass Sie wissen, wann Sie einen Vertrag abgeschlossen haben (oder für Sie ein Vertrag durch Ihren Arbeitgeber abgeschlossen wurde).

Haben Sie einen Direktversicherungsvertrag – in der Regel eine Kapitallebensversicherung – oder auch eine andere private Rentenversicherung vor dem 01.01.2005 abgeschlossen, gilt noch das alte Steuerprivileg.

Hier gilt vereinfacht Folgendes:

- ✔ Die Kapitalauszahlung ist unter bestimmten Bedingungen komplett steuerfrei.
- ✔ Die Rentenleistung ist mit dem Ertragsanteil zu versteuern.

Haben Sie die Sparbeiträge aus Ihrem bereits versteuerten Einkommen bezahlt, wird die Rentenleistung mit dem sogenannten *Ertragsanteil* versteuert.

Der Ertragsanteil hängt vom Alter bei Rentenantritt ab.

Die Höhe des Ertragsanteils ergibt sich aus § 22 Nr. 1 Buchstabe a Doppelbuchstabe bb Satz 4 EStG.

In Tabelle 19.3 können Sie je nach Alter des Rentenbeginns den Ertragsanteil erneut (vergleiche Kapitel 9) ablesen.

Alter bei Rentenbeginn	Ertragsanteil
60 – 61	22 %
62	21 %
63	20 %
64	19 %
65 – 66	18 %
67	17 %

Tabelle 19.3: Ertragsanteil bei lebenslangen Leibrenten

Falls Sie eine Direktversicherung nach altem Recht oder eine private Rentenversicherung haben, die Sie sich als lebenslange Leibrente auszahlen lassen wollen – notieren Sie den Rentenbeginn und die ausgewiesene Rente. Mit dem folgenden Beispiel können Sie einfach Ihre steuerpflichtige Einnahme ermitteln.

Katja Katz erhält mit 65 eine lebenslange Rente aus einer alten Direktversicherung in Höhe von 260,00 €. Weiterhin erhält sie aus einer privaten Rentenversicherung monatlich 415,00 €. In Summe also 675,00 €. Der Renteneintritt ist das 65. Lebensjahr. Der Ertragsanteil mit 65 beträgt 18 %. Sie muss also von den 675 Euro nur 121,50 € versteuern.

Wie Sie sehen, greift die Ertragsanteilsbesteuerung auch bei lebenslangen Renten aus privaten Versicherungen der 3. Schicht. Sie können diese Anlagen gleich mit aufnehmen.

Wenn Sie auf diesem Wege alle Einnahmen ermittelt haben – es kann ja sein, dass Sie zusätzlich zur Rente weiterarbeiten und weiterhin Gehalt versteuern (Einkünfte aus nichtselbstständiger Arbeit), Sie selbstständig sind (Einkünfte aus selbstständiger Tätigkeit oder Kapitaleinkünfte), Sie Mieteinnahmen haben – dann sehen Ihre Einnahmen völlig anders aus.

Sie können von Ihren Einnahmen

- ✔ Freibeträge
- ✔ Werbungskosten (pauschal 102 € oder höherer Nachweis, zum Beispiel Steuerberater, Rentenberater, Fahrtkosten)

absetzen.

Sie haben jetzt Ihre Einkünfte. Hiervon können Sie

- ✔ Sonderausgaben (zum Beispiel Spenden)
- ✔ Außergewöhnliche Belastungen (zum Beispiel teure Zahnbehandlung)
- ✔ Haushaltsnahe Aufwendungen (Haushaltshilfe, Handwerker)
- ✔ Steuerfreien Rentenanteil (siehe oben)

- Behindertenpauschbetrag (ab einem Grad der Schwerbehinderung von 20) und
- Vorsorgeaufwendungen (zum Beispiel alle Kranken- und Pflegeversicherungsbeiträge)

abziehen. Sie haben jetzt grob das zu versteuernde Einkommen ermittelt.

Der Gesamtbetrag aller Einkünfte, also Einnahmen aus selbstständiger Tätigkeit, Gewerbetrieb, nichtselbstständiger Arbeit, Mieteinnahmen, Zinserträge, … abzüglich Sonderausgaben, Vorsorgeaufwendungen, individuelle Freibeträge und außergewöhnlicher Belastungen, ergibt das *zu versteuernde Einkommen.*

Mit diesem Ergebnis können Sie nun über den Einkommensteuerrechner des BMF, siehe `https://www.bmf-steuerrechner.de/ekst/eingabeformekst.xhtml` ungefähr Ihre Steuerlast ermitteln.

Wenn Sie es genauer wissen wollen – sprechen Sie mit Ihrem Steuerberater.

Möchten Sie tiefer ins Steuerrecht einsteigen – lesen Sie *Steuerrecht für Dummies.*

Krankenversicherung der Rentner – oder Krankenversicherungsstatus im Alter

Karsten Korbach hat es geschafft. Kurz vor seinem 55. Geburtstag ist es ihm gelungen, zurück in die gesetzliche Krankenkasse zu kommen. Da er ohnehin in Eigenregie sein Haus renovieren wollte – noch einfacher kann man das Geld nicht sparen – hat er seinen Rechtsanspruch auf Teilzeit genutzt und seine Arbeitszeit für die Dauer von mindestens zwölf Monaten so weit minimiert, dass er mit seinem Gehalt unter der besonderen Jahresarbeitsentgeltgrenze von 66.150,00 € (2025) liegen wird. Die gewonnene Arbeitszeit nutzt er, um sein handwerkliches Können wieder gründlich aufzupolieren. Das Gehalt reicht auch reduziert, Handwerker wären teurer.

»Ich habe es geschafft – ich bin die private Krankenkasse mit den ständig steigenden Beiträgen los!«, erklärt er seinem Freund Rudi Ratlos zuprostend. »Jetzt kann die Rente kommen! Wenigstens bin ich dann nur noch in der gesetzlichen Krankenkasse versichert und spare jeden Monat bares Geld!«, freut sich Karsten. »Ähm, Karsten?«, fragt Rudi, dessen Nachname eben nicht Programm ist. »Dir ist schon klar, dass du im Rentenalter freiwillig gesetzlich krankenversichert bist?« »Wieso? Das ist doch egal, oder nicht?«, fragt Karsten zurück. Rudi beginnt zu erklären »Also, soweit ich weiß, hast du zwei Mietwohnungen, einige Anlagen und zwei kleine Versicherungen – dazu die gesetzliche Rente und deine Betriebsrente. Dir ist schon klar, dass du auf alle Einnahmen im Alter Kranken- und Pflegeversicherung zahlen musst?« »Ja, klar«, tönt es von Karsten zurück. »Aber das sind doch Peanuts im Vergleich zu den Beiträgen der privaten

Krankenkasse.« »Wenn du meinst«, schließt Rudi – der sicher weiß, dass die monatliche Belastung, als freiwillig gesetzlich Krankenversicherter es durchaus mit den Beiträgen für eine private Krankenversicherung aufnehmen kann.

Dass Ihre Krankenkasse auch im Alter von Ihnen Kranken- und Pflegekassenbeiträge erhält, ist klar. Die Frage ist nur, auf welcher Basis und in welchem Umfang. In Kapitel 8 erfahren Sie, wie die Belastung mit Kranken- und Pflegeversicherung bei Betriebsrenten erfolgt. Wenn Betriebsrenten verbeitragt werden, ist Ihr Krankenversicherungsstatus im Alter bereits festgelegt worden. Deswegen ist es wichtig, dass Sie rechtzeitig berücksichtigen, ob Sie im Alter (also zum Beginn Ihrer gesetzlichen Rente)

- gesetzlich pflichtversichert,
- freiwillig gesetzlich oder
- privat

krankenversichert sind.

Krankenversicherungsstatus im Alter – wichtig für jede Planung

Rudi Ratlos war im Gegensatz zu Karsten Korbach immer Mitglied einer gesetzlichen Krankenkasse. Während seiner Arbeitszeit vor Rentenbeginn war Rudi, genauso wie sein Kumpel Karsten, freiwillig gesetzlich krankenversichert.

Beide sitzen wieder zusammen. »Na?«, fragt Karsten, »Jetzt bist du im Alter genauso versichert wie ich.« »Nein«, sagt Rudi. »Du wirst freiwillig versichert bleiben – ich werde gesetzlich versichert sein und Geld sparen. Irgendwie und irgendwann muss ja belohnt werden, dass man dem System treu bleibt.«

Rudi weiß im Gegensatz zu Karsten genau, was auf ihn zukommt. Vielleicht hat er dieses Buch rechtzeitig und früh genug gelesen?

In beiden Beispielen ging es darum, Geld zu sparen. Also muss irgendein Unterschied da sein, den Sie jetzt vielleicht noch nicht erkennen. Oder Sie wissen schon, um was es geht, dann blättern Sie einfach weiter bis zum Thema Rentnerzukunft.

Ihr Krankenversicherungsstatus

Grundsätzlich unterscheidet man drei Arten, krankenversichert zu sein:

- **Gesetzlich pflichtversichert**

  Das sind alle Arbeitnehmer, deren Bruttoeinkommen unter der Jahresarbeitsentgeltgrenze – JAEG (2025: 78.300 € p. a. beziehungsweise im Monat 6.150 €) und oberhalb der Geringfügigkeitsgrenze (2025: bis 556 € im Monat) liegt. Auch Azubis gehören zu den Arbeitnehmern.

Dazu kommen Personen, die nach dem Gesetzgeber nach Gesichtspunkten der Schutzbedürftigkeit zum Kreis der Versicherungspflichtigen gehören: zum Beispiel Arbeitslose, Bürgergeldempfänger unter bestimmten Bedingungen, … und natürlich Rentner, wenn sie denn als gesetzlich pflichtversichert eingestuft wurden, vergleiche unten.

- ✔ **Freiwillig gesetzlich versichert**

  Arbeitnehmer, deren Bruttoeinkommen in den laufenden und dem nachfolgenden Jahr (perspektivisch, zum Beispiel auf Basis eines Arbeitsvertrages und des damit vereinbarten Gehalts) die Jahresarbeitsentgeltgrenze überschreiten, können als freiwilliges Mitglied in der gesetzlichen Krankenkasse bleiben. Auch Selbstständige können in der gesetzlichen Krankenversicherung freiwillig versichert werden, genauso wie unter Umständen (kommt gleich weiter unten) Rentner.

- ✔ **Privat versichert**

  Auch diese Arbeitnehmer haben die JAEG überschritten. Sie haben sich entschieden, nicht in der gesetzlichen Krankenkasse freiwillig versichert zu werden, sondern haben sich privat krankenversichert.

- ✔ **Sonderform: Familienversicherungt**

  Kinder, Ehepartner oder Lebenspartner von Mitgliedern einer gesetzlichen Krankenkasse (egal ob pflicht- oder freiwillig versichert) können beitragsfrei familienversichert sein. Sie müssen ihren Wohnsitz oder gewöhnlichen Aufenthalt (jemand hält sich nicht nur vorübergehend an einem Ort auf; die tatsächliche Verweildauer lässt vermuten, dass sich hier der regelmäßige Schwerpunkt der persönlichen Lebensverhältnisse befindet) im Inland haben und das Einkommen darf eine bestimmte Einkommensgrenze regelmäßig nicht überschreiten (2025: 535 € im Monat).

Beantworten Sie für sich die Frage: Wie sind Sie aktuell krankenversichert? Gesetzlich? Freiwillig? Oder privat? Wenn Sie sich unsicher sind – nehmen Sie Ihre Gehaltsabrechnung und gleichen Sie hier ab,

- ✔ ob von Ihrem Bruttolohn direkt Kranken- und Pflegeversicherung abgezogen wird oder
- ✔ ob Sie (meist weiter unten ausgewiesen) einen Zuschuss zur freiwilligen Krankenversicherung von Ihrem Arbeitgeber erhalten.

Auch als privat Versicherter erhalten Sie einen Zuschuss vom Arbeitgeber.

Auf die Themen Beitragsbelastung und Zuschüsse gehe ich später noch genauer ein.

Prüfung Ihrer Vorversicherungszeit

Schon wieder so ein Begriff. Mit der *Vorversicherungszeit* ist eigentlich Ihr ganzes Leben gemeint.

Mit Rentenantragstellung (und Anspruch auf eine Rente der gesetzlichen Rentenversicherung) prüft

- ✔ **bei gesetzlich und freiwillig Krankenversicherten:** Ihre aktuelle Krankenkasse
- ✔ **bei privat Krankenversicherten:** Ihre letzte gesetzliche Krankenkasse, oder Ihre aktuelle Einzugsstelle (finden Sie auf der Meldung zur Sozialversicherung) oder irgendeine gesetzliche Krankenkasse

wie Sie ab einem bestimmten Zeitpunkt krankenversichert waren.

Hierfür wird eine *Rahmenfrist* aufgestellt.

- ✔ **Die Frist beginnt** normalerweise mit
  - **der erstmaligen Aufnahme einer Erwerbstätigkeit** (abhängiges Beschäftigungsverhältnis oder Aufnahme selbstständige Tätigkeit).

  Wenn Sie keine Erwerbstätigkeit aufgenommen haben, beginnt die Rahmenfrist

  - **mit dem Tag der Eheschließung oder der Eintragung einer Lebenspartnerschaft beziehungsweise**
  - **der Vollendung des 18. Lebensjahres** (wenn es keine Ehe oder Lebenspartnerschaft gibt).
- ✔ **Die Rahmenfrist endet** mit dem Datum der Rentenantragstellung.

Betrachten Sie nun die zweite Hälfte dieser Rahmenfrist (es wird quasi genau in die Mitte ein Pflock geschlagen):

Waren Sie in dieser zweiten Hälfte mindestens neun Zehntel Mitglied einer gesetzlichen Krankenkasse (egal, ob pflicht- oder freiwillig versichert)? Dann sind Sie im Alter, mit Beginn Ihrer gesetzlichen Rente, in der gesetzlichen »Krankenversicherung der Rentner (KVR)« pflichtversichert.

BEISPIEL

Karsten Korbach und Rudi Ratlos sind grundverschieden. Dennoch sind die beiden seit Jahrzehnten befreundet. Sie kennen sich, seit sie am 01.08.1979 (Aufnahme der Erwerbstätigkeit, bei beiden) ihre Lehre begonnen haben. Dazu kommt, dass sie oft gemeinsam ihre Geburtstage feiern können. Karsten wurde am 09.01.1961 geboren, Rudi am 22.01.1961 (die Freunde können gemeinsam ihre Altersrente für besonders langjährig Versicherte ab dem 01.08.2025 in Anspruch nehmen. Auch der Rentenantrag wird im Tandem gestellt. Beide beantragen die Rente am 01.04.2025.).

Rudi war Zeit seines Lebens Mitglied einer gesetzlichen Krankenkasse. Karsten hat kurz vor seinem 55. Lebensjahr die private Krankenkasse verlassen und ist seit dem 01.01.2015 Mitglied einer gesetzlichen Krankenkasse.

Bei Rudi ist es einfach. Rudi war immer Mitglied in einer gesetzlichen Kasse – er erfüllt die Vorversicherungszeit und wird (sofern er nach Rentenbeginn nicht weiterarbeitet oder selbstständig ist) mit Rentenbeginn in der gesetzlichen Krankenkasse (und damit auch in der gesetzlichen Pflegeversicherung) pflichtversichert sein.

Karsten war lange Jahre privat krankenversichert (ungefähr ab Ende der 1990er-Jahre). Hier muss etwas genauer gerechnet werden:

- **Frist Gesamtrahmen:** 01.08.1979 (Beginn Lehre) bis 01.04.2025 (Rentenantrag)
- **Frist 2. Hälfte:** 02.06.2002 (Mitte Gesamtrahmen) bis 01.04.2025 (Rentenantrag)

Für die zweite Hälfte kann Karsten ab dem 01.01.2015 Zeiten anrechnen lassen (er war ab Ende der 1990er-Jahre bis zum 31.12.2014 privat krankenversichert – also kein Mitglied einer gesetzlichen Kasse).

- Der **Gesamtrahmen** umfasst 45 Jahre, 8 Monate und einen Tag.
- **Die (2.) Hälfte** umfasst 22 Jahre und 10 Monate.
- Erforderlich (für die neun Zehntel) sind: 20 Jahre, 6 Monate und 22 Tage. Karsten hat aber nur: 10 Jahre, 3 Monate und einen Tag.
- Karsten erfüllt die Vorversicherungszeit nicht. Er ist ab Rentenbeginn weiterhin freiwillig gesetzlich in seiner Krankenkasse versichert.

Rudi lag mit seiner Aussage völlig richtig.

Ob die Abgrenzung »Peanuts« ist, wie Karsten angedeutet hat, werden Sie jetzt herausfinden.

Beitragsbemessung – auf was zahlen Sie Kranken- und Pflegeversicherungsbeiträge?

Waren Sie angestellt, ist Ihnen die Belastung vielleicht nicht wirklich aufgefallen. Wichtig ist doch das, was jeden Monat auf Ihr Konto überwiesen wird.

Um die spätere (im Rentenalter) Belastung mit Kranken- und Pflegeversicherung zu verstehen, ist es wichtig zu wissen, in welcher Höhe Sie als Arbeitnehmer mit Kranken- und Pflegeversicherungsbeiträgen belastet werden.

Sie sind gesetzlich krankenversichert

Im Wesentlichen ist es ganz einfach:

✔ **Ihr monatliches Bruttoentgelt** finden Sie auf Ihrer Lohnabrechnung.

- **Der allgemeine Beitragssatz** für die gesetzliche Krankenversicherung beträgt einheitlich bei allen Krankenkassen 14,6 %.
- **Der durchschnittliche Zusatzbeitrag** im Jahr 2025 beträgt 2,5 %. (Mit diesem rechne ich jetzt – Sie können gleich die Berechnung mit Ihrem individuellen Zusatzbeitrag vornehmen. Ihre Krankenkasse informiert Sie regelmäßig über die Höhe Ihres Zusatzbeitrages.)

  Das sind 17,1 %. Hiervon trägt Ihr Arbeitgeber die Hälfte. Sie zahlen also 7,3 % + 1,25 % = 8,55 %.

Wie ergibt sich daraus nun Ihr Krankenkassenbeitrag?

- **Liegt Ihr Gehalt zwischen 0,00 € und 5.512,50 €?** Dann nehmen Sie Ihr Monatsbrutto. Hiervon 8,55 % ist Ihr Krankenkassenbeitrag.
- **Liegt Ihr Gehalt darüber?** Dann wird Ihr Krankenkassenbeitrag auf diese Beitragsbemessungsgrenze begrenzt. Sie zahlen maximal auf 5.512,50 € Krankenkassenbeiträge, auch wenn Ihr Gehalt darüber liegt.

In der Gehaltsabrechnung wird die Pflichtversicherung anders dargestellt als die freiwillige Versicherung. Der Zuschuss, den Sie zur freiwilligen Versicherung erhalten, entspricht aber (gehe ich vom durchschnittlichem Zusatzbeitrag aus) der Hälfte des Beitrages auf die Beitragsbemessungsgrenze. Das sind im Jahr 2025 471,32 €. Real wird Ihr tatsächlicher Zusatzbeitrag zugrunde gelegt.

Wer im Erwerbsleben freiwillig versichert ist, verdient mehr als 6.150,00 € im Monat. Da die Beitragsbemessungsgrenze bei 5.512,50 € liegt, zahlen Sie den Höchstbetrag.

Sie sind privat krankenversichert

Bei der Ermittlung des Zuschusses zur privaten Krankenversicherung wird genauso vorgegangen. Der maximale Arbeitgeberzuschuss zur privaten Krankenkasse beträgt 2025 gleichfalls 471,32 €.

Ich gehe hier vom durchschnittlichem Zusatzbeitrag aus.

Sind Sie privat krankenversichert, zahlen Sie Ihren individuellen Beitrag. Er hängt von Ihrem Gesundheitszustand und den vereinbarten Leistungen ab. Aber auch andere Faktoren beeinflussen die Höhe Ihre Beiträge:

- **steigende Kosten** – generell durch die Inflation. Das merken Sie selbst jeden Monat (oder auch nicht).
- **medizinische Entwicklungen** –wenn neue Methoden der Behandlung, neue Medikamente und Ähnliches entwickelt werden, kann das zu Mehrkosten führen, die an die Versicherten weitergegeben werden.
- **höhere Lebenserwartung** – der Aufwand für die Gesundheit steigt mit zunehmendem Alter. Wenn die Lebenserwartung steigt, nehmen die kalkulatorischen Kosten, die Sie verursachen (können), zu.

- **Zinsentwicklung** – für Ihr Alter (ab 65) werden Altersrückstellungen gebildet (damit die Kosten für Ihre Versicherung im Alter nicht explodieren). Sobald sich bei den Rückstellungen die Zinsen (der Zinsgewinn) verändert, wird das durch höhere Beiträge ausgeglichen.

Schließt man eine private Krankenversicherung ab, fließt ein Teil des Beitrages in eine sogenannte *Alterungsrückstellung*. Diese Rücklage soll nach gesetzlichen Bestimmungen (§ 146 Abs. 1 VAG) dazu dienen, dass die Beiträge im Alter nicht zu hoch werden.

Je älter Sie bei Abschluss einer privaten Krankenversicherung sind, desto höher ist der Beitragsanteil, der in die Alter(ungs)rückstellung fließt. Das ist logisch – mit 30 Jahren hat man mehr Zeit, Rückstellungen fürs Alter aufzubauen als mit 50. (Das ist wie beim Sparen und einem festen Sparziel – je länger die Laufzeit, desto geringer der notwendige Sparbeitrag.)

Krankenversicherung im Alter – auf was zahlen Sie überhaupt Beiträge?

Solange Sie arbeiten, ist das Thema Krankenversicherung recht schnell geklärt.

Sobald Sie Ihren Rentenbescheid erhalten, können Sie ihm entnehmen, wie Sie von Ihrer Krankenkasse eingestuft wurden – gesetzlich pflichtversichert, freiwillig versichert oder (Sie bleiben) privat krankenversichert.

Von dieser Einstufung hängt ab, welche Einnahmen der Beitragspflicht in der Krankenkasse unterliegen.

Selbst wenn Sie ein hohes Gehalt hatten, wird die Höhe Ihrer gesetzlichen Rente voraussichtlich nicht an die Beitragsbemessungsgrenze zur gesetzlichen Krankenkasse reichen. Sie zahlen also zunächst nicht den Höchstbetrag wie in der Vergangenheit. Das klingt zunächst wie eine Ersparnis. Ja – aber …

Pflichtversicherung im Alter

Sind Sie im Alter pflichtversichert, müssen Sie auf folgende Einnahmen Krankenkassenbeiträge zahlen:

- Gesetzliche Rente
- Gesetzliche Rente aus dem Ausland
- Versorgungsbezüge (das sind zum Beispiel Ihre Betriebsrenten oder Renten aus berufsständischen Versorgungen und Ähnliches)
- Arbeitseinkommen aus selbstständiger Tätigkeit (zum Beispiel Gewerbebetrieb, Landwirtschaft, Forstwirtschaft). Sie sehen, der Katalog der Einnahmen, auf die Sie Krankenkassenbeiträge zahlen müssen, ist überschaubar.

Arbeiten Sie nach Rentenbeginn weiter, müssen Sie ein wenig aufpassen. Der Arbeitgeber führt für Sie weiter die Krankenkassenbeiträge ab und trägt weiter die Hälfte. Alle anderen Einnahmen werden auch, so wie Sie es Ihrer Krankenkasse angeben, verbeitragt.

- **Liegen Sie mit allen Einnahmen über der Jahresarbeitsentgeltgrenze,** könnte es sein, dass Sie freiwillig gesetzlich versichert sind – Ihr Status wird dann vermutlich für die Dauer Ihrer weiteren Erwerbstätigkeit auf freiwillig gesetzlich verändert.
- **Sind Sie im Rentenalter überwiegend selbstständig,** ist Ihr Status vermutlich auch » freiwillig gesetzlich versichert«. Selbstständige beantragen oft zu irgendeinem Zeitpunkt die Rente und lassen die Firma weiterlaufen oder wickeln diese ab.

Wie Sie sehen, bedingt ein anderer Krankenkassenstatus unter Umständen auch, dass mehr Einnahmen der Beitragspflicht unterliegen. So wie Sie es hier am Status freiwillig krankenversichert im Alter sehen.

Freiwillig krankenversichert im Alter

Erinnern Sie sich an die Aussage von Karsten Korbach? Freiwillige Krankenkassenbeiträge sind doch Peanuts? Das werden Sie jetzt sehen.

Sind Sie als Rentner freiwillig gesetzlich krankenversichert, wird für die Beitragsbemessung der Krankenversicherung (und auch der Pflegeversicherung) Ihre »gesamte wirtschaftliche Leistungsfähigkeit« berücksichtigt.

Mit anderen Worten: Alle Einnahmen sind fällig!

Das heißt, zum Beispiel:

- Gesetzliche Rente
- Gesetzliche Rente aus dem Ausland
- Versorgungsbezüge (das sind zum Beispiel Ihre Betriebsrenten oder Renten aus berufsständischen Versorgungen und ähnliches)
- Arbeitseinkommen aus selbstständiger Tätigkeit (zum Beispiel Gewerbebetrieb, Landwirtschaft, Forstwirtschaft
- Mieteinkünfte
- Pachteinkünfte
- Einkünfte aus Kapitalvermögen (Zinserträge, Dividenden, Kursgewinne)
- Private Leibrentenversicherungen
- Lebensversicherungen, die einmalig abgefunden werden
- … was sonst noch so für die laufenden oder einmaligen Einnahmen bei Ihnen sorgt …

Da kann einiges zusammenkommen!

Pflegeversicherung nicht vergessen

Die Krankenversicherungspflicht bedingt immer eine Pflegeversicherungspflicht.

Für die Pflegeversicherung werden aktuell – 2025 – (im Rentenalter), ohne Besonderheiten,

- ✔ 3,6 % bei Rentnern, die Kinder haben,
- ✔ 4,2 % bei Rentner ohne Kinder

fällig. Die Einnahmen, auf die Sie die Pflegeversicherung zahlen müssen, sind identisch zu denen, für die Sie Krankenkassenbeiträge zahlen.

Vergessen Sie die Abzüge für die Pflegeversicherung bei der Berechnung Ihrer Nettorente nicht!

Von der Theorie zur Praxis

Vor einer Berechnung der Kranken- und Pflegeversicherung erinnern Sie sich bitte daran, inwieweit Betriebsrenten kranken- und sozialversicherungspflichtig sind.

Betriebsrenten unterliegen als Versorgungsbezug der vollen Kranken- und Pflegeversicherung.

Ausnahmen:

- ✔ Sie sind privat krankenversichert.
- ✔ Sie haben bereits andere Einkünfte, mit denen Sie schon die maximalen Kranken- und Pflegeversicherungsbeiträge zahlen.

Bei Rentnern, die im Alter in der gesetzlichen Krankenversicherung (und Pflegeversicherung) *pflichtversichert* sind, werden die Betriebsrenten mit dem individuellen, vollen Krankenversicherungsbeitrag und Pflegeversicherungsbeitrag belastet – unter Berücksichtigung eines Freibetrages in der Krankenkasse und einer Freigrenze in der Pflegeversicherung. (Genaueres finden Sie in Kapitel 8.)

Die Freigrenze in der Pflegeversicherung beträgt im Jahr 2025: 187,25 € monatlich; der Freibetrag ist identisch – 187,25 € monatlich für die Krankenkasse.

- ✔ **Freigrenze**

  Eigentlich kommt dieser Begriff aus dem Steuerrecht. Eine Freigrenze ist ein Betrag, bis zu dem keine Steuerpflicht ausgelöst wird.

  Bei der Pflegeversicherung ist es genauso. Bei einem monatlichen Versorgungsbezug (Betriebsrente, berufsständische Versorgung, …) von monatlich 187,25 € fällt keine Pflegeversicherung bei einer in der gesetzlichen Krankenkasse pflichtversicherten Person an.

Liegt der Versorgungsbezug darüber, unterliegt die volle Rente der Pflegeversicherung.

- **Freibetrag**

  Auch dieser Begriff ist im Steuerrecht zu Hause. Ein Freibetrag wird von der Besteuerung ausgenommen.

  So ist es zum Beispiel bei Ihrem Krankenkassenbeitrag, wenn Sie in der gesetzlichen Krankenkasse pflichtversichert sind. Vom monatlichen Versorgungsbezug werden zunächst 187,25 € abgezogen. Auf den darüberliegenden Betrag zahlen Sie Beiträge für die gesetzliche Krankenkasse.

Der Freibetrag (Krankenkasse) und die Freigrenze (Pflegeversicherung) gelten nur für Personen, die in der gesetzlichen Krankenversicherung pflichtversichert sind.

Etwas anders sieht die Berechnung aus, wenn Sie anstelle einer lebenslangen Rente eine Kapitalabfindung erhalten, also einmalig eine Leistung, ein fester Kapitalbetrag ausgezahlt wird.

Da die Krankenkasse auch auf dieses Kapital Beiträge erhebt, wird das Kapital über zehn Jahre als fiktive Rente abgebildet – das Kapital wird durch 120 geteilt (10 Jahre mal 12 Monate pro Jahr) und Ihnen entsprechend der Beitrag für die Kranken- und Pflegeversicherung in Rechnung gestellt, wenn der Betrag über den oben genannten Grenzen von 187,25 Euro liegt.

Ein bisschen klarer wird das vielleicht in der Fortführung unseres Beispiels – unsere beiden Freunde Karsten und Rudi:

BEISPIEL

Erwartungsgemäß werden unsere beiden Rentner Karsten Korbach und Rudi Ratlos im Alter unterschiedlich von Ihrer Krankenkasse eingestuft.

Ich unterstelle jetzt einfach, dass beide identische Einnahmen im Alter haben – ihrer beider Leben war ja so gleich – außer dass sie nicht die gleiche Frau geheiratet und sich für eine andere Krankenversicherung entschieden haben. Sowohl Karsten als auch Rudi haben jeweils einen Sohn und eine Tochter. Diese Aussage ist wichtig für die Einstufung des Pflegeversicherungssatzes, hier 3,6 Prozent. Das bilde ich in der folgenden Tabelle 19.4 ab und kennzeichne und berechne gleich den Krankenkassenbeitrag (wieder durchschnittliche Beitragssätze: 17,1 + 2,5 Prozent, vergleiche oben; die Darstellung der gesetzlichen Rente bei freiwillig Versicherten ist falsch, stimmt aber im Ergebnis):

Karsten zahlt fast doppelt so viel wie Rudi. Es wäre besser gewesen, wenn er weiter Mitglied in einer privaten Krankenversicherung geblieben wäre. Ab 65 greifen dort die Altersrückstellungen, das Krankentagegeld fällt weg und er hätte den Tarif anders ausgestalten können.

Einnahme	Karsten Korbach Freiwillig gesetzlich Versichert	Rudi Ratlos Gesetzlich pflichtversichert
Gesetzliche Rente 2.000,00 € monatlich	KV 171,00 € + PV 72,00 € = 243,00 €	KV 171,00 € + PV 72,00 € = 243,00 €
Hinweis – Details finden Sie unter dem Beispiel	Die DRV trägt die Hälfte des KV-Beitrages über einen Zuschuss.	Die DRV trägt die Hälfte des KV-Beitrages.
Mieteinkunft 1 500,00 € monatlich	KV 85,50 € + PV 18,00 € = 103,50 €	0,00 €
Mieteinkunft 2 250,00 € monatlich	KV 42,75 € + PV 9,00 € = 51,75 €	0,00 €
Zinserträge 150,00 € monatlich	KV 25,65 € + PV 5,40 € = 31,03 €	0,00 €
Private Rentenversicherung 1 220,00 € monatlich	KV 37,62 € + PV 7,92 € = 45,54 €	0,00 €
Private Rentenversicherung 2 150,00 € monatlich	KV 25,65 € + PV 5,40 € = 31,03 €	0,00 €
Betriebsrente 700,00 € monatlich	KV 119,70 + PV 25,20 € = 144,90 €	KV 87,68 € + PV 25,20 = 112,88 €
Summe Kranken- und Pflegeversicherung	650,75 €	355,88 €

Tabelle 19.4: Einnahmen im Alter - Belastung mit Krankenkassen und Pflegeversicherungsbeiträgen im Alter – Karsten und Rudi

Wenn Sie privat krankenversichert sind, reden Sie rechtzeitig mit Ihrem Versicherungsberater, Versicherungsmakler, Versicherungsvermittler oder Ihrer Bank oder Sparkasse. Lassen Sie sich aufzeigen, wie Sie Ihre private Krankenversicherung im Alter gestalten können.

Eine genaue Analyse Ihrer Beitragsbelastung im Alter können Sie von Ihrem Rentenberater erhalten.

Zuschuss nicht vergessen

Wenn Sie freiwillig gesetzlich oder privat krankenversichert sind, haben Sie Anspruch auf einen Zuschuss zur Krankenversicherung. Sie können diesen Zuschuss mit Ihrer Rente beantragen.

Die Höhe des Zuschusses hängt ab von

- ✔ Ihrer Bruttorente bei der gesetzlichen Rentenversicherung
- ✔ dem allgemeinen Beitragssatz zur Krankenversicherung (2025: 14,6 %) und

- ✔ dem Zusatzbeitrag zur Krankenversicherung
  - Freiwillig Versicherte: individueller Zusatzbeitrag Ihrer Krankenkasse (zum Beispiel 3,2 %)
  - Privatversicherte: durchschnittlicher Zusatzbeitrag (2025: 2,5 %)

Der Zuschuss zur privaten beziehungsweise freiwilligen Krankenversicherung, den Ihnen die Deutsche Rentenversicherung zahlt, ist steuerfrei (§ 3 Nr. 14 EStG).

Sie haben jetzt das Werkzeug, Ihre grobe Nettorente zu ermitteln. Alternativ können Sie auch Tools aus dem Internet nutzen, allerdings ist deren Aktualität schwer abzuschätzen. Für einen »Daumenwert« dürften diese jedoch ausreichen.

Egal wie Sie rechnen – Ihre abschließende Belastung werden Sie erst kennen, wenn Sie Ihre erste Einkommensteuererklärung gemacht und Ihren ersten Steuerbescheid als Rentner erhalten haben.

Kontrollieren Sie Ihre Krankenkassenbeiträge

Gerade wenn Sie freiwillig gesetzlich versichert sind, weil Sie zum Beispiel neben dem Bezug einer Rente weiterarbeiten, sollten Sie spätestens im Frühjahr eines Jahres Ihre Krankenkassenbeiträge des vorangegangenen Jahres kontrollieren.

Ihre Krankenkasse erhält automatisch ihr Geld – von Ihnen, Ihrem Arbeitgeber und gegebenenfalls einem Versorgungsträger (das sind die Einrichtungen, die die Betriebsrenten auszahlen).

Sie brauchen insgesamt aber nur Beiträge bis zur Beitragsbemessungsgrenze zur gesetzlichen Kranken- und Pflegeversicherung zu zahlen.

- ✔ Diese Beitragsbemessungsgrenze beträgt 66.150,00 Euro im Jahr für 2025 beziehungsweise 5.512,50 € im Monat.
- ✔ Der Krankenkassenbeitrag beträgt 14,6 %.
- ✔ Der durchschnittliche Zusatzbeitrag liegt bei 2,5 %.
- ✔ Kinderlose zahlen für die Pflegeversicherung 4,2 %,
- ✔ Haben Sie Kinder, ist der aktuelle Pflegeversicherungssatz 3,6 %.

Somit beträgt der maximale Beitrag zur gesetzlichen Krankenkasse (egal, ob pflicht- oder freiwillig versichert) 942,64 € monatlich beziehungsweise 11.311,68 € im Jahr.

Auch die Pflegeversicherung wird maximal bis zur Beitragsbemessungsgrenze erhoben: 198,45 € monatlich beziehungsweise 2.381,40 € jährlich für Versicherte mit Kindern; ansonsten 231,53 € monatlich beziehungsweise 2.778,30 € jährlich.

Zahlen Sie zu viel Kranken- und Pflegeversicherungsbeiträge, werden sie Ihnen nicht automatisch zurückerstattet. Sie müssen die Rückzahlung der zu viel gezahlten Beiträge beantragen. Das geht formlos – schreiben Sie einfach an Ihre Krankenkasse. Sie erhalten nach der Prüfung durch die Krankenkasse gegebenenfalls Ihren Beitragsanteil zurück. Denken Sie daran, dass Sie eventuell beweisen müssen, dass Sie das Schreiben versandt haben, und wählen deshalb am besten ein Einschreiben gegen Rückschein.

Sie haben vier Jahre Zeit für die Rückforderung. In 2025 sollten Sie also beispielsweise spätestens zu viel gezahlte Beiträge aus dem Jahr 2021 zurückfordern.

Lustig ist das Rentnerdasein

Jetzt ist es geschafft. Ihre Bescheide sind da – monatlich erscheinen Ihre Rentenzahlungen auf dem Konto. Jetzt bleibt nur noch, den Tagesablauf neu zu planen und mit Leben zu füllen. Zeit für all die Dinge, die Sie immer tun wollten, Zeit für Freunde, Familie und den Partner.

So ganz werden Sie leider auch als Vollrentner nicht um den Behördenkram herumkommen. Auch wenn jetzt alles läuft, gibt es doch einige Punkte, die Sie wissen müssen, damit auch in Zukunft alles rundläuft.

Ihre Mitteilungspflichten gegenüber der gesetzlichen Rentenversicherung

Wenn Sie Ihren Rentenbescheid genauer lesen, werden Sie feststellen, dass es gesetzliche Mitwirkungspflichten bei Ihrer Rente gibt. Das bedeutet, Sie müssen mitarbeiten, damit die Rentenversicherung alle aktuellen Daten von Ihnen hat. Das sind Daten, die in Ihrem Interesse sind (damit die Rente zum Beispiel auf das richtige Konto gutgeschrieben wird), es sind aber auch Daten, die im Interesse der Deutschen Rentenversicherung sind, wenn sie zum Beispiel Ihre Rente aufgrund von Einkommensanrechnungsregeln kürzt. (Das betrifft mittlerweile aber weniger Altersrenten als Hinterbliebenenrenten und Erwerbsminderungsrenten).

Woran müssen Sie denken?

Dem Postrentenservice können Sie unter `www.deutschepost.de/de/r/rentenservice.html` folgende Änderungen mitteilen:

- ✔ **Ihre neue Anschrift** – wenn Sie umziehen.
- ✔ **Ihren neuen Namen** – wenn Sie zum Beispiel bei Heirat einen neuen Namen – oder nach Scheidung einen alten wieder annehmen.
- ✔ **Ihre neue Kontoverbindung** – damit Ihre Rente auf dem richtigen Konto landet.

Warum Postrentendienst? Der Rentenservice der Deutschen Post fungiert als Zahlstelle für Renten, Rentenabfindungen, Beitragserstattungen und Ähnliches. Das hat einen historischen Hintergrund. Mit Einführung der Sozialversicherung war nur die Post, die damals im ganzen Land Niederlassungen hatte, in der Lage, flächendeckend Geld auszuzahlen.

Als Babyboomer können Sie sich vielleicht zurückerinnern – ab wann hatten Ihre Eltern überhaupt ein Konto? Noch Anfang der 1980er-Jahre wurde der Lohn, gerade im Handwerk, oft noch bar ausgezahlt. Erst im Laufe der 1980er-Jahre setzte sich die heute übliche Gehaltszahlung auf Konten durch.

Über die Online-Services der DRV können Sie alle weiteren Mitteilungen machen. Rufen Sie einfach `https://www.deutsche-rentenversicherung.de/DRV/DE/Online-Services/online-services_node.html` auf. Oder Sie googeln Online-Dienste DRV und klicken drauf.

Sie haben die Wahl zwischen

- **Persönliche Daten ändern**, zum Beispiel wie oben Bankverbindung oder Adresse oder
- **Kommunikation mit uns** – hier können Sie Unterlagen einreichen und über ein persönliches Kontaktformular mit der Deutschen Rentenversicherung Kontakt aufnehmen.

Dies können Sie zum Beispiel nutzen für:

- **Information, dass Sie wieder ein Beschäftigungsverhältnis aufnehmen** (dazu zählt auch ein Minijob).
- **Krankenkassenwechsel** – auch wenn die Krankenkasse die Deutsche Rentenversicherung informieren wird, ist es gut, wenn Sie proaktiv die Deutsche Rentenversicherung informieren. Durch einen Krankenkassenwechsel verändert sich Ihr Zusatzbeitrag.
- **Bestätigung Ihrer privaten Krankenkasse über die gezahlten Beiträge.** Im Moment erhalten Sie regelmäßig eine entsprechende Information. Gegebenenfalls wird diese Information in Zukunft digital an die Deutsche Rentenversicherung, direkt von Ihrer privaten Krankenkasse versandt.

Ähnliche Mitteilungspflichten haben Sie bei allen anderen Versorgungsträgern, von denen Sie eine Rente erhalten.

Ihr Rentnerausweis

Jetzt müssen Sie stark sein – Sie sind Rentner. (Haben Sie auch Probleme damit, auf einmal Rentner zu sein?)

Als Rentner erhalten Sie vom Postrentenservice zeitnah nach Rentenbeginn Ihren Rentnerausweis.

Was bringt Ihnen der Rentnerausweis?

- Je nach Stadt oder Region kann es zu Vergünstigungen im öffentlichen Nahverkehr kommen. Informieren Sie sich vor Ort bei Ihrem Verkehrsverbund.

- ✔ Rabatte bei kulturellen Veranstaltungen: Eintritt in Museen, vergünstigte Theater- oder Kinokarten. Informieren Sie sich, was gilt.
- ✔ Vergünstigungen bei der Volkshochschule und in Bibliotheken.
- ✔ Nachlässe im Einzelhandel, bei Restaurants. (Natürlich nicht pauschal – aber fragen kostet nichts.)
- ✔ Nachlässe beim Eintritt in Schwimmbäder oder bei Kursen von Sportvereinen.

Wenn Sie Unternehmungen in Ihrem Rentnerdasein planen – erkundigen Sie sich vorher, ob es hierfür Rabatte und Vergünstigungen gibt. Für gewöhnlich hilft Dr. Google.

Abgabe einer Steuererklärung

Sie haben oben kennengelernt, wie Sie grob aus Ihrer Bruttorente Ihre Nettorente berechnen können. Aber: Die Steuern werden nur dann automatisch von Ihrer Rente abgezogen, wenn Sie Versorgungsbezüge (Betriebsrenten) aus einer Unterstützungskasse oder einer Direkt- beziehungsweise Pensions- beziehungsweise unmittelbare Versorgungszusage haben. Das hängt mit der steuerlichen Systematik dieser Einkünfte zusammen: Einkünfte aus nichtselbstständiger Arbeit im Sinne des § 19 EStG.

Denken Sie daran, dass Sie meisten Rentenzahlungen ohne Abzug von Steuern erhalten.

Auf alle anderen (Renten-)Einnahmen haben Sie noch keine Steuern gezahlt. Liegen Sie unter dem Existenzminimum – oder netter ausgedrückt – dem Grundfreibetrag, werden Sie vermutlich keine Steuererklärung abgeben müssen.

Der Grundfreibetrag liegt im Jahr 2025 bei

- ✔ 12.096,00 € bei Ledigen
- ✔ 24.192,00 € bei Verheirateten

Dazu kommen der Werbungskostenpauschbetrag von 102,00 € und der Sonderausgaben-Pauschbetrag. Als Dummie-Leser mit einer zielgerichteten Rentenplanung und unterschiedlichen Rentenbausteinen liegen Sie wahrscheinlich mit Ihren Einnahmen darüber.

Es ist also wichtig, dass Sie eine Einkommensteuererklärung abgeben.

Wie Sie dies tun, bleibt Ihnen überlassen.

- ✔ Sie können direkt über Elster gehen.
- ✔ Wenn Sie keine weiteren Einkünfte haben, können Sie das Programm EinfachElster der Finanzverwaltung nutzen.
- ✔ Alternativ gibt es eine Vielzahl von Software und Apps.
- ✔ Oder Sie lassen die Einkommensteuererklärung von einem Steuerberater Ihres Vertrauens anfertigen.

Übrigens: Um die Steuerpflicht kommen Sie nicht herum. Sowohl die Rentenversicherung als auch die anderen Versorgungsträger sind verpflichtet, Ihrem Finanzamt mitzuteilen, in welcher Höhe Renten an Sie gezahlt wurden – rühren Sie sich nicht rechtzeitig, wird Ihr Finanzamt Sie zur Abgabe einer Einkommensteuererklärung auffordern.

Wenn Sie in etwa überschlagen haben, wie hoch Ihr Steuersatz ist, legen Sie sich etwas zur Seite. Denken Sie daran, dass Sie Steuern nachzahlen müssen. Wenn Sie lebenslang im Angestelltenverhältnis waren (und durch die Lohnsteuer, die von Ihrem Gehalt einbehalten wurde, Vorauszahlungen auf Ihre persönliche Einkommensteuerschuld geleistet haben), werden Ihnen die Steuernach- und dann Vorauszahlungen ungewohnt vorkommen. Selbstständige sind da geübter.

Pflege naher Angehörige

Leider nehmen mit dem Alter die Gebrechen zu. Gebrechen, die zu einer Einstufung in Pflegegrade führen können.

Gerade bei Paaren ist es häufig so, dass einer krank wird und der andere pflegt. Oder die Eltern werden gebrechlich und müssen gepflegt werden. Bei niedrigen Pflegegraden gibt es noch keine Notwenigkeit der Heimunterbringung. Erst wenn die Krankheit der Person, die gepflegt wird, nicht mehr ohne Probleme für die Person, die pflegt, geschafft wird, ist eine Heimunterbringung vielleicht eine Lösung. Aber hier müssen die Kosten gestemmt werden. Deswegen wird ehrenamtlich immer mehr und immer länger gepflegt.

Eine kleine Belohnung für diese – unterm Strich – gesellschaftliche und volkswirtschaftliche Entlastung erhält der Pflegende, indem die Pflegekasse ihm oder ihr Beiträge in die Rentenkasse einzahlt.

Dafür müssen folgende Voraussetzungen erfüllt werden:

- ✔ Die gepflegte(n) Person(en) haben mindestens Pflegegrad 2.
- ✔ Die Pflege erfolgt nicht erwerbsmäßig. Das bedeutet, dass Sie für die Pflege keinen Lohn erhalten.
- ✔ Die Pflege erfolgt mindestens zehn Stunden und an mindestens zwei Tagen die Woche.
- ✔ Es handelt sich um häusliche Pflege.
- ✔ Parallel werden maximal 30 Stunden die Woche gearbeitet.

Diese Regelung gilt nicht nur für Angehörige, sondern auch für Nichtfamilienangehörige, also Freunde. Pflegen Sie zum Beispiel Ihre beste Freundin im Alter, haben auch Sie (wenn Sie die übrigen Bedingungen erfüllen), Anspruch auf die Einzahlung der Pflegekasse auf Ihr Rentenkonto).

Auch wenn Sie bereits Rente beziehen, haben Sie als Pflegeperson durch die Zahlung der Pflegeversicherungsbeiträge Anspruch auf weitere Rentenpunkte. Dabei ist eine Unterscheidung wichtig:

- ✔ Sie sind vorzeitig in Rente gegangen und haben Ihre Regelaltersgrenze noch nicht erreicht?
- ✔ Sie haben bereits Ihre Regelaltersgrenze überschritten?

Notieren Sie den Zeitpunkt, zu dem Sie Ihre Regelaltersgrenze erreichen! Und beantworten Sie die Frage, ob Sie eine Voll- oder eine Teilrente beziehen.

- ✔ Beziehen Sie nach Erreichen der Regelaltersrente eine Vollrente, sind Sie als Pflegeperson nicht rentenversicherungspflichtig.
- ✔ Beziehen Sie stattdessen eine Teilrente zum Beispiel in Höhe von 99,99 Prozent sind Sie weiterhin versicherungspflichtig in der gesetzlichen Rentenversicherung.

Stellen Sie spätestens mit Erreichen der Regelaltersgrenze von Voll- auf Teilrente um. Dann zahlt die Pflegekasse weiterhin Rentenversicherungsbeiträge auf Ihr Rentenkonto. Diese Einzahlungen führen jedes Jahr zu einer Erhöhung Ihrer Rente.

Die Höhe der Rentenversicherungsbeiträge, die für Sie eingezahlt werden, hängt von folgenden Faktoren ab:

- ✔ Pflegegrad
- ✔ Pflegeleistung

Weiterhin spielt die sogenannte *Bezugsgröße* eine wichtige Rolle. Diese ist uns in diesem Buch schon mehrfach begegnet. Sie beträgt im Jahr 2025 bundeseinheitlich 44.940,00 € jährlich beziehungsweise 3.745,00 € monatlich.

In Tabelle 19.5 können Sie den Pflegegrad und die Pflegeleistung ablesen.

	Pflegegeld	Kombileistung	Sachleistung
Pflegegrad 2	27 %	22,95 %	18,9 %
Pflegegrad 3	43 %	36,55 %	30,1 %
Pflegegrad 4	70 %	59,5 %	49 %
Pflegegrad 5	100 %	49 %	70 %

Tabelle 19.5: Bemessungsgrundlage in % der Bezugsgröße

Bevor wir berechnen, was die Pflegekasse in die Rentenkasse zahlt, eine kurze Erklärung zu den drei Spalten in Tabelle 19.5, damit Sie die richtige wählen können.

1. **Pflegegeld:** Die Pflegekasse zahlt Pflegegeld. Dieses wird ab einem Pflegegrad 2 gezahlt.

2. **Kombileistung:** Die ambulante (zustehende) Pflege durch einen Pflegedienst wird nur teilweise in Anspruch genommen. Die übrige Pflege erfolgt durch einen Angehörigen oder eine andere Person, die nicht gewerblich pflegt.

3. **Sachleistung:** Es wird eine professionelle häusliche Pflegehilfe in Anspruch genommen– es wurde ein Pflegedienst beauftragt.

In Abhängigkeit des Pflegegrades (2 bis 5) und der gewählten Leistung (Pflegegeld, Kombileistung, Sachleistung) können Sie nun aus Tabelle 19.5 einen Prozentsatz ablesen und von der Bezugsgröße diesen Prozentsatz ermitteln. Damit haben Sie eine monatliche oder jährliche Einnahme. Hierauf zahlt die Pflegeversicherung 18,6 % an die Rentenversicherung.

BEISPIEL

Nikolaus Nürnberg pflegt seinen kranken Vater. Er hat, da er die Regelaltersgrenze bereits erreicht hat, seine Vollrente rechtzeitig in eine Teilrente umgestellt. Er hat also Anspruch auf die Zahlungen der Pflegekasse in die Rentenkasse – er ist rentenversicherungspflichtig.

Wir unterstellen, dass er das komplette Jahr 2025 seinen Vater pflegt. Sein Vater hat Pflegegrad 4. Es ist ein Pflegedienst beauftragt. Es werden also Sachleistungen erbracht. Das hat Auswirkungen auf die Bemessungsgrundlage in %.

49 % von 44.940,00 € sind 22.020,60 €. Auf Basis dieser Bemessungsgrundlage zahlt die Pflegekasse 18,6 % in die Rentenversicherung ein.

Im Jahr 2026 erhält Nikolaus eine Rentenerhöhung von 17,15 € brutto monatlich aufgrund seiner Pflegetätigkeit.

Auch wenn ein Pflegedienst die Pflege weitestgehend übernimmt – sprechen Sie mit dem Pflegedienst. Auch Sie haben noch zeitlichen (und körperlichen oder nervlichen) Aufwand, der bewertet werden muss. Es geht um Ihren persönlichen Aufwand, den Sie zur Pflege der pflegebedürftigen Person betreiben. Und der muss dokumentiert werden, damit Geld von der Pflegekasse in die Rentenversicherung eingezahlt wird.

Normalerweise müssen Sie auch diese Leistungen beantragen. Das erfolgt mit dem »Fragebogen zur Zahlung der Beiträge zur sozialen Sicherung für nicht erwerbsmäßig tätige Pflegepersonen«. Diesen Antrag erhalten Sie eigentlich automatisch von der Pflegeversicherung, wenn ein Pflegegrad größer 2 festgestellt wird.

Ruhestand im Ausland

Träumen Sie davon, alle Zelte abzubrechen und Ihren Lebensabend im Ausland zu verbringen?

Wenn Sie mehrere Monate im Ausland verbringen, ändert sich nichts.

Ziehen Sie dauerhaft ins Ausland, müssen Sie sich mit den Themen Krankenversicherung und Steuern auseinandersetzen. Bei Umzügen in ein Land der europäischen Union plus Island, Liechtenstein, Norwegen oder die Schweiz gibt es in Bezug auf Ihre gesetzliche Rente grundsätzlich keine Einschränkungen. Anders kann es aussehen, wenn Sie in ein Land auswandern, mit dem Deutschland kein Sozialversicherungsabkommen hat. Gegebenenfalls kann es hier zu Einschränkungen kommen.

Bei einem dauerhaften Umzug ins Ausland müssen Sie jährlich nachweisen, dass Sie noch leben. Hierfür benötigt die DRV eine Lebensbescheinigung. Normalerweise werden Sie vom Postrentenservice angeschrieben. Reagieren Sie nicht schnell genug innerhalb der genannten Frist, wird die Rente eingestellt. Erst wenn die Lebensbescheinigung vorliegt, wird die Rentenzahlung wieder aufgenommen.

Wenn Sie auf Nummer sicher gehen wollen, lassen Sie sich von der Deutschen Rentenversicherung beraten.

Teil VII

Der Top-Ten-Teil

Besuchen Sie uns auf `www.fuer-dummies.de` oder unseren Social-Media-Kanälen:

Facebook
`www.facebook.com/fuerdummies`

Instagram
`www.instagram.com/furdummies`

YouTube
`www.youtube.com/@dummies-mann`

IN DIESEM TEIL ...

Renten-Fakes kennen.

Durchforsten Sie Ihren Rentenbescheid nach Fehlern.

IN DIESEM KAPITEL

Erkennen Sie die wichtigsten Irrtümer zur Rente

Kapitel 20
Zehn (plus ein) Rentenirrtümer

Sind Sie auch in der »Renten-Blase«? Wenn Sie regelmäßig über Ihr Smartphone Informationen zum Thema Rente erhalten – wissen Sie, ob die Infos stimmen? Immerhin leben wir im Zeitalter der Fake News.

In der Tat geistern viele Renten-Fake-News im Netz rum. Selbst gestandene Politiker, die sich zu diesem Thema äußern, kennen die Tatsachen nicht. Die Aussagen werden blind veröffentlicht. Und – wenn ein Politiker, der offensichtlich im Arbeits- und Sozialrecht tätig ist, etwas sagt, so wird das schon stimmen.

Seien Sie bei Renteninformationen im Netz genauso vorsichtig, wie bei anderen Informationen, die Sie bewerten.

Renten-Fake 1: Rente nach 45 Jahren

Wenn Sie denken, dass Sie nach 45 Jahren in Rente können, dann liegen Sie vielleicht richtig. Aber auch nur vielleicht.

Wenn von der Rente mit 45 Jahren gesprochen wird, ist die *Altersrente für besonders langjährig Versicherte* gemeint. Voraussetzungen für diese Rente sind (vereinfacht):

- **45 Jahre Wartezeit**

  Hier werden nur bestimmte Zeiten berücksichtigt – in erster Linie Pflichtbeiträge – entweder aus einer Beschäftigung, von einem Sozialleistungsträger (mit Besonderheiten) oder freiwillige Beiträge (auch wieder mit Besonderheiten) – Details finden Sie in den Kapiteln 1, 5 und 6.

- **Vollendung Ihres 65. Lebensjahres**

  Sie müssen das 65. Lebensjahr vollendet haben, wenn Sie ab dem 01.01.1964 geboren sind. Ein früherer Rentenbeginn als 65 hängt davon ab, ob Sie sich vom Baujahr her noch in den Übergangsregeln befinden:

- 1960 geboren = 64 Jahre und 4 Monate
- 1961 geboren = 64 Jahre und 6 Monate
- 1962 geboren = 64 Jahre und 8 Monate
- 1963 geboren = 64 Jahre und 10 Monate

Ab 2029 befinden wir uns auf Basis der heutigen Rechtslage auf der Zielgeraden – die Rente mit 45 Jahren gibt es nur ab 65. Dann sind die 1964 geborenen 65 Jahre alt.

Oft sprechen Fachleute in Diskussionen, wenn von der abschlagsfreien Rente mit 63 gesprochen wird, von dieser Rente. Die gibt es aber schon lange nicht mehr abschlagsfrei ab 63! Und von 2029 an wird sie sich definitiv erledigt haben, da es sie dann nur noch mit 65 Jahren gibt.

Renten-Fake 2: Ich bekomme eh keine Rente

Verständliche Aussage, wenn Sie die Presse zum Thema Rente verfolgen. Aber: Unser Rentensystem funktioniert. Gerade weil die Beiträge nicht am Kapitalmarkt angelegt werden müssen, ist es gegen Krisen geschützt. Allerdings nicht unendlich.

Es würde kollabieren, wenn keine Menschen mehr einzahlen. Wenn die Arbeitslosigkeit extrem steigen würde. Wenn keine jungen Menschen mehr nachrücken.

Deswegen bleibt es spannend, wie die Politik in Zukunft unsere Rente sichern wird. Möglichkeiten wären:

- ✔ Beamte und Selbstständige müssen in die Rentenkasse einzahlen
- ✔ Fachkräftemangel beheben, dadurch steigende Produktivität und damit auch höhere Löhne
- ✔ Staatliche Zuschüsse erhöhen
- ✔ Umverteilung zwischen einzelnen Gruppen
- ✔ Sukzessiver Einstieg in die Kapitaldeckung

Renten-Fake 3: Die Rente sinkt ständig

In Zeiten hoher Inflation (merken Sie auch immer noch die Corona-Erhöhungen?) fühlen gerade Rentner, die nur mit ihrer Rente leben müssen, den Kaufkraftverlust. Berichte von Medien, die in Richtung Rentenkürzungen oder Einsparungen bei Renten gehen, schüren Angst um die Existenz. Deswegen ist es verständlich, dass die Rente gefühlt ständig sinkt.

Allerdings sehen die Tatsachen anders aus:

- ✔ Die Rentenhöhe ist gesetzlich geregelt.
- ✔ Die Rentenanpassungen sind gesetzlich geregelt.

Rentenerhöhungen werden nach der Rentenanpassungsformel ermittelt. Hier fließen ein:

- ✔ Entwicklung der Bruttolöhne
- ✔ Veränderungen des Beitragssatzes der Rentenversicherung
- ✔ Verhältnis zwischen Beitragszahlern und Rentnern

Rentenkürzungen sind durch die sogenannte *Rentengarantie* ausgeschlossen. Es könnte jedoch in folgenden Jahren eine »Nullrunde« geben, wenn die Renten rechnerisch aufgrund der einfließenden Faktoren hätten gekürzt werden müssen.

Laufende Renten können tatsächlich gekürzt werden. Das hat aber andere Ursachen, zum Beispiel:

- ✔ Sie haben gegenüber der Rentenversicherung falsche Angaben gemacht, die dann, zum Beispiel wegen einer Meldung Ihres Finanzamtes, aufgefallen sind.
- ✔ Die Rentenversicherung hat falsch gerechnet und korrigiert diese Berechnung.
- ✔ Ihre Altersrente wird um eine Unfallrente gekürzt.
- ✔ Sie haben bei Hinterbliebenen- oder Erwerbsminderungsrente zu viel hinzuverdient und die Rente muss deswegen neu berechnet werden.
- ✔ Es gab Probleme mit Ihrem Krankenversicherungsstatus. Es werden Beiträge hin und her verrechnet, was sich wie eine Kürzung anfühlt.

Renten-Fake 4: Automatische Rentenzahlung

Eine automatische Rentenzahlung erfolgt nicht. Woher soll die Rentenversicherung wissen, dass Sie in Rente gehen wollen und können? Sie müssen selbst aktiv werden und einen Antrag stellen. Bitte stellen Sie den Antrag rechtzeitig. Aktuell spricht die Rentenversicherung von drei bis vier Monaten bei geklärten Versicherungskonten. Bei Besonderheiten oder Nachmeldung von Zeiten oder bei Einbindung von ausländischen Renten kann das Ganze noch viel länger dauern.

Denken Sie daran, dass auch Ihr Arbeitgeber mitspielen muss, wenn Sie noch in einem Arbeitsverhältnis stehen. Auch wenn viele Arbeitgeber pragmatisch auf Rentenbeginnwünsche ihrer Arbeitnehmer eingehen, bedarf ein Rentenbeginn oft einer Kündigung.

Renten-Fake 5: Hohes Gehalt – hohe Rente

Oder – wie man immer wieder liest: »Die Besserverdienenden zahlen bei der Rente wieder drauf.« Wieso nur die Besserverdienenden?

An dieser Stelle rufen Sie sich bitte in Erinnerung, wie Pflichtbeiträge in die Rentenversicherung gezahlt werden. Auf Basis Ihres sozialversicherungspflichtigen Entgeltes werden 18,6 % Rentenversicherungsbeiträge erhoben. Diese Beiträge zahlen Sie und Ihr Arbeitgeber jeweils zur Hälfte. Maximal werden Beiträge bis zur Beitragsbemessungsgrenze zur gesetzlichen Rentenversicherung erhoben. Das sind aktuell im Monat 8.050,00 € beziehungsweise 96.600,00 € im Jahr. Am deutlichsten werden die weiteren Überlegungen wieder mit einem Beispiel:

Winfried Wunder bekommt ein monatliches Brutto in Höhe von 15.000 €. Er zahlt allerdings nur bis zum monatlichen Maximum von 8.050,00 € aktuell Rentenversicherungsbeiträge. Das sind – Arbeitgeber und Arbeitnehmeranteil zusammengenommen – 1.497,30 €. Für den Monat bekommt Winfried also 0,1594 Entgeltpunkte auf sein Versicherungskonto gutgeschrieben.

Klaus Knapp hat monatlich 8.050,00 € Bruttogehalt. Er zahlt genauso viel ein wie Winfried und bekommt genauso viel Entgeltpunkte wie Winfried.

Wer hohe Gehälter hat, hat nicht mehr Rente. Die Rente ist durch die möglichen monatlichen Einzahlungen bis zur Beitragsbemessungsgrenze limitiert.

Das heißt aber auch im Umkehrschluss, dass sich sehr gut Verdienende besser nicht nur auf die gesetzliche Rente verlassen sollten, wenn es um die Aufrechterhaltung des Lebensstandards im Alter geht (alle übrigen allerdings auch nicht), da Ihre Rentenlücke höher sein wird.

Renten-Fake 6: Rentenbeiträge steigen ständig

Aktuell werden 18,6 % vom rentenversicherungspflichtigen Entgelt – oder sozialversicherungspflichtigen Entgelt an Beiträgen erhoben. Im Jahr 1997 lag der Prozentsatz zuletzt bei 17,5 und 1998 lag er bei 20,3. In der Tat ist der Beitragssatz seit 2012 gesunken.

Renten-Fake 7: Die letzten Jahre sind die kostbarsten für die Rente

Ich habe nicht herausfinden können, woher dieses sich hartnäckig haltende Gerücht kommt.

Ihre Rente wird auf Basis Ihres ganzen Lebens ermittelt. Dabei werden alle Jahre gleichbehandelt.

Natürlich tut es Ihrer Rente nicht gut, wenn Sie die letzten Jahre Ihr Gehalt extrem reduzieren, aufhören zu arbeiten oder nur einen Minijob ausüben. Das hätte Ihrer Rente aber auch mit 30 oder 40 Jahren mindestens genauso wehgetan.

Wenn Sie zum Beispiel einen gleitenden Ruhestand planen, in dem Sie Ihre Arbeitszeit sukzessive reduzieren, lassen Sie sich Ihre Rentenverluste ausrechnen. Gleiches gilt natürlich, wenn Sie im laufenden Erwerbsleben, Ihre Arbeitszeit reduzieren.

Renten-Fake 8: Gesetzliche Rente ist steuerfrei

Bis 2004 wurde die gesetzliche Rente mit dem sogenannten *Ertragsanteil* versteuert. Abgesehen vom Arbeitgeberanteil war das auch folgerichtig, waren die Einzahlungen doch aus versteuertem und verbeitragtem Einkommen erfolgt.

BEISPIEL

Der Ertragsanteil mit 65 Jahren beträgt 18 %; mit 67 Jahren 17 %. Mit 65 wären bei einer Rente von 2.000,00 € also 360,00 € monatlich steuerpflichtig gewesen. Wäre die gesetzliche Rente die einzige Einkunft und würde man den Grundfreibetrag von 12.096,00 € aus 2025 heranziehen, wäre diese Rente damals in der Tat steuerfrei gewesen.

Seit 2005 wird die gesetzliche Rente stetig von der vorgelagerten Besteuerung in die nachgelagerte Besteuerung überführt. Wer dieses Jahr (2025) in Rente geht, muss 83,5 % versteuern. Von den oben erwähnten 2.000,00 € sind heute demzufolge 1.670,00 € monatlich steuerpflichtig.

Sie sehen, die gesetzliche Rente ist wie jede Ihrer Einnahmen, die Sie jetzt und im Alter haben, steuerpflichtig.

Renten-Fake 9: Die Abschläge für eine Frührente fallen mit 67 wieder weg

Wenn Sie ab 63 oder 62 eine Rente mit Abschlägen in Anspruch nehmen, haben Sie diese Abschläge Ihr Leben lang.

Die Abschläge bleiben Ihnen auch erhalten, wenn Sie die Regelaltersgrenze (für alle ab 1964 Geborene) mit 67 Jahren überschreiten.

Renten-Fake 10: Selbstständige zahlen nix ein

Pauschal ist diese Aussage schlichtweg falsch. Bei Selbstständigen gibt es unterschiedliche Regeln:

- **Pflichtversichert kraft Gesetzes**

  Viele Selbstständige müssen aufgrund ihrer Tätigkeit, zum Beispiel als Handwerksmeister, Hebamme, Lehrer, Erzieher, Künstler, Pflichtbeiträge in die Rentenkasse einzahlen.

- **Pflichtversichert auf Antrag**

  Selbstständige haben die Möglichkeit, sich mit Beginn Ihrer Selbstständigkeit zu entscheiden, zum Beispiel nach einem Angestelltenverhältnis, weiter pflichtversichert zu bleiben. Sie müssen dann einen Antrag stellen.

- **Zahlung freiwilliger Beiträge**

  Viele Selbstständige zahlen freiwillig Beiträge in die Rentenkasse.

- **Alternative Versorgung – zum Beispiel berufsständische Versorgungswerke**

  Einige verkammerte Berufe sind über berufsständische Versorgungswerke abgesichert. Besteht hier eine Pflichtversicherung, kann man sich von der Versicherungspflicht bei der Deutschen Rentenversicherung befreien lassen – man hat eine alternative Versorgung.

Renten-Fake 11: Weniger als fünf Jahre Einzahlung in die Rentenkasse – außer Spesen nix gewesen

Um einen Anspruch bei der gesetzlichen Rentenversicherung zu erwerben, benötigt man fünf Jahre Beitragszeit. Einige Personen erreichen diese fünf Jahre nicht. Insbesondere bei Beamten, Selbstständigen oder aus dem Ausland Zugezogenen gibt es hier manchmal Probleme. Oder Hausfrauen oder Männer, die vielleicht außer einer Ausbildung keine Spuren im Versicherungsverlauf hinterlassen haben.

Für diese Menschen gibt es die Möglichkeit, die Beiträge, die selbst eingezahlt wurden, abfinden zu lassen. Oft ist es aber sinniger, die fehlenden Zeiten über freiwillige Beiträge auszugleichen.

Das Geld ist definitiv nicht weg – wie Sie es zurückerhalten, dazu lassen Sie sich am besten beraten.

IN DIESEM KAPITEL

Fehler im Rentenbescheid

Kapitel 21
Die häufigsten Fehler im Rentenbescheid

Laut Bundesversicherungsamt sind 30 bis 50 % der Rentenbescheide falsch. Das Bundesversicherungsamt prüft die Rentenkassen, ob die geltenden Vorschriften richtig eingehalten werden, und in der Tat wurden viele Fehler in Rentenbescheiden gefunden.

Fehler 1: Falsche Rentenart

Sie haben sich bestens vorbereitet. Jetzt sitzen Sie am PC und wollen Ihren Rentenantrag – digital und fortschrittlich – online bei den Online-Services der Deutschen Rentenversicherung erfassen. Bereits nach kurzer Zeit sitzen Sie da und grübeln. Welche Rente wollten Sie jetzt eigentlich beantragen? Sie lesen schnell noch mal in den Unterlagen nach und recherchieren im Internet. Endlich. Ja. Also die Altersrente für langjährig Versicherte war richtig. Oder nicht? Schnell wieder auf die Seite. Mist. Sie hätten sich doch keinen Kaffee holen sollen. Sie sind wieder aus dem Programm rausgeschmissen worden und müssen noch mal von vorne beginnen, wenn Sie nichts gespeichert haben (und auf die Speicherung zugreifen können). Nach fünf Versuchen reicht es Ihnen. Sie kreuzen schnell an. Endlich kommen Sie weiter. Und weiter, und – Bingo – endlich abgeschlossen und versendet. Puh.

Irgendwann, Monate später nach Ihrer anstrengenden Exkursion in die Tiefen der digitalen Erfassung kommt Ihr Rentenbescheid. Komisch, denken Sie, eigentlich hatten Sie mit mehr gerechnet. Na ja, wird schon irgendwie reichen. Und – die Rentenversicherung wird schon wissen, was richtig ist. Falsch. Eigentlich ist die DRV verpflichtet zu überprüfen, was Ihr bester Rentenbeginn ist – und mit welcher Rentenart Sie die höchste Rente erhalten. Wenn Sie aber die falsche Rentenart beantragen, können Sie nicht damit rechnen, dass geprüft wird, ob Ihre beste Rente gewährt wird.

Überlegen Sie genau, wie die Rente heißt, die Sie beantragen wollen: Altersrente für besonders langjährig Versicherte oder Altersrente für langjährig Versicherte.

Wählen Sie zum Beispiel die Altersrente für langjährig Versicherte (und wollten eigentlich die Altersrente für besonders langjährig Versicherte), brauchen Sie sich nicht zu wundern, wenn Ihre Rente Abschläge vorsieht, die Sie eigentlich unbedingt vermeiden wollten.

Fehler 2: Berufsausbildung fehlt

»Aber meine Berufsausbildung ist doch im Versicherungsverlauf drin – die Zeit ist da und die Beträge«. Denken Sie das auch? Dann schauen Sie bitte noch mal genauer hin.

Haben Sie eine berufliche Ausbildung gemacht (also Lehre, Berufsausbildung, in der Regel wird auch das Duale Studium so bewertet), muss das in Ihrem Versicherungsverlauf stehen: Pflichtbeitragszeit berufliche Ausbildung. Steht das da nicht, fehlt Ihre Berufsausbildung.

Sie können Ihre Berufsausbildung mit Rentenantragstellung nachmelden. Im Rentenantrag werden Sie explizit nach Ihrer Berufsausbildung gefragt. Und ob diese bereits im Versicherungsverlauf dokumentiert ist.

Die Nachmeldung, also den Beweis, erbringen Sie über den Ausbildungsvertrag, Zeugnisse der Berufsschule und/oder des Betriebes, Abschlusszeugnis der Kammer oder Innung, die für Ihren Ausbildungsberuf zuständig ist. Beim dualen Studium gibt es auch entsprechende Zeugnisse. Manchmal helfen auch die Immatrikulationsbescheinigungen.

Fehler 3: Falsche Beträge im Versicherungsverlauf

Sie haben Ihr ganzes Leben Geld verdient? Wenn ja, wurde das auch immer dokumentiert. Monatlich mit Ihrer Gehaltsabrechnung, einmal jährlich mit der Meldung zur Sozialversicherung. Haben Sie in der ehemaligen DDR gelebt und gearbeitet, besitzen Sie ein meist grünes, rotes oder braunes Buch über »Arbeit und Soziales«.

Haben Sie Sozialleistungen bezogen, wurde das in Form von Bescheiden dokumentiert: Bescheide über die Gewährung von Arbeitslosengeld, Unterhaltsgeld. Zum Jahresanfang folgte ein Beleg für die Rentenversicherung mit dem Vermerk »Wichtige Rentenunterlage – unbedingt aufbewahren«. Gleiches gilt für alle anderen Sozialleistungen.

Bei Selbstständigen, die in die Rentenkasse eingezahlt haben, hat die Rentenversicherung das selbst dokumentiert und Ihnen zugesandt.

Überprüfen Sie spätestens, wenn Sie den Bescheid bekommen, ob all diese Beträge richtig im Versicherungsverlauf hinterlegt sind! Es gibt sehr häufig Zahlendreher oder es fehlt Entgelt, das eigentlich hätte gemeldet werden müssen. Oder Änderungen wurden nicht richtig gemeldet.

Fehler 4: Schule und Studium

Die Deutsche Rentenversicherung berücksichtigt in Ihrem Versicherungsverlauf Zeiten ab Ihrem 17. Lebensjahr. Für Schule oder Studium gibt es maximal acht Jahre sogenannte Anrechnungszeit.

Sie können sich diese Zeiten von Ihrer damaligen Schule oder Fachhochschule oder Universität bestätigen lassen, wenn Sie keine Unterlagen mehr haben. Die DRV hat dafür das Formular V0510 »Bescheinigung für Zwecke der gesetzlichen Rentenversicherung über Zeiten des Schulbesuchs, Fachschulbesuchs, Fachhochschulbesuchs oder Hochschulbesuchs« geschaffen. Die jeweilige Bildungseinrichtung füllt das Formular aus, stempelt und unterzeichnet es und sendet es Ihnen dann zurück. Es hilft, wenn Sie benennen können, wann Sie in der Einrichtung waren, Ihren Namen (gegebenenfalls ehemaligen Namen), Ihre Anschrift (auch damalige Anschrift) und Ihr Geburtsdatum angeben. Ohne diese Angaben wird es schwierig, Sie zu finden.

Fehler 5: Wo sind die Kinder?

Ihre Kinder sind für Sie in Sachen Rente bares Geld wert. Allerdings nur, wenn die Deutsche Rentenversicherung Kenntnis davon hat. Oder denken Sie, das Standesamt schickt gleich alles an die Rentenkasse? Nein. Woher soll die Rentenversicherung wissen, wer die Kinder überwiegend erzogen hat und wer die Kindererziehungszeit und damit dann die Berücksichtigungszeit ganz oder teilweise erhalten soll? Eben. Also müssen Sie wieder tätig werden, um etwas zu erhalten.

Auch hier gibt es wieder ein eigenes Formular – V0800 »Antrag auf Feststellung von Kindererziehungszeiten/Berücksichtigungszeiten wegen Kindererziehung«

Fehler 6: Krankheit oder Arbeitslosigkeit fehlen

Stellen Sie sich vor, Sie haben sich damals, als Sie einen Ausbildungsplatz gesucht haben, ausbildungsplatzsuchend bei der Agentur für Arbeit gemeldet. Oder Sie waren in Ihrer Schulzeit länger krank, sodass Sie in Ihrem Zeugnis beziehungsweise der Schulbestätigung Fehlzeiten haben. Oder die Agentur für Arbeit hat Sie nur widerwillig (warum sollten Sie noch in den Büchern geführt werden) nach Auslaufen des Arbeitslosengeldes als arbeitssuchend gemeldet.

In diesen Fällen haben Sie vielleicht Bestätigungen der Agentur für Arbeit und Nachweise Ihre damaligen Krankheiten (zum Beispiel OP, Reha) in Ihren Akten. Hoffentlich. Denn diese Fälle sind oft nicht in Ihrem Versicherungsverlauf dokumentiert.

Fehler 7: Versorgungsausgleich

In der Regel wird im Rahmen einer Scheidung ein Versorgungsausgleich durchgeführt. Dieser Versorgungsausgleich wirkt in den meisten Fällen insbesondere in die gesetzliche Rentenversicherung hinein. Es kommt vor, dass das Urteil zum Versorgungsausgleich nicht richtig von der DRV umgesetzt wurde.

Suchen Sie Ihr Urteil zum Versorgungsausgleich und überprüfen die Umsetzung in Ihrem Rentenbescheid.

Fehler 8: Anrechnung von Einkommen

Wieso Anrechnung von Einkommen? Es wird doch gar kein Einkommen angerechnet. Doch.

- ✔ Falls Sie einen Anspruch auf einen Zuschlag für langjährig Versicherte erhalten. Oder kurz: einen Grundrentenzuschlag.
- ✔ Aber auch, wenn Sie eine Hinterbliebenenrente oder eine Erwerbsminderungsrente erhalten, wird Ihr eigenes Einkommen angerechnet.

Und das sollten Sie überprüfen. Übrigens; Auch Verletztenrenten werden bei der Altersrente berücksichtigt!

Fehler 9: Weitere Rentenpunkte durch Hinzuverdienst oder Pflege

Beantragen Sie eine Altersrente und arbeiten Sie dann weiter, erhalten Sie mindestens bis zu Ihrer Regelaltersgrenze weitere Entgeltpunkte. Ab Ihrer Regelaltersgrenze können Sie entscheiden, ob Sie weiterhin einzahlen möchten oder auch nicht.

Bei dieser Berechnung ergibt die Bewertung von Minijobs häufig Fehler. Aber auch, wenn Sie Angehörige pflegen, sollten Sie die Bescheide der Pflegekasse besser noch mal abgleichen.

Fehler 10: Richtige Krankenkasse? Elterneigenschaft nachgewiesen?

Ist die falsche Krankenkasse im Rentenbescheid hinterlegt, bedeutet das für Sie, dass Sie unter Umständen den falschen Beitrag zur Krankenkasse zahlen beziehungsweise sich Ihre Krankenkasse irgendwann fragt, wo die Beiträge bleiben. Auch der Pflegeversicherungssatz kann zu hoch sein, wenn nicht vermerkt ist, dass Sie Ihre Elterneigenschaft nachgewiesen haben (haben Sie doch, oder?).

Stichwortverzeichnis

F

G

H

I

K

www.ingramcontent.com/pod-product-compliance
Lightning Source LLC
LaVergne TN
LVHW082027051026
849532LV00011B/3294